全国高等教育自学考试指定教材

机 械 制 图

（含：机械制图自学考试大纲）

全国高等教育自学考试指导委员会　组编

主　编　许睦旬　　罗爱玲
副主编　张四聪　　郑　镁　　肖　尧

机 械 工 业 出 版 社

本书共分九章，内容包括：制图基本知识和技能、投影基础、组合体、轴测图、机件形状的表示方法、零件图、标准件和常用件、装配图、计算机绘图基础。本书附录为相应标准的摘录。计算机绘图内容选用了易学易用的三维参数化设计软件 Autodesk Inventor 2023。

本书与《机械制图习题集》配套使用。

本书是机械制图课程自学教材，供个人自学、考试培训使用，也可作为高等院校机械类专业、近机类专业师生以及相关技术人员教学或参考用书。

图书在版编目（CIP）数据

机械制图/全国高等教育自学考试指导委员会组编；许睦旬，罗爱玲主编. —北京：机械工业出版社，2024.1

全国高等教育自学考试指定教材

ISBN 978-7-111-75226-4

Ⅰ.①机⋯ Ⅱ.①全⋯②许⋯③罗⋯ Ⅲ.①机械制图-高等学校-教材 Ⅳ.①TH126

中国国家版本馆 CIP 数据核字（2024）第 046647 号

机械工业出版社（北京市百万庄大街 22 号　邮政编码 100037）
策划编辑：何文军　　　　　　　　责任编辑：何文军　时　颂
责任校对：郑　婕　王　延　责任印制：常天培
北京铭成印刷有限公司印刷
2024 年 11 月第 1 版第 1 次印刷
184mm×260mm・16.75 印张・413 千字
标准书号：ISBN 978-7-111-75226-4
定价：55.00 元

电话服务　　　　　　　　　　　网络服务
客服电话：010-88361066　　　　机　工　官　网：www.cmpbook.com
　　　　　010-88379833　　　　机　工　官　博：weibo.com/cmp1952
　　　　　010-68326294　　　　金　书　网：www.golden-book.com
封底无防伪标均为盗版　　　　　机工教育服务网：www.cmpedu.com

组 编 前 言

21世纪是一个变幻难测的世纪，是一个催人奋进的时代。科学技术飞速发展，知识更替日新月异。希望、困惑、机遇、挑战，随时随地都有可能出现在每一个社会成员的生活之中。抓住机遇，寻求发展，迎接挑战，适应变化的制胜法宝就是学习——依靠自己学习、终生学习。

作为我国高等教育组成部分的自学考试，其职责就是在高等教育这个水平上倡导自学、鼓励自学、帮助自学、推动自学，为每一个自学者铺就成才之路。组织编写供读者学习的教材就是履行这个职责的重要环节。毫无疑问，这种教材应当适合自学，应当有利于学习者掌握和了解新知识、新信息，有利于学习者增强创新意识，培养实践能力，形成自学能力，也有利于学习者学以致用，解决实际工作中所遇到的问题。具有如此特点的书，我们虽然沿用了"教材"这个概念，但它与那种仅供教师讲、学生听，教师不讲、学生不懂，以"教"为中心的教科书相比，已经在内容安排、编写体例、行文风格等方面都大不相同了。希望读者对此有所了解，以便从一开始就树立起依靠自己学习的坚定信念，不断探索适合自己的学习方法，充分利用自己已有的知识基础和实际工作经验，最大限度地发挥自己的潜能，达到学习的目标。

欢迎读者提出意见和建议。

祝每一位读者自学成功。

全国高等教育自学考试指导委员会

2023年1月

目 录

组编前言

机械制图自学考试大纲

大纲前言
Ⅰ 课程性质与课程目标 ………… 3
Ⅱ 考核目标 ………… 4
Ⅲ 课程内容与考核要求 ………… 4
Ⅳ 关于大纲的说明与考核实施要求 …… 14
Ⅴ 题型举例 ………… 16
大纲后记 ………… 19

机械制图

编者的话 ………… 22
绪论 ………… 23
第1章 制图基本知识和技能 ………… 25
  1.1 机械制图的基本规定 ………… 25
    1.1.1 图纸幅面和格式 ………… 25
    1.1.2 比例 ………… 25
    1.1.3 字体 ………… 27
    1.1.4 图线及其画法 ………… 29
    1.1.5 尺寸注法 ………… 30
  1.2 绘图方法简介 ………… 35
    1.2.1 仪器绘图 ………… 35
    1.2.2 徒手绘图 ………… 39
    1.2.3 计算机绘图 ………… 41
  1.3 几何作图、平面图形的画法和尺寸注法 ………… 41
    1.3.1 几何作图 ………… 42
    1.3.2 平面图形的画法和尺寸注法 ………… 43
  1.4 小结 ………… 46
  复习思考题 ………… 46
第2章 投影基础 ………… 47
  2.1 投影法基本知识 ………… 47
    2.1.1 投影法概述 ………… 47
    2.1.2 正投影的基本性质 ………… 48
  2.2 三视图的形成及其投影规律 ………… 48
  2.3 基本体的三视图画法和尺寸注法 ………… 50
    2.3.1 平面体的三视图画法 ………… 50
    2.3.2 回转体的三视图画法 ………… 51
    2.3.3 基本体的尺寸注法 ………… 54
  2.4 几何元素的投影分析 ………… 55
    2.4.1 点的投影 ………… 55
    2.4.2 直线的投影 ………… 58
    2.4.3 平面的投影 ………… 60
    2.4.4 面内求点、线的作图方法 ………… 63
    2.4.5 直线与平面、平面与平面的相对位置 ………… 65
  2.5 立体表面交线的投影分析和作图方法 ………… 67
    2.5.1 截交线的投影分析和作图方法 ………… 68
    2.5.2 相贯线的投影分析和作图方法 ………… 77
  2.6 小结 ………… 82
  复习思考题 ………… 82
第3章 组合体 ………… 83
  3.1 组合体的构成及相邻形体表面的关系 ………… 83
    3.1.1 组合体的构成 ………… 83
    3.1.2 组合体上相邻形体表面之间的关系 ………… 84
  3.2 组合体视图的画法 ………… 85

3.2.1 以叠加为主的组合体的三视图画法 85
3.2.2 以挖切为主的组合体的三视图画法 87
3.3 组合体的尺寸注法 87
3.3.1 尺寸标注的基本要求 87
3.3.2 组合体的尺寸分析 88
3.3.3 常见柱体结构的尺寸注法 89
3.3.4 组合体表面含交线时的尺寸注法 89
3.3.5 标注组合体尺寸的步骤和方法 89
3.3.6 尺寸的清晰布置 91
3.4 读组合体视图的方法 92
3.4.1 读图的基本要领 92
3.4.2 读图的基本方法 94
3.4.3 读图举例 97
3.5 小结 103
复习思考题 103

第4章 轴测图 104
4.1 轴测图的基本知识 104
4.1.1 轴测图的形成 104
4.1.2 轴间角和轴向伸缩系数 104
4.2 正等轴测图的画法 105
4.2.1 正等轴测图的形成以及轴间角和轴向伸缩系数 105
4.2.2 平面立体正等轴测图的画法 105
4.2.3 回转体正等轴测图的画法 107
4.2.4 组合体正等轴测图的画法 109
4.3 小结 110
复习思考题 110

第5章 机件形状的表示方法 111
5.1 视图 111
5.1.1 基本视图 111
5.1.2 向视图 112
5.1.3 局部视图 112
5.1.4 斜视图 113
5.2 剖视图 115
5.2.1 剖视图的概念 115
5.2.2 剖视图的画法及配置 116
5.2.3 剖视图的种类 117
5.2.4 剖切面的种类和剖切方法 120
5.3 断面图 123
5.3.1 断面图的概念和种类 123
5.3.2 移出断面 123
5.3.3 重合断面 125
5.4 其他表示方法 126
5.4.1 局部放大图 126
5.4.2 简化画法和省略画法 126
5.5 第三角画法简介 130
5.6 小结 131
复习思考题 131

第6章 零件图 132
6.1 零件图的作用和内容 132
6.2 零件图的技术要求 133
6.2.1 线性尺寸公差 ISO 代号体系 133
6.2.2 几何公差 141
6.2.3 表面结构的表示法 142
6.3 零件上的常见结构 145
6.3.1 螺纹 145
6.3.2 常见机械加工工艺结构的画法及尺寸注法 149
6.3.3 铸件的工艺结构、过渡线 152
6.4 零件图的视图 154
6.4.1 选择主视图的一般原则 155
6.4.2 选择其他视图 156
6.4.3 视图选择举例 157
6.5 零件图的尺寸标注 159
6.5.1 零件图尺寸标注的基本要求 159
6.5.2 尺寸基准的选择 159
6.5.3 尺寸的合理标注 160
6.6 读零件图 162
6.7 小结 164
复习思考题 164

第7章 标准件和常用件 166
7.1 螺纹紧固件 166
7.1.1 螺栓联接 168
7.1.2 双头螺柱联接 169
7.1.3 螺钉联接 170
7.1.4 螺纹紧固件联接图的简化画法 171
7.2 键 171
7.2.1 键的种类和标记 171
7.2.2 普通平键键槽的画法及键联结的画法 171
7.3 销 173
7.3.1 销的种类和标记 173
7.3.2 销联接的装配图画法 173

7.4 齿轮 ……………………………… 174
　7.4.1 齿轮的基本知识 …………… 174
　7.4.2 直齿圆柱齿轮的基本参数、
　　　　轮齿的各部分名称和尺寸关系 … 174
　7.4.3 直齿圆柱齿轮的规定画法 … 174
　7.4.4 齿轮图样格式 ……………… 176
7.5 弹簧 ……………………………… 177
　7.5.1 圆柱螺旋压缩弹簧各部分名称
　　　　及其相互关系 ……………… 177
　7.5.2 圆柱螺旋压缩弹簧的规定画法 … 178
　7.5.3 圆柱螺旋压缩弹簧的标记 … 179
　7.5.4 圆柱螺旋压缩弹簧的作图步骤 … 179
7.6 滚动轴承 ………………………… 180
　7.6.1 滚动轴承的构造和类型 …… 180
　7.6.2 滚动轴承的表示法 ………… 180
　7.6.3 滚动轴承的代号及标记 …… 181
7.7 小结 ……………………………… 183
复习思考题 …………………………… 184

第 8 章 装配图 …………………… 185
8.1 装配图的作用和内容 …………… 185
8.2 装配图的图样画法 ……………… 186
8.3 装配图中的尺寸标注和技术要求 … 188
　8.3.1 尺寸标注 …………………… 188
　8.3.2 技术要求 …………………… 189
8.4 装配图中零（部）件的序号、明细栏
　　和标题栏 ………………………… 189
　8.4.1 装配图中的序号及其编排方法 … 189
　8.4.2 明细栏和标题栏 …………… 190
8.5 画装配图 ………………………… 191
　8.5.1 装配图的视图选择 ………… 191
　8.5.2 由零件图画装配图 ………… 191
8.6 读装配图及拆画零件图的方法 … 196
　8.6.1 读装配图的要求 …………… 197
　8.6.2 读装配图的方法和步骤 …… 197
　8.6.3 由装配图拆画零件图 ……… 198
8.7 小结 ……………………………… 200
复习思考题 …………………………… 201

第 9 章 计算机绘图基础 ………… 202
9.1 计算机辅助设计技术简介 ……… 202
　9.1.1 计算机辅助设计技术的发展 … 202
　9.1.2 数字样机技术 ……………… 202
　9.1.3 三维计算机辅助设计软件简介 … 203
9.2 三维计算机辅助设计软件应用 … 204
　9.2.1 零件建模 …………………… 204
　9.2.2 部件装配 …………………… 215
　9.2.3 工程图 ……………………… 221
9.3 小结 ……………………………… 232
复习思考题 …………………………… 232
附录 …………………………………… 233
参考文献 ……………………………… 260
后记 …………………………………… 261

全国高等教育自学考试

机械制图自学考试大纲

全国高等教育自学考试指导委员会　制定

大 纲 前 言

为了适应社会主义现代化建设事业的需要，鼓励自学成才，我国在 20 世纪 80 年代初建立了高等教育自学考试制度。高等教育自学考试是个人自学、社会助学和国家考试相结合的一种高等教育形式。应考者通过规定的专业课程考试并经思想品德鉴定达到毕业要求的，可获得毕业证书和国家承认的学历，并按照规定享有与普通高等学校毕业生同等的有关待遇。经过 40 多年的发展，高等教育自学考试为国家培养造就了大批专门人才。

课程自学考试大纲是规范自学者学习范围、要求和考试标准的文件。它是按照专业考试计划的要求，具体指导个人自学、社会助学、国家考试及编写教材的依据。

随着经济社会的快速发展，新的法律法规不断出台，科技成果不断涌现，原大纲中有些内容过时、知识陈旧。为更新教育观念，深化教学内容方式、考试制度、质量评价制度改革，使自学考试更好地提高人才培养的质量，各专业委员会按照专业考试计划的要求，对原课程自学考试大纲组织了修订或重编。

修订后的大纲，在层次上，本科部分参照一般普通高校本科水平，专科部分参照一般普通高校专科或高职院校的水平；在内容上，及时反映学科的发展变化，增补了自然科学和社会科学近年来研究的成果，对明显陈旧的内容进行了删减，以更好地指导应考者学习使用。

全国高等教育自学考试指导委员会
2023 年 9 月

Ⅰ 课程性质与课程目标

一、课程的性质与目的

机械制图是一门研究用正投影法绘制机械图样，既有理论又有绘图实践的技术基础课。它是机械类专科相关专业自学考试计划中规定的必考课程。通过本课程的学习，主要培养考生绘制和阅读机械图样的基本能力。

二、课程目标

学完本课程后，应达到下列要求：

1) 掌握正投影法的基本理论及其应用。
2) 掌握图样表达的基本方法。
3) 能够正确使用常用的绘图工具和仪器，掌握绘图的基本技能；做到作图准确、图线分明、字体工整、图面整洁；初步掌握徒手绘制草图的方法。
4) 能够正确绘制和阅读中等复杂程度的零件图和简单的装配图。
5) 能够严格遵守《技术制图》和《机械制图》国家标准的有关规定，会查阅本课程所涉及的零件结构、标准件和常用件以及"尺寸公差"等的国家标准。
6) 了解计算机绘图的发展概况，并初步掌握运用三维参数化绘图软件创建简单三维模型和绘制简单机械图样的方法。

三、本课程与相关课程的联系与分工

本课程与中学的平面几何、立体几何有一定的衔接关系。

学习本课程之前，一般需有金工实践的知识。本课程涉及的有关结构、工艺等专业知识，应在相关的后续课程中进一步学习。

本课程只能为学生的绘图、读图能力奠定必要的基础，该能力还需要通过后续课程进一步培养和提高。

本课程计算机绘图部分的教学要求，主要是使学生能够初步运用一种三维参数化设计软件创建简单的三维模型，以及创建二维机械图样。通过学习三维计算机绘图，学生能够构建三维可视化模型，也是自主学习机械制图课程的辅助手段。掌握计算机辅助设计技术需要通过大量的上机练习，同时也需要在相关后续课程中进一步深入学习。

四、本课程的难点和重点

本课程属于技术基础课，其难度主要体现在培养空间想象和空间分析能力以及掌握零件图表示方法方面。本课程难点内容主要包括：点、线、面的投影；截交线和相贯线的画法；组合体的尺寸注法；组合体读图；视图、剖视图、断面图的画法；螺纹联接装配图画法；绘制和阅读零件图；零件图技术要求；绘制和阅读装配图，以及拆画零件图。

本课程重点内容主要包括：平面图形分析、画法和尺寸标注；三视图的投影规律；点、线、面的投影分析；截交线和相贯线的画法；组合体的画法、尺寸注法以及读图方法；正等轴测图的画法；视图、剖视图、断面图的画法；螺纹的画法和尺寸注法；螺纹联接装配图的画法；键联结画法；零件视图、尺寸标注、技术要求和标题栏；读零件图；装配图的画法、尺寸标注、明细栏和标题栏；读装配图及拆画零件图；三维参数化设计软件的基本使用方法。

Ⅱ 考核目标

大纲在"考核要求"一项中，提出的"识记""领会""简单应用"和"综合应用"四个能力层次是递进等级关系，后者是建立在前者的基础上的。

（1）识记　要求能识别和记忆有关知识点的主要内容（如原理、特性、方法、规定、重要结论、作图步骤与要领等），并能根据考核的不同要求，做出正确的表达、选择和判断。

（2）领会　要求能领悟和理解有关知识点的内涵和外延；熟悉其内容要点和它们之间的区别与联系；并能按考核的不同要求，正确完成相应的投影作图，补全图形中的缺线，改正图形中的错误，补充图样中应该具有的内容等。

（3）简单应用　要求能应用本课程中规定的1个或2个知识点，分析和解决较为简单的投影作图及绘图与读图问题。

（4）综合应用　要求能运用本课程中规定的多个知识点，分析和解决较为复杂的投影作图及绘图与读图问题。

Ⅲ 课程内容与考核要求

绪　论

学习目的与要求：

通过绪论的学习，要求了解本课程的研究对象，明确学习本课程的目的、任务和要求，了解本课程的学习方法。

第1章　制图基本知识和技能

一、学习目的与要求

制图基本知识包括《技术制图》和《机械制图》国家标准中所制定的，在绘制图样中使用的图纸幅面和格式、比例、字体、图线以及尺寸注法等内容。通过制图基本知识的学习，要能够为绘制规范的机械图样打下坚实的基础。同时，掌握仪器绘图、徒手绘制草图的方法，了解计算机绘图的基本方法。

二、课程内容

第一节为机械制图的基本规定；第二节为绘图方法简介；第三节为几何作图、平面图形的画法和尺寸标注。

三、考核知识点

1）图纸幅面和格式、比例、字体、图线以及尺寸注法的基本规定。
2）平面几何图形的画法。
3）平面图形的尺寸分析和线段分析方法；平面图形的画法、尺寸标注和绘图步骤。

四、考核要求

1. 识记

1）图纸幅面大小的关系，A3图幅尺寸；标题栏的位置。

2）放大和缩小比例的比例系列。
3）字体高度的公称尺寸系列。
4）各种图线的主要用途。
2．领会
1）各种绘图仪器和工具的使用方法。
2）徒手绘制草图的方法。
3．简单应用
1）尺寸标注的基本规则。
2）各类尺寸的基本注法。
3）几何作图的方法。
4）平面图形的线段分析和尺寸分析方法。
5）平面图形的尺寸标注。

五、本章重点、难点

本章重点是掌握绘图比例、图线画法、尺寸注法等机械制图的基本规定；掌握平面图形的尺寸分析、线段分析方法和尺寸标注方法。难点是平面图形的尺寸分析和线段分析方法，以及尺寸标注方法。

第 2 章　投 影 基 础

一、学习目的与要求

掌握正投影的基本性质，分析立体的投影特点是制图的基础。学习三视图的形成以及投影规律，要求能够熟练运用三视图的投影规律绘制基本体的三视图。学习点、线、面的投影，掌握各种位置直线、平面的投影特性及其三面投影的画法；掌握面上取点、取线的作图方法；掌握直线与平面、平面与平面相对位置的投影特点及其作图方法。学习回转体三视图的画法，掌握回转面上求点、线的作图方法。学习截交线、相贯线的形成规律；学会分析判断立体表面各种交线的形状；掌握求取截交线和相贯线投影的作图方法。

二、课程内容

第一节为投影法基本知识；第二节为三视图的形成及其投影规律；第三节为基本体的三视图画法和尺寸注法；第四节为几何元素的投影分析；第五节为立体表面交线的投影分析和作图方法。

三、考核知识点

1）正投影的基本性质，三视图的投影规律。
2）平面立体、回转体三视图的画法以及尺寸注法。
3）特殊位置直线、平面的投影特性。
4）平面内取点、取线的作图方法。
5）两直线平行、相交以及直线与平面平行、相交的作图问题。
6）利用辅助线（纬圆、素线）求回转面上的点、线投影的作图方法。
7）截交线、相贯线的性质以及形状决定因素的分析。
8）截交线、相贯线的作图步骤和方法。

四、考核要求

1. 投影法、三视图的投影规律以及基本体的三视图画法和尺寸注法

（1）识记　投影法的分类；平面立体及回转体的分类。

（2）领会　正投影的基本性质；三视图的投影规律；平面立体、回转体三视图的形成和投影特点；回转面上素线、纬圆以及转向轮廓线的性质和投影特性。

（3）简单应用　平面立体、回转体三视图的画法以及尺寸注法。

2. 几何元素的投影分析

（1）识记　点的三面投影图的形成及其画法；点的投影与其直角坐标的关系。重影点的概念；各种特殊位置直线、平面的三面投影及其投影特性；直线上点的投影特性。

（2）领会　点的投影规律；根据点的三面投影判定该点的空间位置（即点对三个投影面的相对位置）的方法；根据点的两投影求作第三投影的方法；根据两点的投影图判定该两点的相对位置（即左右、前后、上下的位置关系）的方法；根据重影点的投影图判别其重合投影的可见性的方法；在特殊位置直线的三面投影中，判断该直线的长度及其对投影面的倾角大小；直线与平面、平面与平面相对位置的投影特性。

（3）简单应用　平面内取点、取线的作图方法；应用两直线、直线与平面各种相对位置的投影特性，求解两直线平行、相交以及直线与平面平行、相交的作图问题；在立体三视图上，从给出的直线或平面的投影，判定其对投影面的相对位置；利用辅助线（纬圆、素线）求回转面上的点、线投影的作图方法。

3. 截交线、相贯线的投影分析

（1）识记　截交线、相贯线的基本性质及决定其形状的因素；截交线、相贯线投影的作图步骤和方法；平面与圆柱、圆锥、球相交时相应截交线的形状特点。两回转体同轴相贯时相贯线的形状和投影特点。

（2）领会　平面与棱柱、棱锥相交，其截交线形状的分析和作图方法；平面与圆柱、圆锥、球、圆弧回转体相交，其截交线形状的分析和作图方法；在两圆柱轴线垂直的情况下，两圆柱大小、相对位置的变化对相贯线形状变化的影响规律。

（3）简单应用　用一个或两个平面截切平面立体或回转体后，由其两投影求作第三投影；两圆柱轴线垂直相交，求作其相贯线；画出两同轴回转体相交的相贯线。

（4）综合应用　用一个或多个平面截切（主要是构成矩形切口或穿孔）平面立体、回转体或组合回转体后，求截交线投影的作图；圆柱与组合回转体相交，求相贯线投影的作图。

五、本章重点、难点

本章重点是三视图的投影规律；立体上特殊位置直线、特殊位置平面的投影特点；回转面上求点、线的作图方法；截交线、相贯线形状的空间分析和投影分析以及作图步骤和方法。难点是截交线和相贯线的投影分析以及作图方法。

第 3 章　组　合　体

一、学习目的与要求

组合体是由基本几何体组合而成的。学习组合体的视图画法、尺寸注法、读图方法，目的是掌握形体分析法、线面分析法，进一步提高形体分析、投影分析、绘图读图以及空间想

象的能力。由于本章起着承前启后的重要作用，因此，学习要求是：能够熟练运用形体分析法对组合体进行空间分析、投影分析，能够掌握运用形体分析法画组合体视图、标注尺寸以及读图的方法，为本门课程的学习打下坚实的基础。

二、课程内容

第一节为组合体的构成及相邻形体表面的关系；第二节为组合体视图的画法；第三节为组合体的尺寸注法；第四节为读组合体视图的方法。

三、考核知识点

1）组合体三视图的画法。

2）组合体尺寸标注的要求和注法。

3）读组合体视图的方法和步骤。

四、考核要求

1. 识记

1）组合体的构成方式。

2）组合体上相邻形体表面之间的关系。

2. 领会

1）形体分析法的要领。

2）线面分析法的要领。

3）组合体尺寸标注的基本要求。

4）组合体尺寸的分类。

3. 简单应用

1）组合体三视图的画法。

2）常见柱体的尺寸注法、组合体表面含交线时的尺寸注法。

3）标注组合体尺寸的步骤和方法。

4. 综合应用

综合应用形体分析法、线面分析法读组合体视图。能根据已知视图想象出组合体的空间形状，并能够补全视图中所缺的图线，画出其他视图，并标注尺寸。

五、本章重点、难点

本章重点是形体分析法的应用。难点是读懂组合体的两视图，想象出组合体的空间形状并画出第三视图，以及组合体的尺寸标注。

第 4 章 轴 测 图

一、学习目的与要求

轴测图具有立体感，直观性强，是工程中的辅助图样。学习绘制轴测图可帮助和增强空间想象能力。本章要求熟悉轴测图的基本概念，掌握正等轴测图的画法。

二、课程内容

第一节为轴测图的基本知识；第二节为正等轴测图的画法。

三、考核知识点

1）轴测图的分类及其投影特性。

2）轴测图的形成，轴间角、轴向伸缩系数的定义。

3）正等轴测图的形成及有关基本概念；平面立体、回转体和组合体的正等轴测图的画法。

四、考核要求

1. 识记

正等轴测图的轴间角、轴向伸缩系数（以及简化系数）。

2. 领会

1）轴测图的投影特性：平行性和定比性。
2）轴测图的轴测轴与正投影图的投影轴之间的对应关系。
3）与三个坐标面平行的圆的正等测图——三个椭圆的形状、大小相同，但方向各不相同。

3. 简单应用

1）绘制平面立体的正等轴测图。
2）用近似椭圆作平行于坐标面的圆的正等轴测图。
3）绘制圆柱体、圆角、圆锥体和球体的正等轴测图。

4. 综合应用

用坐标法、切割法结合形体分析绘制组合体的正等轴测图。

五、本章重点、难点

本章重点是利用坐标法、切割法结合形体分析绘制基本几何体和组合体的正等轴测图。难点是建立轴测图的轴测轴与正投影图的投影轴之间的对应关系；平行于坐标面的圆的正等轴测图的画法；组合体的正等轴测图的画法。

第5章 机件形状的表示方法

一、学习目的与要求

学习《技术制图》《机械制图》国家标准中机件的表示方法，为绘制和阅读机械图样打下基础。本章要求掌握视图、剖视图、断面图、局部放大图的画法以及简化画法等。能够在掌握这些表示方法的定义、画法、配置规定和标注方法的基础上，学会灵活运用。

二、课程内容

第一节为视图；第二节为剖视图；第三节为断面图；第四节为其他表示方法；第五节为第三角画法简介。

三、考核知识点

1）基本视图、向视图、局部视图和斜视图的定义、画法、配置、标注和应用。
2）剖视图的概念、画法和标注。剖视图的种类（全剖视、半剖视和局部剖视），剖切平面的种类（单一、几个平行、几个相交的剖切平面等）以及它们的应用。
3）断面图的定义、种类、画法、标注和应用。
4）局部放大图、简化画法和省略画法的规定。
5）采用第三角画法的基本视图的定义、名称和配置。

四、考核要求

1. 识记

1）各种视图的定义。

2）各种剖视图的定义。

3）两种断面图的定义。

2．领会

1）各种视图的定义、画法和标注。理解必要时可用虚线画出机件不可见轮廓。

2）各种剖视图的定义、画法和标注。熟悉剖面区域的表示方法；理解剖视图中必要时才画出机件不可见轮廓的含义；领会剖视图省略标注的具体条件和省略内容（包括全部或部分省略）。

3）两种断面图的定义、画法和标注。两种断面图轮廓线绘制上的区别。领会移出断面图中某些结构应按剖视要求绘制的规定。领会省略断面图标注的具体条件和省略内容（包括全部或部分省略）。

4）剖视图中常用的简化画法，如纵剖肋、轮辐、薄板的画法以及圆盘上均布小孔等的画法。

5）局部放大图的画法和标注。

6）第三角画法。

3．简单应用

根据给出机件的视图，通过形体分析画出：

1）其他指定的视图。

2）指定的剖视图。

3）指定的断面图。

4．综合应用

根据给出机件的视图，通过形体分析画出适当的剖视图和断面图。

五、本章重点、难点

本章重点是用单一剖切平面剖开机件获得的三种剖视图（全剖、半剖和局部剖）的定义、画法和标注；断面图的概念、画法和标注方法。难点是剖视图的画法和标注方法；移出断面图的画法和标注方法；肋纵剖的规定画法；重合断面图的画法。

第6章　零　件　图

一、学习目的与要求

零件图是机械图样的重要部分。学习零件图的绘制和阅读，需综合应用前面学过的制图知识。所绘制的零件图应能完整、清楚地表示零件的结构形状和大小，以及技术要求等。

二、课程内容

第一节为零件图的作用和内容；第二节为零件图的技术要求；第三节为零件上的常见结构；第四节为零件图的视图；第五节为零件图的尺寸标注；第六节为读零件图。

三、考核知识点

1）零件图的作用和内容。

2）零件图视图选择的基本要求，主视图选择的原则、其他视图的选择。

3）零件图尺寸标注的基本要求、尺寸基准的选择、主要尺寸和其他尺寸的标注等。

4）尺寸公差的基本概念（尺寸公差，配合与配合类别有关术语的含义）与标注方法。几何公差的基本概念和标注方法。

5）零件图中表面结构要求的注法。

6）螺纹的规定画法，以及零件上常见结构的作用、画法和尺寸注法。

7）读零件图的方法和步骤。

四、考核要求

1. 识记

1）零件图的作用和内容；零件的分类。

2）互换性的概念，尺寸公差、几何公差的概念。

3）零件表面结构图形符号的含义、画法及标注方法。

4）螺纹的五要素，螺纹导程、线数和螺距间的关系；标准螺纹的牙型代号；管螺纹尺寸代号的含义及其标注方法。

5）根据实物或零件立体图绘制零件图的步骤和方法。

2. 领会

1）极限偏差、尺寸公差以及间隙、过盈和配合等术语的含义及其相互关系。

2）内螺纹和外螺纹的工艺结构及其画法、查表方法和尺寸注法。

3）零件图视图选择的基本要求：在便于看图的前提下，选用适当的视图、剖视图和断面图等表示法，将零件的结构形状完整、清晰地表达出来，并力求作图简便。

4）主视图要求反映零件的主要形状特征和工作或加工位置。

5）其他视图的选择要根据视图选择的基本要求和零件的内外结构形状，配合主视图，优先考虑选用基本视图并作适当剖视图和断面图，使各视图有明确的表达重点，视图数目恰当。

6）零件图尺寸标注的基本要求：符合国家标准、完整、清晰和合理。

7）尺寸基准的概念；主要尺寸应直接注出。

3. 简单应用

1）螺纹的规定画法：外螺纹、内螺纹和内外螺纹旋合的画法。

2）常见标准螺纹完整标记的内容及其标注方法。

3）零件上各种槽、孔、倒角等和铸造结构（如铸造圆角）的作用、画法和尺寸注法（查阅标准手册）。

4）会根据给出的相互配合的孔与轴的公称尺寸、配合种类、公差等级和相应基本偏差代号，在零件图、装配图上标注尺寸公差和配合尺寸。

5）读零件图，分析零件的种类、作用、所用材料，能够解释零件各视图的作用，确定长、宽、高方向的尺寸基准，分析各表面粗糙度选用的差别。

4. 综合应用

1）绘制零件图。零件图视图配置恰当，标注正确；尺寸标注符合国家标准，完整清晰并合理；表面结构代号标注正确；标题栏各项内容填写齐全；会根据给出的尺寸公差带或上下偏差数值正确注出尺寸公差。

2）按照读零件图的步骤和方法能读懂零件图。

五、本章重点、难点

本章重点是尺寸公差；表面结构的表示法；螺纹的画法和尺寸标注；零件图的视图选择和尺寸注法。难点是螺纹的画法；零件图的视图选择和尺寸注法；读零件图。

第7章 标准件和常用件

一、学习目的与要求

在机器或部件中，螺栓、螺钉、螺母、垫圈、键、销和滚动轴承等零部件使用量大，为了大批生产，保证质量，便于使用，它们的结构形式、尺寸等均已标准化，所以统称标准件。齿轮和弹簧是机器上的常用零件。掌握以上标准件和常用件的结构形式、标记、查表方法和规定画法，为后续画装配图打下基础。

二、课程内容

第一节为螺纹紧固件；第二节为键；第三节为销；第四节为齿轮；第五节为弹簧；第六节为滚动轴承。

三、考核知识点

1）常用螺纹紧固件的标记及其联接装配图画法。
2）平键、半圆键的标记及其联结装配图画法。
3）圆柱销、圆锥销的标记及其联接装配图画法。
4）齿轮的用途和种类。直齿圆柱齿轮各部分名称、基本参数和尺寸关系。
5）直齿圆柱齿轮的画法和尺寸注法。
6）弹簧的用途和种类。圆柱螺旋压缩弹簧各部分名称。
7）圆柱螺旋压缩弹簧的画法和尺寸注法。
8）滚动轴承的代号及标记，滚动轴承的简化画法。

四、考核要求

1. 识记

螺纹紧固件、键、销、齿轮和弹簧的用途和种类；滚动轴承的代号及标记。

2. 领会

1）常见螺纹紧固件的标记、查表方法以及螺纹联接装配图的画法。
2）平键的标记和查表方法；轴上、轮毂上键槽的画法和尺寸注法；键联结装配图的画法。
3）圆柱销、圆锥销的标记和查表方法；销孔的尺寸注法；销联接装配图的画法。
4）直齿圆柱齿轮轮齿部分分度圆、模数等的定义。分度圆直径与模数、齿数的关系，以及轮齿部分其他尺寸与模数的关系。
5）直齿圆柱齿轮轮齿部分的画法、尺寸注法及其啮合画法（剖视图、视图）。
6）圆柱螺旋压缩弹簧的标记，各部分名称如弹簧直径、弹簧中径、自由高度等。
7）圆柱螺旋压缩弹簧的作图步骤、尺寸注法及其在装配图中的画法。
8）滚动轴承的简化画法。

3. 简单应用

1）绘制螺栓、螺钉、双头螺柱联接装配图。
2）会根据给出的轮、轴的视图绘制平键联结装配图。

五、本章重点、难点

本章重点是螺纹紧固件的标记、查表方法以及螺纹联接装配图的画法；键联结的画法。难点是常用螺纹紧固件的查表方法、螺纹联接装配图的画法。

第 8 章 装 配 图

一、学习目的与要求

学习装配图的画法和读装配图的方法，要求能绘制和阅读中等复杂程度的装配图（所绘制装配图中非标准零件 8 件左右），并能由装配图拆画出零件图。

二、课程内容

第一节为装配图的作用和内容；第二节为装配图的图样画法；第三节为装配图中的尺寸标注和技术要求；第四节为装配图中零（部）件的序号、明细栏和标题栏；第五节为画装配图；第六节为读装配图及拆画零件图的方法。

三、考核知识点

1）装配图的作用和内容。
2）装配图的规定画法和简化画法等。
3）装配图中需要标注的几种尺寸。
4）装配图中零件编号、明细栏和标题栏。
5）部件装配结构、装配图的视图选择以及画装配图的方法和步骤。
6）读装配图的方法、步骤和拆画零件图的方法。

四、考核要求

1. 识记

1）装配图的作用和内容。
2）装配图的规定画法、特殊画法、简化画法和假想画法（包括两零件接触表面的表示方法，各零件剖切后剖面线画法，实心轴、杆等在剖视图中的画法以及拆卸、假想画法等）。
3）装配图中零（部）件序号的编制规则和编排方法；明细栏、标题栏的格式和内容。

2. 领会

1）装配图的视图表示要求：表明部件的工作原理、结构特征、各零件的相对位置和装配连接关系。
2）主视图要求表示部件的结构特征和工作位置。
3）对视图尚未表示清楚的装配关系和零件结构形状，选用其他视图表达。
4）分析清楚部件各部分装配干线，按照画装配图的方法和步骤，会用自内向外和自外向内相结合的方法绘制装配图。
5）装配图要求标注部件的规格尺寸、装配（包括配合尺寸）尺寸、安装尺寸、外形和其他重要尺寸。

3. 综合应用

能读懂中等复杂程度的装配图。按读装配图的方法，了解其名称、用途和工作原理；弄清各零件的相对位置、装配连接关系及拆装顺序；弄清各零件的名称、数量、材料和作用；弄清装配图中标注的各个尺寸。拆画出指定零件的零件图，能够按零件图要求选择视图，补画出在装配图中简化了的工艺结构（圆角、倒角、槽等），能够"抄、查、算、量"标注零件图的尺寸。

五、本章重点、难点

本章重点是装配图的画法、读装配图和拆画零件图的方法；难点是读装配图和拆画零件图。

第 9 章　计算机绘图基础

一、学习目的与要求

了解计算机绘图技术的发展历程，为学习计算机辅助设计打好基础。本章要求了解计算机绘图的意义、作用，并能初步运用三维参数化机械设计软件进行零件建模、部件装配及工程图创建。

二、课程内容

第一节为计算机辅助设计技术简介；第二节为三维计算机辅助设计软件应用。

三、考核知识点

1）计算机辅助设计技术的发展历程。

2）数字样机技术的特点。

3）应用 Inventor 软件进行零件建模、部件装配及工程图创建时的主要流程和操作方法。

四、考核要求

1. 识记

1）Inventor 软件的各工作环境界面组成元素的含义。

2）Inventor 软件在零件建模、部件装配及创建工程图中使用的基本工具图标按钮。

2. 领会

1）零件建模、部件装配及工程图创建的主要流程。

2）对草图轮廓进行几何形状约束和尺寸约束的作用。

3）装配约束的作用。

3. 简单应用

1）选择标准模板创建零件文件、装配文件、工程图文件的步骤。

2）创建二维轮廓草图的主要绘图工具和约束工具：直线、圆弧、圆；构造线、中心线；投影几何图元；尺寸约束、水平约束、竖直约束、重合约束、等长约束、平行约束、同心约束等。

3）零件造型所需添加的主要特征：拉伸、旋转、孔、螺纹、倒角、圆角；阵列、镜像等。

4）部件装配中装载零部件的方法。

5）部件装配中添加装配约束：配合约束、角度约束、相切约束、插入约束等。

6）工程图中创建基础视图、剖视图、断面图的方法。

7）创建零件工程图：各种视图、剖视图；尺寸标注；中心线；表面粗糙度标注；填写标题栏。

8）创建装配工程图：各种视图、剖视图；尺寸标注；中心线；标准件或实心件沿纵向剖切时"不参与剖切"的方法；序号引出及排序；创建明细栏。

9）在浏览器中进行各种编辑的方法。

五、本章重点、难点

本章重点和难点内容是零件建模、部件装配和创建工程图。

Ⅳ 关于大纲的说明与考核实施要求

一、自学考试大纲的目的和作用

课程自学考试大纲是根据专业自学考试计划的要求，结合自学考试的特点制订的。其目的是对个人自学、社会助学和课程考试命题进行指导和规定。

课程自学考试大纲明确了课程自学内容及其深广度，规定了课程自学考试的范围和标准，是编写自学考试教材、社会助学、个人自学和自学考试命题的依据。

二、关于自学教材

《机械制图》《机械制图习题集》，全国高等教育自学考试指导委员会组编，许睦旬、罗爱玲任主编，机械工业出版社出版，2024 年版。

三、关于考核内容及考核要求的说明

1）课程中各章的内容均由若干知识点组成，在自学考试命题中知识点就是考核点。因此，课程自学考试大纲中所规定的考核内容是以分解为考核知识点的形式给出的。因各知识点在课程中的地位、作用以及知识自身的特点不同，自学考试将对各知识点分别按四个认知层次确定其考核要求（认知层次的具体描述请参看Ⅱ考核目标）。

2）按照重要性程度不同，考核内容分为重点内容和一般内容。为有效地指导个人自学和社会助学，本大纲指明了课程的重点和难点，在各章的"学习目的与要求"中也指明了本章内容的重点和难点。在本课程试卷中重点内容所占分值一般不少于 60%。

3）本课程共 7 学分（含实践环节 1 学分）。注重理论联系实际，实践性较强。学习者只要能够顺利完成平时的习题和作业，即可获得实践环节的 1 学分。

四、关于自学方法的指导

为帮助考生养成良好的自学习惯和提高自学能力，根据自学和本课程的特点，提出以下几点自学的注意事项，供考生参考。

1）《机械制图自学考试大纲》是学习和考核的依据。在开始学习每章前，须先认真阅读大纲中的相应部分，了解学习该章的目的与要求、课程的有关内容、考核知识点及其重点与难点、考核要求等，以便学习时心中有数。

2）自学教材时，要逐段细读并联系图例边读边思，做到吃透内容。对基本概念必须正确理解，基本理论必须彻底弄清，基本作图方法必须熟练掌握。

3）为熟练掌握教材内容，特别是其中的重点与难点，要边读书，边抄画图例（可先用透明纸描下题设条件，然后按教材中阐明的方法与步骤作图），这将有助于对重点、难点内容的理解，能不断提高自学能力。

4）在弄懂教材内容的基础上，对考核要求的内容，要牢固记住或默画出相应的图形。

5）做好习题和作业能够帮助理解、消化和巩固所学知识，培养分析问题和解决问题的能力，也是训练绘图与读图技能的重要环节。因此，在自学完一章教材内容后，一定要及时、认真地完成规定的作业。在完成《机械制图习题集》每章规定的习题与作业后，可与附在网上网址中的题解参考答案进行核对。如发现自己作的答案有错，则须分析原因并及时改正。

6）绘图时必须正确使用绘图工具与仪器，严格遵守"技术制图"和"机械制图"国家

标准，并做到投影正确、线型分明、字体工整、尺寸齐全和图面整洁。同时，还应不断提高绘图的熟练程度。

7）学习标准件、常用件、零件图、装配图等与生产有密切关系的内容时，应尽可能去工厂参观了解零件加工和部件装配等生产过程，增加感性知识，有利于绘图和读图能力的提高。

8）机械制图是一门实践性较强的课程，完成平时习题和作业的训练对学习效果的影响很大。在做习题和作业时，须对题设图形进行分析（包括形体分析、投影分析、尺寸分析），弄清题目给出的条件与要求后，才可着手解题与绘制。当通过与参考答案核对发现完成的个别习题作业有错误，但自行更正又存在困难时，建议先在辅导老师的解题思路和作图方法指导下加强理解，再完成习题和作业。

9）由于个别章节的内容具有相对的独立性，因此考生不必完全按照大纲提出的章节次序进行自学，可自行调整。如第 4 章"轴测图"、第 9 章"计算机绘图基础"可适当提前，这并不影响本课程主要内容的系统性。

五、关于习题、作业和自学时间分配的建议

1. 习题和作业的建议

《机械制图习题集》包含了考试大纲要求的所有内容，但练习题是经过精简的典型习题。通过完成习题的练习，一般能够掌握机械制图的基本要求。但是，对于部分学生而言，还需要补充更多的练习才能够充分理解和掌握所学内容。建议学生针对学习中的薄弱环节适当选择相关参考习题进行练习。

2. 学习计算机绘图的建议

应用三维参数化软件进行计算机绘图和设计是技术发展的趋势，也是目前企业实践的现实。建议学生在学习过程中多上机练习，并且不断总结建模思路和技巧，达到熟练应用的水平。

3. 自学时间的建议

自学时间包括阅读教材、做习题作业、上机等，建议安排共约 200 小时。

六、对社会助学的要求

1）参加社会助学的教师应熟悉自学考试大纲所提出的本课程的基本要求、各章考核知识点和指定的自学教材，特别要明确考核要求中对所学知识点及相应能力层次的具体要求，以便做到辅导时心中有数，有的放矢。

2）助学教师应以自学考试大纲为依据，指定教材为基础，不要随意增删内容，防止辅导内容与自学考试大纲脱节，失去社会助学的应有作用。同时，助学教师应加强学习方法的指导，提倡并要求学生坚持"精学教材，广做习题，主动争取帮助，依靠自己学通"的学习方法。

3）助学教师应组织好辅导答疑。辅导答疑时，要检查考生习题、作业的完成情况，要注重基础，突出重点；善于启发引导，对考生提出的问题，不要直接回答，而是让考生自己说明题意和解题思路，从而发现问题，有针对性地给予指导，引导考生自己找出问题，从而培养和提高考生分析问题、解决问题的能力。

4）要注意向考生讲清试题的难易并非与能力层次的高低有关，须知，在各个能力层次中都存在着不同难度的试题，两者不是同一个概念。

5）社会助学单位应加强与有关部门、学校的联系，为自学机械制图课程的考生提供符合要求的学习条件，如模型以及零部件测绘实物等，更好地为自学考试服务。

6）计算机绘图基础是机械制图课程教学内容的重要组成部分，为确保这部分教学计划的实施，助学单位须为考生提供一定机时的上机操作条件，并予以辅导和作业考核，特别是对于无计算机基础的考生，应帮助他们了解 Windows 的最基本操作。

七、关于命题和考试的若干规定

1）本大纲各章所规定的考核知识点和考核要求都属于考试的内容。考试命题覆盖到章，并适当突出重点章节。

2）本课程在考试中对不同能力层次要求的分数比例大致为：识记占 15%，领会占 30%，简单应用占 35%，综合应用占 20%。

3）要合理安排试题的难易程度，试题的难易程度可分为：易、较易、较难和难四个等级。每份试卷中不同难度试题的分数比例一般为：2∶3∶3∶2。

4）本课程考试题的题型主要有：单项选择题、填空题和作图题。作图题可以有：点线面、截交线和相贯线作图题；组合体作图题；组合体尺寸标注题；表达方法、标准件和常用件作图题；读装配图并拆画零件图题等。

5）考试方式为闭卷、笔试，考试时间为 150 分钟。考试时只允许带笔、橡皮、绘图仪器、三角板（丁字尺），不允许带制图教材、自学辅助书等。答卷必须使用蓝色或黑色钢笔或圆珠笔书写，作图题可使用铅笔。

Ⅴ 题型举例

一、单项选择题 在每小题列出的备选项中只有一项是最符合题目要求的，请将其选出。

1. 图样中所标注的尺寸（　　）。
   A. 是所示机件的最后完工尺寸　　　　B. 是所绘图样的尺寸
   C. 表示机件的大小　　　　　　　　　D. 必须标注计量单位的代号或名称

2. 计算机绘图中，下列属于拉伸特征的是（　　）。

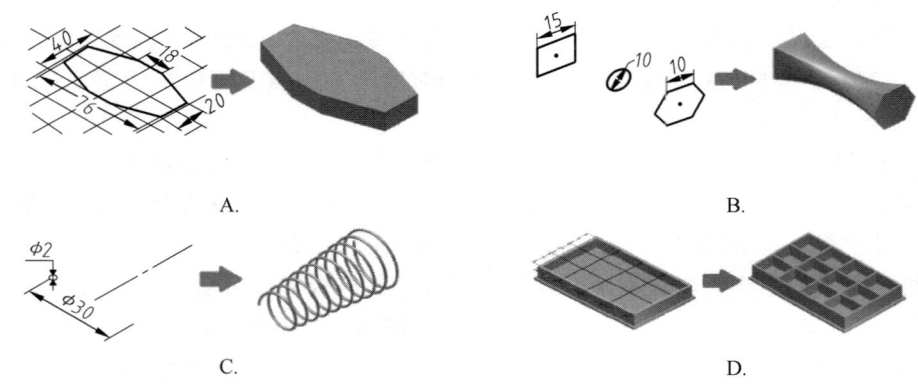

　　　　　　A.　　　　　　　　　　　　　　　　B.

　　　　　　C.　　　　　　　　　　　　　　　　D.

二、填空题 请在每小题的空格中填上正确答案。错填、不填均无分。

看懂带轮零件图（见图 1），回答下列问题：

1. 该零件在四类典型零件中属于_____类零件。
2. 右边图形是_____视图。
3. 零件的材料牌号是_____。

4. 有尺寸公差要求的尺寸有_____个。
5. 键槽工作面的表面结构要求中的 Ra 值是：_____。

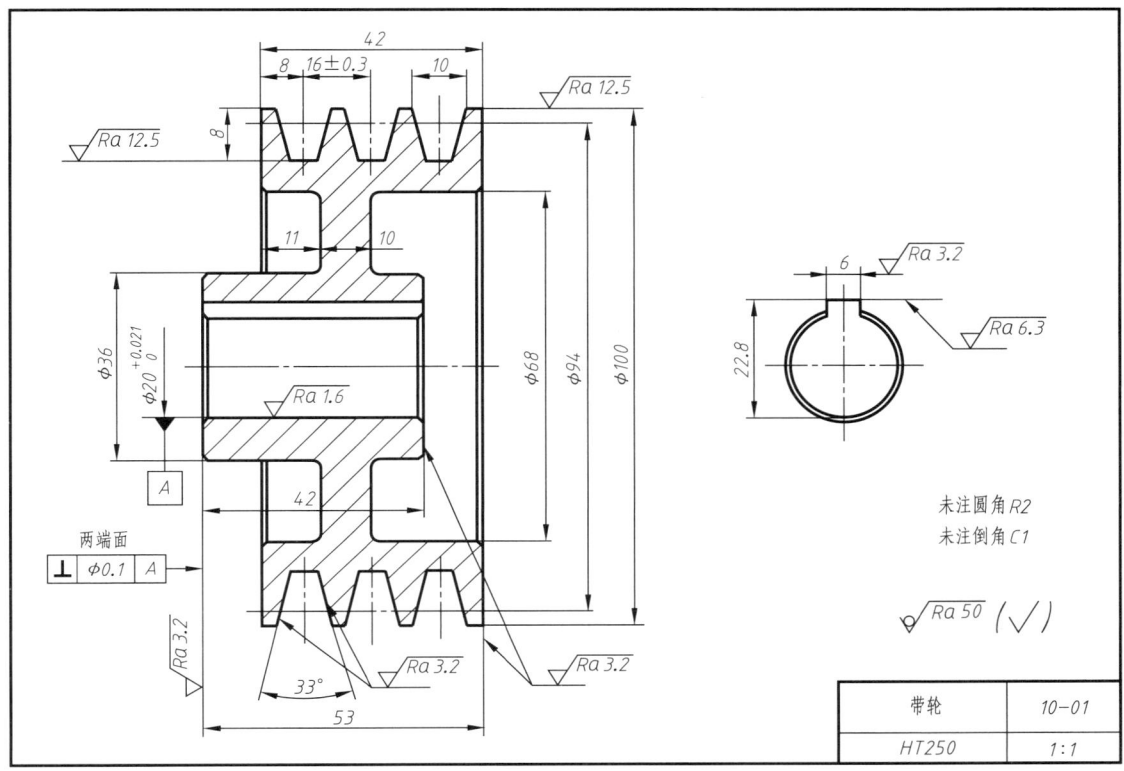

图 1

三、作图题

1. 点线面、截交线和相贯线作图题
（1）完成四边形 ABCD 的水平投影（图 2）。
（2）已知立体的主视图和俯视图，补画左视图中截交线、相贯线及轮廓线的投影（图 3）。

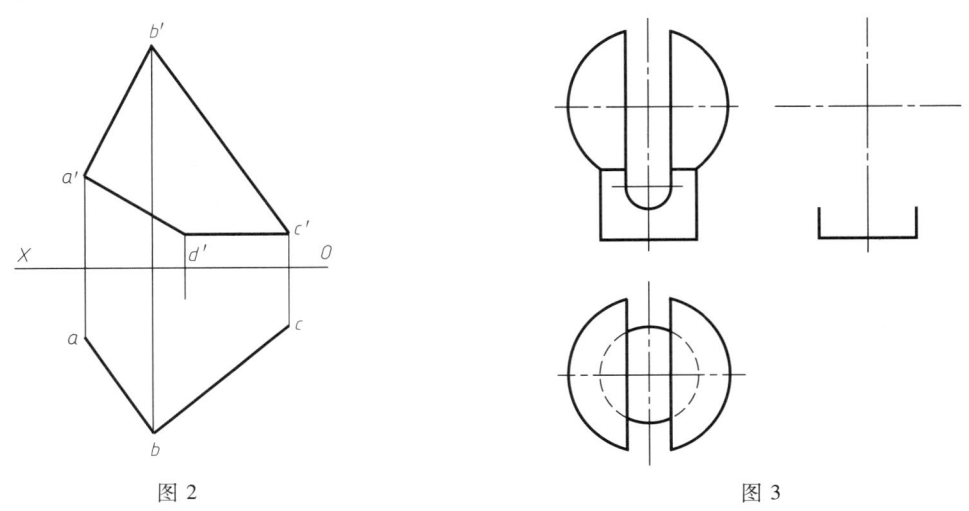

图 2　　　　　　　　　　　　　　图 3

2. 组合体作图题及组合体尺寸标注题

（1）已知立体的主视图和俯视图，作出左视图（虚线不能省略）（图4）。

（2）标注组合体的尺寸（尺寸数值按1∶1从图中量取，取整数）（图5）。

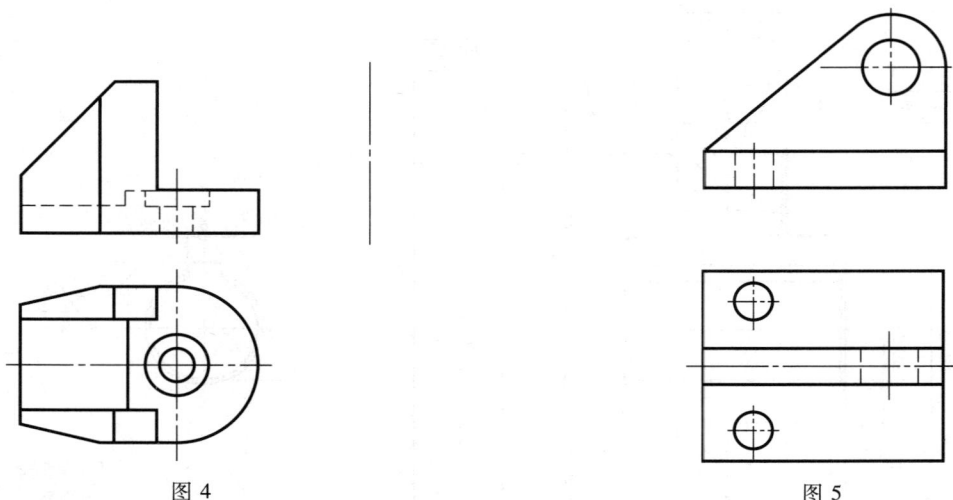

图 4　　　　　　　　　　　　　　图 5

3. 表达方法、标准件和常用件作图题

（1）根据俯视图和 A 向视图，在中间指定位置处将立体的主视图画成 $B—B$ 全剖视图（图6）。

（2）补全简化画法螺栓联接装配图中所缺的线（图7）。

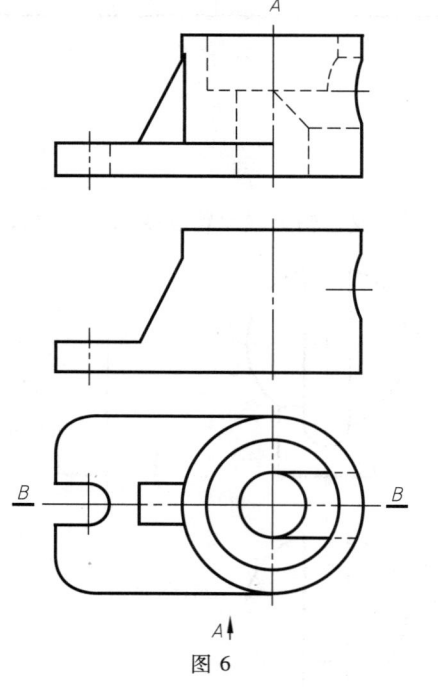

图 6

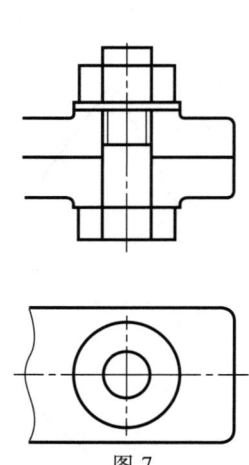

图 7

大 纲 后 记

《机械制图自学考试大纲》是根据《高等教育自学考试专业基本规范（2021年）》的要求，由全国高等教育自学考试指导委员会机械及轻纺化工类专业委员会组织制定的。

机械及轻纺化工类专业委员会对本大纲组织审稿，根据审稿会意见由编者做了修改，最后由机械及轻纺化工类专业委员会定稿。

本大纲由西安交通大学许睦旬教授、罗爱玲教授编写；参加审稿并提出修改意见的有西安建筑科技大学雷光明教授、西安科技大学李勇教授。

对参与本大纲编写和审稿的各位专家表示感谢。

全国高等教育自学考试指导委员会
机械及轻纺化工类专业委员会
2023 年 9 月

全国高等教育自学考试指定教材

机械制图

全国高等教育自学考试指导委员会　组编

编 者 的 话

本书是在全国高等教育自学考试指定教材《机械制图（一）》（2012 年版）基础上，根据全国高等教育自学考试指导委员会制定的机械类专业《机械制图自学考试大纲（2024 年版）》，重新编写而成的。本书有以下特点：

1. 执行《机械制图自学考试大纲（2024 年版）》的要求，并根据自学考试的特点，以突出自学和实用性为宗旨，内容全面，表述精炼。
2. 贯彻最新"技术制图"和"机械制图"国家标准的相关内容。
3. 对画法几何部分的内容进行了大幅度精简，以满足制图需要为依据，突出了投影理论的实用内容，重点清晰。
4. 在机械制图部分，将零件图技术要求以及零件上的常见结构，以独立的小节编入零件图一章，使该章内容完整、结构紧凑。
5. 结合计算机绘图技术的新发展，介绍了三维参数化设计软件的基本应用方法，目的是使学生了解三维设计软件的基本功能，并能够初步应用软件创建简单模型和工程图，以软件为工具实现辅助学习。

与本书配套使用的，是由许睦旬、罗爱玲主编的《机械制图习题集》，与本书同时出版发行。

参加本书编写工作的有：许睦旬（绪论、第 6 章、第 8 章、附录）、张四聪（第 1 章、第 4 章）、郑镁（第 2 章、第 3 章）、罗爱玲（第 5 章、第 7 章）和肖尧（第 9 章）。全书由许睦旬、罗爱玲担任主编，张四聪、郑镁和肖尧担任副主编。

本书由西安建筑科技大学雷光明教授和西安科技大学李勇教授审阅，他们提出了许多宝贵的指正意见和建议，在此编者表示衷心感谢。

本书在编写过程中得到了全国高等教育自学考试指导委员会机械及轻纺化工类专业委员会的指导和帮助，在此一并表示感谢。

由于水平所限，书中难免有错误和不妥之处，敬请读者批评指正。

编　者
2023 年 9 月

绪　　论

本课程是一门研究如何绘制和阅读机械图样的理论和方法的技术基础课，主要内容有正投影理论、机械图样的表达方法及"技术制图""机械制图"国家标准的有关规定。

在现代工业生产中，各种机械设备、仪器、仪表等都是根据图样来加工制造的。图样不仅是指导生产的重要技术文件，而且是进行技术交流的重要工具。因此，图样是每个工程技术人员都必须掌握的"工程界的语言"。

本课程的目的和任务：
1）学习投影法的基本理论及其应用，培养绘制和阅读机械图样的能力。
2）学习、贯彻国家标准有关制图的规定，初步具备查阅有关标准的能力。
3）学习仪器绘图、徒手绘图和计算机绘图的基本方法和技能。
4）培养空间想象能力和空间思维能力。
5）培养认真负责的工作态度和严谨细致的工作作风。

本课程的学习方法：
1）本课程是一门实践性较强的课程，因此，在学习中必须注重理论联系实际。
2）要掌握形体分析法和投影规律的分析，注意"从空间到平面，再从平面到空间"的分析和思考，不断提高读图和绘图的能力。
3）课后应及时复习，独立完成作业。在完成作业的过程中，必须严格遵守国家标准有关规定，掌握正确的绘图方法，注意培养良好的工作作风，做到认真细致，严格要求。
4）本课程与工程实际紧密相关，要注意学习和积累相关工程实际知识，做到多看、多想、多画。

对于自学本课程的学习者，领会下列学习方法对掌握学习内容有所帮助。

1）学好教材内容是自学本课程的主要环节。首先应按计划循序渐进地学习。在学习每章之前，先认真阅读《机械制图自学考试大纲》的相应部分，了解本章的学习目的、考核要求和重点与难点，以便自学时心中有数。阅读教材时，应逐段细读，边读边思，对重点内容更应反复钻研。要读懂教材内容，必须将文字与图例紧密结合，对照领会。有的例题最好能动手照画一遍，做到看得懂且能画得出。自学每一章后，必须回答复习思考题，以检查对该章内容的理解情况。通过自学教材，要求对基本概念正确理解，对基本理论彻底弄清，对基本作图方法牢固掌握。

2）勤于实践是自学本课程的重要手段。在学习过程中，不仅要细读教材，更要做足一定数量的习题。只有充分完成作业训练，才能切实掌握本课程的主要内容和绘图、读图的基本技能。

3）注意绘图与读图相结合，重视由物体绘图和由图想象物体的训练；注重分析空间形体与其投影之间的对应关系；注意培养空间想象能力。

4）在完成制图作业时，要树立对生产实际负责的观念，严格遵守《技术制图》和《机械制图》国家标准的有关规定,树立认真负责的工作态度,并培养严谨细致的工作作风。

5)在学习三维计算机绘图时,不仅要学习计算机绘图的基本技能,还要能够综合运用绘图软件的各项功能,进行主体和机件建模、生成投影视图等。

在本课程的自学过程中,要有意识地培养自学能力,逐步提高分析和解决工程问题的能力。只要明确学习目的,掌握科学的学习方法,刻苦钻研,锲而不舍,就一定能自学好机械制图课程,并取得自学考试的成功。

第1章 制图基本知识和技能

图样是进行技术交流的重要工具,被称作"工程界的语言"。为了规范图样表达,我国制定并实施《技术制图》和《机械制图》国家标准,对图纸幅面、格式、比例、图线、字体,以及图样的各种表示方法作了明确的规定。本章主要介绍国家标准中有关图纸幅面、比例、字体、图线、尺寸标注等内容的基本规定,一些其他规定将在后续有关章节中介绍。本章还将介绍制图的基本方法和所要掌握的基本制图技能。

1.1 机械制图的基本规定

1.1.1 图纸幅面和格式(摘自 GB/T 14689—2008)[一]

1. 图纸幅画

绘制技术图样时,应优先采用表 1-1 中规定的基本幅面,必要时,允许加长幅面。加长幅面的尺寸由基本幅面尺寸的短边成整数倍增加后得出,具体尺寸请查阅 GB/T 14689—2008。

表 1-1 基本图纸幅面及图框格式 (单位:mm)

幅面代号	A0	A1	A2	A3	A4
$B\times L$	841×1189	594×841	420×594	297×420	210×297
e	20			10	
c	10			5	
a	25				

2. 图框格式

在图纸上必须用粗实线画出图框,其格式分为不留装订边和留有装订边两种,如图 1-1 所示,它们各自周边尺寸见表 1-1。但应注意:同一产品的图样只能采用一种格式。

3. 标题栏

每张图纸上都必须画出标题栏。标题栏的位置应位于图纸的右下角,如图 1-1 所示。

标题栏的格式和尺寸应按《技术制图 图纸幅面和格式》(GB/T 10609.1—2008)的规定绘制,标题栏的内容由更改区、签字区、其他区、名称及代号区组成,如图 1-2 所示。

在学习本课程期间,制图作业建议采用图 1-3 所示的标题栏格式。

1.1.2 比例(摘自 GB/T 14690—1993)

比例是指图中图形与其实物相应要素的线性尺寸之比。比值为 1 的比例,如 1:1,称为

[一] "GB"是国家标准的缩写,"T"是推荐的缩写,"14689"是《技术制图 图纸幅面和格式》标准的顺序号,"2008"表示该标准颁布的年号。

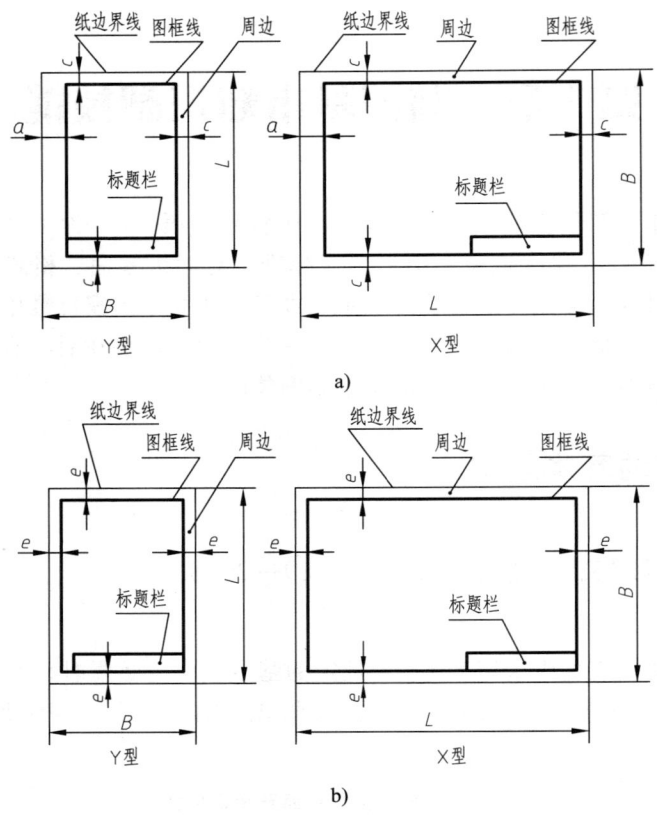

图 1-1 图框格式
a) 留有装订边图样的图框格式　b) 不留装订边图样的图框格式

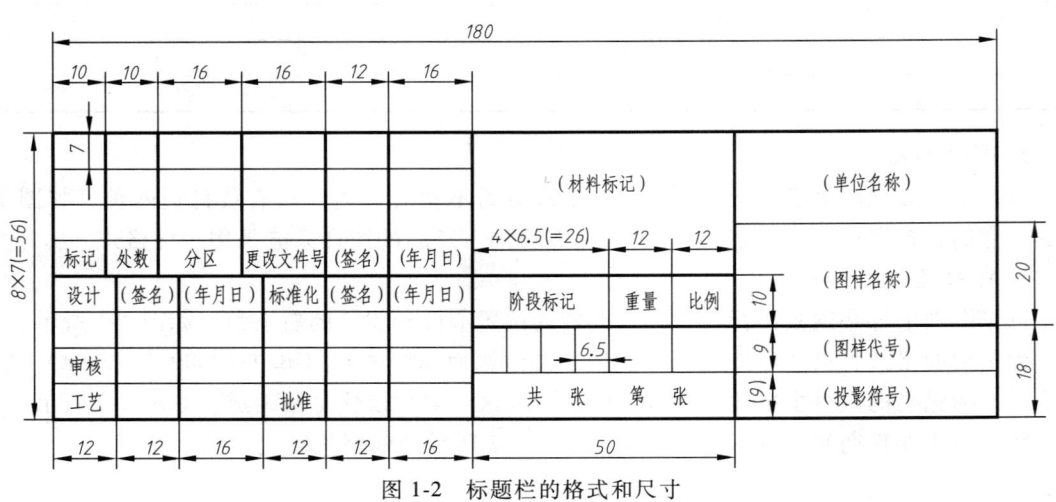

图 1-2 标题栏的格式和尺寸

原值比例；比值大于 1 的比例，如 2∶1，称为放大比例；比值小于 1 的比例，如 1∶2，称为缩小比例。

绘制图样时，应尽可能按原值比例画出，但由于物体的大小及结构的复杂程度不同，有时还需要放大或缩小。

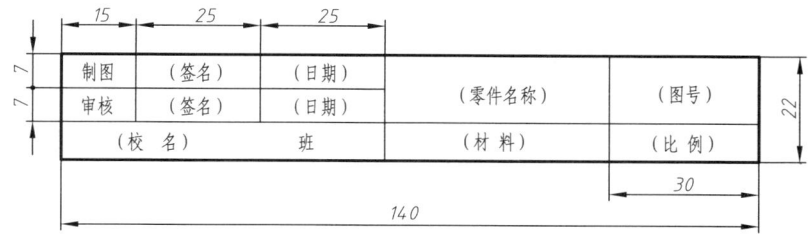

图 1-3 学习期间采用的标题栏格式

当需要按比例绘制图样时,应选择表 1-2 中规定的比例。

表 1-2 国家标准规定的比例

种 类	比 例				
原值比例	1:1				
放大比例	5:1	2:1	$5\times10^n:1$	$2\times10^n:1$	$1\times10^n:1$
	必要时,也允许选用: 4:1		2.5:1	$4\times10^n:1$	$2.5\times10^n:1$
缩小比例	1:2	1:5	1:10	$1:2\times10^n$	$1:5\times10^n$	$1:1\times10^n$
	必要时,也允许选用:1:1.5		1:2.5	1:3	1:4	1:6
	$1:1.5\times10^n$	$1:2.5\times10^n$	$1:3\times10^n$	$1:4\times10^n$	$1:6\times10^n$

注:n 为正整数。

在同一图纸上绘制的图样应尽可能采用相同的比例,并将比例填写在标题栏中的比例栏内。当某个图形需要采用不同的比例时,可按规定将比例标注在视图名称的下方或右侧。

图 1-4 所示为同一物体采用不同比例所画的图形。在图 1-4 中,同一物体虽然采用了三种不同的画图比例,但三个图形所标注的尺寸都是按物体的实际尺寸来标注的。

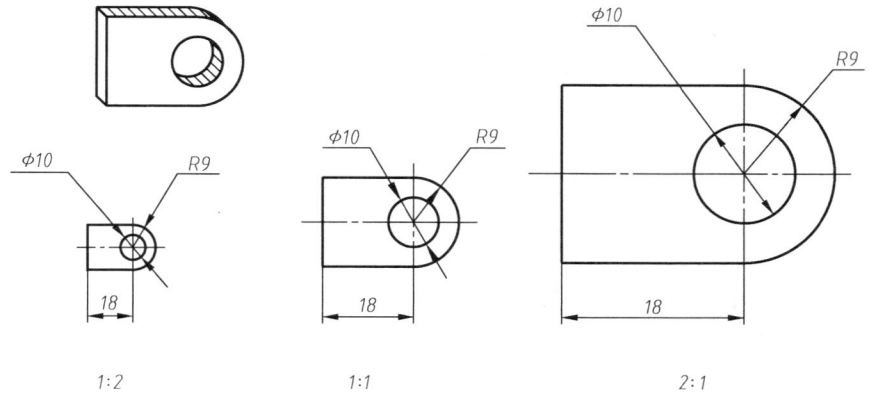

图 1-4 同一物体采用不同比例所画的图形

1.1.3 字体 (摘自 GB/T 14691—1993)

标准规定,图样中书写的字体必须做到字体工整,笔画清楚,间隔均匀,排列整齐。

1. 字体高度

字体高度(用 h 表示)的公称尺寸系列为:1.8mm,2.5mm,3.5mm,5mm,7mm,10mm,14mm,20mm。如需要书写更大的字,其字体高度应按 $\sqrt{2}$ 的比率递增。字体高度代表字体的号数,例如 10 号字即表示字体高度为 10mm 的字。

2. 汉字书写要求

汉字应写成长仿宋体字,并应采用中华人民共和国国务院正式公布推行的《汉字简化方案》中规定的简化汉字。汉字的高度 h 不应小于 3.5mm,其字宽一般为 $h/\sqrt{2}$。

书写长仿宋体汉字的要领是:横平竖直,起落分明,结构均匀,粗细一致,呈长方形。长仿宋体汉字的示例如图 1-5 所示。

10号字

字体工整　笔画清楚　间隔均匀

7号字

横平竖直注意起落结构均匀填满方格

5号字

技术要求机械制图电子汽车航空船舶土建建筑矿山井坑港口纺织服装

图 1-5　长仿宋体汉字示例

3. 字母和数字书写要求

技术图样中常用的字母有拉丁字母和希腊字母两种,常用的数字有阿拉伯数字和罗马数字两种。字母和数字可写成斜体或直体,一般采用斜体。斜体字的字头向右倾斜,与水平基准线呈 75°。斜体字母和数字的示例如图 1-6 所示。

图 1-6　斜体字母和数字的示例

对于图样中用作指数、分数、极限偏差、注脚等的数字或字母，一般应采用小一号的字体，应用示例如图 1-7 所示。

$$S^{-1} \quad D_1 \quad T_d \quad 10° \quad 7^{+0.01}_{-0.02} \quad \frac{3}{5}$$

图 1-7　字体组合应用示例

1.1.4　图线及其画法（GB/T 17450—1998、GB/T 4457.4—2002）

图线是指绘制图样采用的各种型式的线。所有线型的图线宽度（d）应按图样的类型、图的大小和复杂程度在数系：0.13mm，0.18mm，0.25mm，0.35mm，0.5mm，0.7mm，1mm，1.4mm，2mm 中选取，此数系的公比为$\sqrt{2}$（≈ 1.4）。

在机械图样中采用粗细两种线宽，其宽度比率为 2∶1。图线宽度应根据图样类型、尺寸、比例和缩微复制的要求确定。表 1-3 中列出了绘制机械图样时常用的图线名称、图线型式、宽度及其主要用途。

表 1-3　常用的图线名称、图线型式、宽度及其主要用途

图线名称	图线型式	宽度	主要用途
粗实线	 ———————	d	可见轮廓线
细实线	 ———————	约 $d/2$	尺寸线、尺寸界线、剖面线、辅助线重合断面的轮廓线、指引线、过渡线
波浪线（细）	 ～～～～～	约 $d/2$	断裂处的边界线，视图和剖视图的分界线
双折线（细）	 —∧—∧—∧—	约 $d/2$	断裂处的边界线，视图与剖视图的分界线
细虚线	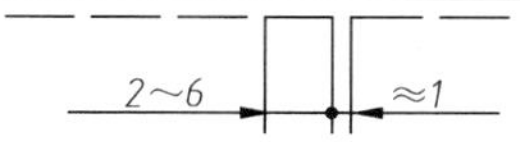 - - - - - -	约 $d/2$	不可见的轮廓线，不可见的棱边线
细点画线	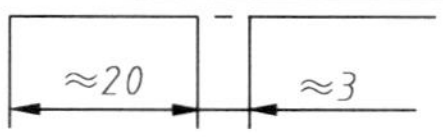 —·—·—·—	约 $d/2$	轴线、对称中心线、剖切线 齿轮的分度圆及分度线
粗点画线	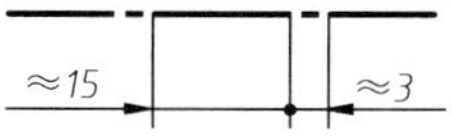 —·—·—·—	d	有特殊要求线或表面的
细双点画线	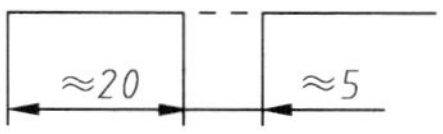 —··—··—··	约 $d/2$	相邻辅助零件的轮廓线、中断线，可动零件的极限位置的轮廓线、轨迹线

图 1-8 所示为图线的应用举例。

在绘制图线时要注意以下事项：

1）在同一图样中，同类图线的宽度应一致。同一条细虚线、细点画线和细双点画线中的短画、长画、点的长度和间隔应各自大致相等。细点画线和细双点画线的首尾两端应是长画而不是点。

2）绘制圆的对称中心线（细点画线）时，圆心应为长画的交点。细点画线两端应超出圆弧或相应图形轮廓线 3~5mm。

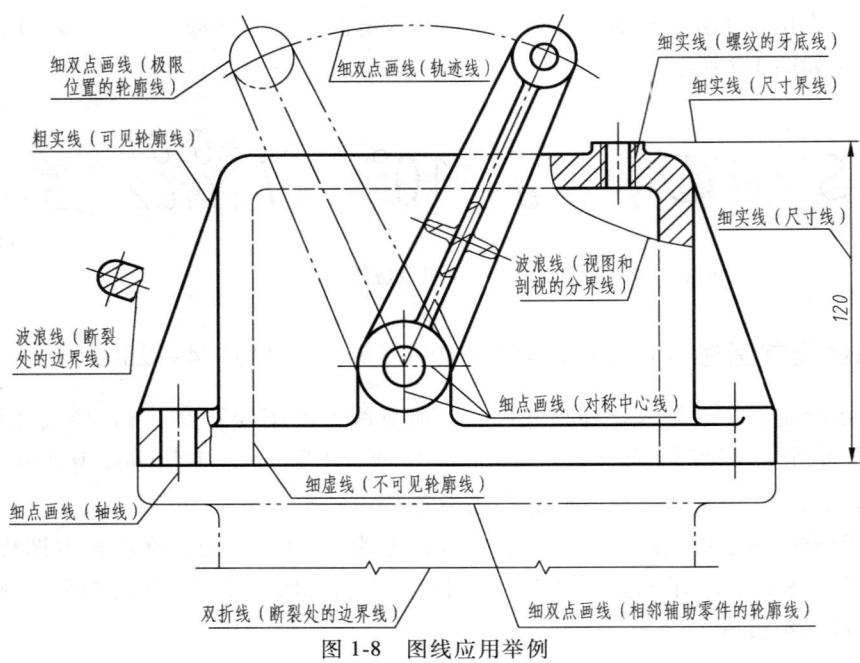

图1-8 图线应用举例

3) 在较小的图形上绘制细点画线或细双点画线有困难时,可用细实线代替。

4) 当图线相交时,应是长画相交。当细虚线在粗实线的延长线上时,在细虚线和粗实线的分界处,虚线应留出空隙。

5) 当各种线条重合时,应按粗实线、细虚线、细点画线的顺序画出。

图线画法示例如图1-9所示。

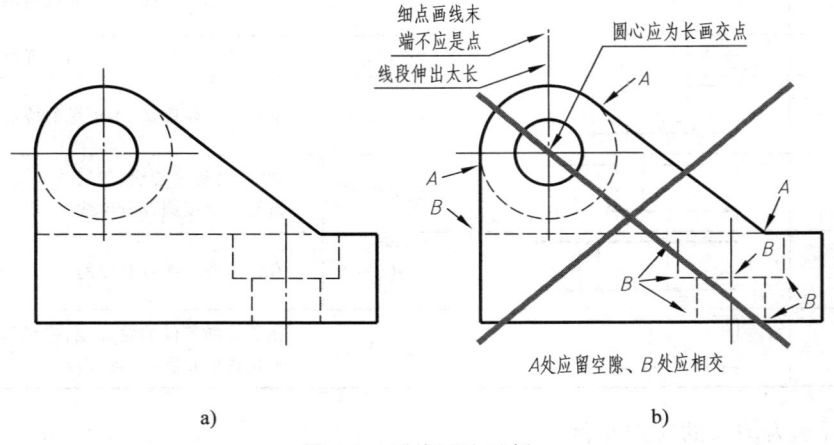

图1-9 图线画法示例
a) 正确画法 b) 错误画法

1.1.5 尺寸注法(摘自GB/T 4458.4—2003)

1. 基本规则

1) 机件的真实大小应以图样上所标注的尺寸数值为依据,与图形的大小及绘图的准确度无关。

2）图样中（包括技术要求和其他说明）的尺寸，以毫米（mm）为单位时，不需标注计量单位的代号或名称，若采用其他单位时，则应注明相应计量单位的代号或名称。

3）图样中所标注的尺寸，为该图样所示物体的最后完工尺寸，否则应另加说明。

4）机件上各结构的每一尺寸，一般只标注一次，并应标注在反映该结构最清晰的图形上。

2. 尺寸的组成形式

图样上标注的每一个尺寸，一般都由尺寸界线、尺寸线和尺寸数字三部分组成，其相互关系如图1-10所示。

（1）尺寸界线　尺寸界线用细实线绘制，并应由图形的轮廓线、轴线或对称中心线等处引出。也可利用轮廓线、轴线或对称中心线作尺寸界线，如图1-11所示。

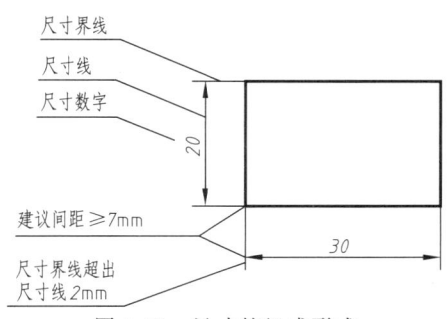

图1-10　尺寸的组成形式

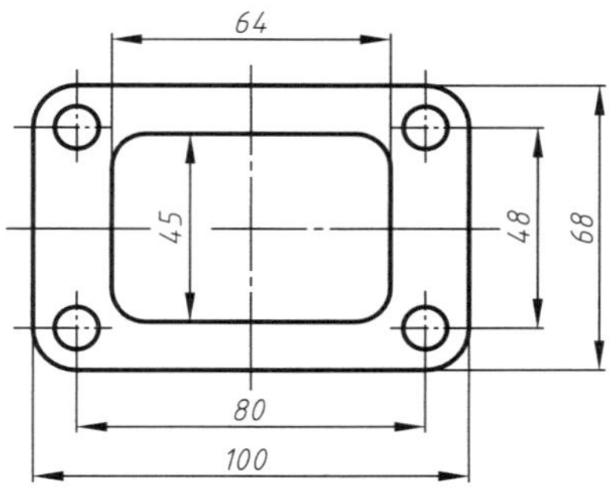

图1-11　尺寸界线的画法

尺寸界线一般应与尺寸线垂直，当尺寸界线贴近轮廓线时，允许尺寸界线与尺寸线倾斜。在光滑过渡处标注尺寸时，必须用细实线将轮廓线延长，从它们的交点处引出尺寸界线，如图1-12所示。

（2）尺寸线　尺寸线用细实线绘制，其终端可以有箭头和斜线两种形式，如图1-13所示。

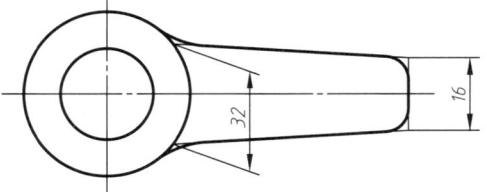

图1-12　光滑过渡处尺寸标注方法

箭头形式的尺寸线终端适用于各种类型的图样，机械图样的尺寸线终端通常采用箭头的形式（小尺寸标注除外），其箭头尖端必须与尺寸界线接触，不得超出也不得分开，如图1-13a所示。当尺寸线与尺寸界线相互垂直时，尺寸线终端可采用斜线形式，但同一张图样中只能采用一种尺寸线终端形式。

尺寸线不能用其他图线代替，也不能与其他图线重合或画在其延长线上，尺寸引出标注时不能直接从轮廓线上转折，如图1-14a所示。

（3）尺寸数字　线性尺寸的数字一般应注在尺寸线的上方，也允许注写在尺寸线的中断处。当标注位置不够时也可以引出标注，如图1-15中的*SR*5。尺寸数字不可被任何图线所通过，如有冲突必须将该图线断开，如图1-15中的$\phi20$、$\phi28$和$\phi17$。

尺寸数字的方向，一般应采用图1-16a所示的方法注写，并尽可能避免在图示30°范围内标注尺寸。当无法避免时，可按1-16b或图1-16c所示的形式标注。在不致引起误解时，

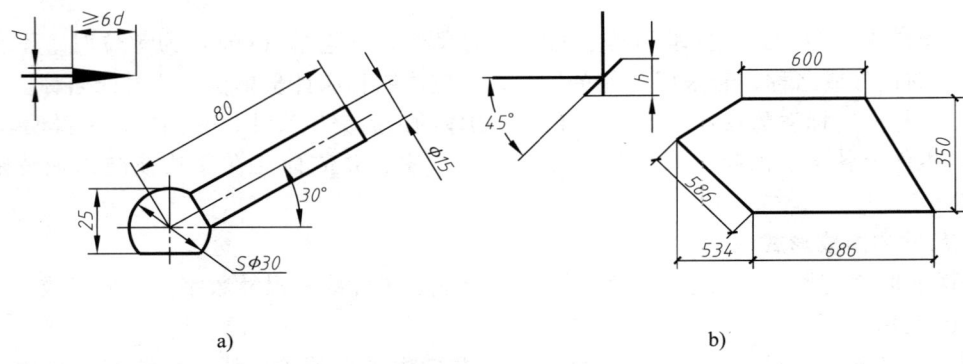

图 1-13　尺寸线终端采用的两种形式
a）箭头形式的尺寸线终端　b）斜线形式的尺寸线终端

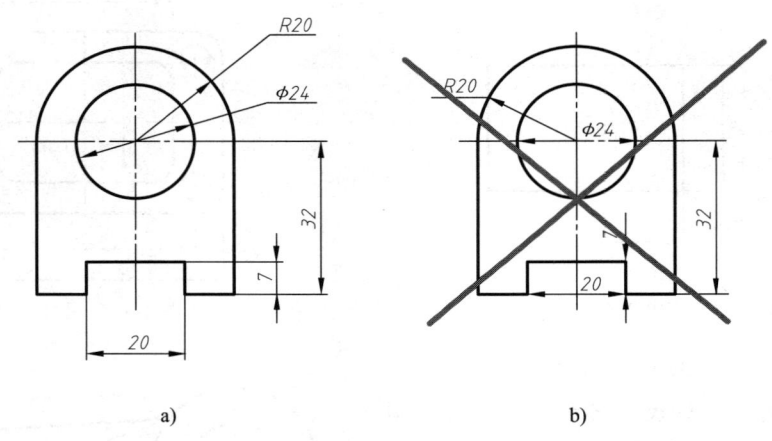

图 1-14　尺寸线画法
a）正确　b）错误

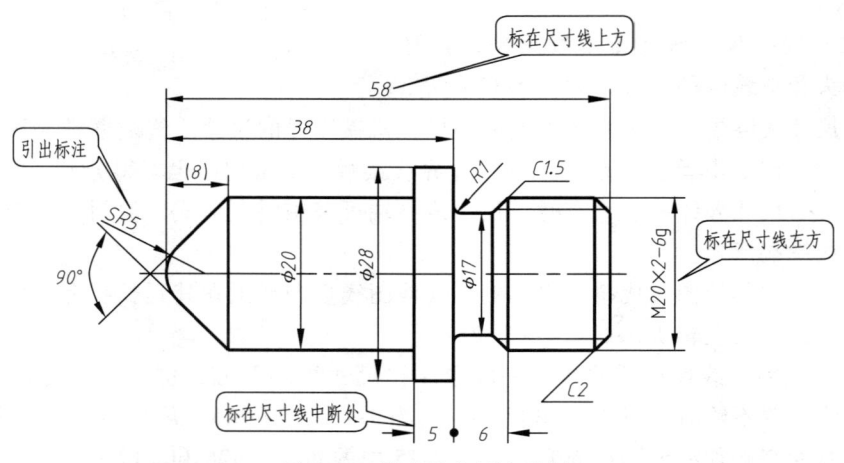

图 1-15　尺寸数字标注示例

也允许采用图 1-17 所示的方法注写。但在一张图样中，应尽可能采用同一种形式注写。

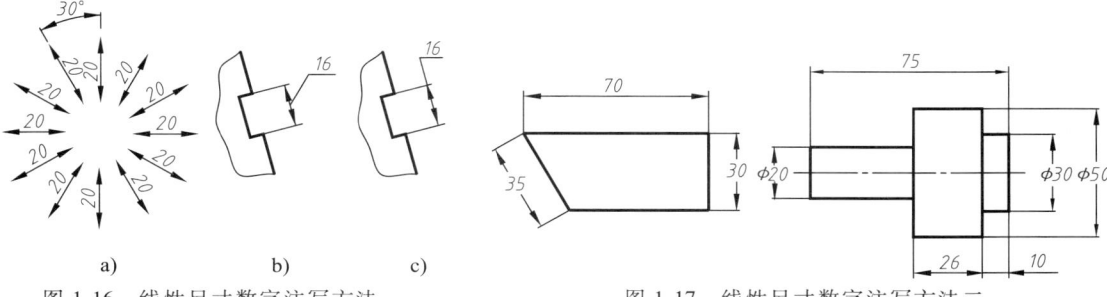

图 1-16 线性尺寸数字注写方法一　　　图 1-17 线性尺寸数字注写方法二

3. 各类尺寸注法

表 1-4 列出了一些常用的尺寸注法。

表 1-4　各类尺寸的基本注法

项目	说　明	图　　例
线性尺寸	① 尺寸线必须与所标注的线段平行 ② 两平行的尺寸线之间应留有充分的空隙,以便填写尺寸数字 ③ 标注两平行的尺寸应遵循"小尺寸在里,大尺寸在外"的原则	
直径与半径尺寸	① 标注圆直径或圆弧半径时,尺寸线要通过圆心,并以圆周轮廓线为尺寸界线 ② 对于圆或超过半圆的圆弧时,应标注直径,在尺寸数字前加注直径符号"ϕ"。对于小于或等于半圆的圆弧,应标注半径,在尺寸数字前加注半径符号"R" ③ 当圆弧的半径过大或在图纸范围内无法标注其圆心位置时可采用折线形式,若圆心位置不需注明,则尺寸线可只画靠近箭头的一段	
球面尺寸	① 标注球面的直径尺寸或半径尺寸时,应在符号"ϕ"或符号"R"前加注符号"S",如图 a 所示 ② 对于螺钉、铆钉的头部、轴和手柄的端部等,在不致引起误解的情况下,可省略符号"S",如图 b 所示	

（续）

项目	说　明	图　例
角度尺寸	① 标注角度时，尺寸界线应沿径向引出；尺寸线应画成圆弧，其圆心是该角的顶点 ② 角度的数字一律注写成水平方向，一般注写在尺寸线的中断处。必要时也可注写在尺寸线的上方或外面，狭小处可引出标注	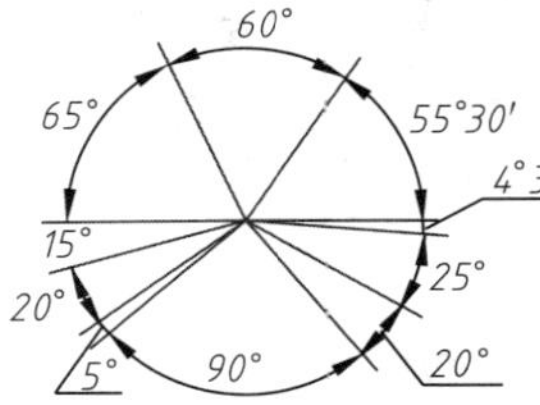
狭小部位尺寸	① 在没有足够位置画箭头或注写尺寸数字时，可将箭头或尺寸数字布置在外面，也可将箭头和数字都布置在外面。尺寸数字也可以用指引线引出标注 ② 几个小尺寸连续标注时，中间的箭头可用圆点或斜线代替	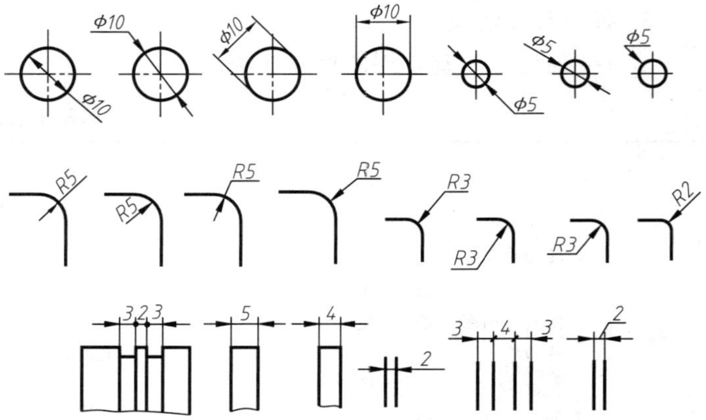
对称图形	当对称机件的图形只画出一半或略大于一半时，尺寸线应略超过对称中心线或断裂处的边界线，并可仅在尺寸线一端画出箭头	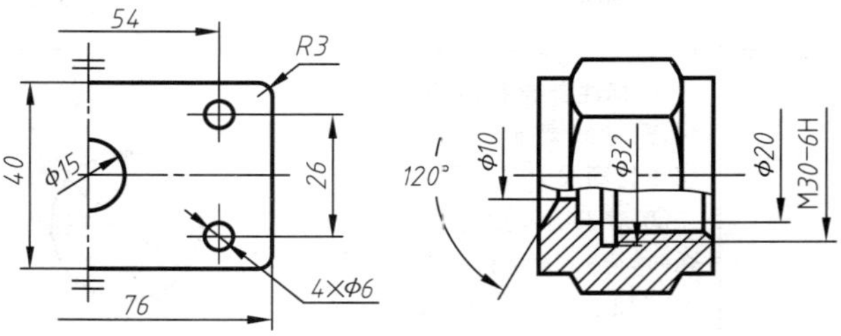
方头结构	标注断面为正方形结构的尺寸时，可在正方形边长尺寸数字前加注符号"□"，如：□14 或用 14×14 代替□14	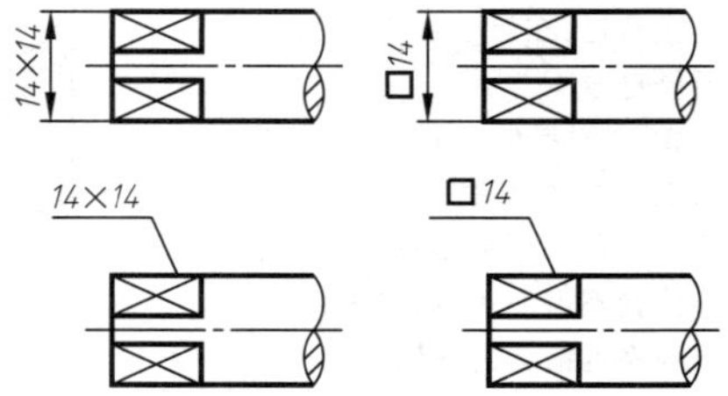
几种直径相近且又重复出现的孔	在同一图形中，如有几种尺寸数值相近而又重复出现的孔时，可采用涂色标记或用标注字母的方法来区别。相同直径的圆孔可采用图中的标注方法，如 3×φ9，表示 3 个孔直径为 9	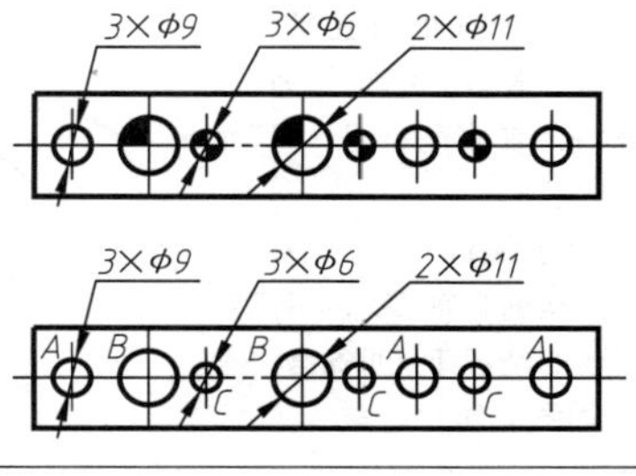

(续)

项目	说　　明	图　　例
厚度	标注板状零件的厚度时,可采用指引线方式引出标注,并在尺寸数字前加注厚度符号"t"	

图 1-18 为平面图形尺寸标注示例。

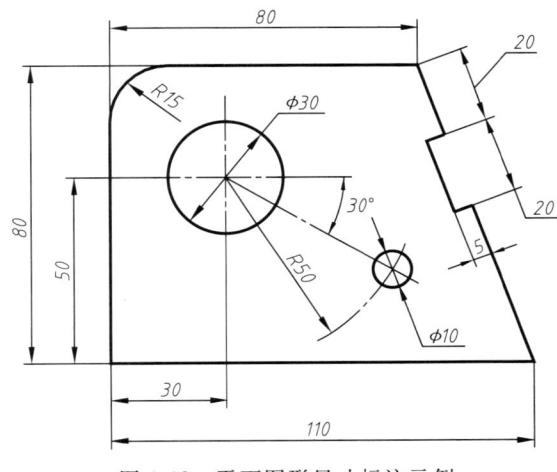

图 1-18　平面图形尺寸标注示例

1.2　绘图方法简介

掌握正确的绘图方法是提高绘图效率和绘图准确度的关键。按照使用的工具来分,常用的绘图方法有:仪器绘图、徒手绘图和计算机绘图。

1.2.1　仪器绘图

仪器绘图就是借助绘图仪器和工具进行手工绘图的绘图方法。常用的手工绘图仪器及工具有:图板、丁字尺、三角板、比例尺、圆规、分规、曲线板、铅笔、橡皮等,如图 1-19 所示。要提高绘图的准确性和效率,必须正确地使用各种绘图仪器,同时还必须掌握绘图的方法和步骤。

1. 绘图仪器和工具的使用方法

(1) 图板、丁字尺和三角板的用法　图板的板面应平坦,用作导边的左侧边应平直。

丁字尺由尺头和尺身组成;绘图时,尺头的右侧应紧靠在图板的左侧边上下滑动,即可绘制水平线,如图 1-20a 所示。

三角板有 30°(60°)和 45°两块,可以和丁字尺配合画竖直线,如图 1-20b 所示。丁字

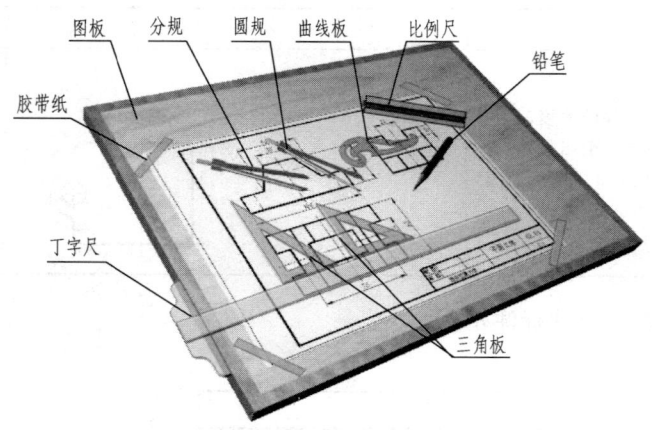

图 1-19 常用的手工绘图仪器及工具

尺和两块三角板配合可以绘制出 15°整倍数的斜线，如图 1-20c 所示。

两块三角板配合，还可以作已知线段的平行线或竖直线，如图 1-20d 所示。

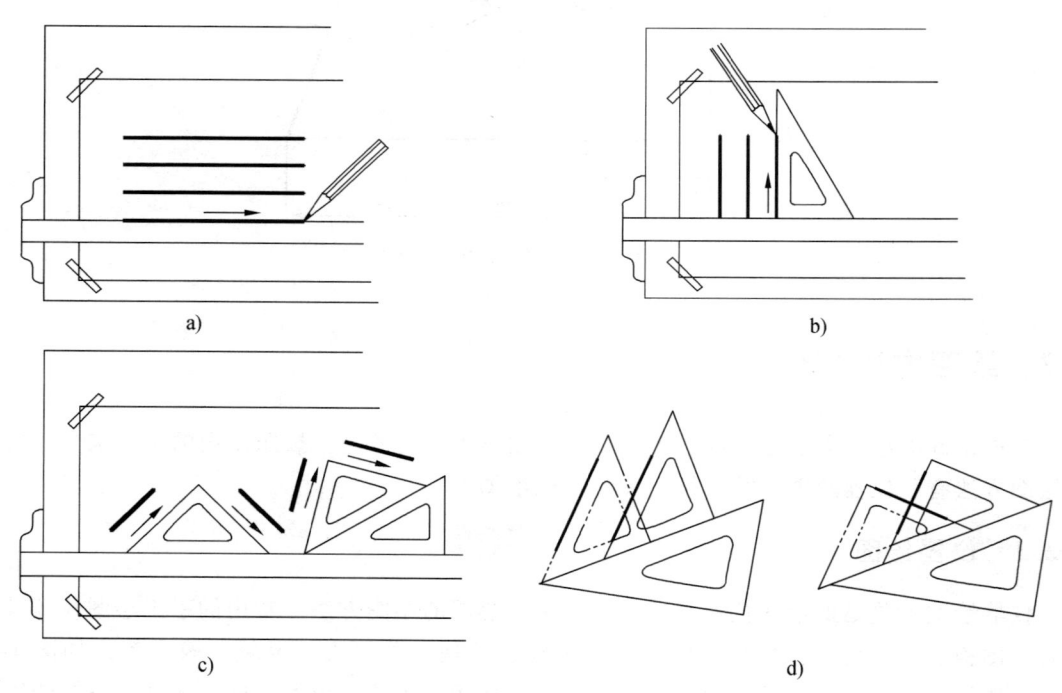

图 1-20 图板、丁字尺和三角板的用法

a）用丁字尺绘制水平线　b）用丁字尺和三角板配合绘制竖直线　c）用丁字尺和三角板配合绘制 15°整倍数的斜线　d）用两块三角板配合绘制已知线段的平行线或竖直线

（2）圆规的用法　圆规是用来绘圆和圆弧的工具。它由针脚和铅芯脚组成。在使用前，应调整圆规的针脚，使其略长于铅芯脚，如图 1-21a 所示；绘圆时，针脚与铅芯脚均应垂直于纸面，如图 1-21b 所示；同时，圆规应按顺时针方向旋转，并稍向前倾斜，如图 1-21c

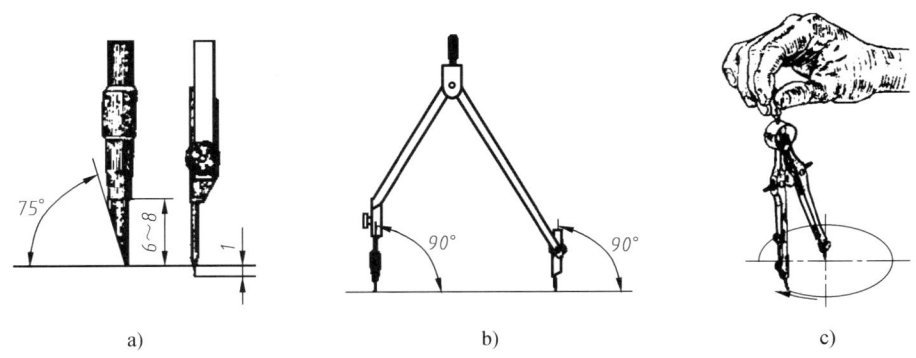

图 1-21 圆规的用法
a）针脚应略长于铅芯脚　b）针脚与铅芯脚均应垂直于纸面
c）圆规应按顺时针方向旋转，并稍向前倾斜

所示。

(3) 分规和比例尺的用法　分规是用来量取尺寸、移置尺寸和等分线段的工具。分规两针尖要等长，合拢时要对准。使用时，要单手操作，调整间距，如图 1-22a 所示。

图 1-22b 是用分规等分线段，图 1-22c 是用分规和比例尺量取长度。

比例尺是刻有不同比例的直尺。其三个侧面上刻有不同的比例刻度可供度量尺寸时选用，但比例尺不可用来画线，如图 1-22d 所示。

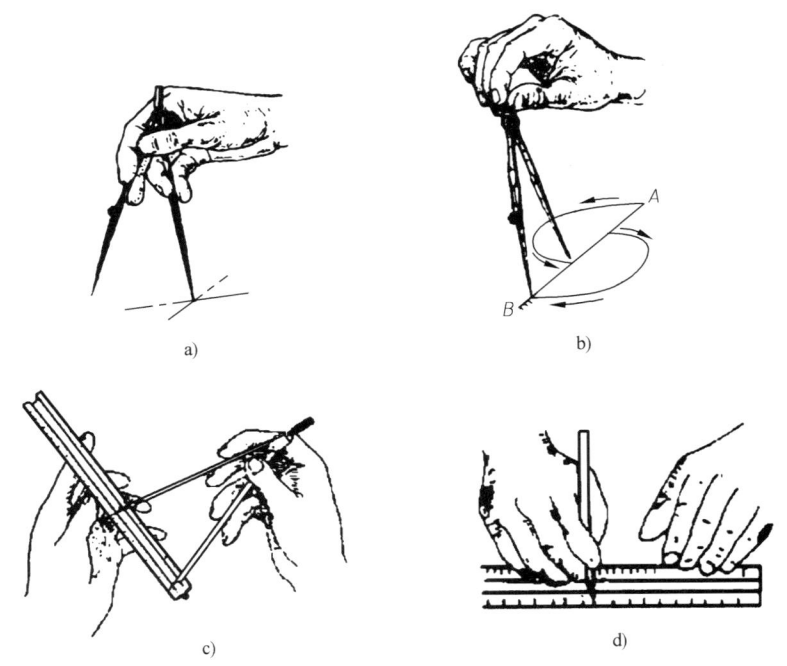

图 1-22 分规和比例尺的用法
a）单手操作分规，调整间距　b）用分规等分线段　c）用分规从比例尺上量取尺寸
d）用铅笔和比例尺在图上直接量取尺寸

（4）曲线板的用法　曲线板是用来绘制非圆曲线的工具。作图时先徒手用细线将各点轻轻连成光滑曲线，然后选择曲线板上曲率合适的部分分段描绘。在画每一分段时，前后连接处应各有一小段重复，以保证所连各段曲线的光滑过渡，如图 1-23 所示。

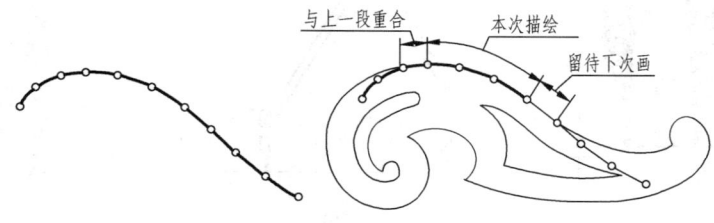

图 1-23　曲线板的用法

（5）铅笔的削法　铅笔的铅芯可削成锥形或楔形。一般将 H、HB 型铅笔的铅芯削成锥形，用于画细线和写字；将 B 型铅笔的铅芯削成楔形，用于画粗线，如图 1-24 所示。

（6）擦图片的用法　擦图片是很薄的钢片（或塑料片），其上刻有不同形状的镂孔，如图 1-25 所示。利用擦图片可在密集的图形中擦去多余的图线，而不致影响其相邻的图线。

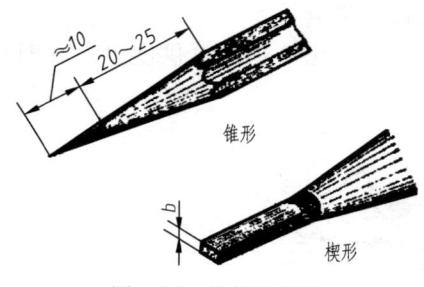

图 1-24　铅笔的削法

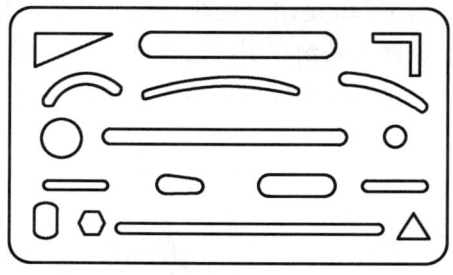

图 1-25　擦图片

2. 仪器绘图的方法和步骤

要提高仪器绘图的速度和图面质量，除了正确地使用绘图仪器和工具外，还应掌握绘图的方法和步骤。仪器绘图一般分为以下几个步骤：

（1）准备工作　绘图前应先了解所绘图样的内容和要求。准备好绘图用具，如丁字尺、三角板、绘图仪器，以及铅笔、小刀、橡皮、胶带和图纸等，并削好铅笔和圆规上的铅芯。

（2）选择比例和图纸幅面　根据所绘图形的大小和复杂程度，按照国家标准选取合适的比例，并确定图纸幅面。

（3）固定图纸　图纸应用胶带固定在图板的左下方，并且使图纸下边与图板下边留有一定的距离，其最小距离不应小于丁字尺的尺身宽度。固定时图纸边应与丁字尺的上边平行。

（4）绘制图框及标题栏　按照国家标准规定的图框格式绘制图框，并在图框的右下角绘制标题栏。

（5）布置图形　根据每个图形的大小，确定各图形在图纸上的位置，使得图形之间的距离恰当,并留有足够的标注尺寸的空间,绘出各图形的作图基准线。整张图面力求匀称、协调。

(6) 绘制底稿　用 H 或 2H 型铅笔轻轻绘出图形底稿线,注意事项有:
1) 底稿线要细,但应清晰。
2) 绘图时应先绘主要轮廓线,再绘细节(如孔、槽、圆角等)。
3) 底稿完成后应检查一遍,并擦去多余的图线。

(7) 加深图形　用 B 或 2B 型铅笔加深粗实线,用 HB 型铅笔加深细线。加深图形的步骤与绘制底稿时不同。加深图形时应先加深细线,再加深粗实线,并按先曲线后直线,自上往下,自左到右的顺序进行。在加深粗实线时,应先将同一方向的直线加深完后,再加深另一方向的直线,一般先加深水平线和竖直线,再加深斜线。

(8) 标注尺寸　按照国家标准的规定,标注相应的尺寸。

(9) 填写标题栏　仔细检查图样后,填写标题栏内相应内容,完成全部绘图工作。

1.2.2　徒手绘图

徒手绘图又称徒手绘制草图。根据目测估计物体各部分的尺寸比例,徒手绘制的图形,称为草图。一般在设计开始阶段表达设计方案,进行技术交流和现场测绘时,常用这种方法。

1. 徒手绘图的基本技巧

徒手绘图一般用 HB 型铅笔,其铅芯应削成锥形。为便于练习,可先在方格纸上进行。绘图时,手腕要悬空,小指接触纸面。一般图纸不固定,并且为了便于画图,还可以随时将图纸旋转适当的角度,如图 1-26 所示。

图 1-26　徒手绘图的手法

图形往往由直线、圆、圆弧以及椭圆等曲线组成,因此必须掌握徒手绘制各种线条的方法。

(1) 直线的绘制方法　绘直线时,眼睛要注意线段的终点,以保证直线绘得平直。水平线一般自左向右绘制,竖直线由下向上绘制。对于具有 30°、45° 及 60° 角度的斜线,可根据两直角边的比例关系定出两端点,然后连接两点即可,如图 1-27 所示。

(2) 圆的绘制方法　绘小圆时,可先徒手绘出两条相互垂直的中心线,定出圆心,再根据半径在中心线上截得四点,然后分段徒手将各点连接成圆,如图 1-28a 所示。

当所绘圆直径较大时,可过圆心再增画两条与水平呈 45° 角的斜线,并在其上再取四点,然后分八段连接成圆,如图 1-28b 所示。

(3) 椭圆的绘制方法　绘椭圆时,可先根据椭圆的长短轴长度,绘出椭圆的外切矩形或菱形,然后作椭圆与矩形或菱形内切圆弧,如图 1-29 所示。

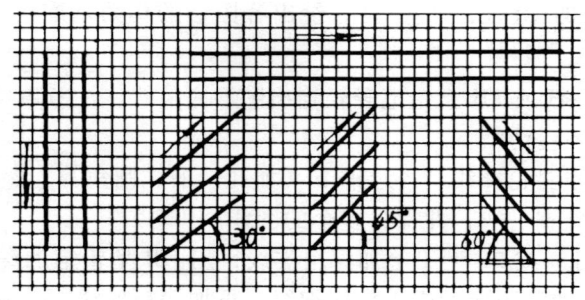

图 1-27 徒手绘直线的方法

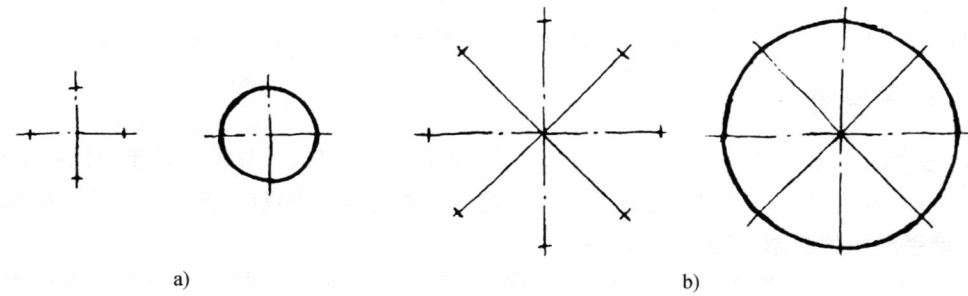

图 1-28 徒手绘圆的方法
a）小圆的绘制方法　b）大圆的绘制方法

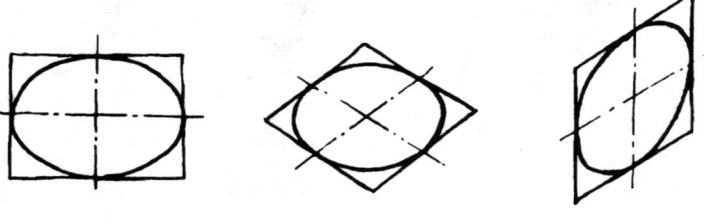

图 1-29 徒手绘椭圆的方法

2. 徒手绘图的方法和步骤

徒手绘图是工程技术人员必须具备的一项基本技能。除了掌握徒手绘图的基本技巧外，还必须经过反复训练，才能提高徒手绘图的水平。

绘制草图尽管不使用绘图仪器，但切不可随意、潦草，仍应做到图面整洁，图形正确，线型分明，比例匀称，字体工整。

绘制草图的步骤与仪器绘图基本相同。为了使所绘图形能基本保持所表达物体的各部分比例关系，在绘制草图前，应先目测物体总长、总宽和总高的尺寸比例，然后再确定各细节部分之间的比例关系。为了便于绘图，草图纸可不必固定。由于草图是根据目测、按大致比例绘出的，因而草图的标题栏中不填写比例。

图 1-30a 为图 1-30b 所示立体的草图视图。

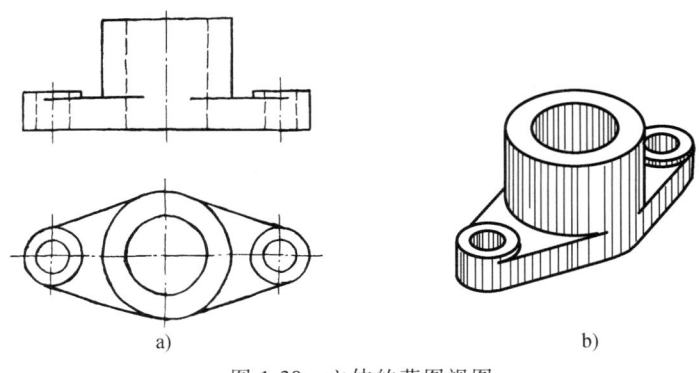

图 1-30 立体的草图视图
a) 草图视图　b) 立体

1.2.3 计算机绘图

计算机绘图是利用计算机及其图形输入和输出设备，以及相应的绘图软件进行绘图的一种绘图方法。由于计算机具有计算速度快，处理信息能力强，修改、储存图形方便等优点，从而极大地提高了绘图精度和效率，使计算机绘图日益普及。目前，计算机绘图已广泛地应用于技术、科研、教育、国防和民用的各个领域，成为一种不可缺少的绘图手段。计算机绘图技术也是当代学生必须掌握的基本技能之一。

用于计算机绘图的软件包括二维绘图软件和三维设计软件。二维绘图软件以 Autodesk 公司的产品 AutoCAD 为代表，广泛运用于机械、建筑等领域，是绘制平面图形的实用工具。近年来，随着计算机硬件和软件技术的飞速发展，三维设计软件也得到了普及。由于三维设计软件具有参数化的特点，从实体设计到平面绘图都具有十分强大的功能，因此在实际工作中得到了广泛的应用。本教材将在第 9 章中介绍 Autodesk 公司的三维设计软件 Autodesk Inventor。

1.3 几何作图、平面图形的画法和尺寸注法

平面图形通常由若干个几何图形按一定的相对位置和连接关系组成。要正确绘制平面图形和准确标注其尺寸，必须掌握一些常见几何图形的作图方法以及平面图形的尺寸分析和线段分析方法。平面图形示例如图 1-31 所示。

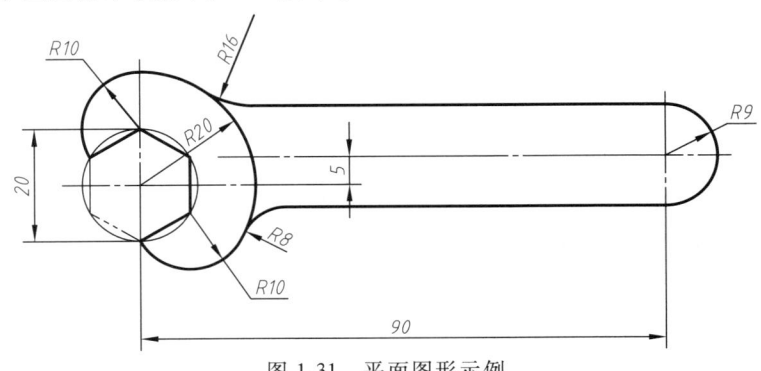

图 1-31 平面图形示例

1.3.1 几何作图

在绘制平面图形时，经常遇到正多边形、圆弧连接以及锥度和斜度等几何作图问题，表1-5列出了常见平面图形的几何作图方法。

表 1-5 常见平面图形的几何作图方法

种类	图 例	作图说明
正六边形	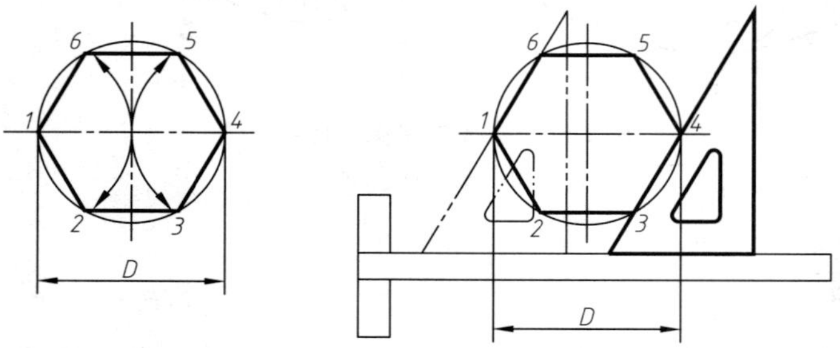 a) b)	已知对角线长度画正六边形的方法：1) 利用外接圆半径作图，如图 a 所示。2) 利用三角板和丁字尺配合作图，如图 b 所示
圆弧连接 —— 连接相交两直线	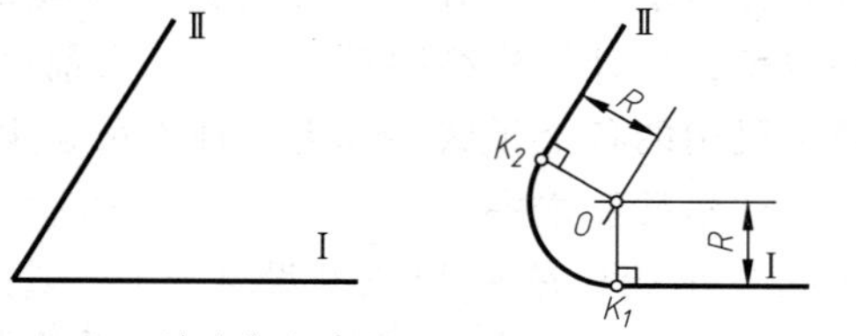 a) 已知条件　b) 作图方法	已知直线 I 和 II。作与两已知直线相距为 R 的平行线。两平行线相交于 O 点，过 O 点作两已知直线的垂线，K_1、K_2 即为切点。最后，以 O 点为圆心，R 为半径作圆弧交 K_1、K_2 点
圆弧连接 —— 连接一直线和一圆弧	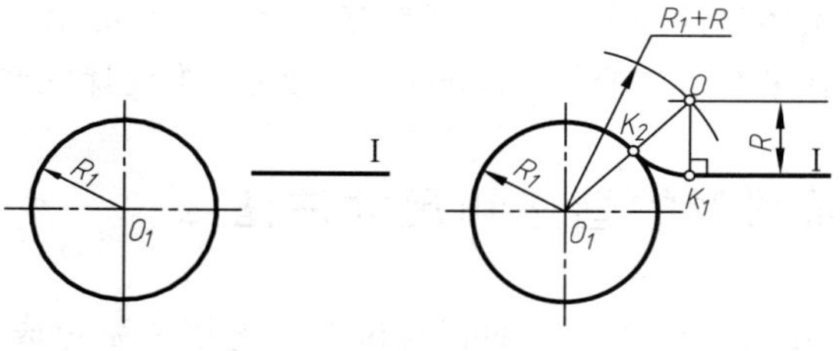 a) 已知条件　b) 作图方法	已知直线 I 和半径为 R_1 的圆。以 O_1 为圆心，R_1+R 为半径（外切）作圆弧，与已知直线 I 相距为 R 的平行线交于 O 点。由 O 点向已知直线 I 作垂线交于 K_1 点，连接 OO_1 与已知圆弧 R_1 交于 K_2 点，最后，以 O 点为圆心，R 为半径作圆弧连接 K_1、K_2 点
圆弧连接 —— 连接两圆弧（内外切）	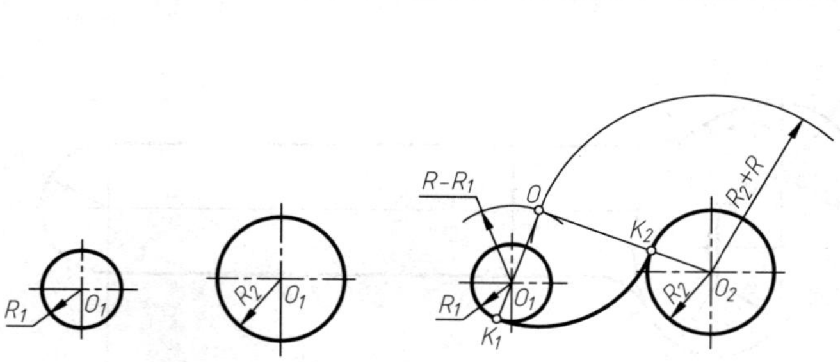 a) 已知条件　b) 作图方法	已知两圆弧的半径分别为 R_1 和 R_2。以 O_1 为圆心，$R-R_1$ 为半径（内切）作圆弧，再以 O_2 为圆心，R_2+R 为半径（外切）作圆弧，两圆弧交于 O 点。连接 OO_1 并延长与半径为 R_1 的圆交于 K_1 点，再连接 OO_2 与半径为 R_2 的圆交于 K_2 点，K_1、K_2 即为切点。最后，以 O 点为圆心，R 为半径作圆弧交于 K_1、K_2 点

种类	图 例		作图说明
	规定符号及标注方法		定义
斜度	a) 斜度的符号 斜度=$\dfrac{T-t}{l}=\dfrac{T}{L}=\tan\alpha$	b) 斜度的画法和标注方法	斜度是指一直线对另一直线或一平面对另一平面的倾斜程度。其大小用该直线（或平面）间夹角的正切值来表示，图样中以 $1:n$ 的形式标注
锥度	a) 锥度的符号 锥度=$\dfrac{D-d}{l}=\dfrac{D}{L}=2\tan\dfrac{\alpha}{2}$	b) 锥度的画法和标注方法	锥度是指正圆锥底圆直径与其高度之比。如果是正圆锥台则为底圆和顶圆直径之差与其高度之比，图样中以 $1:n$ 的形式标注

1.3.2 平面图形的画法和尺寸注法

1. 平面图形的尺寸分析

平面图形的形状和大小由尺寸确定。平面图形的尺寸按其所起的作用，可分为定形尺寸和定位尺寸两种。

（1）定形尺寸　定形尺寸是确定平面图形中各封闭图形的形状和大小的尺寸。

图 1-32 中所示的平面图形由两个封闭图形组成。尺寸 $\phi12$ 确定了图形内部小圆的形状和大小，尺寸 50、35、R9 确定了带圆角的矩形的形状和大小，因此都是定形尺寸。

（2）定位尺寸　定位尺寸是确定平面图形中所包含的封闭图形或组成封闭图形的线段之间的相对位置的尺寸。

例如图 1-32 中尺寸 15 和 20 是用于确定小圆在图中的位置，因此是定位尺寸。标注定位尺寸必须有一个确定尺寸位置的几何元素，例如尺寸 15 和 20 分别由下边线和左边线出发标注。这种确定尺寸位置的几何元素，称为尺寸基准，它是度量尺寸的起点。在平面图形中，通常选取图形的对称中

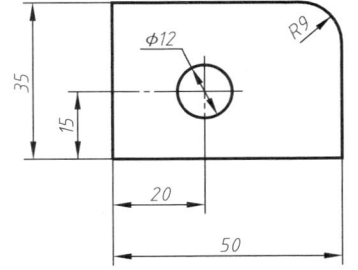

图 1-32　平面图形的尺寸分析

心线、图形的轮廓线以及圆心等作为尺寸基准。在平面图形中，长度方向和高度方向各有一个尺寸基准。

2. 平面图形的线段分析和作图步骤

平面图形中的线段按所注的尺寸和线段间的连接关系，通常可分为以下三种。

（1）已知线段　根据图形中所标注的尺寸，可以直接作出的圆、圆弧或直线。

（2）中间线段　除图形中所注的尺寸外，还需根据一个连接关系才能作出的圆弧或直线。

（3）连接线段　需要根据两个连接关系才能作出的圆弧或直线。

图 1-33 为挂钩的平面图形，其中圆 $\phi14$、$\phi35$、圆弧 $R18$ 和 $R40$ 都是已知线段；与圆弧 $R18$ 相切的圆弧 $R84$ 是中间线段；圆弧 $R48$、$R54$ 和 $R6$ 都是连接线段。

通过以上对平面图形的尺寸分析和线段分析可知，在绘制平面图形时，首先应作出已知线段，其次作出中间线段，最后作出连接线段。平面图形的作图步骤为：

1) 分析图形的尺寸。
2) 确定线段性质。
3) 明确作图步骤。

挂钩平面图形的作图步骤如图 1-34 所示。

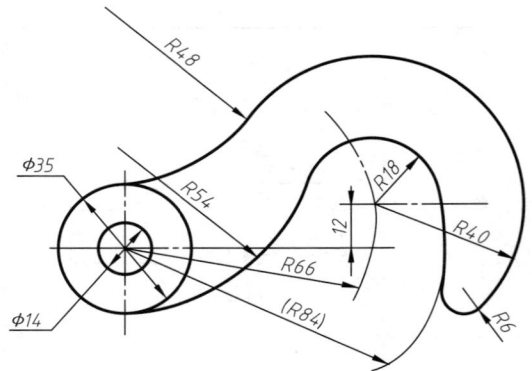

图 1-33 挂钩的平面图形

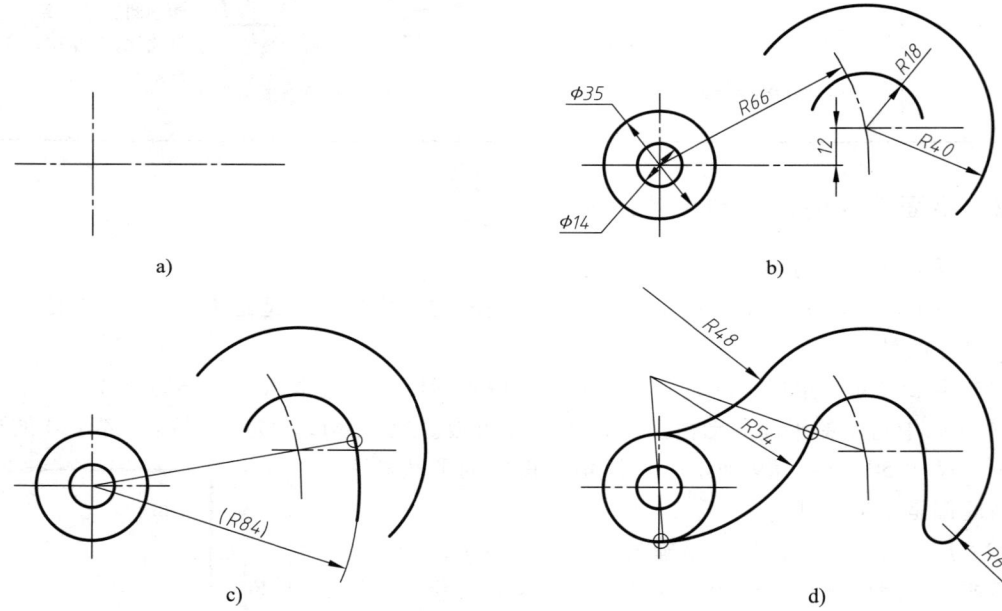

图 1-34 挂钩平面图形的作图步骤
a) 作出图形的两条基线（互相垂直的两条主要中心线） b) 作出各已知线段
c) 作出中间线段 d) 作出各连接线段

3. 平面图形的尺寸注法

平面图形尺寸标注的要求是：正确、完整。

（1）正确 平面图形中标注的尺寸，必须符合国家标准规定，尺寸数值不能矛盾。

（2）完整 平面图形中标注的尺寸，必须能完全唯一地确定图形的形状和大小，既不遗漏、不重复，也不多余地标注出确定各线段的相对位置及其大小的尺寸。

标注平面图形的尺寸时，首先对平面图形进行线段分析，即分清哪些是已知线段，哪些是中间线段，哪些是连接线段；然后选择合适的尺寸基准。在标注尺寸时，应按已知线段、中间线段、连接线段的顺序，逐个注出各线段的定位尺寸和定形尺寸。图 1-35 为平面图形的尺寸注法举例。

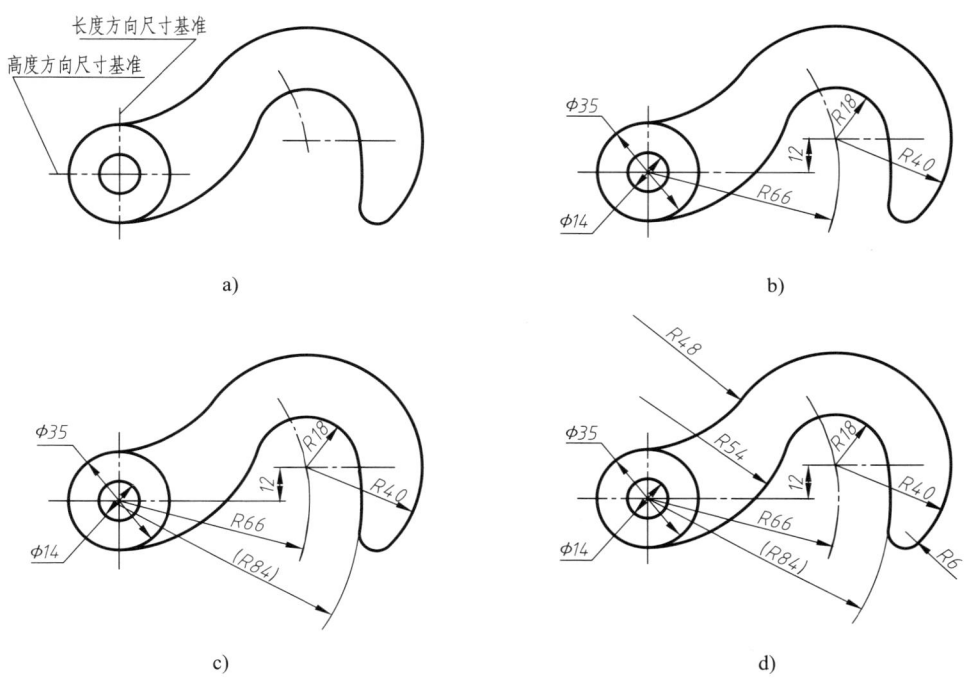

图 1-35 平面图形的尺寸注法
a）确定尺寸基准　b）先标注出已知线段的尺寸　c）然后标注出中间线段的尺寸　d）最后标注出连接线段的尺寸

图 1-36 列举了常见平面图形尺寸标注的示例，供读者标注尺寸时参考。

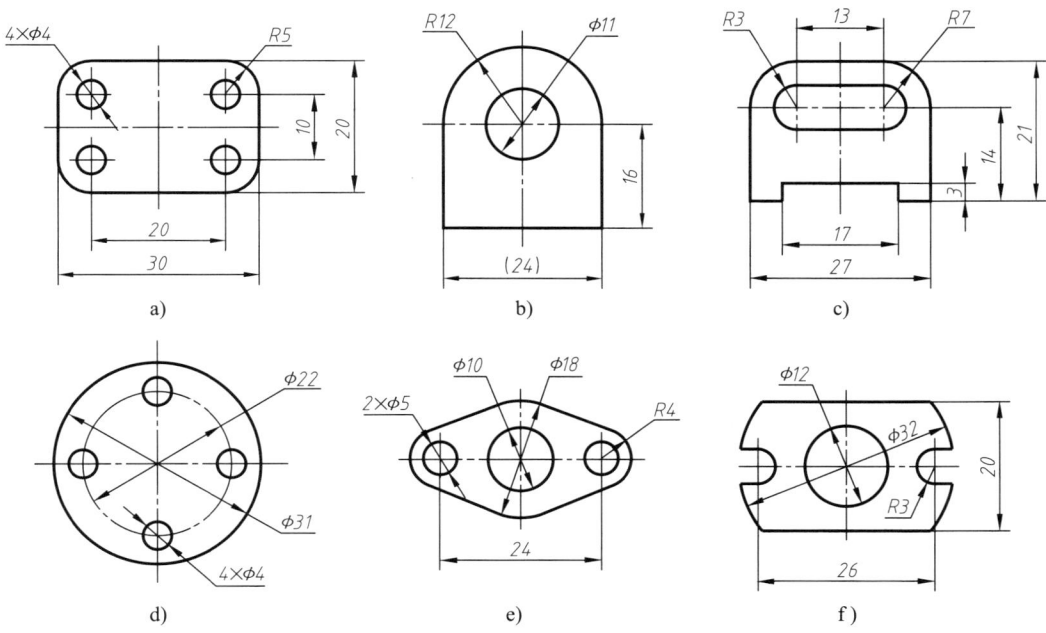

图 1-36 常见平面图形尺寸标注示例

1.4　小结

　　制图基本知识与技能是绘图的重要基础。本章主要介绍了机械制图的基本规定以及绘图方法。

　　本章学习的重点内容是掌握绘图比例、图线画法、尺寸注法等机械制图的基本规定；掌握平面图形的尺寸分析、线段分析方法和尺寸标注方法。

　　本章学习的难点是平面图形的尺寸分析和线段分析方法以及尺寸标注方法。

复习思考题

1. 图纸幅面用什么代号表示？
2. 标题栏中主要包含哪些内容？
3. 图样比例分几种？分别如何表示？常用比例有哪些？
4. 国家标准规定的汉字、字母和数字如何书写？字体的号数指的是什么？常用的字体号数是什么？
5. 图线线宽分几种？分清常用的图线名称和用途。
6. 尺寸由几个要素组成？尺寸界线、尺寸线、尺寸数字在画法或写法上有什么规定？
7. 尺寸标注有哪些基本规则？
8. 绘图方法有几种？
9. 什么是定形尺寸？什么是定位尺寸？什么是尺寸基准？
10. 什么是已知线段？什么是中间线段？什么是连接线段？绘图时各线段的绘制顺序是什么？

第 2 章 投 影 基 础

本章主要介绍投影法的基本概念；三视图的形成和投影规律；基本体的作图方法和尺寸注法；基本几何元素的投影分析；以及截交线、相贯线的作图方法等。

2.1 投影法基本知识

2.1.1 投影法概述

众所周知，光线照射到物体上，就会在墙壁或地面上出现物体的影子。制图中采用的投影法与这种现象类似。如图 2-1 所示，图中平面 P 称为投影面，不在该平面内的一点 S 称为投射中心，以及空间一物体 $\triangle ABC$。物体 $\triangle ABC$ 上任意一点（如点 A）与投射中心 S 的连线（如 SA）称为投射线。SA 与投影面 P 的交点 a 称为点 A 在投影面 P 上的投影。同理，可作出点 B、C 和 $\triangle ABC$ 在投影面 P 上的投影 b、c 和 $\triangle abc$。这种投射线通过物体，向选定的面投射，并在该面上得到图形的方法称为投影法。根据投影法所得到的图形称为**投影**（投影图）。

投影法分为两类：中心投影法和平行投影法。

1. 中心投影法

所有投射线都汇交一点的投影法（投射中心位于有限远处）称为中心投影法，如图 2-1 所示。中心投影法常用于绘制建筑物的透视图等。

2. 平行投影法

投射线相互平行的投影法称为平行投影法，如图 2-2 所示。平行投影法又分为正投影法和斜投影法两种。

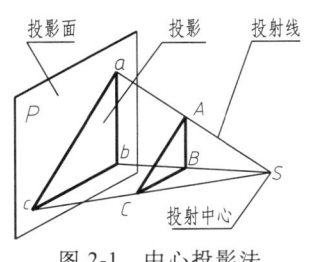

图 2-1 中心投影法

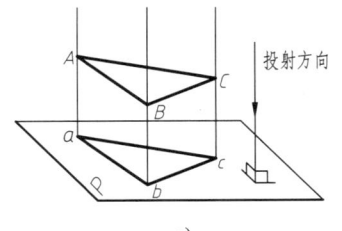

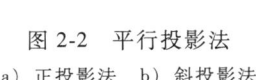

图 2-2 平行投影法
a）正投影法 b）斜投影法

（1）正投影法 投射线与投影面相垂直的平行投影法称为正投影法，如图 2-2a 所示。用正投影法所得到的图形称为正投影。

（2）斜投影法 投射线与投影面相倾斜的平行投影法称为斜投影法，如图 2-2b 所示。用斜投影法所得到的图形称为斜投影。

机械图样采用正投影法绘制,本书将正投影简称为投影。

2.1.2 正投影的基本性质

1. 实形性

当直线和平面平行于投影面时,直线的投影反映实长,平面的投影反映真实形状,如图 2-3a 所示的直线 AB 和平面 P。

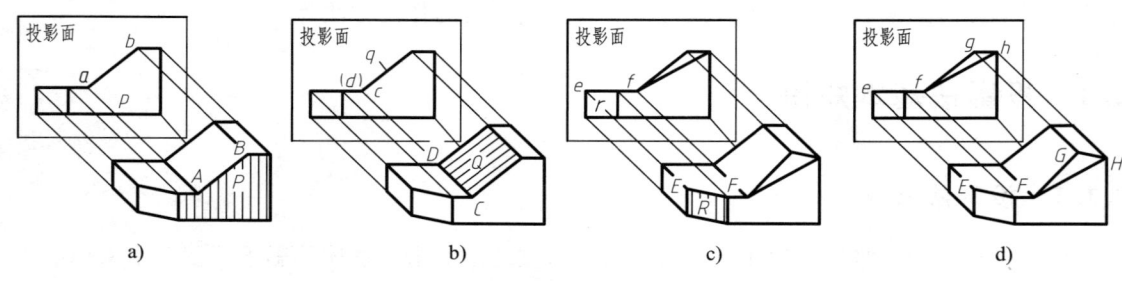

图 2-3 正投影的基本性质
a) 实形性 b) 积聚性 c) 类似性 d) 平行性和定比性

2. 积聚性

当直线和平面垂直于投影面时,它们的投影分别积聚成点和直线,如图 2-3b 所示的直线 CD 和平面 Q。

3. 类似性

当直线和平面倾斜于投影面时,直线的投影仍为直线,但长度缩短。平面的投影为类似形(特点是:投影面积缩小,但图形的基本特征不变,如多边形的投影边数不变等),如图 2-3c 所示的直线 EF 和平面 R。

4. 平行性

当两直线平行或两平面平行时,其投影必定互相平行,如图 2-3d 所示,$EF/\!/GH$,则 $ef/\!/gh$。

5. 定比性

两平行线段长度之比或直线上两线段长度之比,分别等于其投影长度之比,如图 2-3d 所示,$EF:GH=ef:gh$。

2.2 三视图的形成及其投影规律

从图 2-4 中可以看出,空间两个形状不同的物体,在同一投影面上的投影却是相同的,这就说明仅一个投影是不能完全确定物体形状的。因此,通常把物体放在由三个互相垂直的平面所组成的投影体系中(简称三投影面体系)进行投影,如图 2-5 所示。在三投影面体系中,三个投影面之间的交线 OX、OY、OZ 称为投影轴。

三投影面体系中的三个投影面分别称为**正立投影面**(简称正面,用字母 V 表示)、**水平投影面**(简称水平面,用字母 H 表示)和**侧立投影面**(简称侧面,用字母 W 表示)。物体在三个投影面上的投影分别称为**正面投影**、**水平投影**和**侧面投影**。

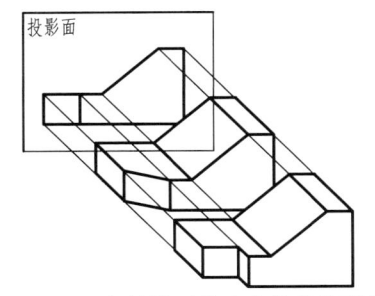

图 2-4 一个投影不能确定物体的形状

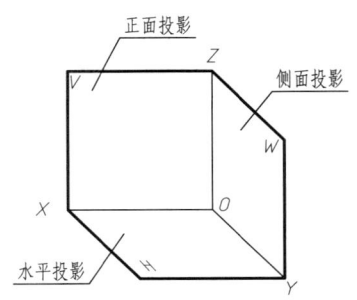

图 2-5 三投影面体系

在机械制图中，一般把互相平行的投射线看作观察者的视线，把根据有关标准和规定绘出的多面正投影图称为视图，并规定由前向后投射所得到的正面投影称为**主视图**，由上向下投射所得到的水平投影称为**俯视图**，由左向右投射所得到的侧面投影称为**左视图**，如图 2-6a 所示。另外，国家标准还规定：在视图中，用粗实线画出物体的可见轮廓，用细虚线画出物体的不可见轮廓。

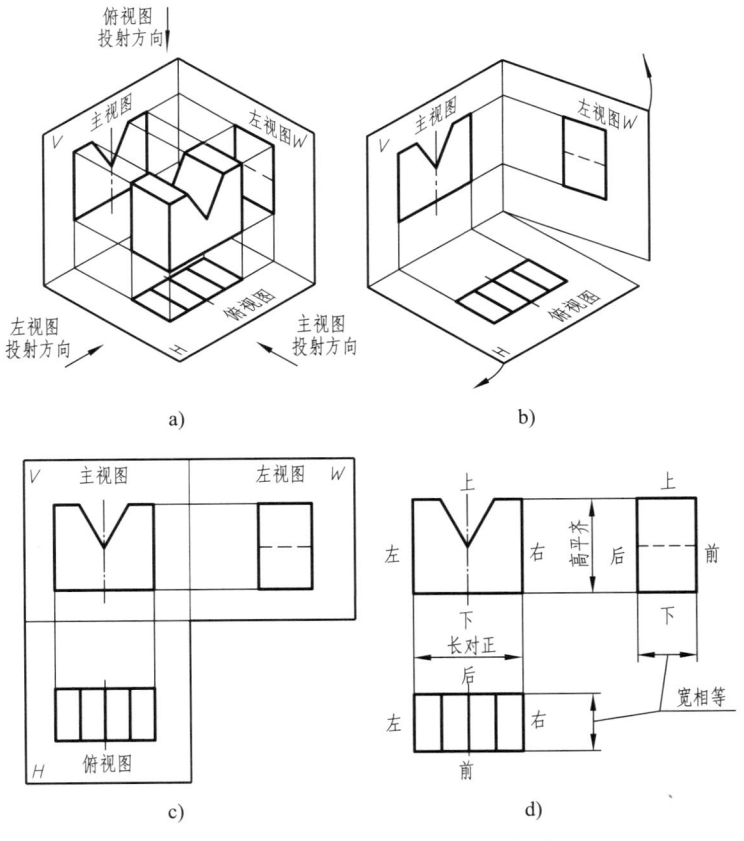

图 2-6 三视图的形成及其投影规律
a）立体图　b）立体图展开　c）展开后的图形　d）三视图

为了使三个视图能画在同一张图纸上，国家标准规定：V 面保持不动，H 面和 W 面分别向下、向右旋转 90°后与 V 面重合，如图 2-6b、c 所示。展开后的三视图不画投影面的边框线，不标注视图名称，各视图间的距离可根据图纸幅面进行调整（图 2-6d）。此时，三视图的位置关系是：以主视图为基准，俯视图在主视图的正下方，左视图在主视图的正右方。如果把物体的左右方向度量的尺寸称为长，前后方向度量的尺寸称为宽，上下方向度量的尺寸称为高，那么从图 2-6d 中可得出三视图之间的投影规律为：

主视图与俯视图　长对正；
主视图与左视图　高平齐；
俯视图与左视图　宽相等。

同时还可看出：
主视图反映了物体上、下、左、右的位置关系；
俯视图反映了物体前、后、左、右的位置关系；
左视图反映了物体上、下、前、后的位置关系。

要特别注意物体的前后位置在视图上的反映。对俯视图和左视图来说，靠近主视图的一侧都反映物体的后面，远离主视图的一侧则反映物体的前面。因此，当根据"宽相等"的投影规律作图时，不仅要注意尺寸量取的起点，更要注意尺寸量取的方向。

2.3　基本体的三视图画法和尺寸注法

机器零件的形状多种多样，但都可以看成是由一些**基本几何体**（简称基本体）组成的，如图 2-7 所示的六角头螺栓毛坯，就可看成是由正六棱柱和圆柱组成的。

根据物体表面的几何性质，它们可分为平面体和曲面体。

（1）**平面体**　由平面围成的立体。常见的基本平面体有棱柱和棱锥。

（2）**曲面体**　由曲面或曲面与平面围成的立体。常见的基本曲面体是回转体，如圆柱（体）、圆锥（体）、球（体）等。

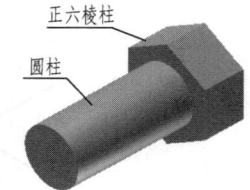

图 2-7　六角头螺栓毛坯

2.3.1　平面体的三视图画法

1. 基本平面体的三视图画法

棱柱与棱锥均是由棱面和底面围成的。其中，两棱面的交线称为棱线，棱面和底面的交线称为底边。棱柱的所有棱线相互平行，棱锥的棱线交汇于顶点。

表 2-1 以正六棱柱和正四棱锥为例，说明作图方法和步骤。

表 2-1　正六棱柱和正四棱锥的作图方法和步骤

	立体图	作图步骤 1	作图步骤 2	作图步骤 3
正六棱柱				

（续）

	立体图	作图步骤1	作图步骤2	作图步骤3
正四棱锥	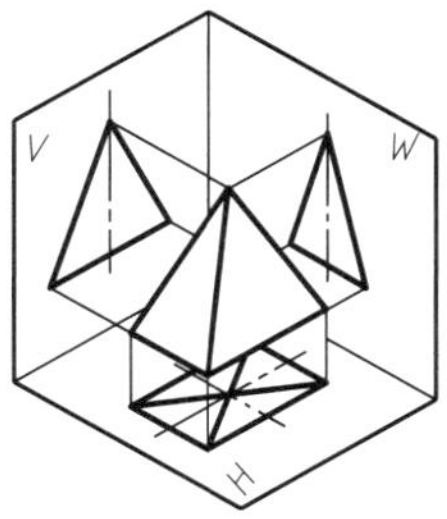	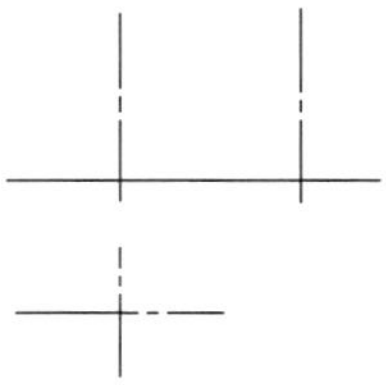	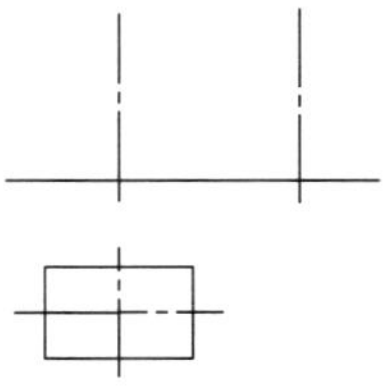	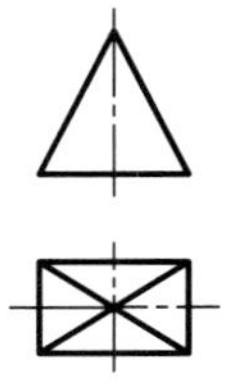
说明	应将平面立体摆平放正，尽可能使其主要平面和轴线与投影面平行或垂直	绘出作图基线，包括视图的对称中心线、主要轮廓线等	先绘出反映底面形状特征的俯视图	根据投影规律绘出其余两视图。检查、清理底稿后，按线型要求加深图线
注意要点	1）如果图形对称，必须用细点画线绘出物体的对称线或对称中心线。 2）当图形中有多种图线重合时，应按粗实线-细虚线-细点画线的优先顺序绘出一种线型。如正六棱柱左视图的中间位置，其粗实线、细虚线和细点画线重合，按规定在中间重合处绘粗实线，两端不重合处绘细点画线			

2. 简单平面体的三视图画法

在基本平面体的基础上经过一些简单叠加或挖切的形体称为简单平面体。

【例 2-1】 作出图 2-8a 所示的简单平面体的三视图。

（1）分析　分析该平面体的构成，可看出它的基本形状是 L 形棱柱体，在其底板的左端中部挖一矩形槽，在其竖板的前端有一切角。

（2）作图　具体作图步骤如下：

1）选择主视方向。将物体摆平放正，让尽可能多的平面和直线的投影反映其真实形状和实长。其主视方向如图 2-8a 所示。

2）作 L 形棱柱体的三视图。先作出反映 L 形棱柱体形状特征的主视图，再根据投影规律作出其俯、左视图，如图 2-8b 所示。

3）作底板矩形槽的三视图。先作出能反映底板矩形槽形状特征的俯视图，再根据投影规律画出其主、左视图，如图 2-8c 所示。当根据俯视图作左视图时，要注意 y_1 和 y_2 尺寸的量取起点和方向。

4）作竖板切角的三视图。先作出能反映竖板切角形状特征的左视图，再根据投影规律画出其主、俯视图，如图 2-8d 所示。当根据左视图作俯视图时，要注意 y 尺寸的量取起点和方向。

5）检查、去除多余的线条，按线型要求加深各类图线。完成的三视图如图 2-8e 所示。

2.3.2　回转体的三视图画法

回转体是由回转面或回转面与平面围成的立体。

1. 回转面的基本概念

如图 2-9a 所示，一动线 AB 绕一定线 OO 回转一周后，所形成的曲面即为回转面。其

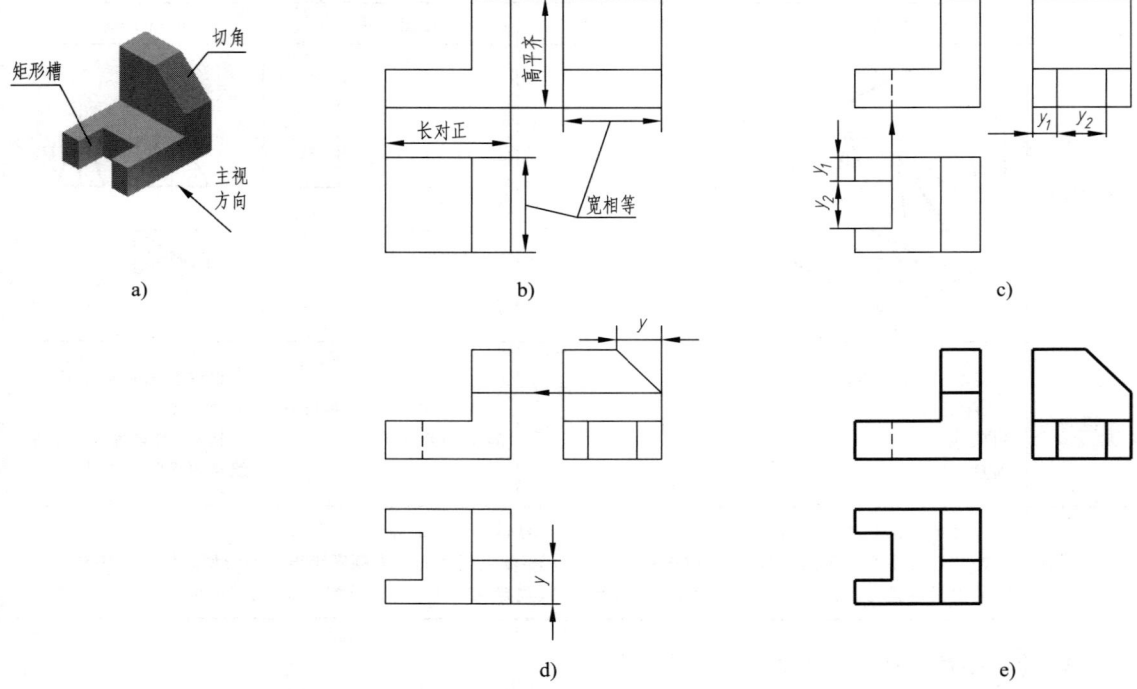

图 2-8 简单平面体的作图方法和步骤
a) 立体图 b) 作 L 形棱柱体的三视图 c) 作底板矩形槽的三视图
d) 作竖板切角的三视图 e) 检查、加深

中，动线 AB（可以是直线或曲线）称为**母线**；定线 OO（直线）称为**轴线**；母线在回转面上的任意位置称为**素线**；母线上各点的运动轨迹称为**纬圆**。纬圆的半径为母线上的点到轴线的距离，纬圆所在的平面垂直于轴线。回转面的形状取决于母线的形状及母线与轴线的相对位置。

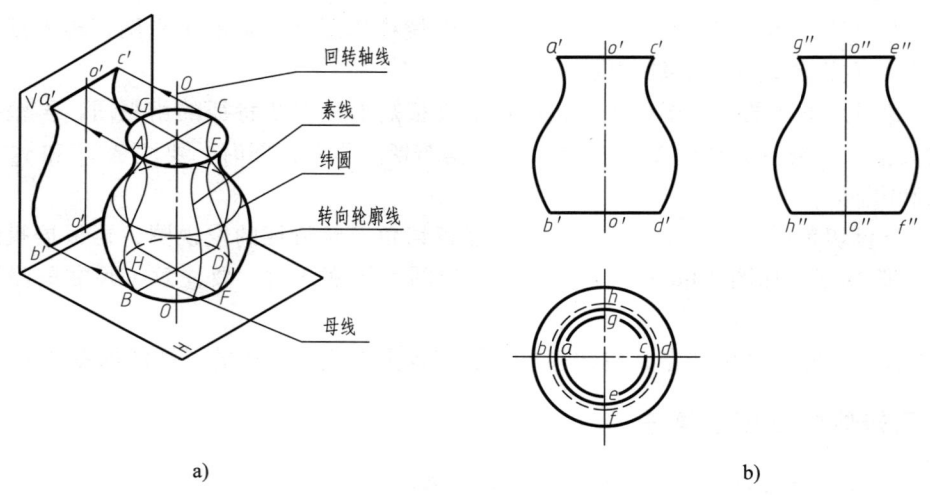

图 2-9 回转面的形成及其投影
a) 立体图 b) 投影图

图 2-9b 是该回转面的三面投影图。由于回转面的轴线 OO 垂直于水平面，因此回转面的水平投影是一系列反映实形的同心圆。

在正面投影上，母线 A、B 两端点回转形成上下底圆，投影积聚为两条水平线段，其长度分别等于相应纬圆的直径。左右两条轮廓线 $a'b'$、$c'd'$ 是最左、最右两条素线 AB、CD 的正面投影，它们确定了回转面的正面投影范围，因此线段 AB、CD 称为回转面对正面的转向轮廓线，画图时只需画出其正面投影，其他投影不需画出。

转向轮廓线是回转面上起特殊作用的素线，它具有以下两条基本性质：

1) 转向轮廓线在回转面上的位置取决于投射线的方向，它是对投影面而言的。因此，对不同的投影面，转向轮廓线不同。例如，最前、最后两条素线 EF、GH 确定了回转面的侧面投影范围，因此线段 EF、GH 称为回转面对侧面的转向轮廓线。

2) 转向轮廓线是回转面上可见与不可见部分的分界线。例如，以对正面的转向轮廓线 AB、CD 为界，回转面的前半部分可见，后半部分不可见。

由图 2-9b 还可以看出，当回转面的轴线平行于投影面时，其轴线两边的转向轮廓线不仅以轴线为中心两边对称，而且也平行于相应的投影面。因此，对于母线与轴线处于同一平面内的回转面，它的转向轮廓线的相应投影一般反映母线的实形以及母线与轴线的相对位置，其余两投影则分别与轴线或中心线的投影重合。

2. 常见回转体的三视图画法

机器零件上常见的基本回转体有圆柱、圆锥（台）、球和圆弧回转体。

表 2-2 介绍了常见基本回转体的形成方式、三视图和投影特性。

表 2-2 常见基本回转体的形成方式、三视图和投影特性

	形成方式	立体图	三视图	投影特性
圆柱	圆柱由圆柱面和上、下底面围成。圆柱面可看成是由一直线母线 AB 绕与它平行的轴线 OO 旋转而成的			1) 轴线垂直于水平面的圆柱，其俯视图为圆，其中圆周是整个圆柱面的积聚性投影 2) 主、左视图是以轴线为对称线，大小完全相同的矩形
圆锥	圆锥由圆锥面和底面围成。圆锥面可看成是由一直线母线 AB 绕与它相交的轴线 OO 旋转而成的			1) 轴线垂直于水平面的圆锥，其俯视图为圆，由于锥面上所有素线均倾斜于水平面，因此其水平投影没有积聚性 2) 主、左视图都是以轴线为对称线，完全相同的等腰三角形

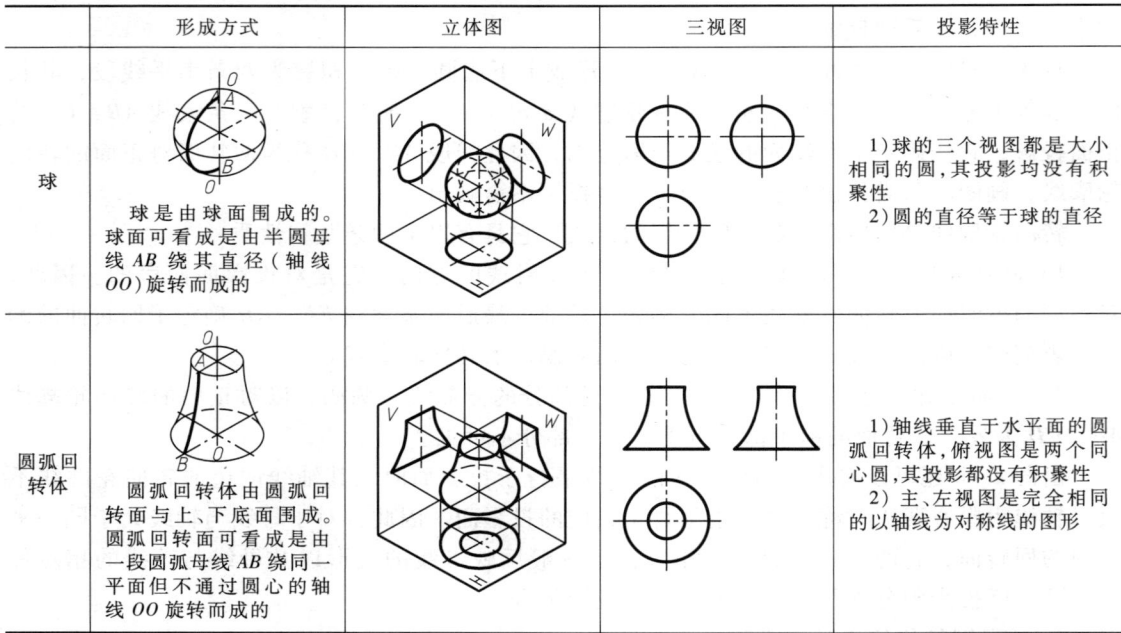

由表 2-2 可知，回转体共同的投影特性有：
① 垂直于轴线的投影面上的投影是圆或同心圆。
② 其余两投影是大小完全相同的、以轴线为对称线的图形。
注：在回转体的任何一个投影图中，都必须作全轴线的投影和圆的对称中心线。

2.3.3 基本体的尺寸注法

基本体的尺寸标注已基本定型，不要随意改动，请参照表 2-3 标注基本体的尺寸。

表 2-3 基本体的尺寸注法

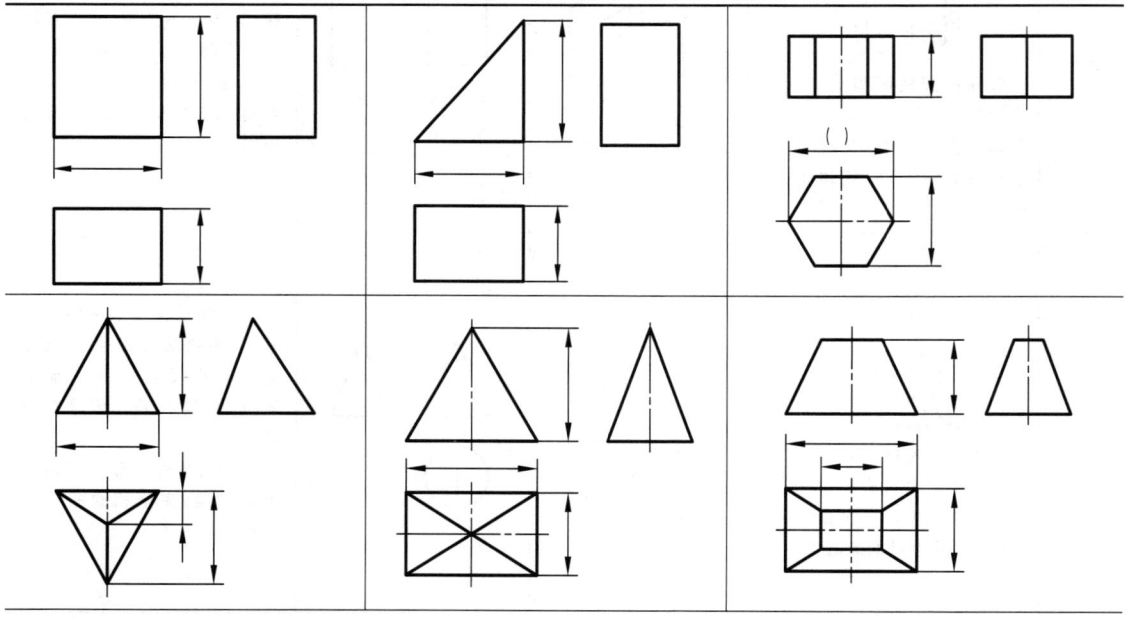

（续）

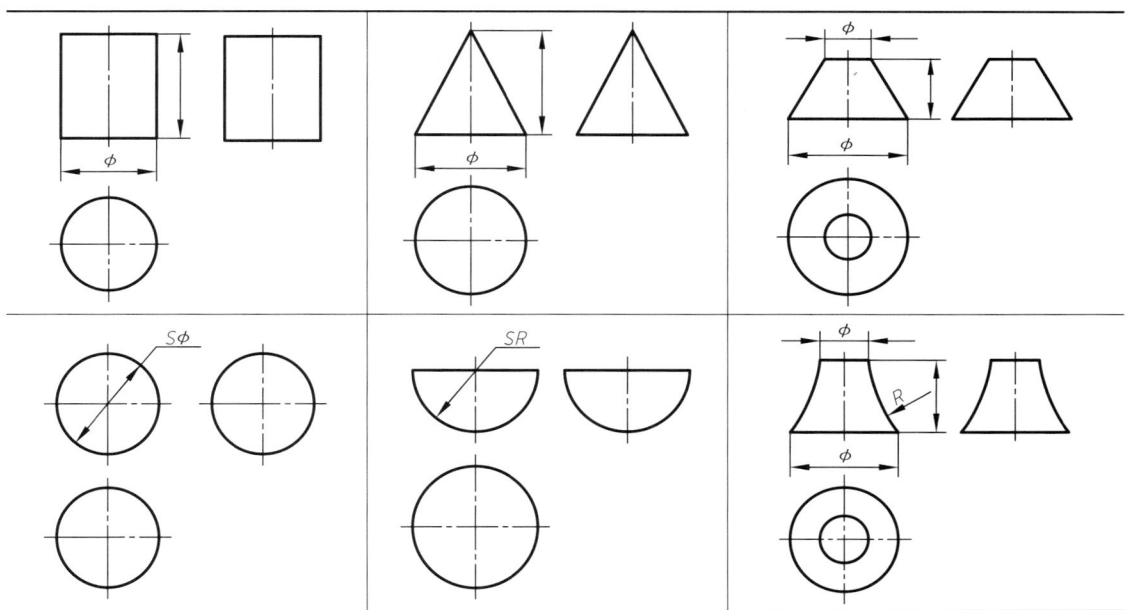

注：标注回转体尺寸时，直径符号"ϕ"尽量注在非圆视图上，半径符号"R"则必须注在反映圆弧实形的视图上。

2.4 几何元素的投影分析

由于点、线、面是组成立体的基本几何元素，因此掌握基本几何元素的投影特性是绘制、阅读复杂立体（组合体）的基础。

2.4.1 点的投影

1. 点的投影规律

图 2-10 所示为空间点 A 在三投影面体系中的投影情况以及展开后的三面投影图。如果把三个投影面看成坐标面，则互相垂直的三根投影轴即为坐标轴。根据正投影法，点 A 在三个投影面上的投影分别用 a（水平投影）、a'（正面投影）和 a''（侧面投影）表示，如图

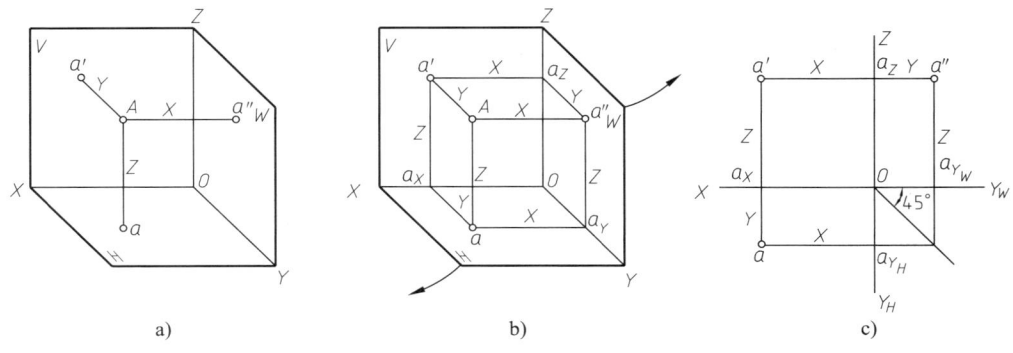

图 2-10 点的投影图

a）点的投影　b）点的坐标　c）点的三面投影图

2-10a 所示，投射线段 Aa''、Aa'、Aa 分别是点 A 到三个投影面的距离。通过由投射线与坐标轴所组成的长方体框架中可看出（图 2-10b），点在投影面上的每个投影都反映了它的两个坐标。如正面投影 a' 反映了点 A 的 X 和 Z 坐标、水平投影 a 反映了点 A 的 X 和 Y 坐标等，而且每两个投影都有一个相同的坐标，如 a' 和 a 的 X 坐标相同、a' 和 a'' 的 Z 坐标相同等。由此可知：点的投影到轴的距离等于空间点到相应投影面的距离。点的三个投影之间有着密切的联系。

图 2-10b 还表示了三投影面体系的展开情况，其中 H 面与 W 面沿 OY 轴分开，各自向下和向右展开。展开后的 OY 轴在不同的投影面上，分别用 OY_H 和 OY_W 表示。

图 2-10c 为展开后的三面投影图，从该图中可分析出点的投影规律：

1）点的正面投影和水平投影的连线垂直于 OX 轴，即 $aa' \perp OX$。
2）点的正面投影和侧面投影的连线垂直于 OZ 轴，即 $a'a'' \perp OZ$。
3）点的水平投影到 OX 轴的距离等于点的侧面投影到 OZ 轴的距离，即 $aa_X = a''a_Z$。

点的投影规律表明了点的任一投影与其他两投影之间的联系，是今后作点的投影图的依据。另外，根据点的第三条投影规律还可以得出：过 a 且平行于 X 轴的直线和过 a'' 且平行于 Z 轴的直线必定交于过原点 O 的 45°斜线上，如图 2-10c 所示。

【例 2-2】 如图 2-11a 所示，已知点 A 的两投影 a' 和 a''，求作第三投影 a。

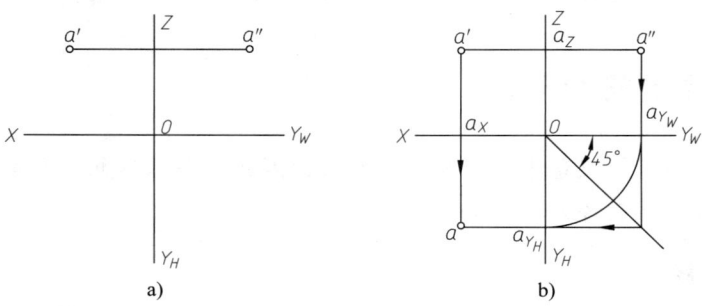

图 2-11 根据点的两个投影求第三投影的作图方法
a）题图 b）作图过程

（1）分析 由于点的两个投影已完全能够确定点的空间位置，因此应用点的投影规律，即能作出点的第三投影。

（2）作图 作图步骤如下：
1）过 a' 作线垂直于 OX 轴。
2）过点 O 作 45°斜线。
3）过 a'' 作平行于 Z 轴的直线交于 45°斜线，再由交点向左画平行于 X 轴的直线与 $a'a_x$ 线相交，交点即为所求 a。

2. 无轴投影图

图 2-12b 给出了 A、B 两点的三个投影。可以看出，点在投影体系中的投影不仅能反映出各点的绝对坐标，而且还能反映出两点间的相对坐标，即坐标差。因此，如果知道了点 A 的三个投影 a'、a 和 a''，又知道了点 B 相对于点 A 的坐标差，即使不画投影轴，也能以点 A 为参考点，唯一确定点 B 的三个投影，如图 2-12c 所示。相对坐标值是代数值，其正负是以

参考点 A 为基准的，若另一点 B 在参考点的左方（沿 X 轴正向）、前方（沿 Y 轴正向）和上方（沿 Z 轴正向）、则 ΔX、ΔY 和 ΔZ 均为正，反之为负，如图 2-12a、b 所示。

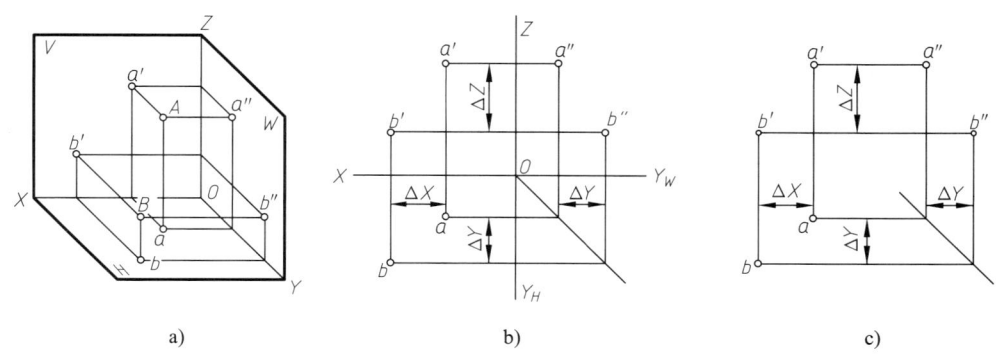

图 2-12 两点的相对坐标及无轴投影图
a）立体图　b）有轴投影图　c）无轴投影图

不画投影轴的投影图称为无轴投影图。此时，点 A 的绝对坐标值可能有变化，但它三个投影的位置关系不会发生变化。也就是说：a a' 的连线还是平行于 Z 轴的直线；a'a'' 的连线仍为平行于 X 轴的直线。所以，点的三个投影之间的相互关系与坐标轴的位置无关。

在无轴投影图中，参考点 A 的位置可先任意确定，至于其他点，只要知道它与点 A 的坐标差就可作出其投影。

【例 2-3】 如图 2-13a 所示，已知点 A 的三面投影，根据点 B 相对于点 A 的坐标差 ΔX = -12、ΔY = -8、ΔZ = 8，求作点 B 的三面投影。

（1）分析　点 A 是参考点，根据坐标差 ΔX、ΔY 和 ΔZ 的正负，即可判定点 B 在点 A 的右方、后方和上方。

（2）作图　作图过程如图 2-13b 所示，要特别注意 ΔY 的量取方向。

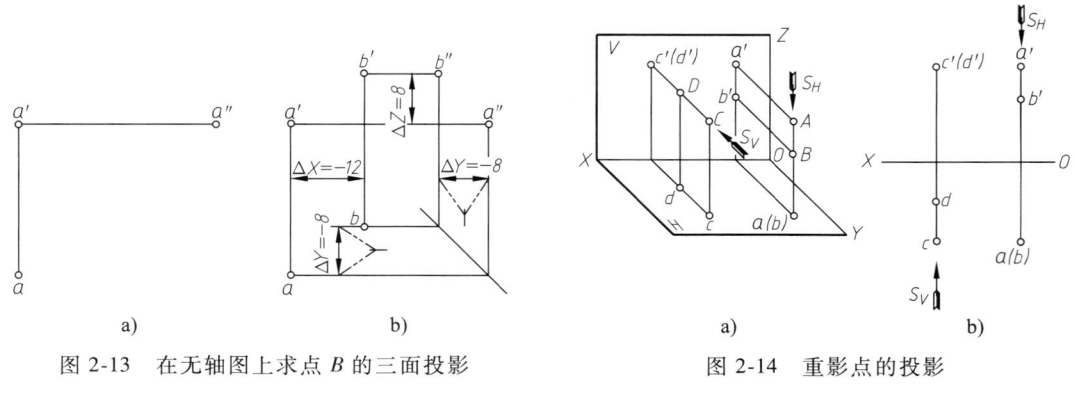

图 2-13 在无轴图上求点 B 的三面投影
　　a）题图　b）作图过程

图 2-14 重影点的投影
　　a）立体图　b）投影图

3. 重影点

重影点是指在某投影面上的投影互相重合的两个点，此时这两点的两个坐标相同，在同一条投射线上,它们在与投射线垂直的投影面上的投影发生重影。如图 2-14a 中,A、B 两点的水平投影重合,表明它们的 X 和 Y 坐标相同,称 A、B 两点是对水平面的重影点。同理,可有对正面或侧面投影面的重影点。

重影点具有可见性,当判别重影点投影可见性时,需要根据不相同的第三坐标来判断,其坐标大者为可见。如判别 A、B 两点水平投影的可见性时,需要考察它们的 Z 坐标,从图 2-14b 所示的点 A、B 正面投影中可看出 $Z_A > Z_B$,因此,在重影投影中,a 可见而 b 不可见,用 (b) 表示 B 点的水平投影。

图 2-14b 中另外两点 C 与 D 的 X、Z 坐标相同,因此它们的正面投影重合。根据不同的 Y 坐标(从水平投影入手),可以判别出 c' 可见而 d' 不可见,因此用 (d') 表示 D 点的正面投影。

2.4.2 直线的投影

直线由两点确定,因此,直线的投影由两点的同面投影来确定。

在三投影面体系中,直线有以下三种位置:

1) 投影面平行线。只平行于某一个投影面,倾斜于另外两个投影面的直线。
2) 投影面垂直线。垂直于某一个投影面,平行于另外两个投影面的直线。
3) 一般位置直线。与三个投影面都倾斜的直线。

投影面平行线和投影面垂直线统称为特殊位置直线。

直线与投影面的夹角称为倾角,直线对 H、V、W 面的倾角分别用 α、β、γ 来表示。

1. 各种位置直线的投影特性

(1) 投影面平行线 投影面平行线分为三种:平行于正面的直线称为**正平线**;平行于水平面的直线称为**水平线**;平行于侧面的直线称为**侧平线**。

投影面平行线的投影特性见表 2-4。

表 2-4 投影面平行线的投影特性

	立 体 图	投 影 图	投 影 特 性
正平线	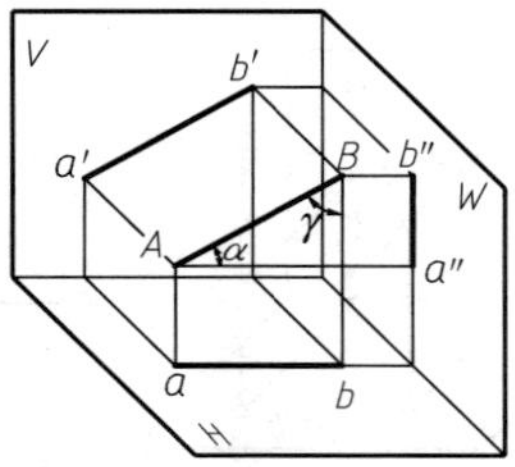	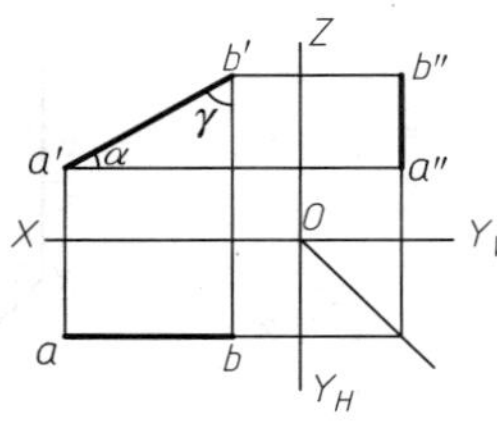	1) 正面投影 $a'b' = AB$,反映 α、γ 角 2) 另两投影 ab、$a''b''$ 均垂直于 Y 轴
水平线	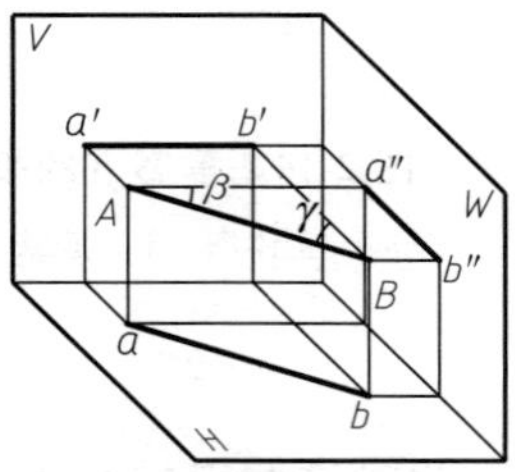	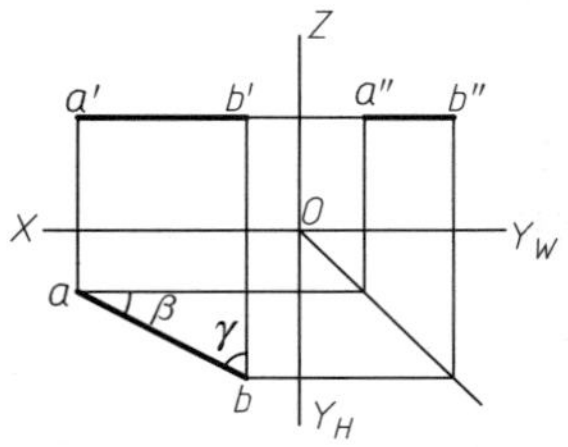	1) 水平投影 $ab = AB$,反映 β、γ 角 2) 另两投影 $a'b'$、$a''b''$ 均垂直于 Z 轴

(续)

	立 体 图	投 影 图	投 影 特 性
侧平线	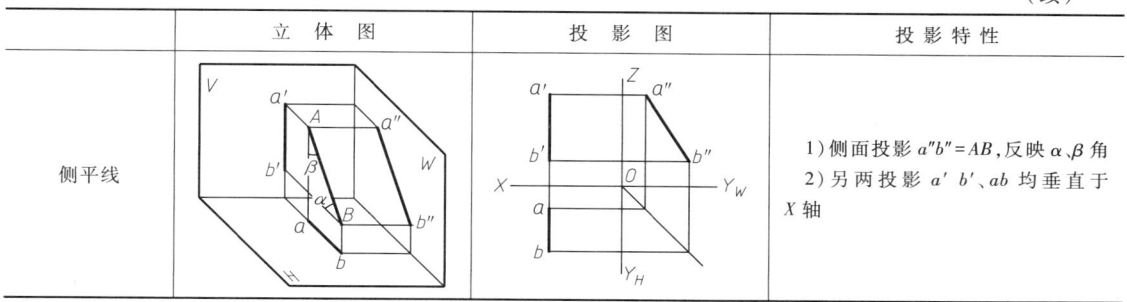		1) 侧面投影 $a''b''=AB$，反映 α、β 角 2) 另两投影 $a'b'$、ab 均垂直于 X 轴

投影面平行线的投影特性小结：
① 直线在所平行的投影面上的投影反映该线段的实长和对其他两个投影面的倾角。
② 直线的其他两投影垂直于同一投影轴，且都小于该线段的实长。

（2）投影面垂直线 投影面垂直线分为三种：垂直于正面的直线称为**正垂线**；垂直于水平面的直线称为**铅垂线**；垂直于侧面的直线称为**侧垂线**。

投影面垂直线的投影特性见表 2-5。

表 2-5 投影面垂直线的投影特性

	立 体 图	投 影 图	投 影 特 性
正垂线	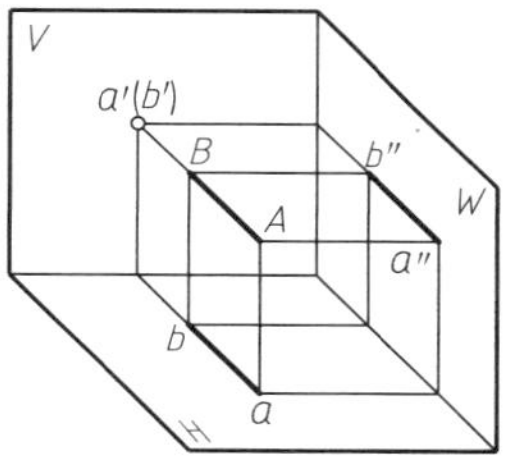	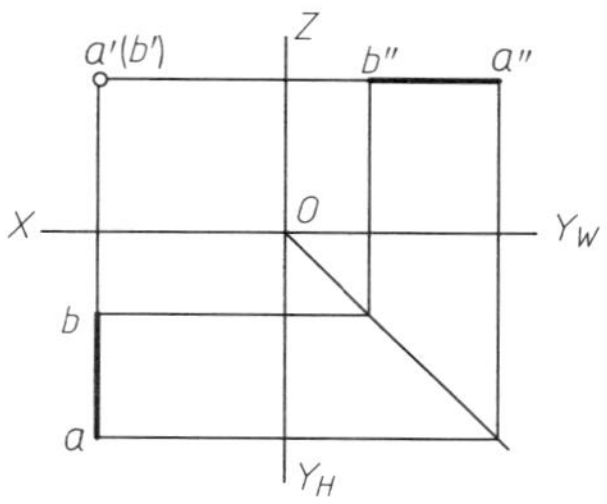	1) 正面投影积聚成点 2) 另两投影 ab、$a''b''$ 均平行于 Y 轴 3) $ab=a''b''=AB$
铅垂线	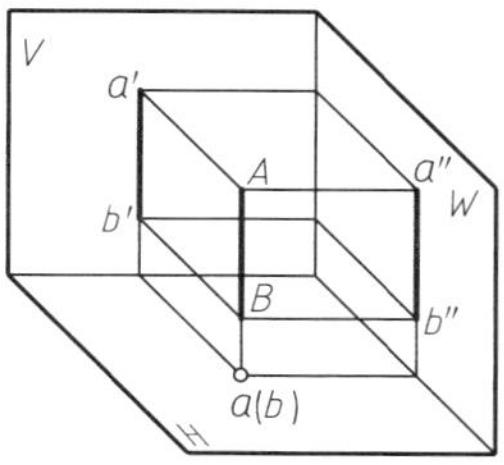	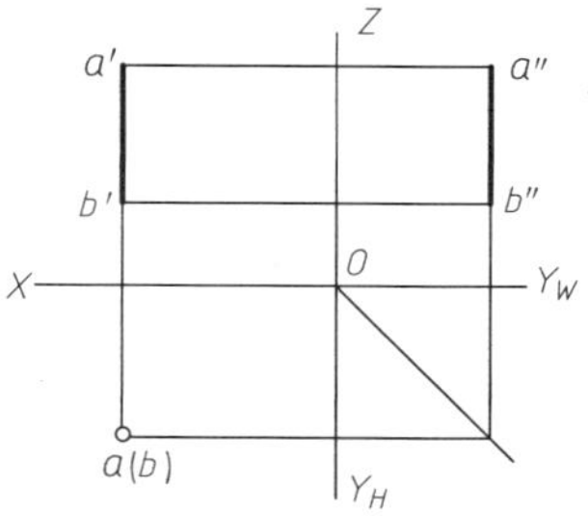	1) 水平投影积聚成点 2) 另两投影 $a'b'$、$a''b''$ 均平行于 Z 轴 3) $a'b'=a''b''=AB$
侧垂线	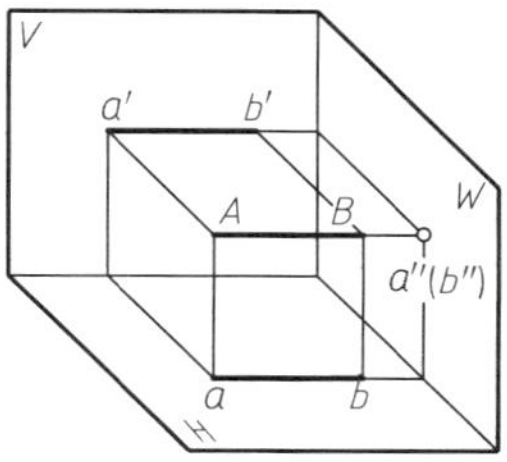	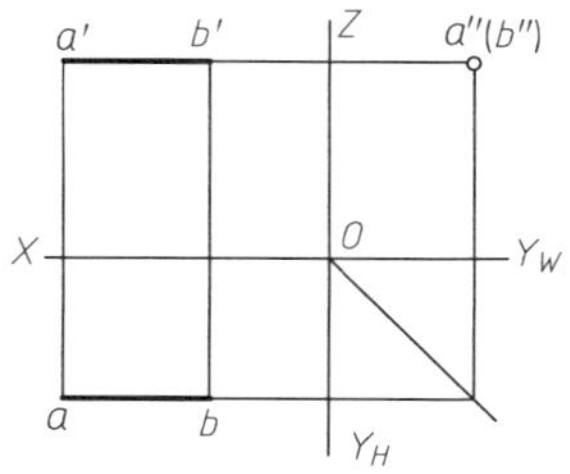	1) 侧面投影积聚成点 2) 另两投影 $a'b'$、ab 均平行于 X 轴 3) $a'b'=ab=AB$

投影面垂直线的投影特性小结：
① 直线在所垂直的投影面上的投影积聚成点。
② 直线的其他两投影平行于同一投影轴，且反映该线段的实长。

（3）一般位置直线　图 2-15 表示一般位置直线 AB 的三面投影。由于一般位置直线对三个投影面都倾斜，因此它的三面投影都是倾斜线段，且小于实长。一般位置直线的三面投影与投影轴的夹角均不反映该直线对投影面倾角的实际大小。

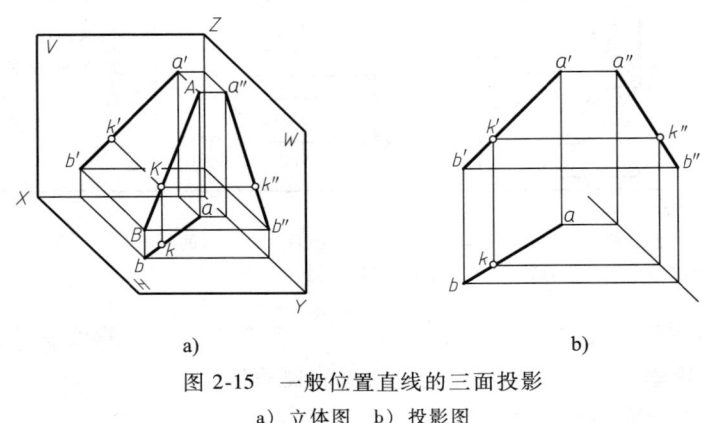

图 2-15　一般位置直线的三面投影
a）立体图　b）投影图

2. 点与直线的相对位置及其投影特性

点与直线的相对位置只有两种，点在直线上或点不在直线上。分析图 2-15a，可以得出在直线上的点的投影特性为：

1) 在直线上的点，其投影必定落在该直线的同面投影上。如点 K 的投影 k、k'、k"分别落在直线的投影 ab、a'b'、a"b"上，如图 2-15b 所示。

2) 点分割直线后，其空间两线段的长度之比应等于其投影的长度之比。如两线段 AK：$KB = ak : kb = a'k' : k'b' = a''k'' : k''b''$，如图 2-15b 所示。

【例 2-4】　如图 2-16a 所示，将线段 AB 按 2∶1 分成两段，试求分点 C 的投影 c 和 c'。

（1）分析　先将任一辅助线等分几段，找到满足 2∶1 比例的分点。再根据点在直线上的投影特性求出分点的投影。

（2）作图　如图 2-16b 所示，依据图中①②③④的顺序作图。

3. 两直线的相对位置及其投影特性

两直线的相对位置有三种：平行、相交和交叉。由于前两种位置的直线可以组成一个平面，因此称为同面直线，交叉直线称为异面直线。

表 2-6 介绍了两直线三种相对位置的立体图、三面投影图和投影特性。

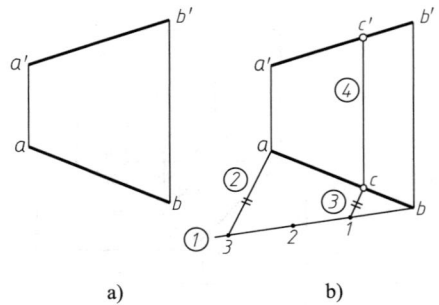

图 2-16　在直线 AB 上取点 C 的作图方法
a）题图　b）作图过程

2.4.3　平面的投影

平面可由图 2-17 所示的表示方法中的任意一种表示：①不在一直线上的三点；②一直线和直线外的一点；③相交两直线；④平行两直线；⑤平面图形。其中最常用的方法是用平面图形表示平面。

表 2-6 两直线三种相对位置的立体图、投影图和投影特性

	立体图	投影图	投影特性
平行两直线	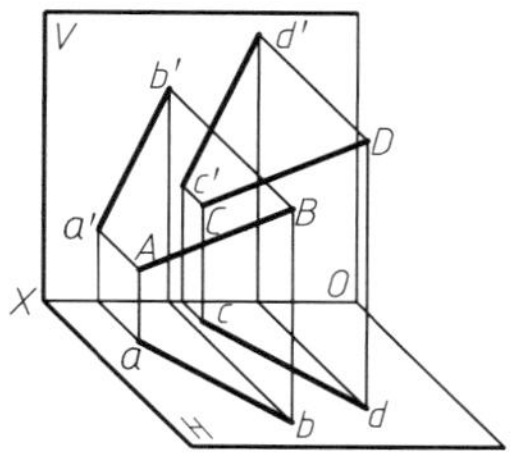	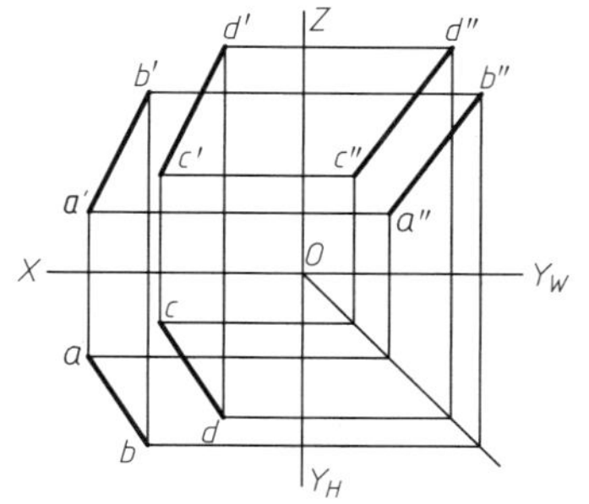	1）平行两直线的所有同面投影都互相平行 2）平行两直线的长度之比等于其投影长度之比
相交两直线	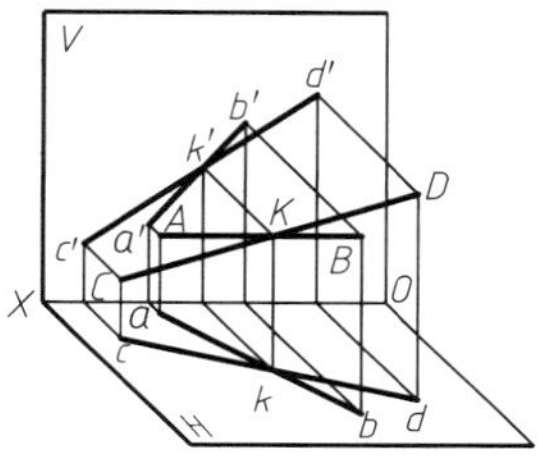	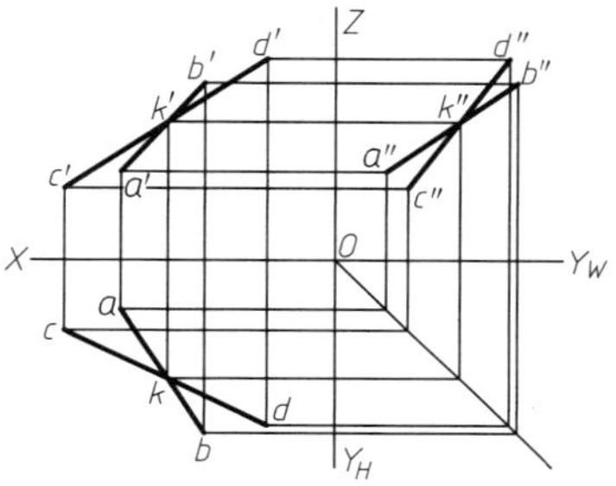	相交两直线的所有同面投影都相交，其交点投影符合点的投影规律
交叉两直线	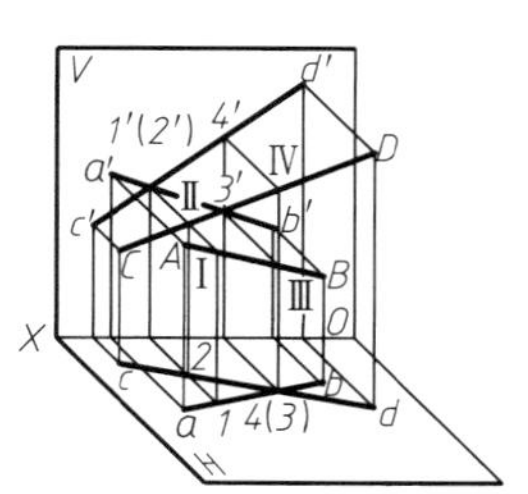	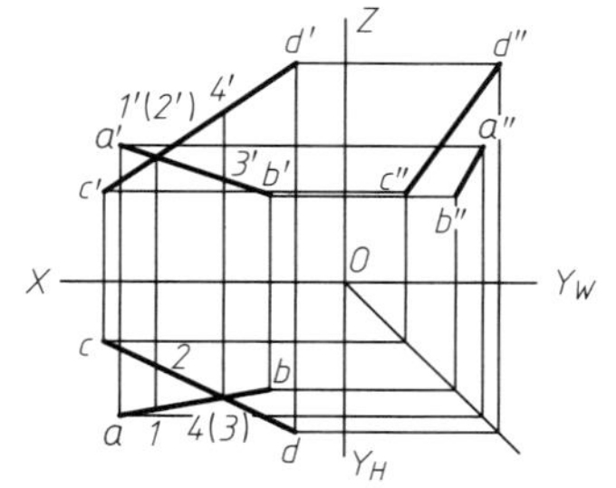	1）交叉两直线的投影可能平行，但不会三个投影都平行 2）交叉两直线的投影可能相交，但相交处是重影点而不是交点

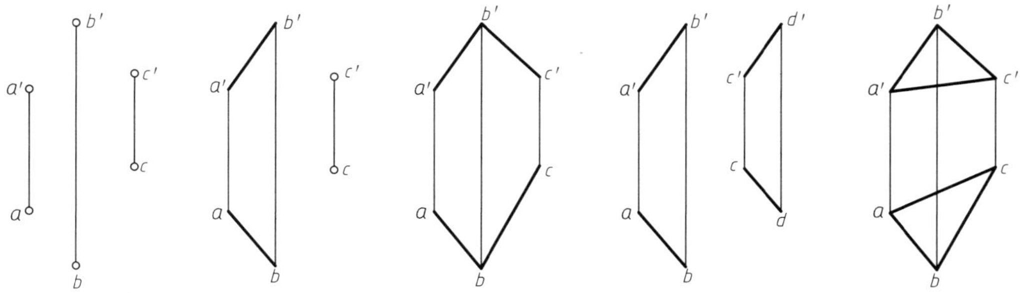

图 2-17 平面的表示方法

a）三个点 b）一点一直线 c）相交两直线 d）平行两直线 e）平面图形

在三投影面体系中，平面有三种位置：

1）投影面垂直面。只垂直于某一个投影面，倾斜于另外两个投影面的平面。

2)投影面平行面。平行于一个投影面,垂直于另外两个投影面的平面。

3)一般位置平面。对三个投影面都倾斜的平面。

投影面垂直面和投影面平行面统称为特殊位置平面。

平面对投影面的倾角是指它们的二面角。平面对 H 面、V 面、W 面的倾角分别用 α、β、γ 来表示。

1. 投影面垂直面

投影面垂直面分为三种:垂直于 V 面的平面称为**正垂面**;垂直于 H 面的平面称为**铅垂面**;垂直于 W 面的平面称为**侧垂面**。

投影面垂直面的投影特性见表 2-7。

表 2-7 投影面垂直面的投影特性

	立体图	投影图	投影特性
正垂面	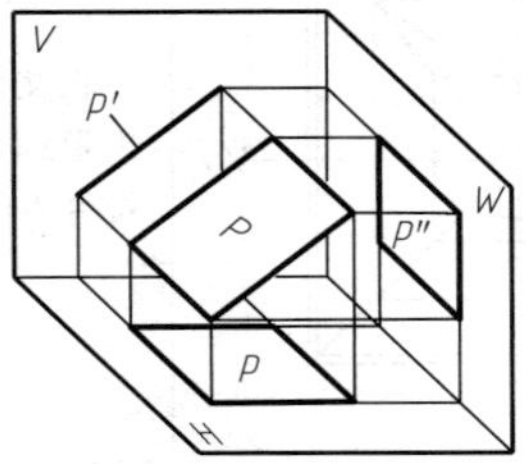	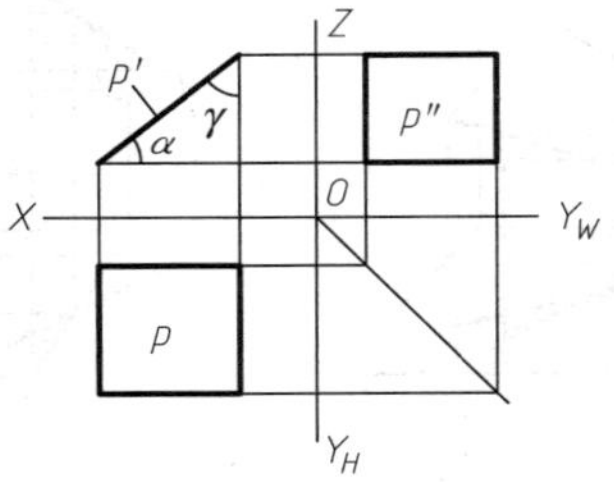	1)正面投影 p' 积聚成一条直线,反映 α、γ 角 2)另两个面的投影 p 和 p'' 均为平面形的类似形
铅垂面	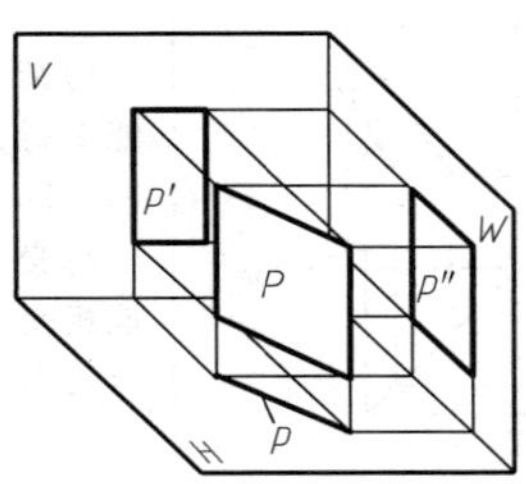	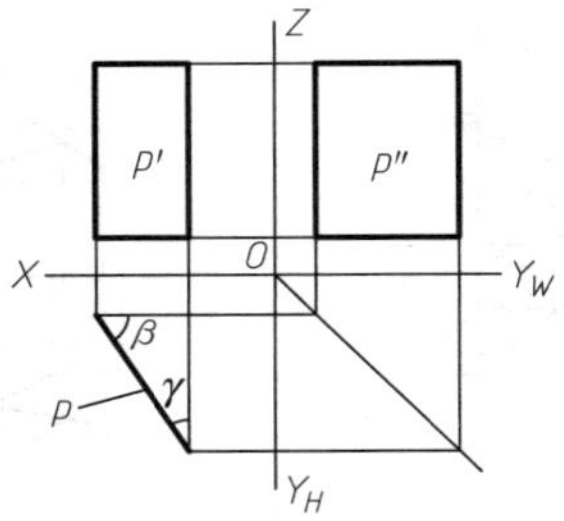	1)水平投影 p 积聚成一条直线,反映 β、γ 角 2)另两个面的投影 p' 和 p'' 均为平面形的类似形
侧垂面	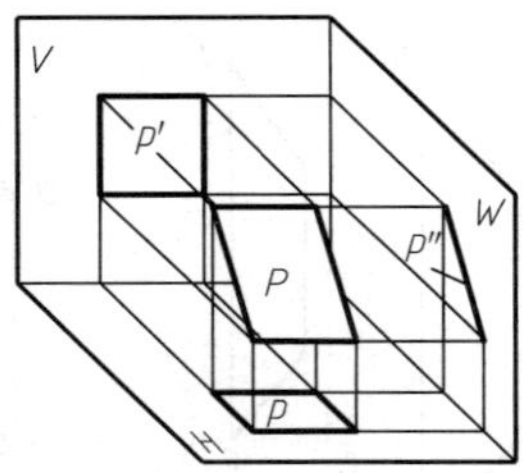	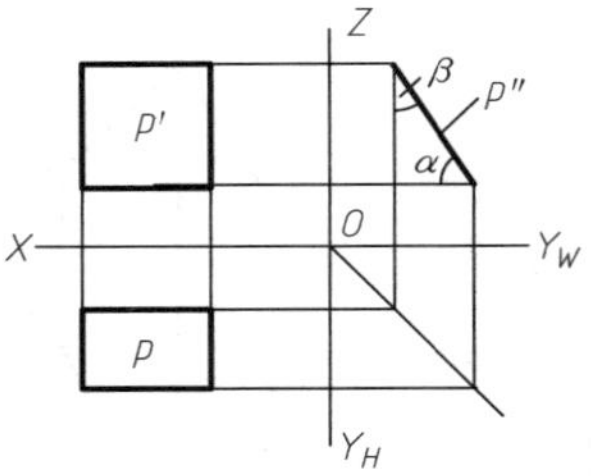	1)侧面投影 p'' 积聚成一条直线,反映 β、α 角 2)另两个面的投影 p 和 p' 均为平面形的类似形

投影面垂直面的投影特性小结:

① 平面在所垂直的投影面上的投影,积聚成倾斜于投影轴的直线,并反映该平面与其他两个投影面的倾角。

② 平面的其他两投影都是缩小的类似形。

2. 投影面平行面

投影面平行面分为三种:平行于 V 面的平面称为**正平面**;平行于 H 面的平面称为**水平面**;平行于 W 面的平面称为**侧平面**。

投影面平行面的投影特性见表 2-8。

表 2-8 投影面平行面的投影特性

	立体图	投影图	投影特性
正平面	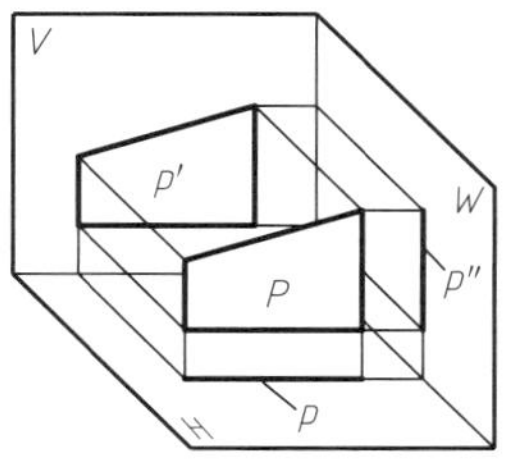	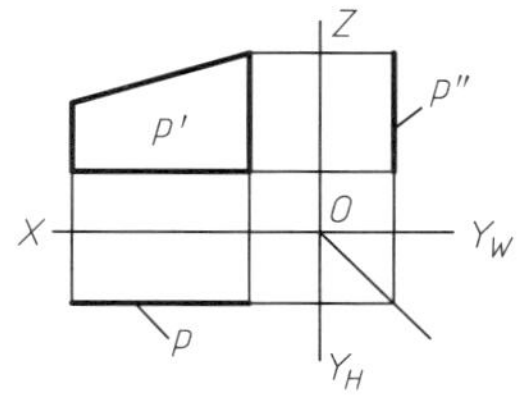	1）正面投影 p' 反映平面实形 2）另两个面的投影 p 和 p'' 均具有积聚性，且垂直于 Y 轴
水平面	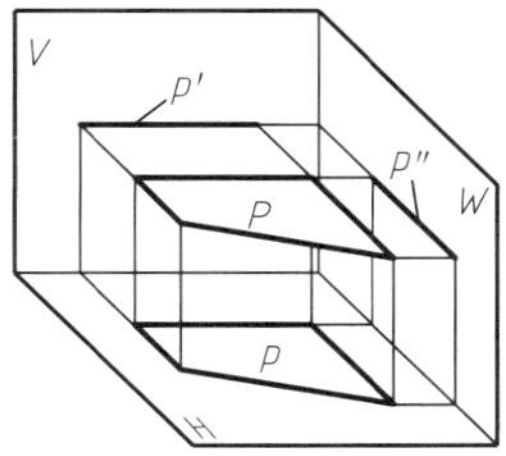	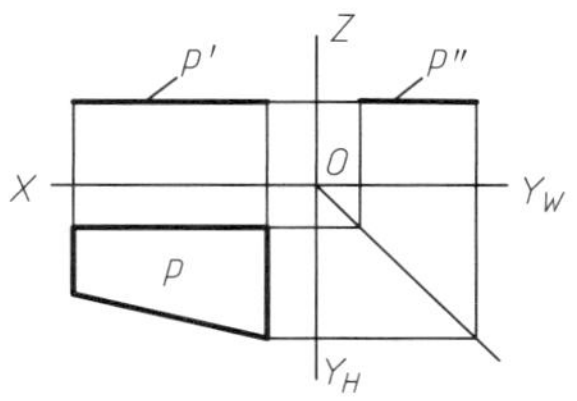	1）水平投影 p 反映平面实形 2）另两个面的投影 p' 和 p'' 均具有积聚性，且垂直于 Z 轴
侧平面	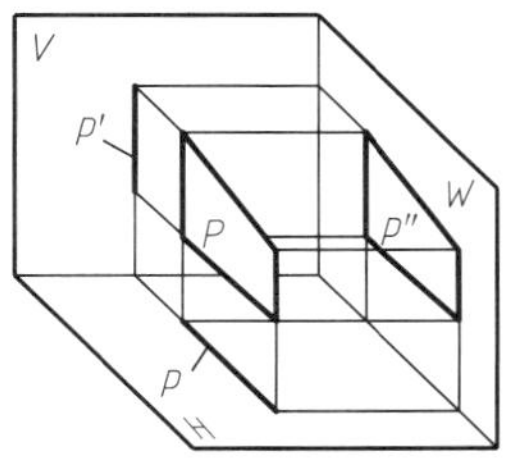	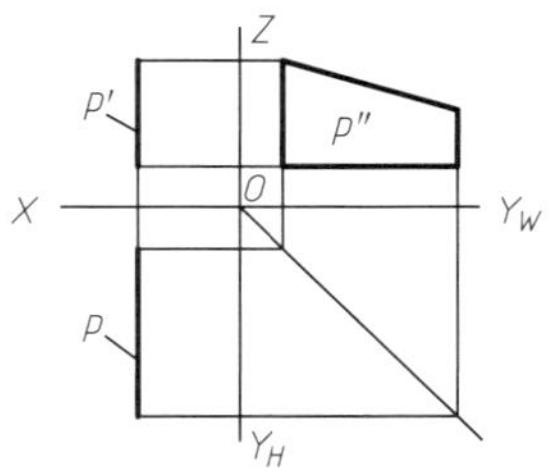	1）侧面投影 p'' 反映平面实形 2）另两个面的投影 p' 和 p 均具有积聚性，且垂直于 X 轴

投影面平行面的投影特性小结：
① 平面在所平行的投影面上的投影反映实形。
② 平面的其余两投影均具有积聚性，且垂直于同一投影轴。

3. 一般位置平面

图 2-18 表示一般位置平面 R 的投影，由于它对三个投影面都倾斜，因此各个投影既没有积聚性，也不反映实形和对各投影面的倾角，一般位置平面的三个投影都是小于实形的类似形。

2.4.4 面内求点、线的作图方法

1. 平面内求点、线的作图方法

根据立体几何定理可知：①若点在平面内，则点必在该平面内的一条线上；②若直线在平面内，则直线必定通过平面内的两点，或者通过平面内的一点且平行于该平面内的另一条直线。为此，在平面内求点、线时，首先需根据题目要求在平面内找出已知的点或直线，然后才能进一步作图完成所求的投影。

【例 2-5】 如图 2-19b 所示，已知 $\triangle ABC$ 内点 K 的水平投影 k，求其正面投影 k'。

（1）分析 由于点 K 在 $\triangle ABC$ 内，因此它必定在 $\triangle ABC$ 内的一条线上。

（2）作图 通过点 K 可以作许多辅助线，为了作图简便，通常作两种辅助线，如

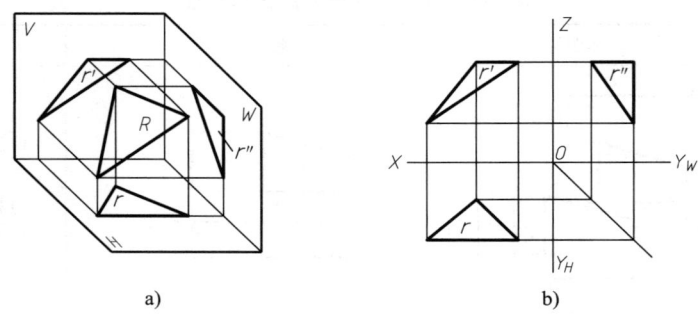

图 2-18 一般位置平面的三面投影
a) 立体图 b) 投影图

图 2-19c、d 所示。图 2-19a 表示辅助线的空间情况。

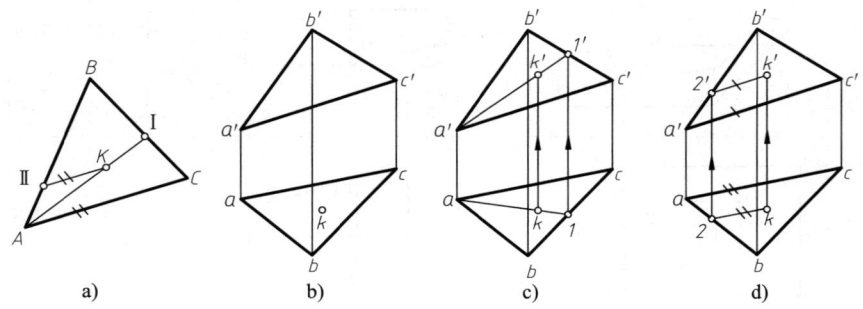

图 2-19 平面内取点的作图方法
a) 立体图 b) 题图 c) 作图方法一 d) 作图方法二

【例 2-6】 如图 2-20b 所示，已知 △ABC 内直线 DE 的正面投影 $d'e'$，求其水平投影 de。

（1）分析　可分别求出 D 和 E 两点的投影后连线，但简捷的方法是直接延长已知直线作为辅助线。

（2）作图　作图过程如图 2-20c 所示。图 2-20a 表示辅助线的空间情况。

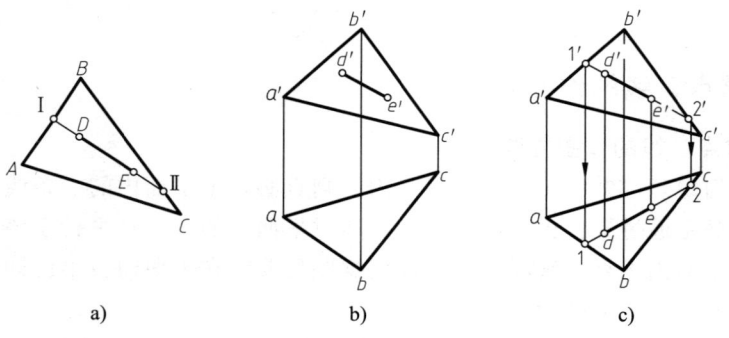

图 2-20 平面内求线的作图方法
a) 立体图 b) 题图 c) 作图过程

【例 2-7】 如图 2-21b 所示，已知四棱台的上部开有矩形槽，试完成物体的俯视图。

（1）分析 根据立体图（图 2-21a）和已知投影图可看出，四棱台的水平投影是基本完整的，只有矩形槽的俯视图尚未表示清楚。由于四棱台的前棱面是侧垂面，因此，本题的关键是确定矩形槽底面与前棱面的交线 AB 的水平投影 ab。

（2）作图 作图方法分为两种，具体方法如下：

方法 1：如图 2-21c 所示，利用面上求点、线的作图方法作 ab。

1) 由于 AB 平行于底边，故可延长 a'b' 作平行于底边的辅助线，求出 ab 投影。
2) 根据投影规律作出矩形槽的水平投影。

方法 2：如图 2-21d 所示，利用侧面投影的作图方法作 ab。

1) 根据四棱台的主、俯视图作出左视图。
2) 根据矩形槽俯、左视图宽相等的投影规律作出 ab 及槽的水平投影。

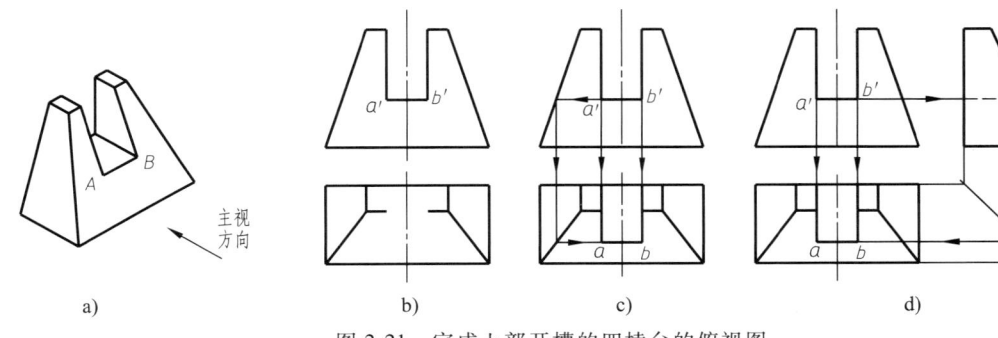

图 2-21 完成上部开槽的四棱台的俯视图
a) 立体图 b) 题图 c) 作图方法一 d) 作图方法二

2. 回转面内取点、线的作图方法

回转面内的点根据其所在位置，可分为两类：①点在转向轮廓线上；②点在回转面内。

对于转向轮廓线上的点，其作图关键是要找到该点所在轮廓线的投影位置。当根据转向轮廓线的投影特性（一个投影确定回转体外轮廓，另外两个投影与轴线或对称中心线重合）确定出它的三个投影位置后，即可直接求出点的投影。

对于回转面内的点，根据其所在表面的几何性质可分别利用积聚性、辅助素线或辅助纬圆来作图，其中最通用的方法是利用辅助纬圆来作图求投影。当利用纬圆作图时，首先要依据纬圆所在平面垂直于轴线，其半径是轮廓线上的点到轴线距离的几何性质，确定纬圆的半径和圆心，其次再利用纬圆求出点的投影，最后还需判别所求点投影的可见性。

对于回转面内的非圆曲线，其作图的一般方法是先求出该曲线上的一系列点，然后判别可见性后顺次光滑连接。

常见回转面上求点、线的作图方法见表 2-9。

2.4.5 直线与平面、平面与平面的相对位置

直线与平面、平面与平面的相对位置有平行和相交两种。在表 2-10 中，仅介绍当一个几何元素为特殊位置时，有关线面平行与相交问题中的几何特性及投影分析。

表 2-9 常见回转面上求点、线的作图方法

已知条件	作图过程	作图分析和方法
圆柱面		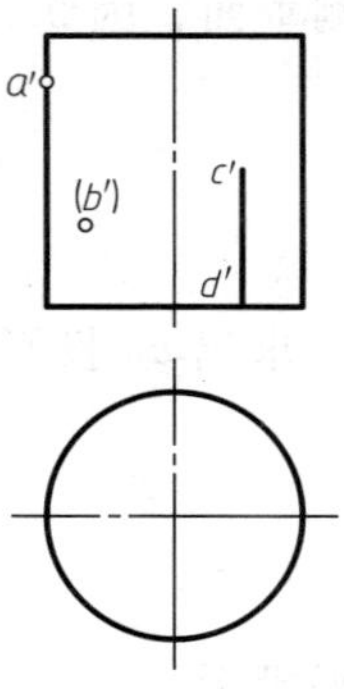 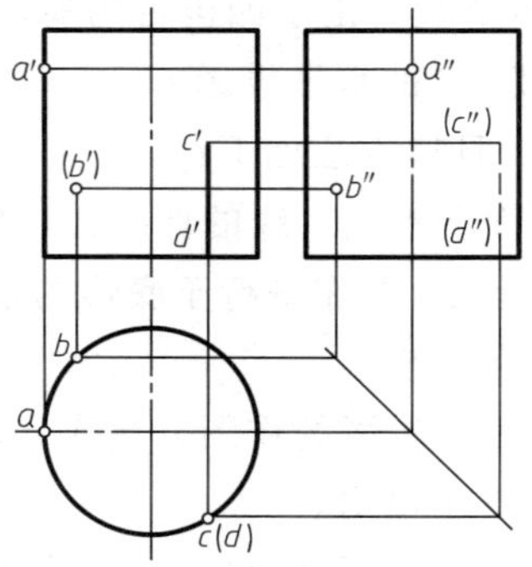 1) 点 A 在对正面的转向轮廓线上，找出转向轮廓线的其余两投影后，即可直接作出 a 及 a″ 2) 点 B 在后半个圆柱面内，利用圆柱水平投影具有积聚性的性质，先作出 b 再作出 b″ 3) 线段 CD 是一条平行于轴线的直素线，因此可分析出水平投影积聚成点，侧面投影 c″d″仍为直线段。根据图中 c′d′ 的已知位置，可判定 CD 线在圆柱面的右前侧，故 c″d″不可见，画成细虚线
圆锥面		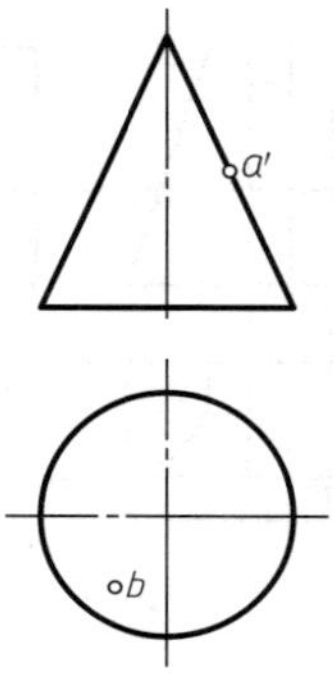 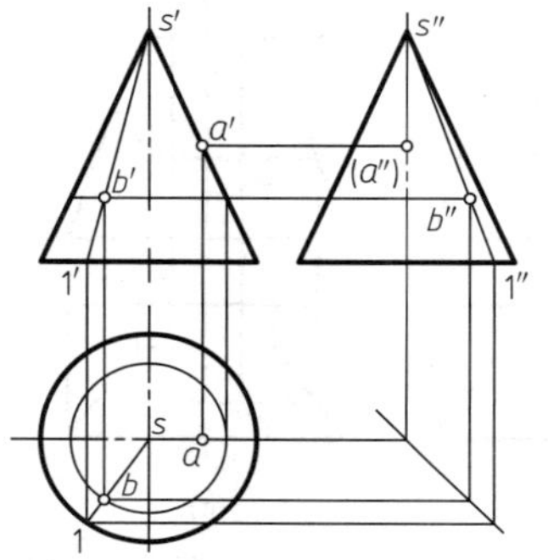 1) 点 A 在对正面的转向轮廓线上，故 a 和 a″可直接求出。由于点 A 在右半个圆锥面上，因此 a″不可见 2) 点 B 在圆锥面内，必须利用辅助线作图，有两种方法： ① 利用辅助素线作图。先找 sⅠ 的三个投影 s1、s′1′和 s″1″，然后作出 b′ 和 b″（均可见） ② 利用辅助纬圆作图。先以 sb 为半径作出纬圆的水平投影，然后求出纬圆的正面和侧面投影（两条水平线），最后作出 b′ 和 b″（均可见）
球面		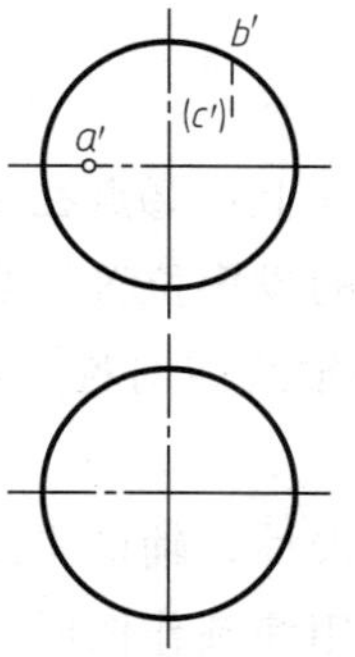 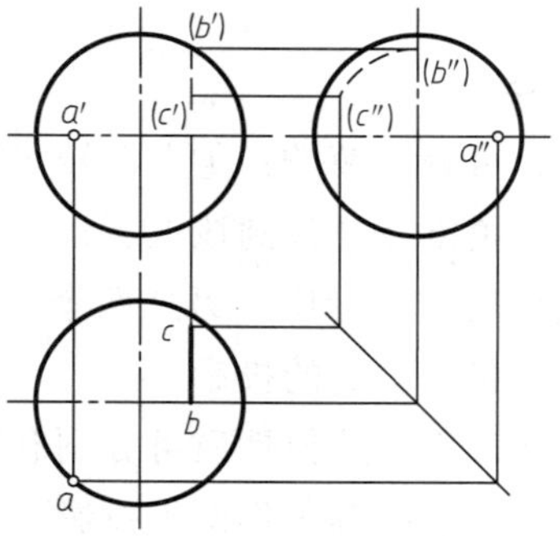 1) 点 A 在对水平面的转向轮廓线上，只要找出转向轮廓线的其余两投影，便可直接作出 a 和 a″（均可见） 2) BC 是平面曲线（圆弧），在平行于侧面的一个纬圆上。根据 BC 线的正面投影位置，可判定圆弧 BC 在球面的右、后、上方，故 b″c″不可见，画成细虚线，而 bc 可见，应画成实线
圆弧回转面		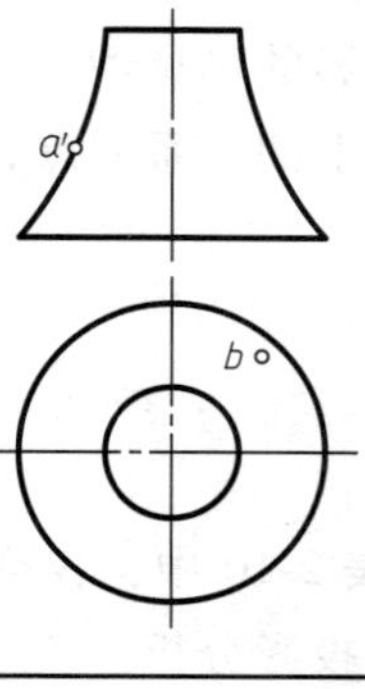 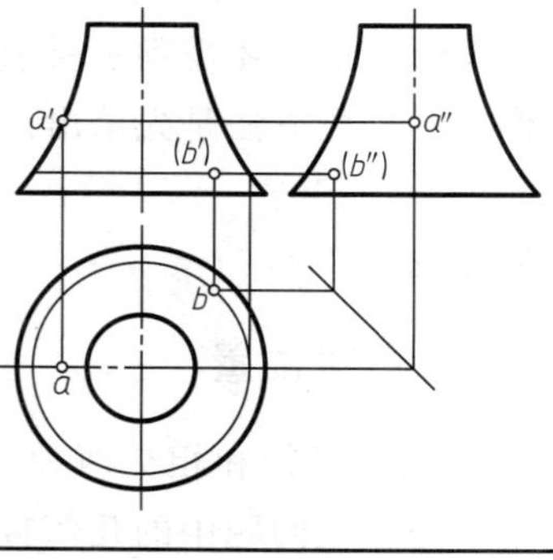 1) 点 A 在对正面的转向轮廓线上，因此可直接作出 a 和 a″（均可见） 2) 点 B 在圆弧回转面上，利用辅助纬圆作图，即可求出 b′ 和 b″（均不可见）

表 2-10　直线与平面、平面与平面的相对位置

几何特性		空间情况	投影图	投影分析
直线与平面平行	若平面外的一条直线与平面内的一条直线平行，则此直线与该平面互相平行	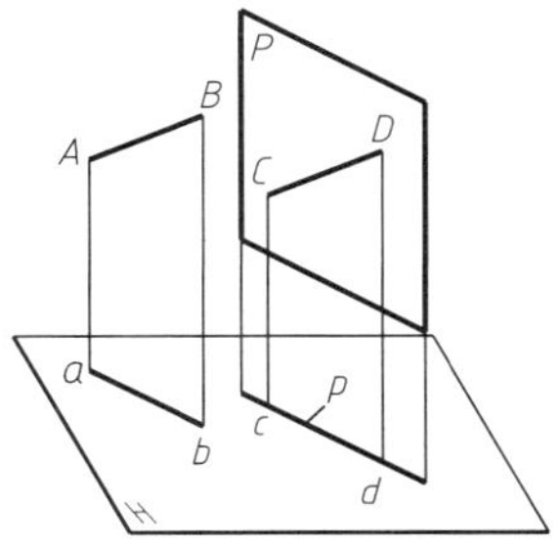	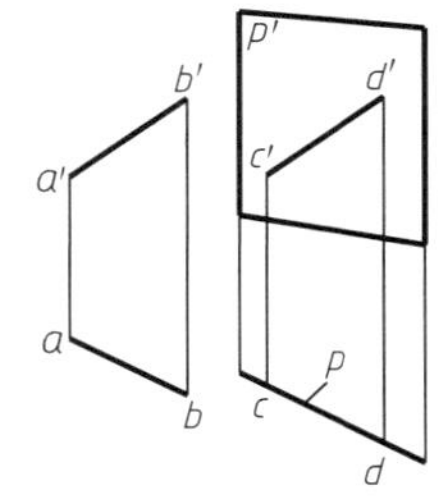	当直线与垂直于投影面的平面平行时，则它们在这个投影面上的投影必定互相平行 如图中直线 AB 与铅垂面 P 平行，则它们的水平投影必定互相平行
平面与平面平行	若一平面内两相交直线分别平行于另一平面内的两相交直线，则这两个平面互相平行	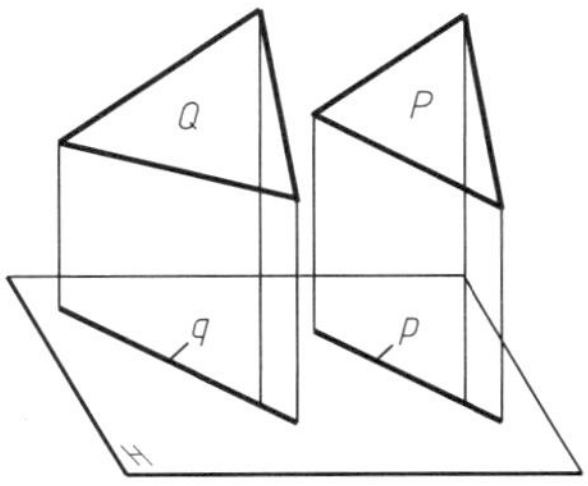	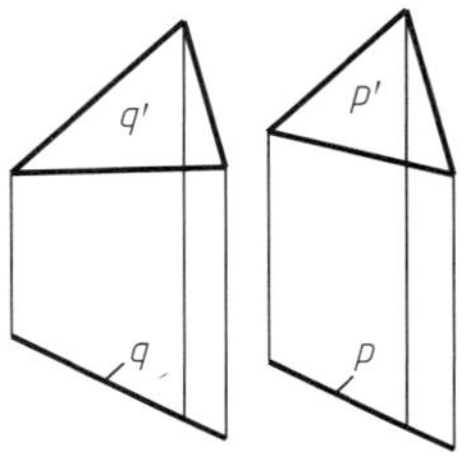	当两个互相平行的平面垂直于投影面时，则它们在这个投影面上的投影必定互相平行 如图中两个铅垂面 Q 与 P 互相平行，则它们的水平投影必定互相平行
直线与平面相交	直线与平面相交，其交点是线面的共有点。同时，交点还是线面投影重合处的可见部分与不可见部分的分界点	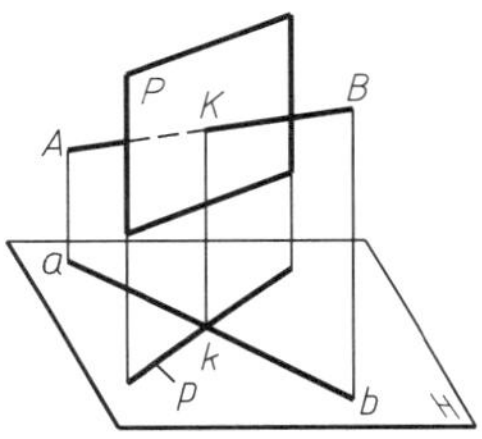	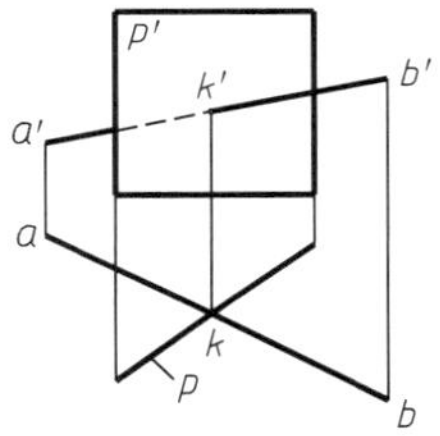	由于铅垂面的水平投影具有积聚性，因此一般位置直线 AB 与铅垂面 P 的水平投影的交点 k 必是线面空间交点 K 的水平投影 当线面投影重合时，还需根据直观性或重影点性质判别直线的可见性
平面与平面相交	两平面相交，其交线是两平面的共有线。同时，交线也是两平面投影重合处的可见部分与不可见部分的分界线	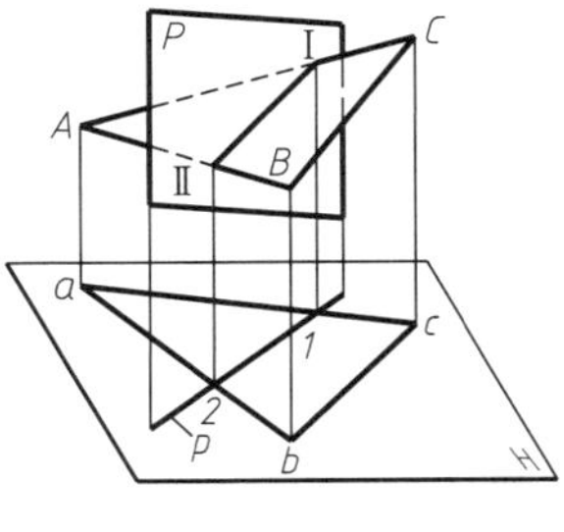	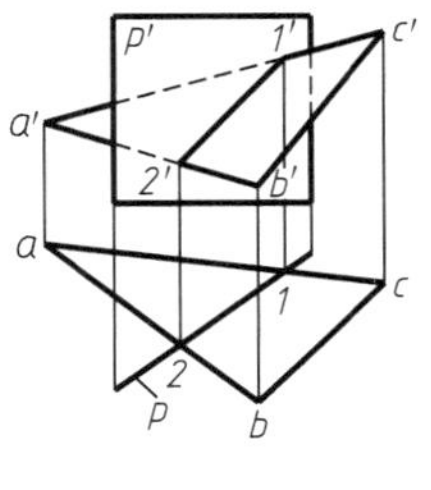	由于铅垂面的水平投影具有积聚性，因此一般位置平面 △ABC 与铅垂面 P 的水平投影的交线 12 必是两平面空间交线 ⅠⅡ 的水平投影 当两面投影重合时，还需根据直观性或重影点的性质判别平面的可见性

2.5　立体表面交线的投影分析和作图方法

立体表面的交线可分为两类：截交线和相贯线。

截交线即平面与立体表面相交的交线。

相贯线即两立体表面相交的交线。

2.5.1 截交线的投影分析和作图方法

1. 概述

平面与立体表面相交的交线，称为**截交线**，如图 2-22 所示，该平面称为截平面，由截交线围成的图形称为截断面。从图中可以看出，截交线的形状主要取决于两个因素：①立体本身的形状（如棱锥的截交线和圆锥的截交线不同）；②截平面与立体的相对位置（如平面竖截圆锥和斜截圆锥的截交线不同）。

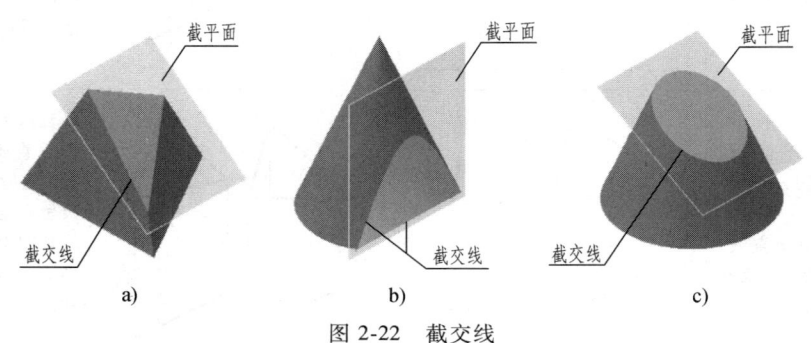

图 2-22 截交线

a) 截交线为三角形　b) 截交线为双曲线　c) 截交线为椭圆

截交线有两个基本性质：

1) 截交线上的每一点都是截平面与立体表面的共有点。
2) 截交线一般是封闭的平面图形。

根据截交线的性质，可将截交线的作图方法归结为求平面与立体表面共有点的作图问题。

2. 平面与平面立体表面相交

平面与平面立体表面相交的截交线组成了封闭的平面多边形。求该类截交线的方法主要有以下两种：

1) 分别求出截平面与各棱面的交线投影，判别可见性后即得截交线的投影。
2) 分别求出截平面与各棱线的交点投影，判别可见性后依次连接各点即得截交线的投影。

下面举例说明平面立体上的截交线的作图方法和步骤。

【例 2-8】　如图 2-23b 所示，已知截头三棱锥的正面投影，试完成其水平投影。

（1）分析

1) 空间分析。截头三棱锥可看成是用平面截切三棱锥，如图 2-23a 所示，其截交线围成一个三角形，它的三条边是三个棱面与截平面的交线，三个顶点是三条棱线与截平面的交点。

2) 投影分析。因为截平面是正垂面，因此截交线的正面投影具有积聚性。根据直线上点的投影特性，可直接求出三个顶点的水平投影，判别可见性后依次连线即完成作图。

（2）作图

方法一：通过作平行于 BC 的辅助直线 Ⅱ Ⅳ 求出点 2 的水平投影，如图 2-23c 所示。

方法二：根据线段投影成比例的几何定理求出点 2 的水平投影，如图 2-23d 所示。

【例 2-9】　如图 2-24b 所示，已知带切口的三棱柱的主、俯视图，试完成其左视图。

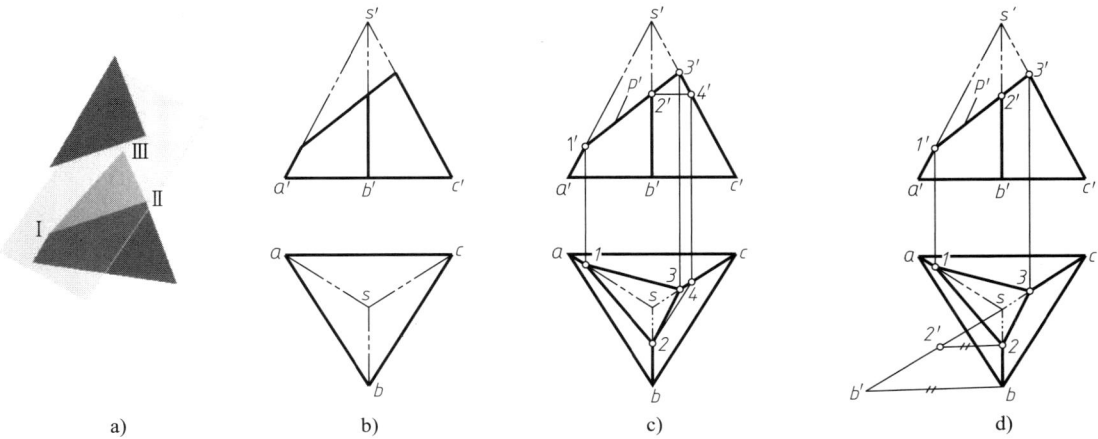

图 2-23 三棱锥的截交线画法
a）立体图　b）题图　c）作图方法一　d）作图方法二

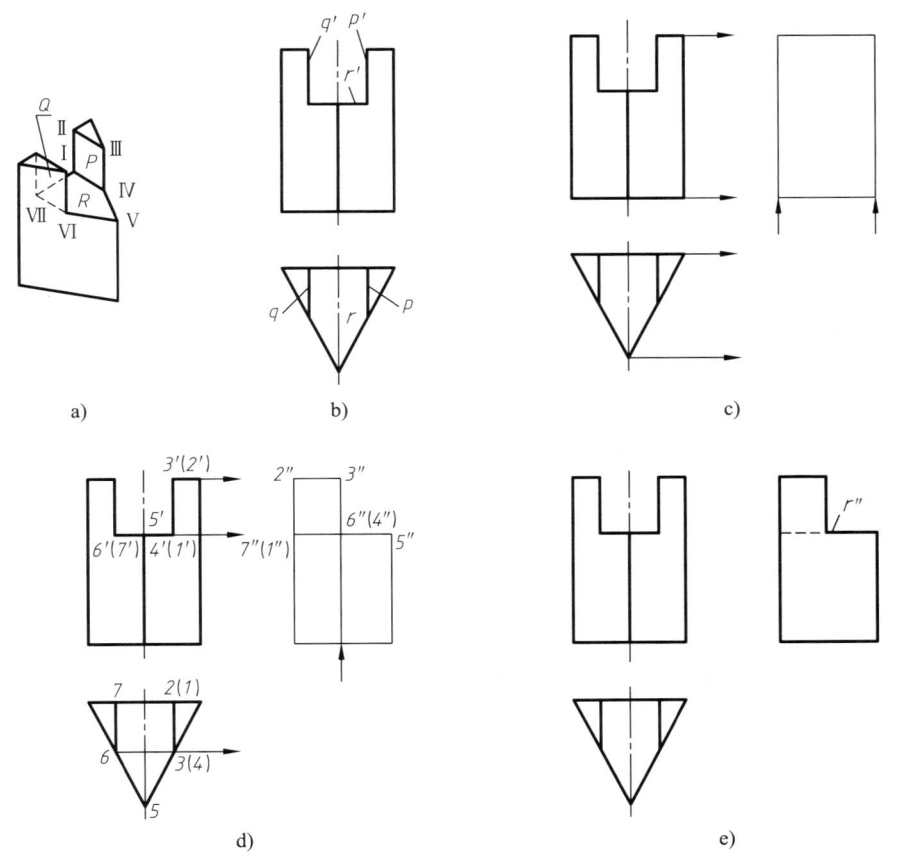

图 2-24 带切口的三棱柱的截交线画法
a）立体图　b）题图　c）作出三棱柱截切前的外形轮廓　d）作出切口的各段截交线投影　e）完成的左视图

（1）分析

1）空间分析。切口是由两个侧平面 P、Q 和一水平面 R 截切三棱柱形成的，该切口左右对称。侧平面 P 与三棱柱的前、后两棱面和上底面分别有三条截交线（两条铅垂线Ⅰ Ⅱ 和 Ⅲ Ⅳ，一条正垂线 Ⅱ Ⅲ），同样，侧平面 Q 与三棱柱也有截交线，请自行分析。水平面 R 除了与三棱柱的前、后棱面有三条截交线（两条水平线 Ⅳ Ⅴ 和 Ⅴ Ⅵ，一条侧垂线 Ⅰ Ⅶ）外，还与侧平面 P 和 Q 有两条交线（正垂线 Ⅰ Ⅳ 和 Ⅵ Ⅶ）。

2）投影分析。三棱柱的左视图是矩形。对于切口来说：由于侧平面 P、Q 的正面投影和水平投影都具有积聚性，因此其各条交线的正面投影与 p'、q' 相重合，水平投影与 p、q 相重合。又因为水平面 R 的正面投影 r' 具有积聚性，水平投影 r 反映实形，所以切口的截交线的左视图都可通过已知两投影求其第三投影的方法获得。

（2）作图　先画出完整三棱柱的侧面投影，再根据各点的两投影求出第三投影。作图过程如图 2-24c、d 所示。应当注意：在侧面投影中，水平面 r'' 的投影中有一部分不可见，应画成细虚线。最终完成的作图如图 2-24e 所示。

3. 平面与回转体表面相交

一般情况下，平面与回转体表面相交的截交线是封闭的平面曲线或是直线与平面曲线的组合，特殊情况下是圆或是平面多边形。根据截交线的性质，求该类截交线的方法可归结为求截平面与回转面上一系列素线或纬圆的交点问题。其作图步骤如下：

1）分析。

① 空间分析。分析回转体的几何形状、截平面与回转体轴线的相对位置，确定截交线的空间形状。

② 投影分析。分析截交线的投影形状，明确已知和待求投影，确定作图方法和步骤。

2）作图。

① 画出截切前回转体的完整投影（矩形、三角形、圆等）。

② 求截交线的特殊点。包括转向轮廓线上的点、极限位置点（如最高点、最低点等）和图形特征点（如椭圆长短轴端点等）。

③ 求截交线的一般点。在特殊点投影之间的距离比较大的地方求出若干一般点。

④ 判别截交线的可见性。根据投射方向判断可见性后用规定图线依次光滑连接各点的同面投影。

⑤ 检查轮廓线。补全或去除相关的轮廓线，完成作图。

（1）**平面与圆柱相交**　表 2-11 列出了截平面与圆柱轴线处于不同相对位置时所产生的三种截交线。

表 2-11　平面与圆柱相交的截交线

截平面位置	垂直于轴线	平行于轴线	倾斜于轴线
截交线形状	圆	圆柱面：两平行素线 上下底面：两直线段	椭圆
立体图	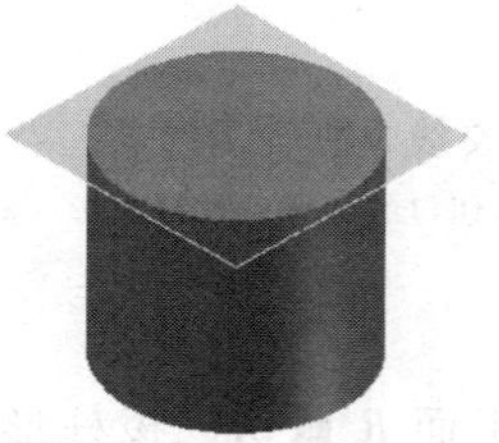		

（续）

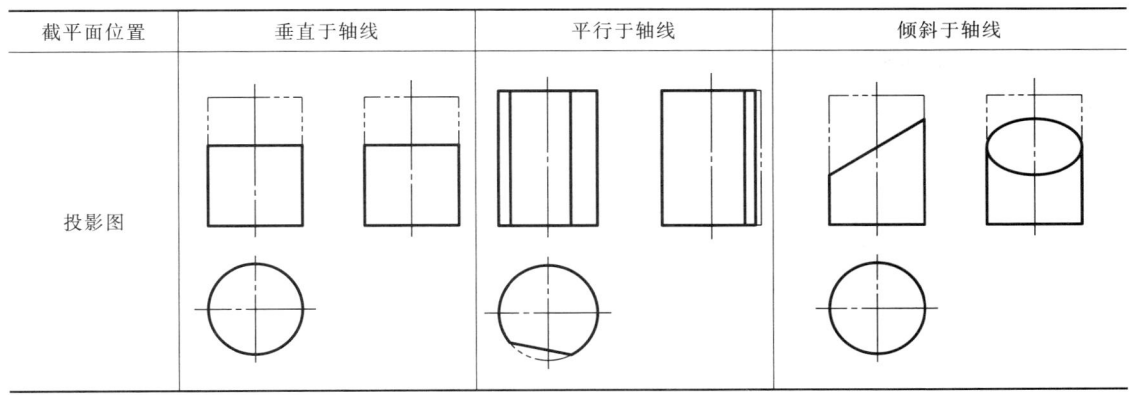

下面举例说明平面与圆柱相交时，截交线投影的作图方法和步骤。

【例 2-10】 如图 2-25b 所示，已知被截切圆柱的主、俯两视图，试画出其左视图。

1) 分析。

① 空间分析。由图可知，该立体可看成是由平面斜截圆柱形成的，截交线为椭圆。椭圆的短轴垂直于圆柱轴线，长度等于圆柱直径，其长轴倾斜于圆柱轴线，长度随平面对圆柱轴线的倾斜程度而变化，椭圆的长短轴相互垂直，如图 2-25a 所示。

② 投影分析。由于截平面为正垂面，所以截交线的正面投影与截平面的正面投影重合，又因为圆柱的轴线垂直于水平面，所以截交线的水平投影与圆柱面的水平投影重合，仅需根据截交线的已知两投影求出第三投影。

2) 作图。

① 画出截切前圆柱左视图的完整投影（矩形）。

② 求特殊点。由于特殊点对确定截交线范围、判别截交线的可见性等起重要作用，因此必须首先求出。本例可先直接求出转向轮廓线上Ⅰ、Ⅱ、Ⅲ、Ⅳ四个点的侧面投影 1″、2″、3″、4″，如图 2-25c 所示。由于这四个点同时也是极限位置点（最高、最低和最前、最后）和椭圆长短轴的端点，因此不需再求其他特殊点。

③ 求一般点。为使作图较为准确，还须作出若干一般点。在截交线的正面投影上任取一般点 5′和 6′，利用点的投影规律可求出 5″和 6″。由于椭圆具有对称性，因此还可方便地获得 7″和 8″的投影，如图 2-25d 所示。

选取一般点的数量和位置需要根据截交线投影的弯曲情况来确定。

④ 判别可见性。因截交线的侧面投影可见，故用粗实线依次光滑连接各点的侧面投影。

⑤ 检查轮廓线。从正面投影上可看出，圆柱在 1′、2′点以上部分已被切去，因此，圆柱对侧面转向轮廓线的投影只能画到 1″、2″点，其上的转向轮廓线必须去除。

图 2-25e 为最终完成的作图。

【例 2-11】 如图 2-26b 所示，已知带矩形槽的圆柱的主、俯两视图，试作出其左视图。

1) 分析。

① 空间分析。由图 2-26a 可知，该立体在圆柱的上端中间开有一矩形槽，其截平面分别是平行于轴线、左右对称的两侧平面 P 和垂直于轴线的水平面 Q，因此截交线的形状比较简单，分别为直线和圆弧。另外，由于三个截平面彼此相交，故还有交线。立体在前后、左右

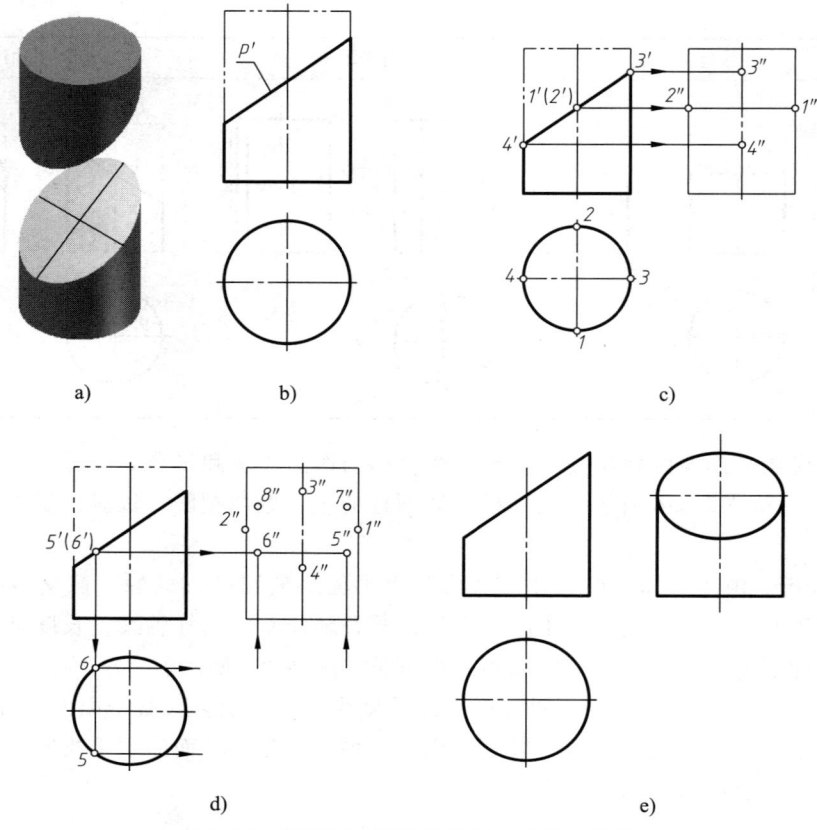

图 2-25 平面与圆柱轴线斜交时的截交线画法
a) 立体图 b) 题图 c) 求特殊点 d) 求一般点 e) 完成作图

方向上都对称。

② 投影分析。由于三个截平面都是具有积聚性投影的特殊位置平面，圆柱又是轴线为铅垂线、水平投影具有积聚性的正圆柱，因此不难看出，截交线的正面投影与截平面的正面投影重合，截交线的水平投影与圆柱和截平面的水平投影重合，均为已知投影，需要待求的仅为截交线的侧面投影。

2）作图。

① 画出截切前的圆柱左视图的完整投影（矩形）。

② 求圆柱上端中间处矩形槽的截交线（以圆柱前面的截交线为例）。平面 P 与圆柱面的截交线为直线 AB 和 CD，由正面投影 a'b'、c'd'（铅垂线段）和水平投影 ab、cd（积聚点）可作出侧面投影 a″、b″和 c″、d″，作图时应注意宽相等的投影关系。平面 Q 与圆柱面的截交线为圆弧 BED，侧面投影是可见的直线段，画成粗实线，如图 2-26c、d 所示。

③ 求截平面之间的交线。截平面 P 与 Q 的交线的侧面投影不可见，故画成细虚线。

④ 检查轮廓线。从正面投影图上可看出，圆柱对侧面的转向轮廓线在截平面 Q 以上的部分已被切去，因此，该转向轮廓线的侧面投影只能画到 e″点，e″点以上轮廓线必须去除。

图 2-26e 为最终完成的作图。

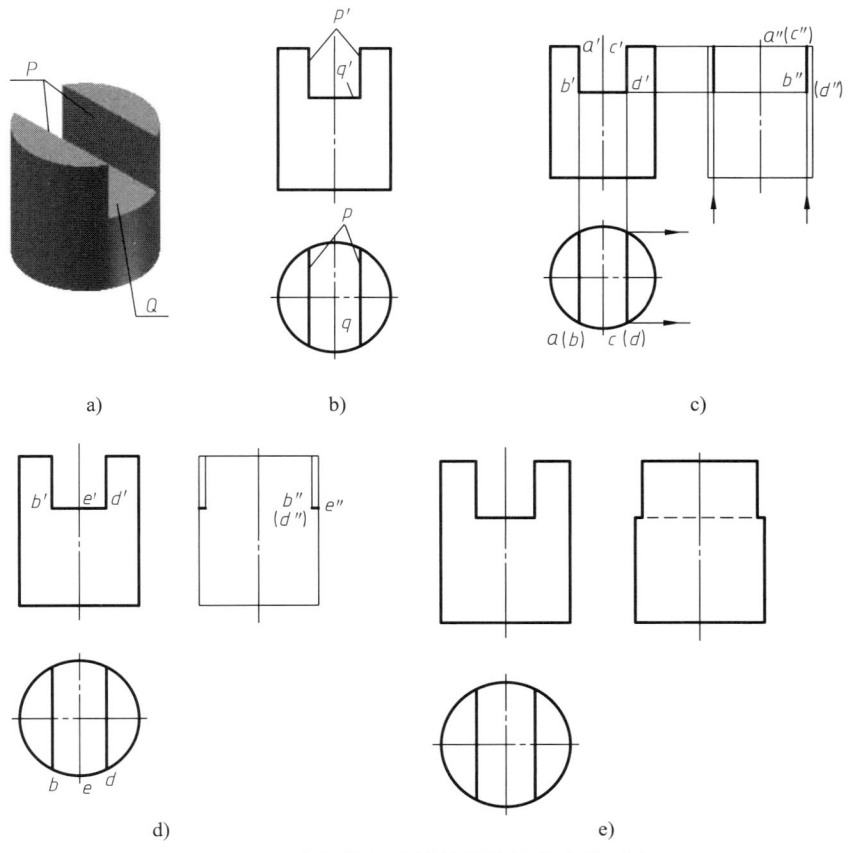

图 2-26 中间带矩形槽的圆柱的截交线画法

a) 立体图 b) 题图 c) 求 P 平面的截交线 d) 求 Q 平面的截交线 e) 完成作图

讨论：当圆柱的两侧被切去两块后（图 2-27b），其左视图中的截交线如何画呢？

图 2-27c 是图 2-27a 所示立体的三视图。与例 2-11 相比，本题截交线画法的异同点请读者自行分析。

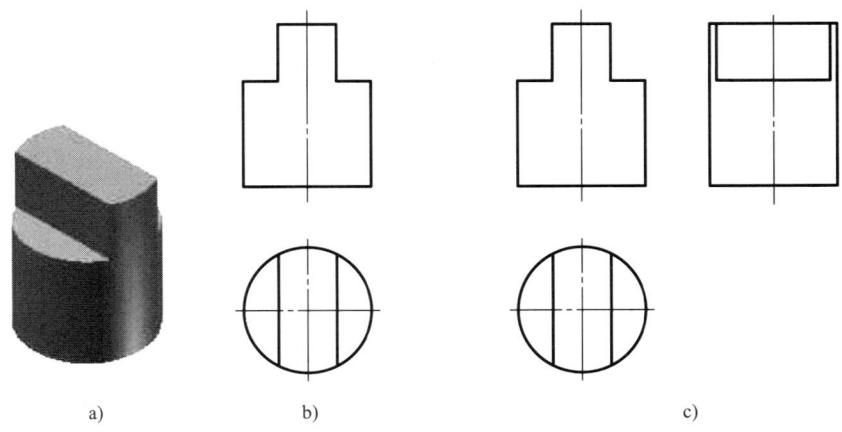

图 2-27 两侧带切口的圆柱的截交线画法

a) 立体图 b) 题图 c) 立体三视图

（2）**平面与圆锥相交** 表 2-12 列出了截平面与圆锥轴线处于不同相对位置时所产生的五种截交线。

表 2-12　平面与圆锥相交的截交线

截平面位置		垂直于轴线 $\theta=90°$	倾斜于轴线			过锥顶
			与所有素线相交 $\theta>\alpha$	平行于一条素线 $\theta=\alpha$	平行于两条素线 $\theta<\alpha$（包括 $\theta=0$）	
截交线形状	圆锥面	圆	椭圆	抛物线	双曲线	相交两直线
	底面	不相交	不相交	直线段	直线段	直线段
立体图		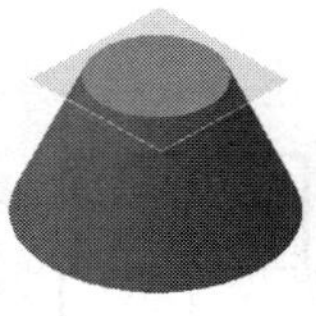	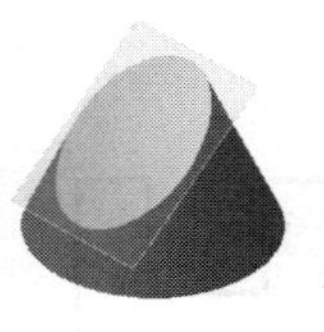	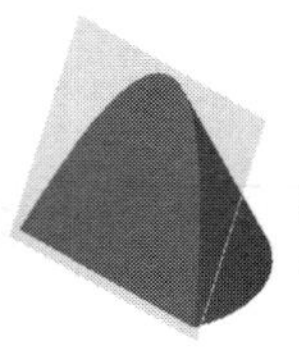	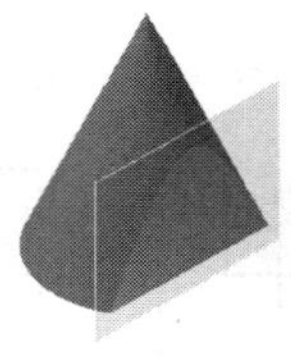	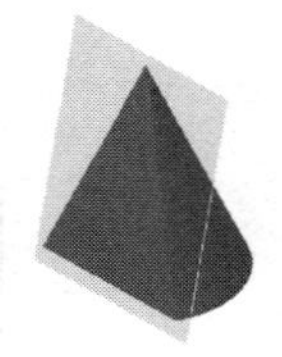
投影图		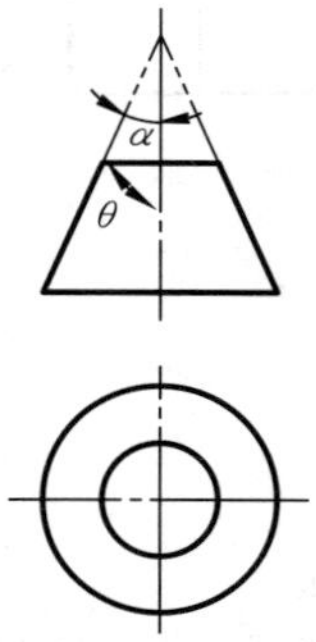	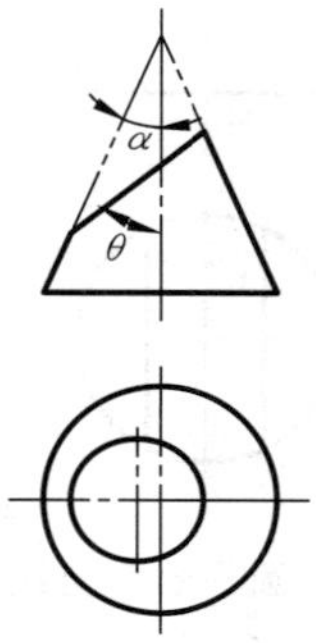	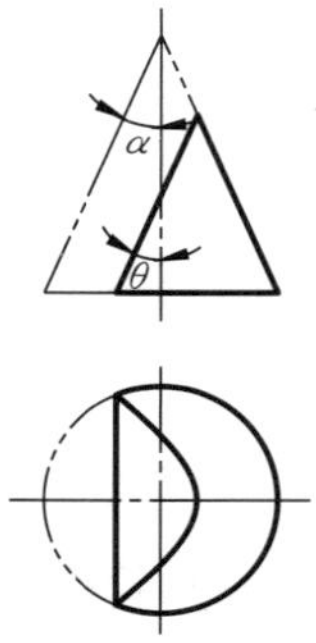	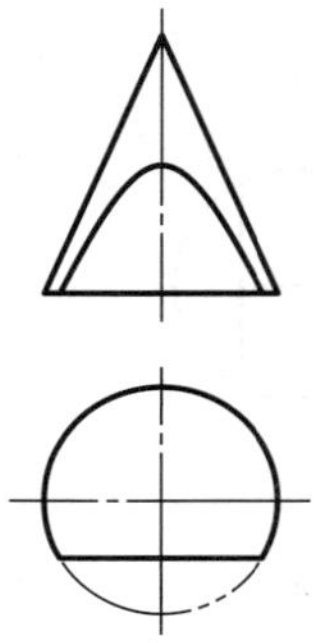	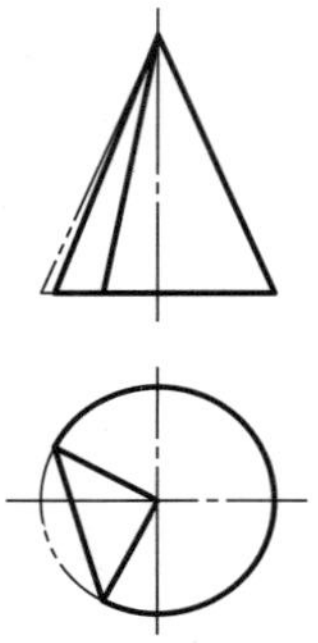

下面举例说明平面与圆锥相交时，截交线的作图方法和步骤。

【例 2-12】 如图 2-28a 所示，已知被截切圆锥的俯视图和左视图，试作出其主视图。

1) 分析。

① 空间分析。由图可知，该立体上的截平面 P 是平行于圆锥轴线的正平面，它与圆锥面的交线为双曲线，左右对称。截平面与圆锥底面的交线为直线段。

② 投影分析。在俯、左两视图中，截交线的侧面投影和水平投影已知，都是重合在截平面相应投影上的一段直线，待求的是正面投影。

2) 作图。

① 画出截切前圆锥主视图的完整投影（三角形）。

② 求特殊点。双曲线上有三个特殊点Ⅰ、Ⅱ、Ⅲ。其中，点Ⅰ是圆锥面对侧面转向轮廓线上的点，同时也是双曲线的顶点和最高点。其余两点Ⅱ、Ⅲ在圆锥底圆上，是双曲线的两个端点，也是最左、最右和最低点。根据各点的水平投影和侧面投影就可求出其正面投影 1′、2′ 和 3′，如图 2-28c 所示。

③ 求一般点。由于一般点的已知投影都积聚在直线段上，因此可在侧面投影的适当位置处任取一中间点 4″，利用辅助纬圆法可求出水平投影 4，同时还能求出与 4 对称的另一点 5，进而求出其正面投影 4′ 和 5′，如图 2-28c 所示。

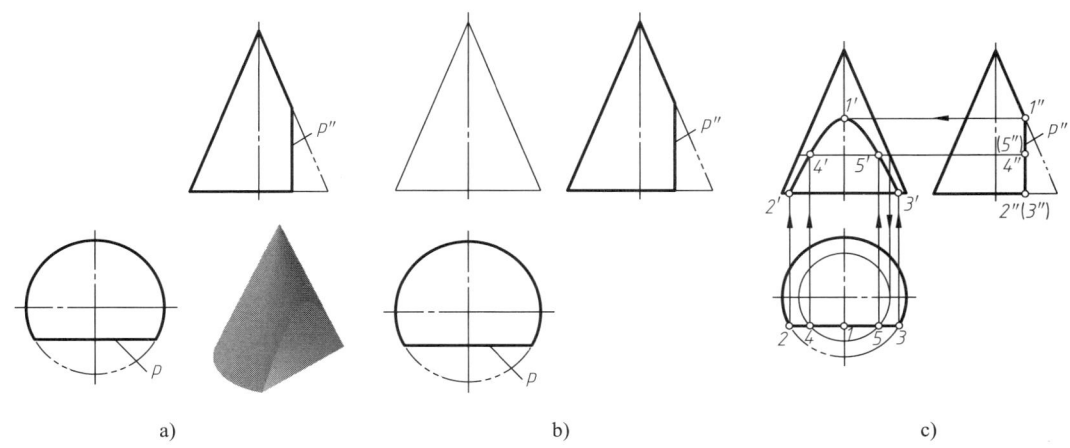

图 2-28 平面与圆锥轴线平行时的截交线作图方法之一
a）题图　b）作出截切前的圆锥投影　c）作出截交线的投影

④ 判别可见性。由于截交线的正面投影可见，因此依次光滑连接各点后用粗实线画出。

⑤ 检查轮廓线。从左视图上可看出，圆锥对正面的转向轮廓线是完整的，因此全部画出。

讨论：当圆锥有三个视图时，截交线的顶点比较容易求出，但是，当圆锥只有两个投影时（图 2-29b），其顶点如何确定呢？

图 2-29c 表示解决图 2-29b 所示问题的作图过程，其作图方法请读者自行分析。

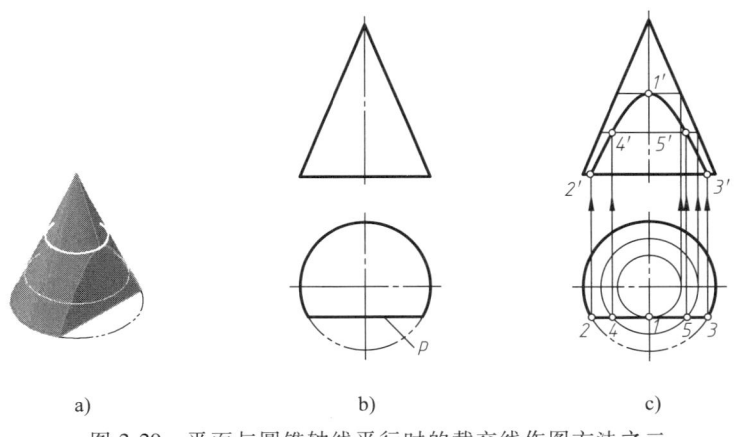

图 2-29 平面与圆锥轴线平行时的截交线作图方法之二
a）立体图　b）题图　c）作出截交线的投影

（3）**平面与球相交**　当平面与球相交时，不论平面与球的位置如何，其截交线总是圆。根据截平面对投影面的相对位置，其截交线圆的投影可能是圆、直线或椭圆。当截平面为投影面平行面时，截交线圆在所平行的投影面上的投影反映圆的真形，另外两个投影为水平或竖直的直线段，其长度等于圆的直径，如图 2-30a 所示。当截平面为投影面垂直面时，截交线圆在所垂直的投影面上的投影积聚成倾斜的直线段，另外两个投影为椭圆，如图 2-30b 所示。

【**例 2-13**】　如图 2-31b 所示，已知开槽半球的主视图，完成俯视图，作出左视图。

1）分析。

① 空间分析。由图 2-31a 可知，该立体是在半球的上部截切一个矩形槽后形成的，其左

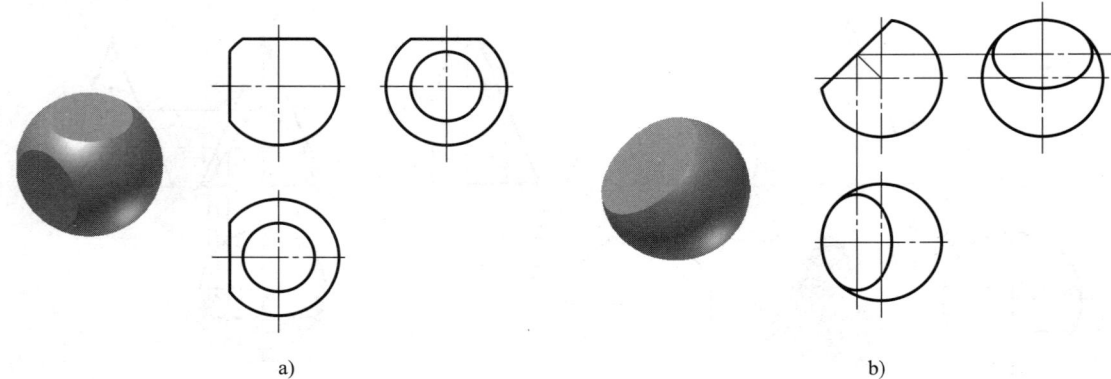

图 2-30 平面与球面相交的基本作图
a) 截平面是投影面平行面 b) 截平面是投影面垂直面

右对称的两个侧平面 P 和水平面 Q 组成了一个槽。其中，P 面与球面的截交线是平行于侧面的圆弧，Q 面与球面的截交线是平行于水平面的前后两段圆弧，P、Q 两截平面相交，其交线为直线段。

② 投影分析。在主视图中，由于 P、Q 两平面与球面的截交线都与相应平面的正面投影重合，因此截交线的正面投影均为已知，待求的是其他两投影。

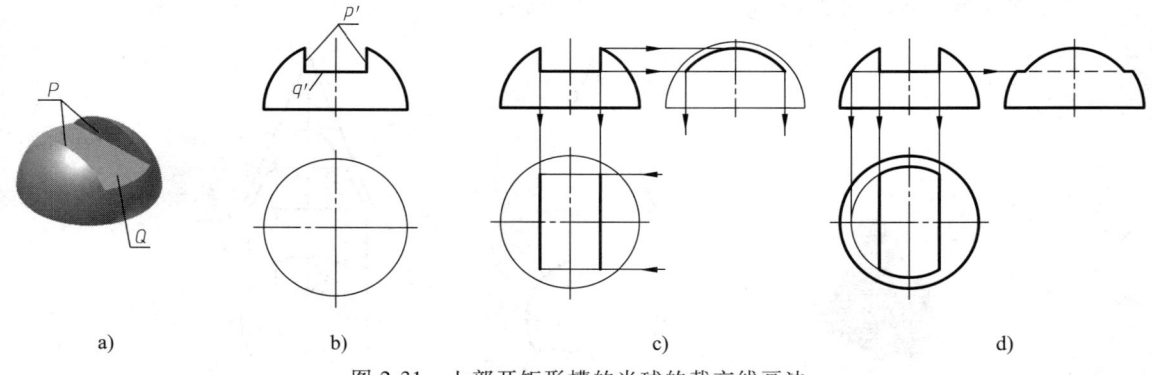

图 2-31 上部开矩形槽的半球的截交线画法
a) 立体图 b) 题图 c) 求 P 平面的截交线 d) 求 Q 平面的截交线

2）作图。

① 作出截切前半球左视图的完整投影（半个圆）。

② 求 P 平面与球面的截交线。根据分析可知，该截交线的正面投影积聚为铅垂直线段。侧面投影是圆弧，其半径可通过截交线正面投影所在位置的纬圆获得，如图 2-31c 所示。截交线的水平投影与正面投影一样，也积聚为直线段。

③ 求 Q 平面与球面的截交线。该截交线的正面投影积聚为水平直线段。水平投影是前后两段圆弧，可根据圆弧的正面投影所在位置的纬圆半径画出。截交线的侧面投影积聚成前后两段直线，如图 2-31d 所示。

④ 求 P、Q 两截平面的交线。由于交线的水平投影与 P 平面的截交线重合而不需画出，侧面投影则因不可见而需画成细虚线。

⑤ 检查球面轮廓线。从主视图上可看出，由于矩形槽位于半球中间，球面对侧面的转向轮廓线在矩形槽范围内不存在，因此在左视图上，表示该部分的轮廓线投影要去除。

讨论：如果矩形槽开在半球的下方（图 2-32b），其截交线会有什么变化？

图 2-32c 为解决图 2-32b 所示问题的作图结果，其作图方法请读者自行分析。

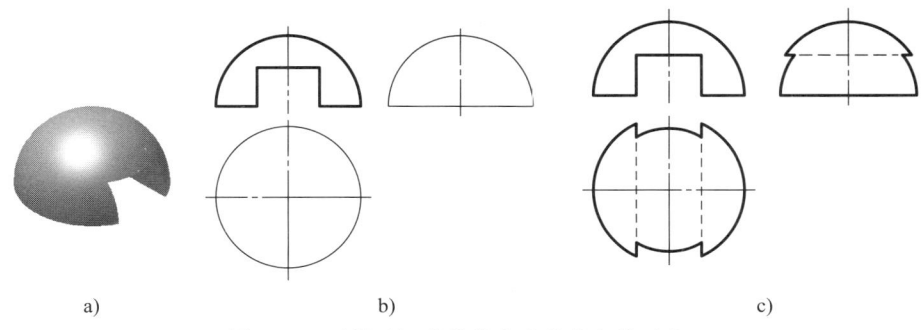

图 2-32　下部开矩形槽的半球的截交线画法
a) 立体图　b) 题图　c) 求截交线的投影

2.5.2　相贯线的投影分析和作图方法

1. 概述

两立体表面的交线称为**相贯线**，如图 2-33 所示。因此相贯线具有以下两个基本性质：

1) 相贯线上的每个点都是两立体表面的共有点。
2) 相贯线一般是光滑的、封闭的空间曲线，特殊情况下是平面曲线或直线。

比较相贯线和截交线的基本性质，可知它们有类似的地方。因此求相贯线依然是解决立体表面共有点的作图问题。当两立体表面都是回转面时，其相贯线的形状取决于两回转面的形状、相对大小和轴线的相对位置。

本节仅介绍两回转面相交的相贯线，其一般作图步骤如下：

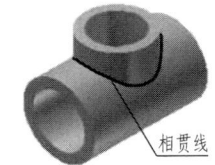

图 2-33　相贯线

（1）分析

1) 空间分析。根据两回转面的形状、相对大小及轴线的相对位置，确定相贯线的空间形状。
2) 投影分析。根据两回转轴线与投影面的相对位置，判断相贯线的投影形状，明确已知投影和待求投影，确定作图方法和步骤。

（2）作图

1) 画出两相交回转面的各自投影。
2) 求相贯线的特殊点。主要是两回转面的转向轮廓线上的点、投影的极限位置点等。
3) 求相贯线的一般点。在特殊点投影比较稀疏的地方求出若干个一般点。
4) 判别可见性。根据回转面的相对位置判别可见性，用规定图线依次光滑连接各点的同面投影。

判别相贯线可见性的原则是：只有当两个回转面都为可见表面时，其上的那段相贯线才为可见。

5) 检查相贯线的轮廓线。补全或去除与回转面相关的轮廓线，完成作图。

下面以求共有点投影的方法为依据，介绍两回转面相贯线的常用作图方法。

2. 相贯线投影的常用作图方法

当两回转面相交，只要有一个轴线垂直于投影面的圆柱面时，就可利用圆柱面具有积聚性的那个投影（圆周）作图。此时，相贯线在圆周上的投影是已知的，可以把相贯线上的点或线看成是另一回转面上的点或线，根据回转面上求点线的方法即可作出相贯线的其余投影。

【例 2-14】 作出图 2-34a 所示立体的三视图。

（1）分析

1) 空间分析。由图 2-34a 可知，该立体是由两个轴线垂直相交（正交）、直径大小不同的圆柱组合而成的。其中，小圆柱的素线全部与大圆柱面相交，属于两立体全贯模式（互贯模式参见表 2-15）。相贯线是一条前后、左右对称的、封闭的空间曲线。

2) 投影分析。由于大圆柱的轴线是侧垂线，小圆柱的轴线是铅垂线，因此相贯线的侧面投影重合在大圆柱的部分侧面投影上（两圆柱投影相交处的一段圆弧），相贯线的水平投影重合在小圆柱的水平投影上（整个圆周），待求的仅为相贯线的正面投影。

（2）作图

1) 作出两相交圆柱外轮廓的三视图，如图 2-34b 所示。

2) 求相贯线的特殊点。在本例中，有四个转向轮廓线上的点Ⅰ、Ⅱ、Ⅲ、Ⅳ，它们同时也是极限位置点。作图时，根据已知的水平投影 1、2、3、4 和侧面投影 1″、2″、3″、4″，即可求出正面投影 1′、2′、3′和 4′，如图 2-34c 所示。

3) 求相贯线的一般点。图 2-34d 表示了求一般点 5′、6′的作图过程。先在已知的侧面投影上任取一对重影点 5″、6″，找出水平投影 5、6，即可求出其正面投影 5′和 6′。

4) 判别相贯线的可见性。由于相贯线前后对称，它们的正面投影重合，因此只需用粗实线依次光滑连接前面可见部分各共有点的正面投影即可完成作图。

5) 检查轮廓线。本例圆柱面对正面的转向轮廓线不需要补全或去除。

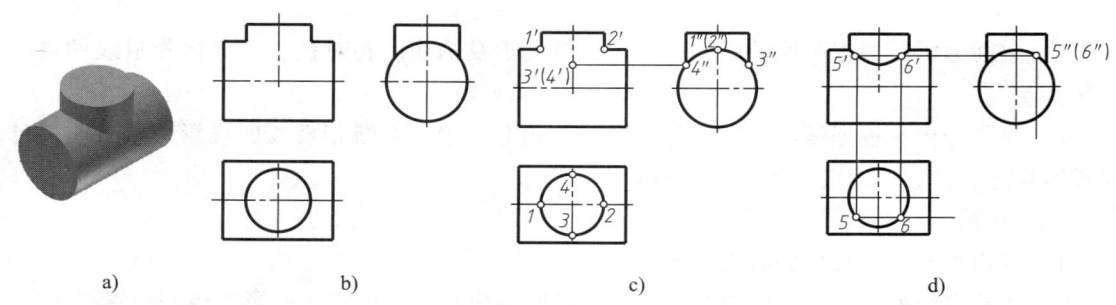

图 2-34 两轴线垂直相交的圆柱面的相贯线画法
a) 立体图 b) 作出两圆柱轮廓线 c) 求相贯线的特殊点 d) 完成相贯线作图

讨论：

1) 相交表面可能是圆柱的外表面，也可能是内表面（如圆柱孔表面）。表 2-13 表示了正交两圆柱的两外表面相交、外表面和内表面相交、两内表面相交的三种基本形式。

表 2-13 两圆柱面相交的三种基本形式

相交形式	两外表面相交	外表面与内表面相交	两内表面相交
立体图	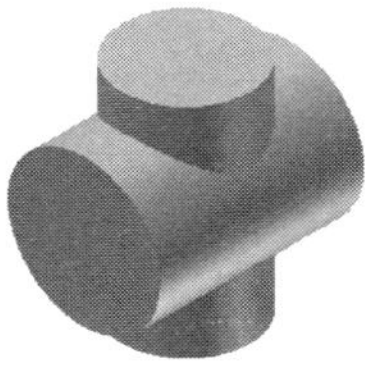	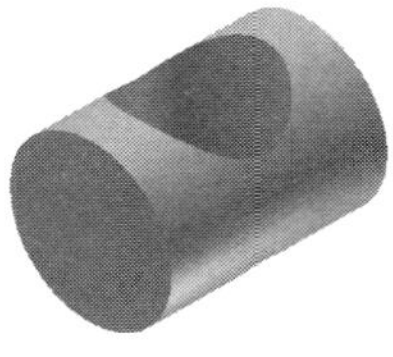	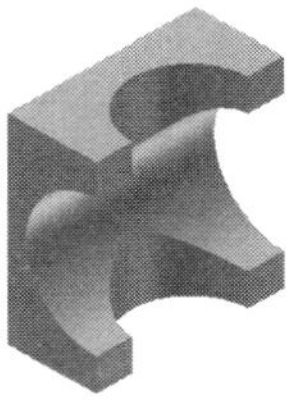
投影图	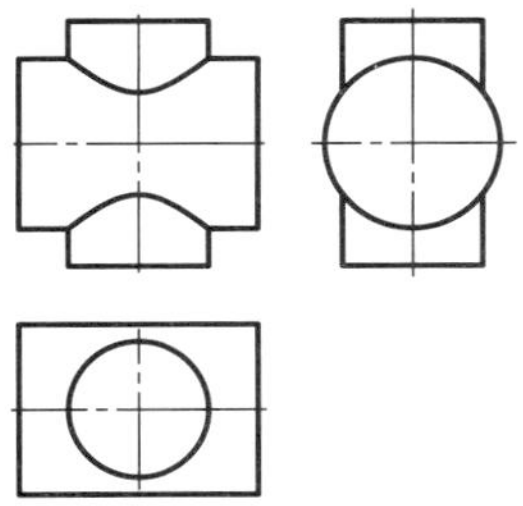	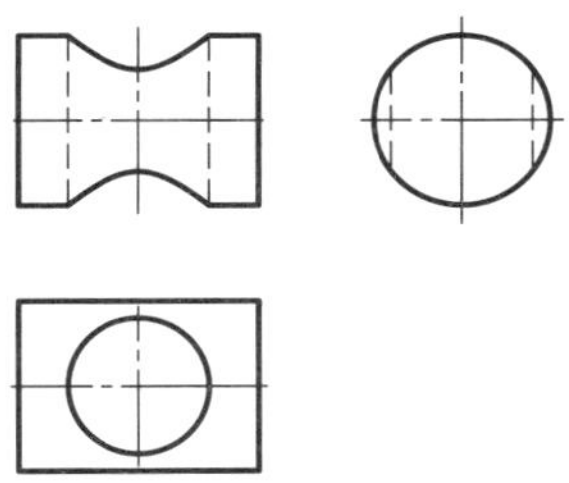	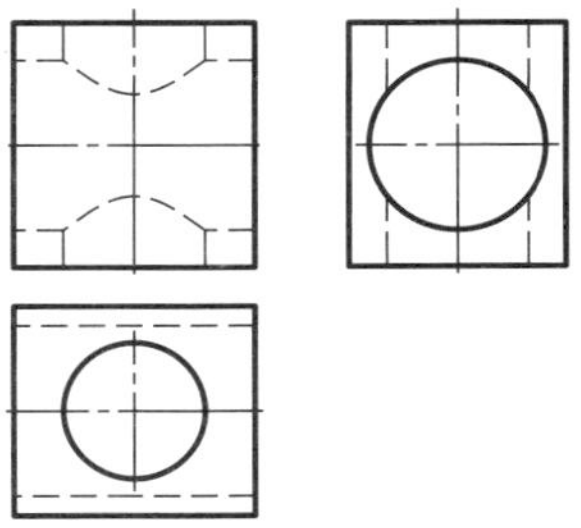

注：当相交双方的形状、大小和轴线的相对位置不变时，相贯线的形状和作图方法都是相同的。

2) 当两圆柱正交时，其直径大小的相对变化会对相贯线的形状产生影响，见表 2-14。

表 2-14 正交两圆柱的直径相对大小变化时对相贯线的影响

相对大小	水平圆柱较大	两圆柱一样大	垂直圆柱较大
立体图	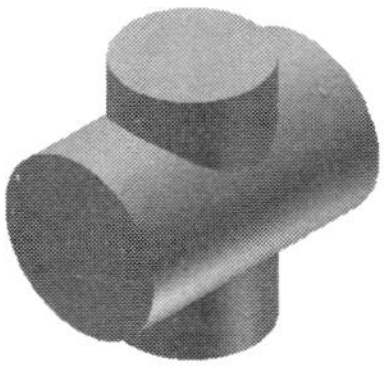	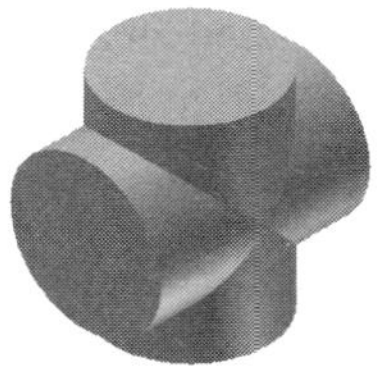	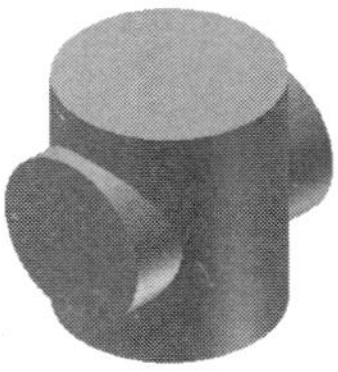
投影图	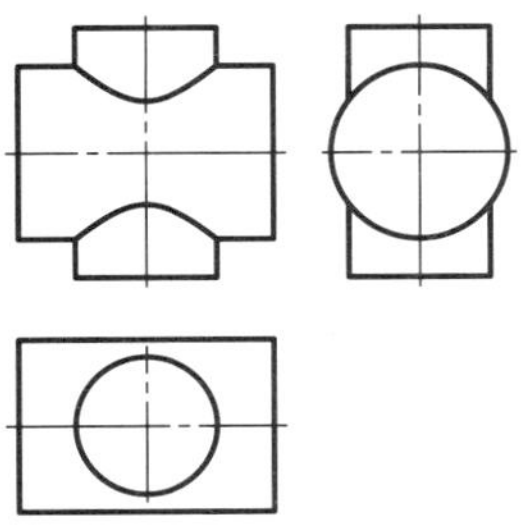	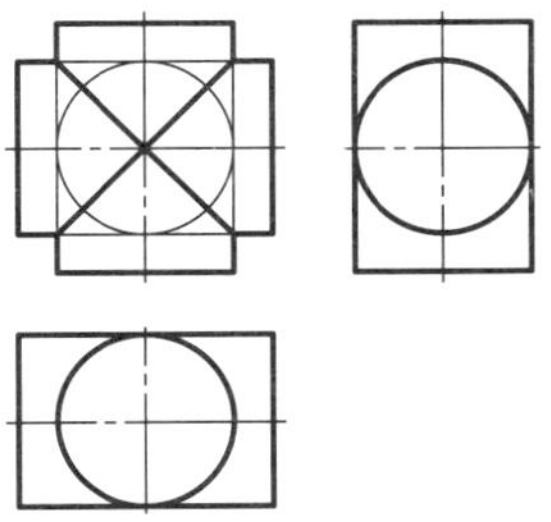	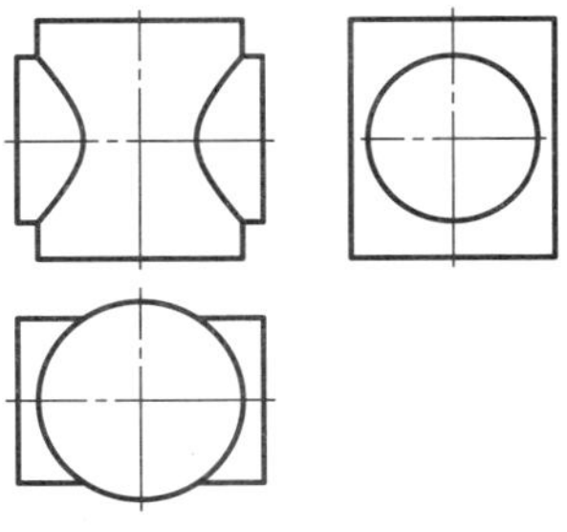
投影特性	当水平圆柱的直径较大时，相贯线是上、下两条空间曲线，且前后、左右对称。相贯线的正面投影在竖直方向上朝大圆柱的轴线弯曲	当相交两圆柱直径相等时，相贯线是空间两个互相垂直的椭圆（平面曲线）。椭圆所在的平面垂直于两圆柱轴线确定的平面，相贯线在该平面内的投影积聚为两条直线段。此时两个圆柱公切一个球	当竖直圆柱的直径较大时，相贯线是左、右两条空间曲线，且前后、上下对称。相贯线的正面投影在水平方向上朝大圆柱的轴线弯曲

3）当相交两圆柱的轴线相对位置发生变化时，也会对相贯线的形状产生影响，见表 2-15。

表 2-15　相交两圆柱的轴线的相对位置变化时对相贯线的影响

相对位置	两轴线垂直相交	两轴线垂直交叉		两轴线平行
		全贯	互贯	
立体图	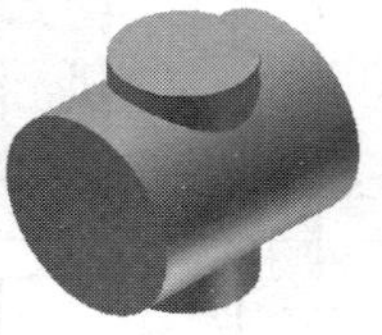	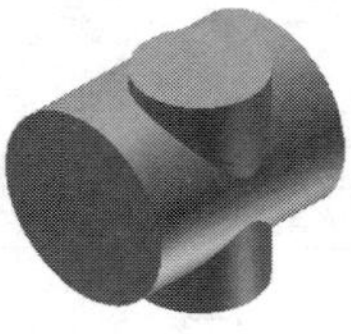	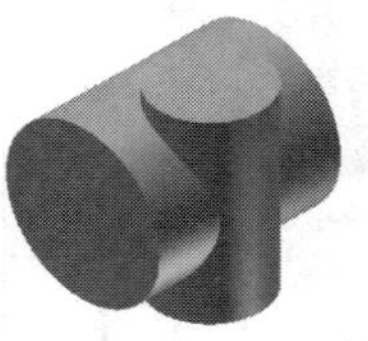	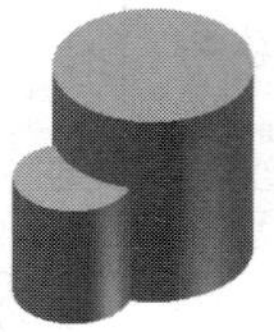
投影图	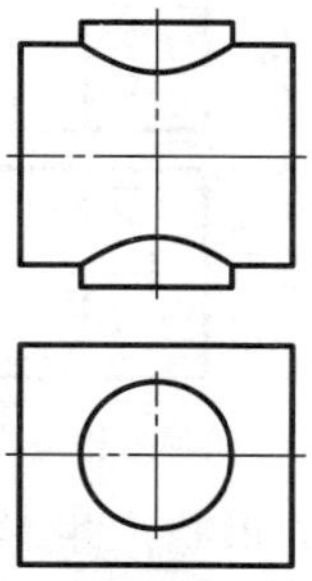	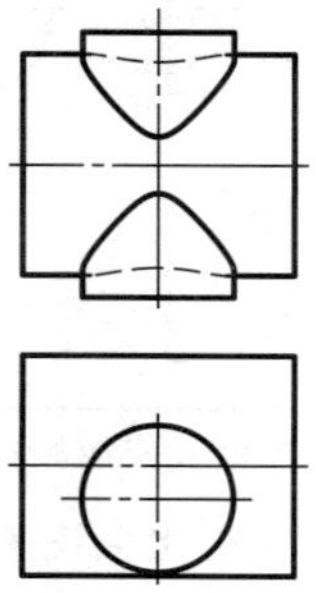	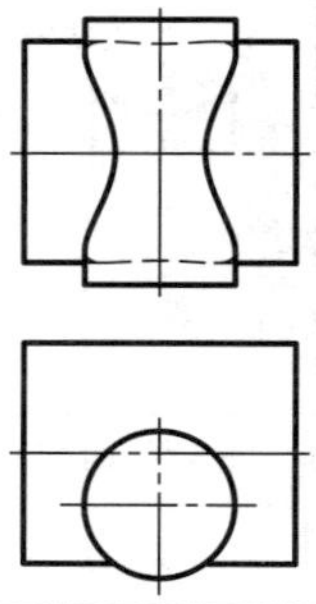	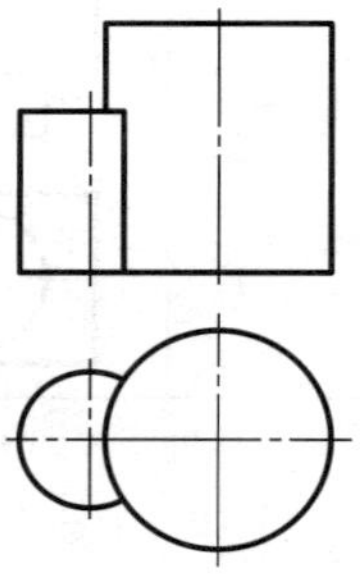

【例 2-15】 如图 2-35b 所示，已知相贯体的俯、左视图，试完成主视图。

（1）分析

1）空间分析。由已知视图和立体图可知，该立体由一直立圆筒和一水平圆筒正交（两轴线垂直相交），内外表面共产生 4 条相贯线。其中：两圆柱外表面相交产生一条相贯线，其形状为一条空间曲线。水平圆柱外表面和直立圆柱孔内表面相交也产生一条相贯线，其形状也为一条空间曲线。水平圆柱孔和直立圆柱孔两内表面相交产生两条相贯线，由于两孔直径相同，因此其相贯线的形状均为椭圆，且椭圆所在的平面与正面投影面垂直。

2）投影分析。由于直立圆筒和水平圆筒的轴线分别是铅垂线和侧垂线，因此相贯线的水平投影为圆，侧面投影为圆弧。本题也可以利用图 2-34 的作图方法，求出相贯线的正面投影。

（2）作图

1）求两圆柱外表面的相贯线，如图 2-35c 所示。

2）求两圆柱内外表面的相贯线，如图 2-35d 所示。

3）求两圆柱内表面的相贯线，如图 2-35e 所示。

3. 相贯线的特殊情况

在大部分情况下，相贯线的形状是空间曲线，但也存在如下的特殊情况。

（1）相贯线为平面曲线

1）当两个具有同一轴线的回转面相交时（简称同轴相贯），它们的相贯线一定是垂直于轴线的圆。当回转面的轴线平行于投影面时，这个圆在该投影面上的投影为垂直于轴线的直线，如图 2-36 所示。

2）当轴线相交的两圆柱、两圆锥或圆柱与圆锥公切于一个球面时，它们的相贯线是两个彼此相交的椭圆。椭圆所在的平面垂直于两回转面轴线所决定的平面，如图 2-37 所示。

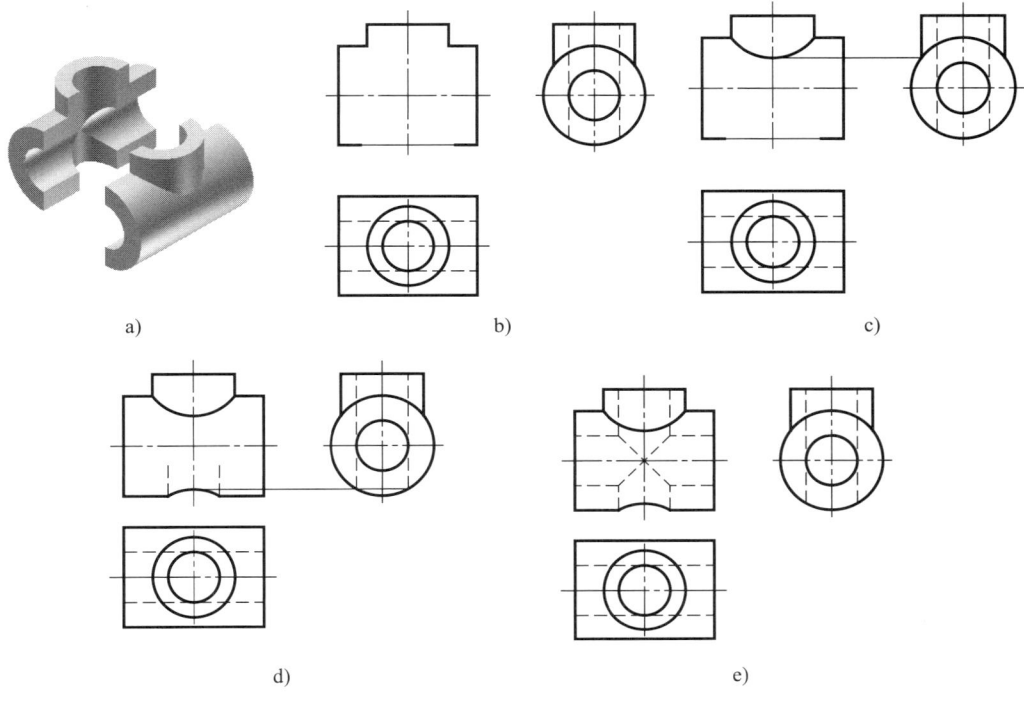

图 2-35 已知俯、左视图，完成主视图
a）立体图 b）题图 c）求两外表面相贯线 d）求内外表面相贯线 e）求两内表面相贯线

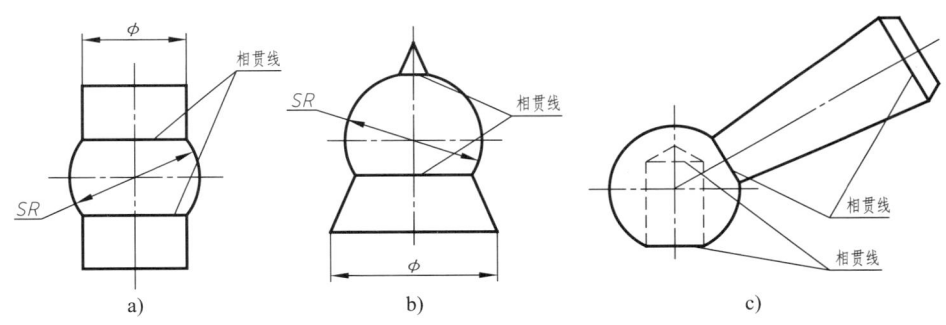

图 2-36 两同轴回转面的相贯线的投影
a）圆柱和球同轴相贯 b）圆锥和球同轴相贯 c）圆柱、圆锥和球同轴相贯

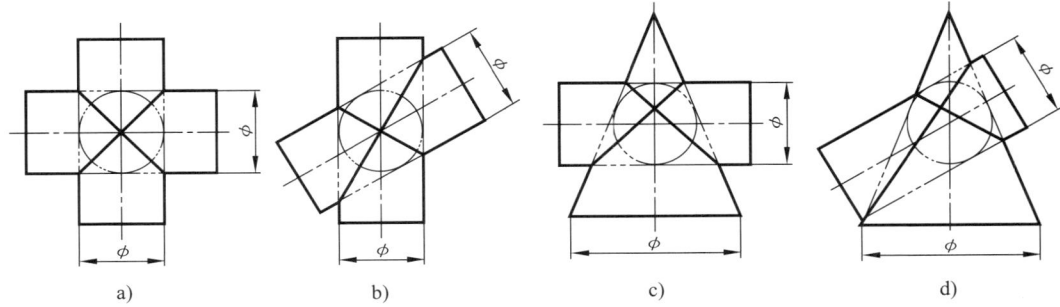

图 2-37 相交两回转面公切同一个球面时的相贯线的投影
a）正交两圆柱公切球 b）斜交两圆柱公切球 c）正交圆柱和圆锥公切球 d）斜交圆柱和圆锥公切球

（2）相贯线为直线

1）当两个圆柱面的轴线平行时，其相贯线为直线，如图 2-38 所示。

2）当两个圆锥共顶时，其相贯线为直线，如图 2-39 所示。

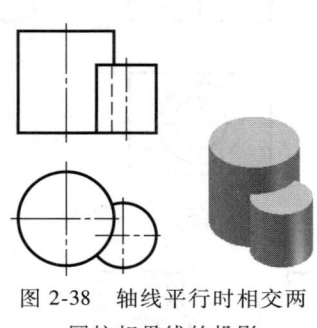

图 2-38　轴线平行时相交两圆柱相贯线的投影

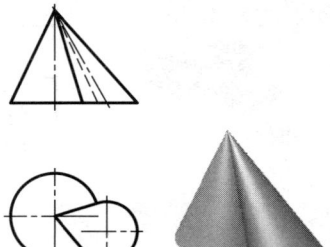

图 2-39　两圆锥共顶相交时相贯线的投影

2.6　小结

投影基础知识是机械制图的重要理论依据。本章主要介绍了投影法的基本概念；三视图的形成和投影规律；基本体的三视图作图方法和尺寸注法；几何元素的投影分析；以及截交线、相贯线的作图方法等。

本章学习的重点内容是掌握三视图的投影规律；掌握基本体的作图方法和尺寸注法；掌握立体上特殊位置直线、特殊位置平面的投影特点；掌握回转面上求点、线的作图方法；掌握立体上截交线、相贯线的投影分析以及求其投影的作图步骤和方法。

本章的学习难点是截交线和相贯线的投影分析和作图方法。

复习思考题

1. 投影法有几种？
2. 什么是三视图的投影规律？
3. 根据点的投影图怎样想象该点的空间位置？
4. 在投影图上如何判断两点间的相对位置？
5. 什么叫重影点？怎样判断重影点的可见性？
6. 试述投影面平行线和投影面垂直线的投影特点。
7. 两直线的相对位置有几种？在投影图上各有什么特性？
8. 试述投影面平行面和投影面垂直面的投影特点。
9. 如何判别点或直线是否在平面内？
10. 什么是轴线、母线？什么是素线、纬圆？
11. 什么是转向轮廓线？转向轮廓线的基本性质是什么？
12. 什么是截交线？截交线有什么性质？截交线的形状主要取决于什么因素？
13. 试述求作截交线投影的作图步骤。
14. 什么是相贯线？相贯线有什么性质？相贯线的形状主要取决于什么因素？
15. 两个具有同一轴线的回转面相交时，其相贯线是什么形状？

第3章 组合体

组合体由基本几何体组合而成,其形状可以看成是由机械零件的主要结构抽象简化而来。本章主要介绍组合体的三视图画法、尺寸注法以及组合体的读图方法。

3.1 组合体的构成及相邻形体表面的关系

3.1.1 组合体的构成

组合体可认为是由棱柱、棱锥、圆柱、圆锥、球等基本体按一定方式组合构成的立体。从形体角度来看,组合体的构成方式有两类:叠加(将基本体累加在一起)和挖切(在基本体上截切或挖空)。通常,由单一叠加或挖切形式构成的组合体较少(这类形体也比较简单),更多的是既有叠加,又有挖切,通过综合形式构成的组合体,如图3-1所示。

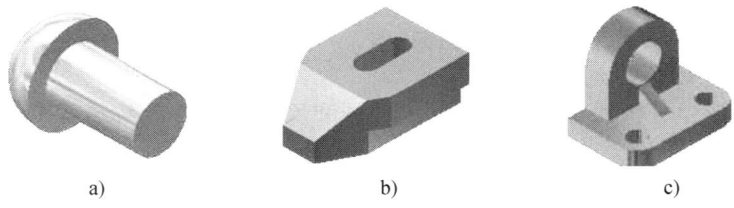

图3-1 组合体的构成
a)叠加式 b)挖切式 c)综合式

把组合体分析成由若干基本体构成的方法,称为**形体分析法**。

形体分析法是一种分析问题的方法,运用它可以把一个形状复杂的组合体或机器零件分解成为一些基本体,以便化繁为简、化难为易,解决复杂问题。

在分析组合体构成方式时需注意以下两点:

1)组合体的构成方式不是唯一的,对同一组合体可能会有多种形体分析结果,如图3-2所示。

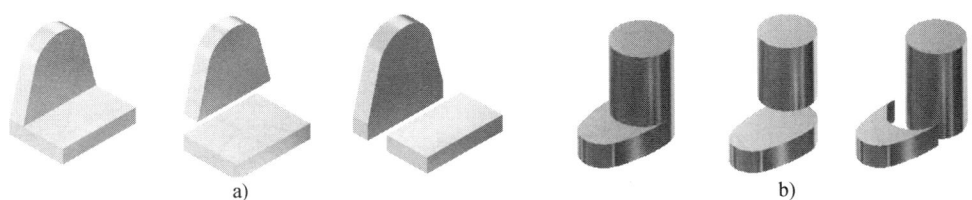

图3-2 同一组合体的不同分析方法
a)形体分析例一 b)形体分析例二

2)有些组合体不必分解到基本体,图3-3所示的组合体就可将其视为常用的简单体,不必过细分解,只要能理解即可。

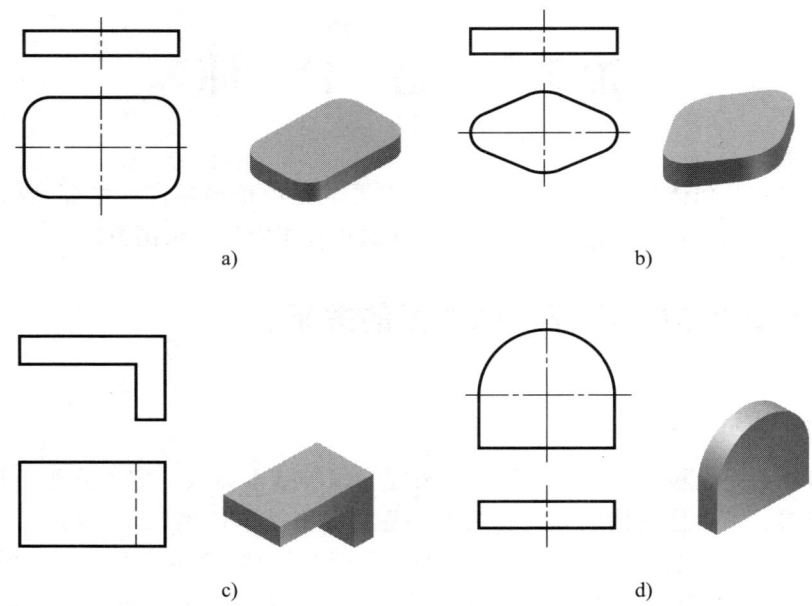

图 3-3 简单体不宜分解过细
a) 简单体一　b) 简单体二　c) 简单体三　d) 简单体四

在制图中，形体分析法是组合体画图、读图和尺寸标注的基本方法。

3.1.2 组合体上相邻形体表面之间的关系

在组合体中，由于基本体所处位置不同，因此其相邻表面会出现如下的关系，如图 3-4 所示。

（1）相交　当两个基本体表面相交时，其交线（截交线或相贯线）是两表面的分界线，须作出交线的投影。

（2）相切　当两个基本体表面相切时，两表面光滑过渡没有分界线，相切处不应画线。

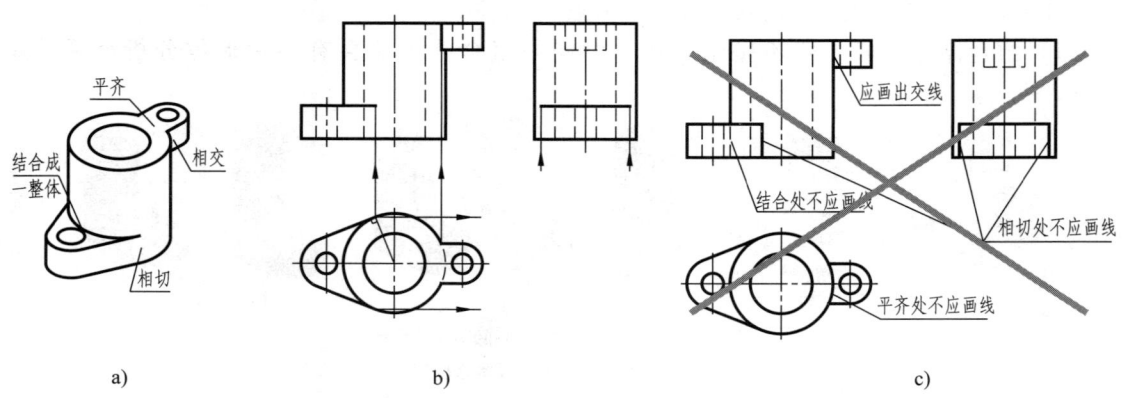

图 3-4 基本体表面在组合体中的关系
a) 立体图　b) 正确　c) 错误

（3）共面　当两个基本体表面共面时，其两表面平齐，邻接表面的分界线不存在。
（4）结合　当两个基本体结合时，其内部已融为一体，在结合处的内部没有轮廓线。

3.2　组合体视图的画法

3.2.1　以叠加为主的组合体的三视图画法

【例 3-1】　作出图 3-5a 所示组合体（轴承座）的三视图。

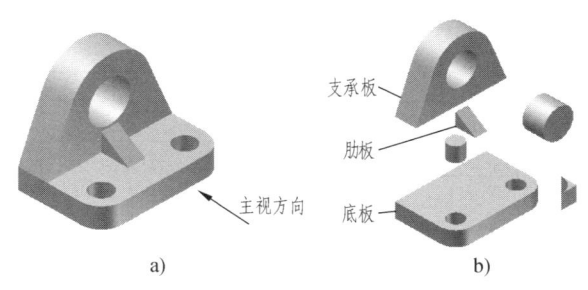

图 3-5　轴承座的形体分析
a) 整体　b) 分解

具体作图步骤为：

（1）分析　主要进行形体分析，需分析组合体由哪些基本体组成，它们之间的相对位置以及组合体的形状特征是什么？

从图 3-5b 可以看出，轴承座左右对称，是由底板、支承板和肋板三部分叠加而成的。其中，带两个圆角的长方形底板上开有两个通孔。支承板中间有一个圆柱形轴承孔，肋板是一个三棱柱。

支承板与底板的后端面平齐，肋板在底板上面并靠紧支承板。

（2）作图

1）选择主视图。选择主视图时通常需考虑以下几个方面：

① 考虑组合体的放置状态。通常将组合体摆平放正，将尽可能多的对称面、底面、端面或主要轴线与投影面平行或垂直。

② 考虑组合体的形体特征。一般以最能反映组合体形体特征的方向作为主视图的投射方向。

③ 考虑视图的可见性。尽量让俯、左视图中的虚线少些。

本例的主视图投射方向如图 3-5a 所示。

2）布置视图。首先根据选定的作图比例确定图幅大小；其次在图纸上绘出作图基线，以确定各视图的位置。

确定各视图位置的方法如图 3-6 所示：假想将轴承座刚好放在一个长方体内，则轴承座的总长、总宽

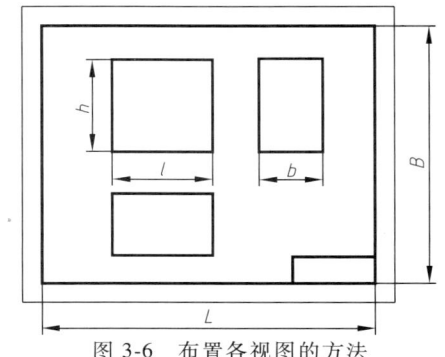

图 3-6　布置各视图的方法

和总高应分别等于该长方体的长 l、宽 b、高 h。若图幅的长、宽各为 L 和 B，画图比例为 $1:1$，则在图幅长度方向上的每一空档尺寸应为：$1/3(L-l-b)$。如果标注尺寸，还可考虑让两图之间的空隙再大一些。同法可确定其他视图的位置。

3）画底稿。画底稿的注意点（如图 3-7 所示）：

① 先画主要形体后画次要形体，先画基本轮廓后画局部细节。如画底板时，应先画反映其基本轮廓的三个矩形投影，最后才画出它的圆角和小孔投影。

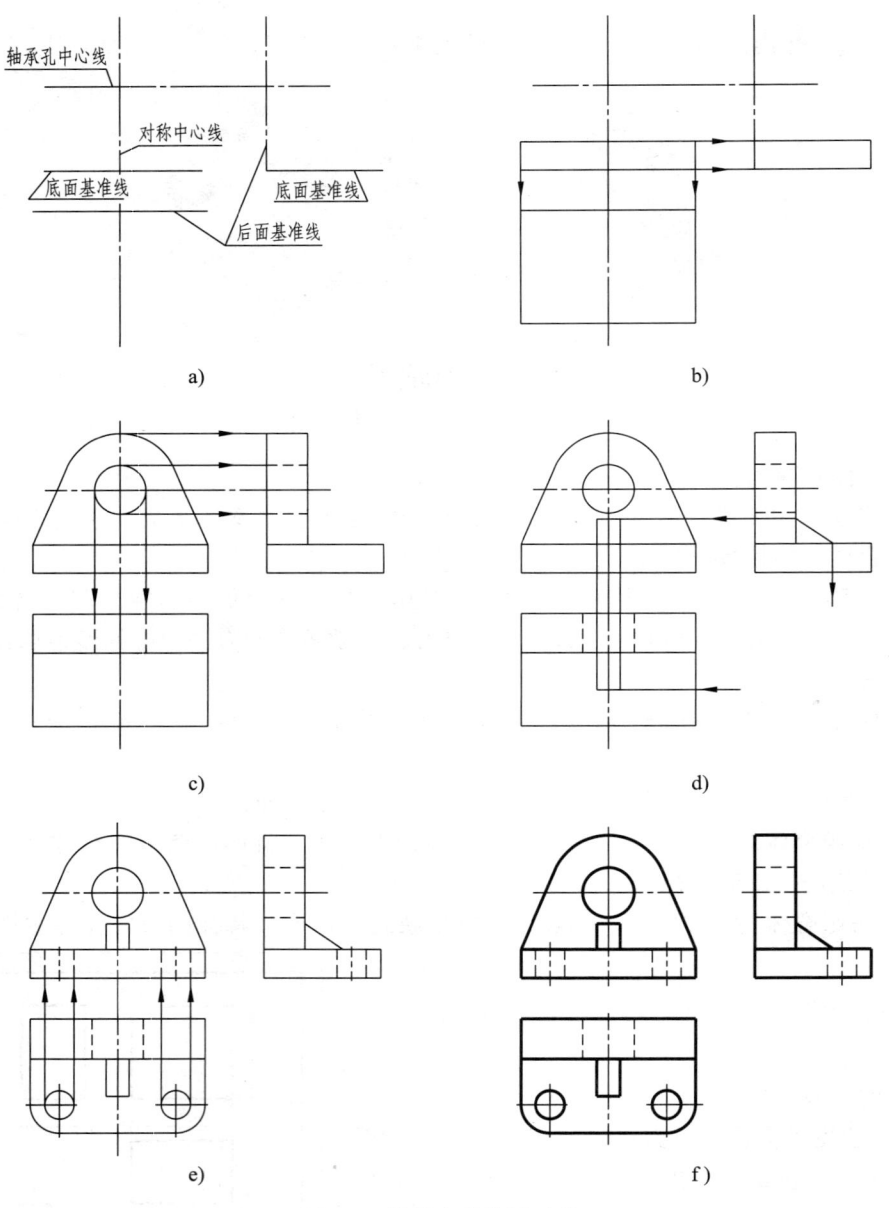

图 3-7 轴承座的作图过程
a) 布置视图、画基准线　b) 画底板的主要轮廓　c) 画支承板　d) 画肋板
e) 完成各细部，检查及改正错误　f) 加深、完成三视图

② 先定形体位置后画具体形状，先画特征视图后画其他投影。如画支承板时，应先画反映真形的正面投影，然后再画其他两个投影。

③ 应三个视图配合起来画，以便充分利用投影之间的对应关系，使作图既快又准。

4）检查、加深。仔细检查底稿，擦去多余线条，改正错误后，按照线型要求加深所有的线条，包括点画线、虚线等。

轴承座的作图过程如图 3-7 所示。

3.2.2 以挖切为主的组合体的三视图画法

【例 3-2】 作出图 3-8a 所示组合体的三视图。

（1）分析 该组合体的基本形状是长方体，通过逐一挖切三棱柱和四棱柱后形成了图 3-8a 所示的立体。

（2）作图 作图步骤如下：

1）选择主视图的投射方向，如图 3-8a 所示。

2）画挖切前的长方体的完整投影。

3）画挖切三棱柱后的投影，如图 3-8b 所示，注意从反映挖切形状特征的左视图开始作图。

4）画挖切四棱柱后的投影，如图 3-8c 所示，注意一般位置直线 AB 的投影作图。

5）检查、加深。

讨论：挖切四棱柱的两个平面的名称是什么？作图时应从哪个视图入手？

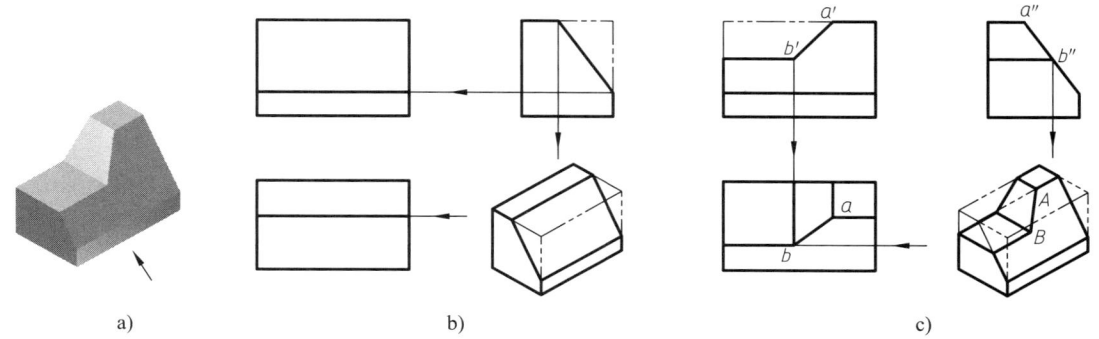

图 3-8 以挖切为主的组合体的三视图作图方法
a）立体图 b）挖切三棱柱 c）挖切四棱柱

3.3 组合体的尺寸注法

3.3.1 尺寸标注的基本要求

图形中的尺寸是零件加工的重要依据，故标注时不能出错。为了减少不必要的损失，标注尺寸时应满足以下基本要求：

（1）符合国标 严格遵守各种相关的国家标准。

（2）尺寸齐全 标注尺寸个数不多不少不重复。

(3) 布置清晰 尺寸放置有序、查看方便。
(4) 标注合理 满足设计和工艺要求，便于制造加工。

3.3.2 组合体的尺寸分析

1. 尺寸分类

根据尺寸所起的作用可分为三种：

(1) 定形尺寸 确定各基本体形状、大小的尺寸，如图 3-9a 中所示尺寸 $\phi27$、$R24$、23、13 等。

(2) 定位尺寸 确定基本体之间、截平面与其他几何要素之间相互位置的尺寸，如图 3-9a 中所示尺寸 38、43、56 等。

(3) 总体尺寸 确定组合体总长、总宽、总高的尺寸，如图 3-9a 中所示尺寸 50、80。

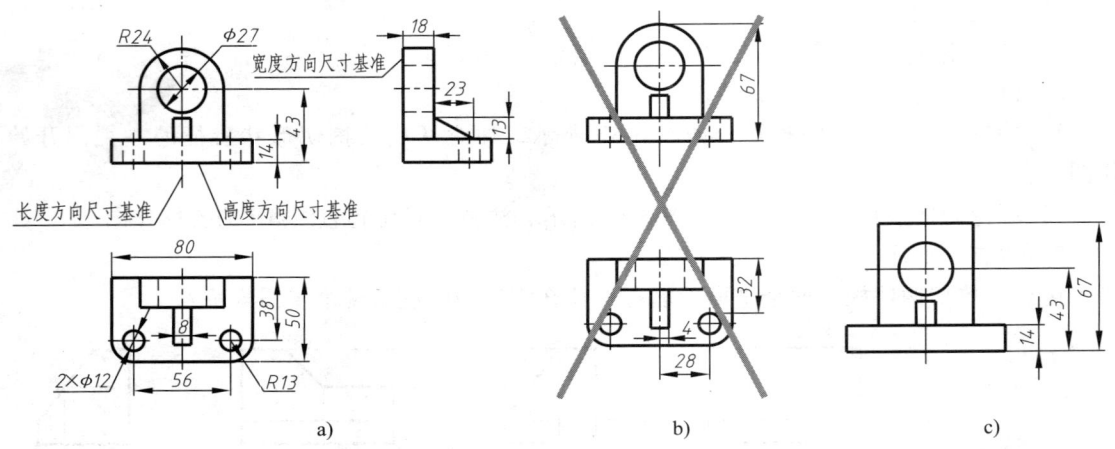

图 3-9 组合体的尺寸分析
a) 确定尺寸基准 b) 尺寸标注错误 c) 标注总高尺寸

2. 尺寸基准

定位尺寸的度量起点称为尺寸基准。在长、宽、高三个方向上至少各需要一个尺寸基准。当在一个方向上有多个基准时，其中只有一个是主要基准，其余均为辅助基准。

一般选择组合体的对称面（对称线）、底面、重要端面和回转体轴线等作为尺寸的基准。在图 3-9a 所示组合体尺寸中，长度方向尺寸基准为左右对称面；宽度方向尺寸基准为后端面，高度方向尺寸基准为底面。

3. 尺寸标注的注意点

1) 当基本体处于叠加、平齐或对称面上时，在相应方向上不标注定位尺寸，如图 3-9b 中的定位尺寸 4 就不需标注。

2) 当以对称面（对称线）为尺寸基准时，要直接标注两对称要素间的距离尺寸，而不是标注从基准到要素间的尺寸。如图 3-9a 中孔心距尺寸 56 的标注是正确的，而图 3-9b 中尺寸 28 的标注是错误的。

3) 由于回转体（孔）的位置是由其轴线位置确定的，因此其定位尺寸必须注到轴线上，而不能注到转向轮廓线上。如图 3-9a 中的尺寸 38 标注正确，而图 3-9b 中的尺寸 32 标注错误。

4）当组合体的一端为有同心孔的回转面时，一般不直接标注该方向上的总体尺寸。如图 3-9b 中的总高尺寸 67 是不标注的。但如果组合体的端面是一个平面，则必须标注总高尺寸，如图 3-9c 所示的尺寸 67。

3.3.3 常见柱体结构的尺寸注法

柱体（如底板、支承板、凸台等）是零件上的常见结构。由于柱体尺寸是由底面尺寸和高度尺寸组成的，因此要注意注全柱体底面的定形尺寸和定位尺寸，而高度尺寸只需标注一个即可。零件上常见柱体结构的尺寸注法见表 3-1。

表 3-1 零件上常见柱体结构的尺寸注法

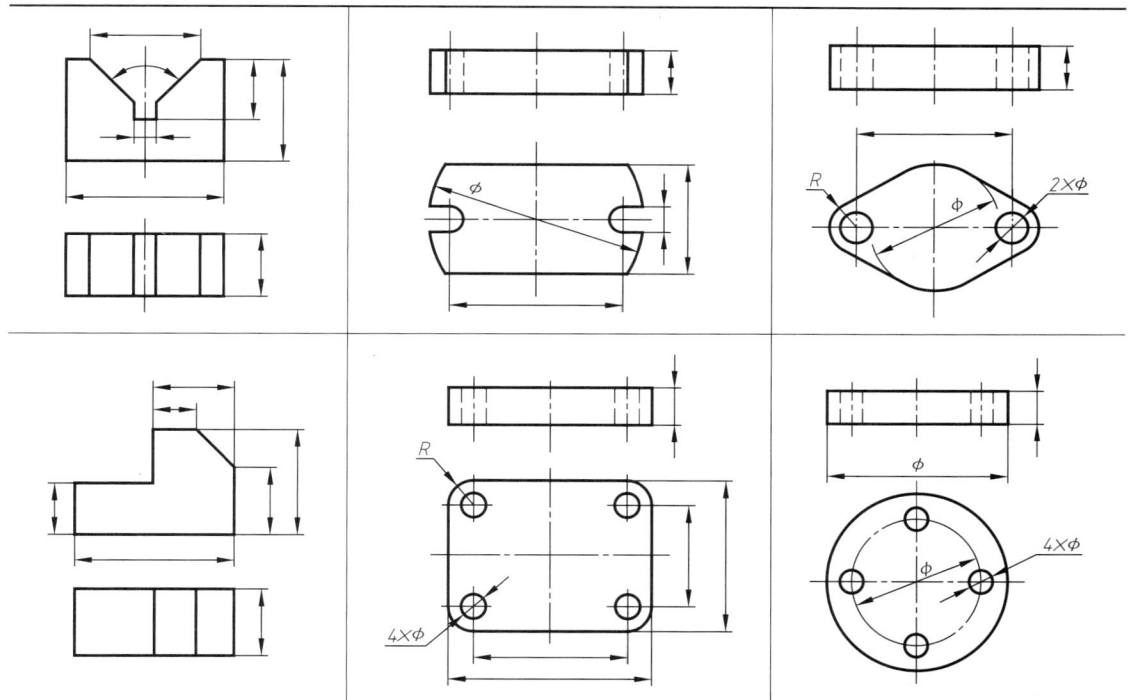

3.3.4 组合体表面含交线时的尺寸注法

要注意带有截交线或相贯线的组合体的尺寸注法（表 3-2 中带有符号 △ 的尺寸），其尺寸标注要点如下：

1）对于截交线，只能标注立体截切前的定形尺寸和截平面的定位尺寸，不能标注截交线自身的尺寸。

2）对于相贯线，只能标注两相交立体的定形尺寸和确定它们相互位置的定位尺寸，不能标注相贯线自身的尺寸。

3.3.5 标注组合体尺寸的步骤和方法

标注组合体尺寸的一般步骤如下：

表 3-2 带交线的组合体的尺寸注法

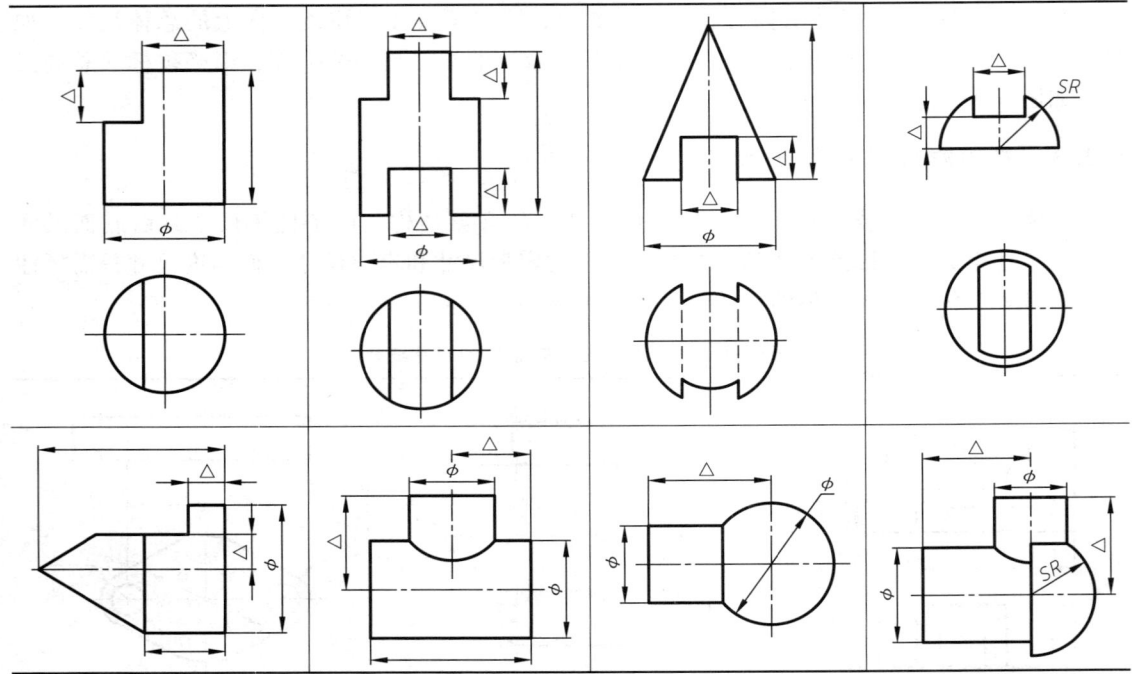

1) 对组合体进行形体分析。
2) 在长、宽、高每个方向上至少选择一个尺寸基准。
3) 逐一标注各形体的定形尺寸和定位尺寸。
4) 标注总体尺寸（若总体尺寸和其他尺寸重合，则不必再注）。
5) 检查，修改，加深。

轴承座的尺寸标注步骤如图 3-10 所示。

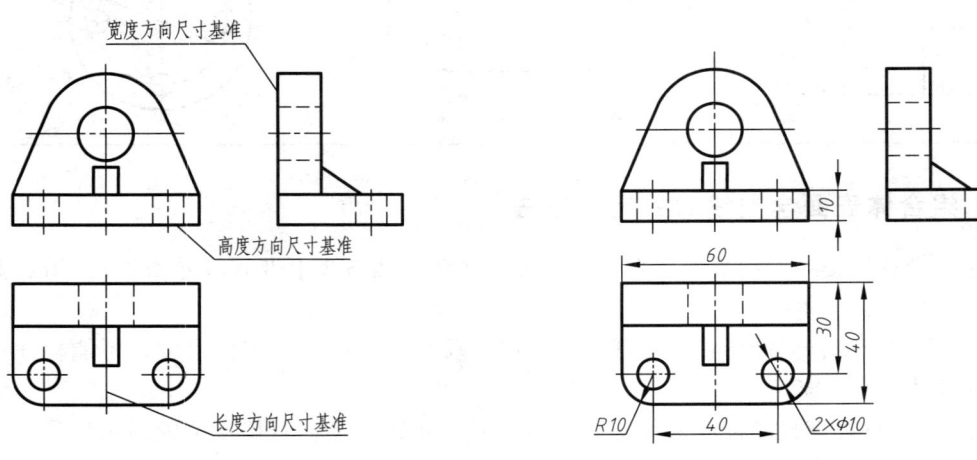

图 3-10 轴承座的尺寸标注步骤
a）选择尺寸基准 b）标注底板尺寸

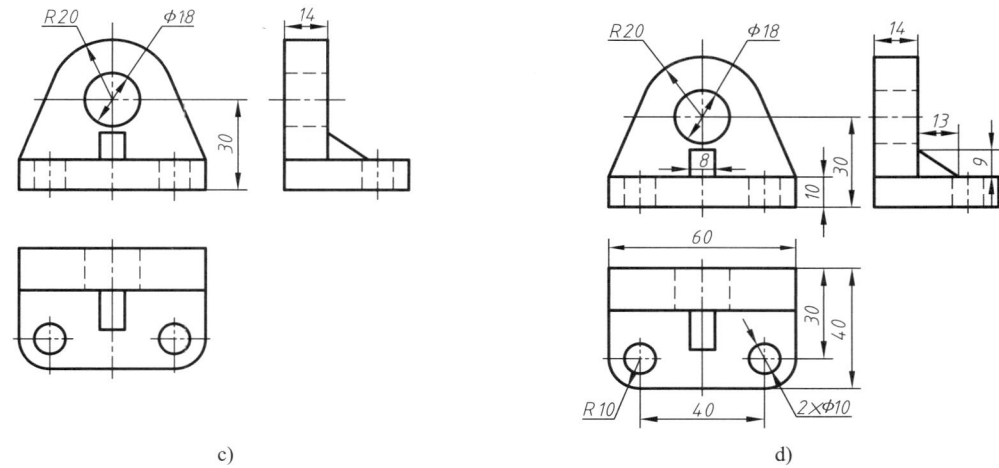

图 3-10 轴承座的尺寸标注步骤（续）
c）标注支承板尺寸　d）标注肋板尺寸，检查加深，完成标注

3.3.6 尺寸的清晰布置

清晰布置尺寸的目的是为了便于看图，为此，标注尺寸时要考虑组合体的形状特点，要把每一个尺寸放置在恰当的位置。表 3-3 为清晰布置尺寸时的注意点。

表 3-3 清晰布置尺寸时的注意点

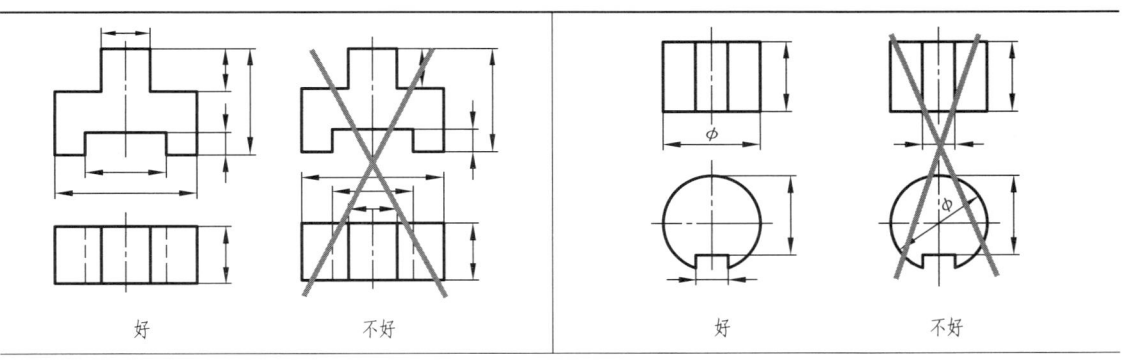

（1）对每一个基本体或简单形体，都应将有关尺寸尽可能地集中标注在反映该形体特征最清晰的视图上

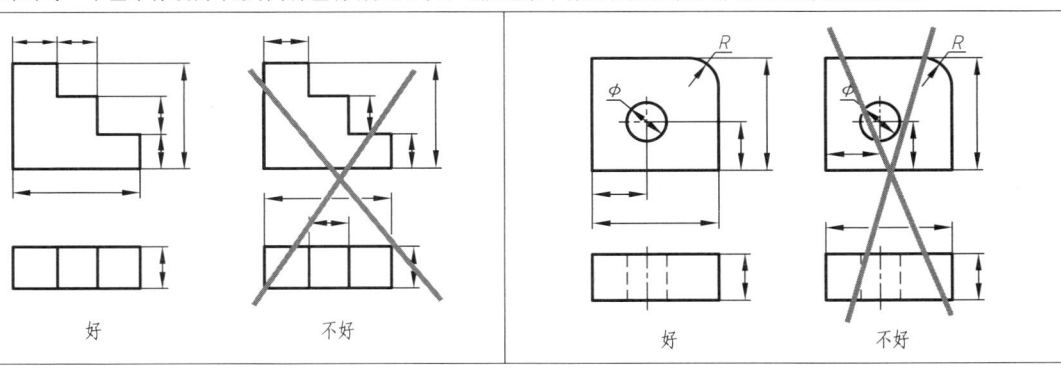

（2）尺寸尽量排列整齐，注在图形之外；与两视图有关的尺寸最好注在两视图之间

(续)

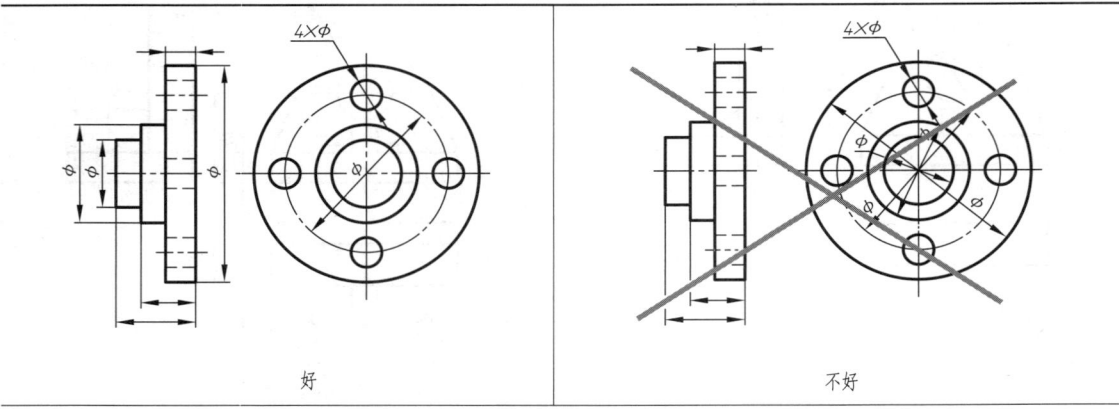

| 好 | 不好 |

(3) 同轴回转体的各直径尺寸最好注在非圆视图上；均布小孔的定形和定位尺寸应集中标注在一个视图中

3.4 读组合体视图的方法

读组合体视图简称读图，是根据组合体的视图，想象出它的空间形状的过程。读图是画图的逆过程，因此要以画图的投影理论为基础，注意读图的基本要领，运用读图的基本方法。

3.4.1 读图的基本要领

1. 将有关的多个视图联系起来分析才能确定立体形状

一个不包含尺寸的视图不能确定立体形状（图 3-11a），有时两个视图也不能确定立体形状（图 3-11b），因此，读图时必须对所有相关视图进行分析才能确定组合体的形状（图 3-11c、d）。

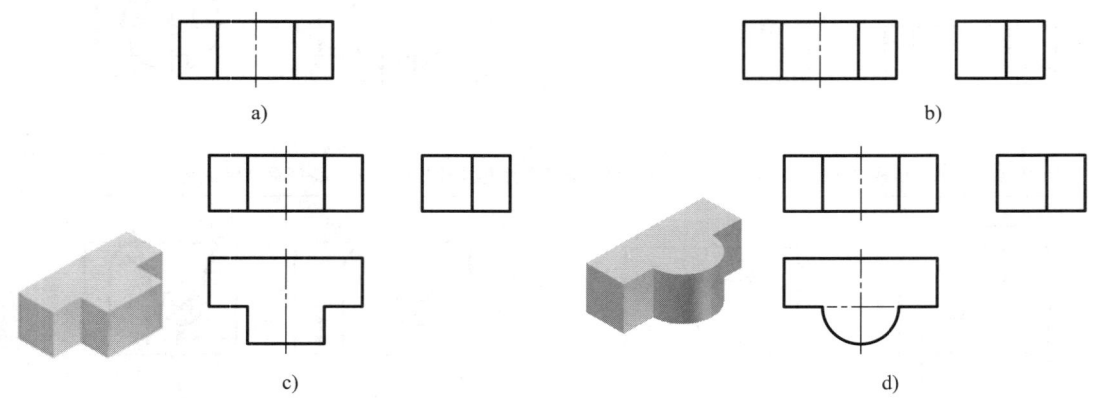

图 3-11 有关视图联系起来分析立体
a) 一个视图不能确定形状　b) 两个视图不能确定形状　c) 第三视图确定形状一　d) 第三视图确定形状二

2. 分析反映形体特征的视图以判定关键的形体和组合方式

组合体的形体特征会反映在视图上。读图时应找出特征明显的视图进行重点分析，以判定关键的形体。图3-11c、d中的俯视图是组合体的特征视图,分析这两个俯视图更易看懂两个不同特征的组合体。当然,组合体各部分的形体特征不一定都集中在一个视图上,因此分析每一部分时要考虑从该部分的特征视图入手。

通常,分析组合体的特征视图还可从中找出组合方式。如在图3-12a和图3-12b中,可从反映形体特征的俯视图中看出:图3-12a所示为叠加式组合体,而图3-12b则是挖切式组合体。

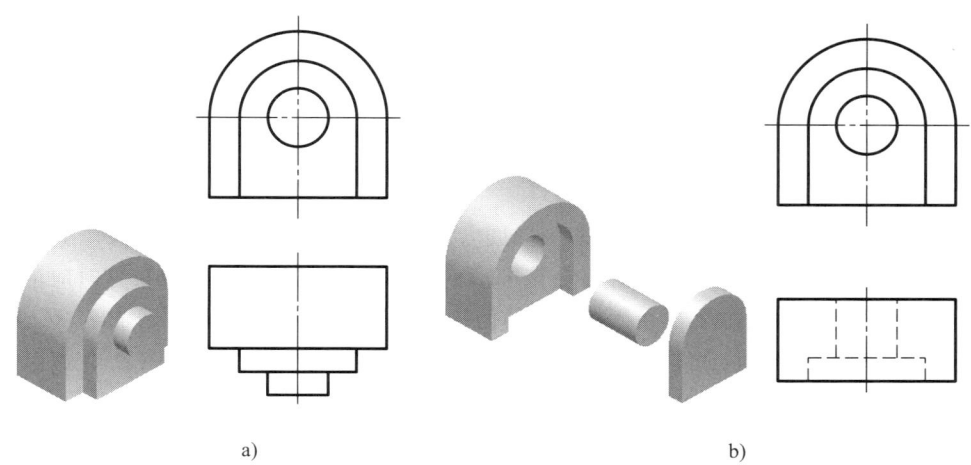

图3-12 从特征视图入手分析组合体
a)叠加式组合体 b)挖切式组合体

3. 通过分析视图中线框和线段的可见性判别各形体之间的相对位置

视图中,通常封闭线框(相切除外)表示形体的投影,各种线段表示线或面的投影,读图时应注意它们之间的投影关系以及左、右、前、后、上、下的相对位置。一般形体的可见性都能通过虚、实线反映出来。如在图3-13a、b中,两图的主、俯视图均相同,只有左视图不同,其中图3-13a左视图中的斜线为实线,图3-13b左视图中的斜线是虚线,由此能够判断两个组合体是不同的。

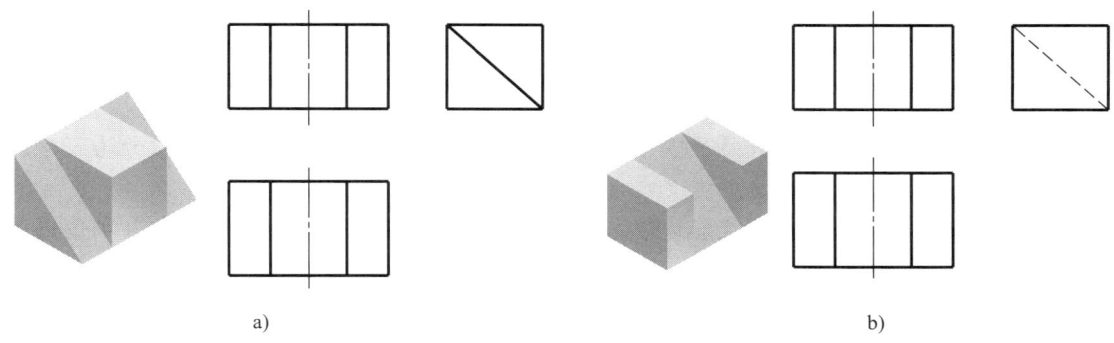

图3-13 利用可见性判断组合体的形状
a)左视图中斜线为实线 b)左视图中斜线为虚线

4. 根据平面的投影特性解决读图难点问题

在读平面立体视图时,常会涉及一些较难判定的特殊位置平面的投影。如图3-14a中,

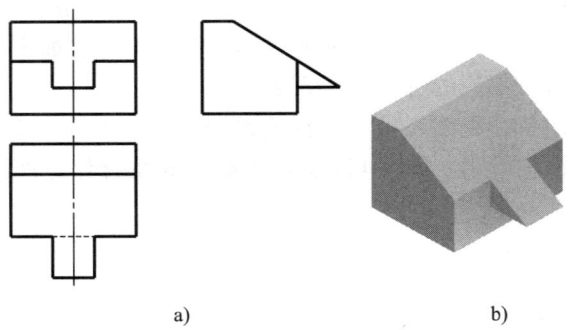

图 3-14 平面投影具有若非类似形必有积聚性的特点
a) 三视图　b) 立体图

主视图有一个"T"字形图形需进行分析和判定。判定原则是：平面的投影若非类似形必有积聚性，即根据投影关系先查找是否存在该图形的类似形，若没有，则再找其对应的积聚性投影，二者必居其一。很显然，在图 3-14a 的俯视图中有一个符合投影关系的"T"字类似形，而左视图中则没有，因此，可以判定该平面图形在左视图的投影必定是一条积聚性直线。在空间，"T"字形图形是一个侧垂面，如图 3-14b 所示。

3.4.2 读图的基本方法

1. 用形体分析法读图

用形体分析法读图的过程：

（1）看视图、分线框　从组合体的特征视图入手，将视图分为若干线框（若干部分）。
（2）对投影、定形体　运用投影理论找出这些线框的对应投影，确定各部分形状。
（3）综合起来想整体　根据投影可见性判断各部分的相对位置，从而确定组合体的最终形状。

下面举例说明用形体分析法读图的方法和步骤。

【例 3-3】　读懂图 3-15a 所示组合体的三视图，并想象出其空间形状。

（1）分析　先把给出的各个视图联系起来看一下，可看出本例的图形前后对称，有若干个线框（形体）叠加在一起，因此可基本确定本例形体是以叠加为主的组合体。

（2）读图

1) 看视图、分线框。可先从反映形体特征比较明显的主视图入手，将图形分为三个线框 1′、2′、3′，如图 3-15a 所示。

2) 对投影、定形体。根据投影规律，确定主视图中各线框的其他两投影，并利用形体的投影特点想象出各立体的空间形状。

① 线框 1′ 与所对应的侧面投影都是矩形，水平投影反映形状特征，故可判断该立体是以水平投影为底面轮廓的一块柱形底板，如图 3-15b 所示。

② 线框 2′ 与所对应的侧面投影都是中间带虚线的矩形，水平投影是一同心圆，故可判断该立体是一轴线垂直于水平面的空心圆柱，如图 3-15c 所示。

③ 线框 3′ 是个三角形，其他两投影基本形状是矩形，可确定该形体为三棱柱，如图 3-15d 所示。

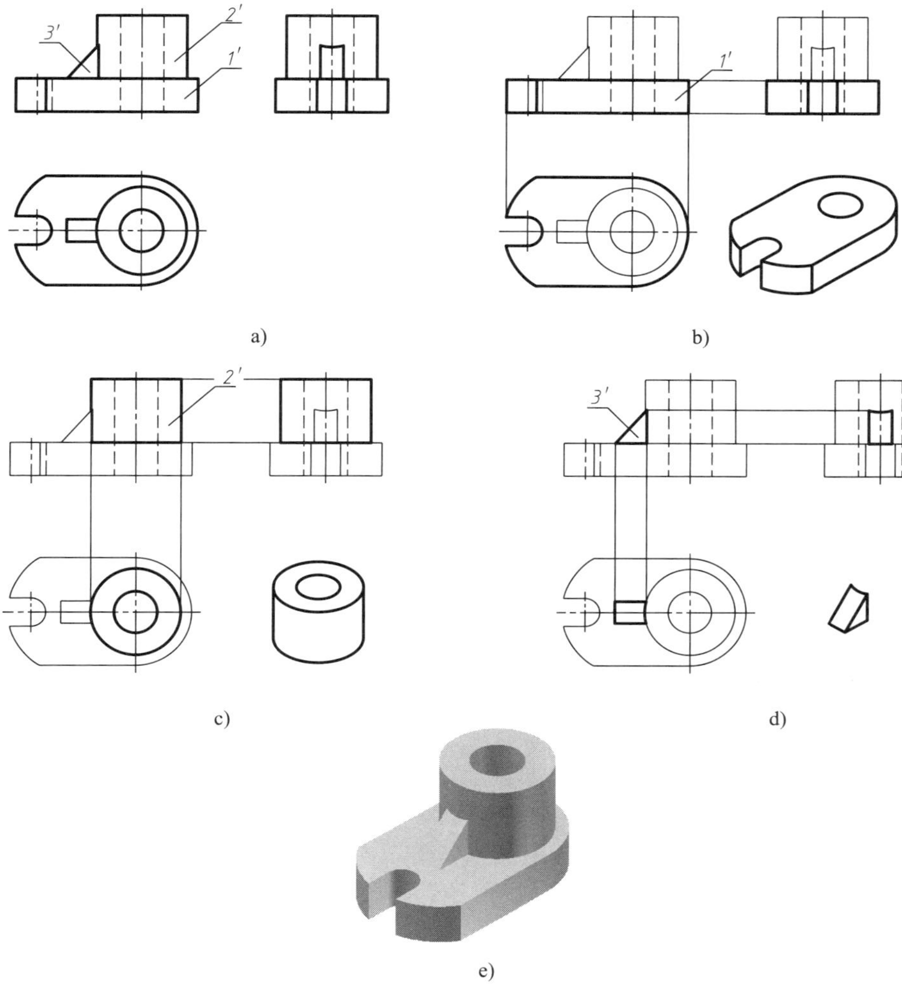

图 3-15 用形体分析法读图
a）看视图、分线框 b）对投影、定形体Ⅰ c）对投影、定形体Ⅱ d）对投影、定形体Ⅲ e）综合起来想整体

3）综合起来想整体。根据三视图确定各立体的相对位置，综合想象出来的组合体整体形状如图 3-15e 所示。

2. 用线面分析法读图

用**线面分析法**读图，其实质是在形体分析法基础上，通过线面投影理论分析视图中较为复杂而难以读懂的线面投影部分。为此，搞清楚视图中线框和线条的基本含义是十分重要的。

根据投影理论可知，图 3-16 视图中的图线可能是两平面交线的投影，也可能是立体表面具有积聚性的投影，或者是回转面上转向轮廓线的投影。视图中的每个封闭线框一般都是立体上的平面或曲面的投影，如果相邻两框有公共边界，则说明这两个面不在

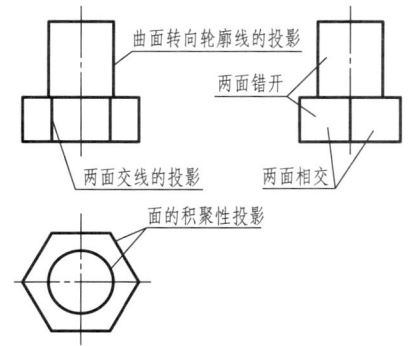

图 3-16 确定视图中线框和线条的含义

一个平面上,或者相交或者相错。

要注意:对于以挖切为主的组合体来说,在形成过程中,会出现多种面(单一或组合)挖切多个形体,从而有多种交线的情况(如图 3-17、图 3-20 所示的图形等)。因此对此类组合体的读图来说,仅用形体分析法是不够的,还需要使用线面分析法辅助读图。

下面举例说明"形体分析法+线面分析法"读图的过程。

【例 3-4】 读懂图 3-17a 所示组合体的三视图,并想象出其空间形状。

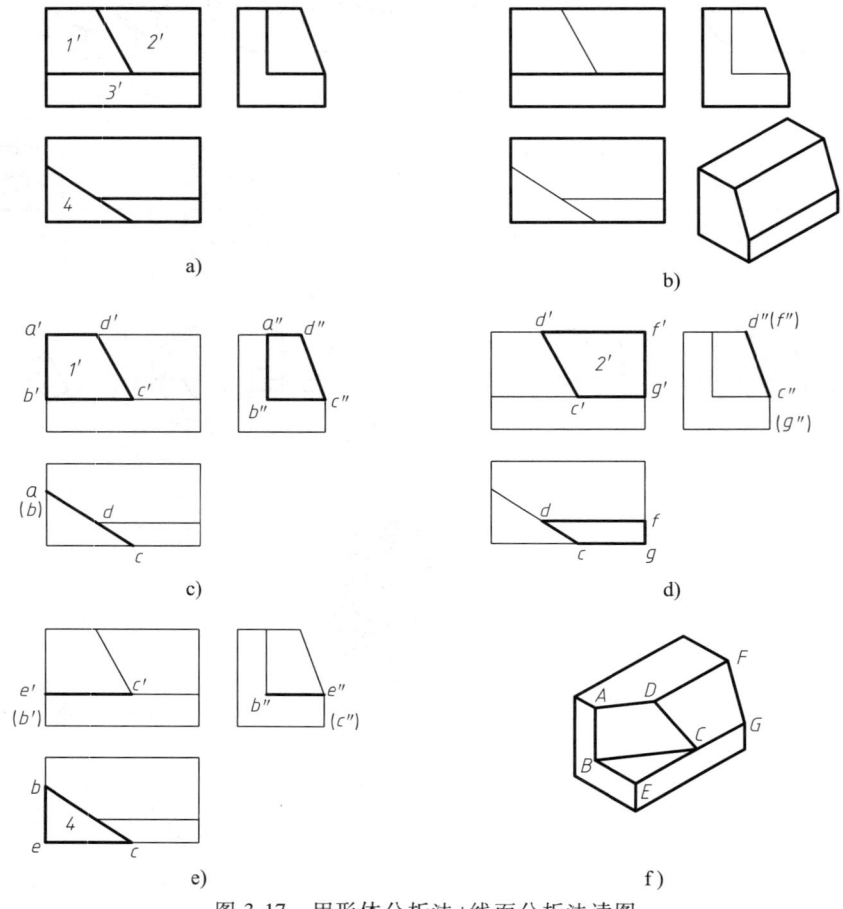

图 3-17 用形体分析法+线面分析法读图
a) 题图并分线框 b) 确定未挖切前的基本形状 c) 确定线框Ⅰ的形状
d) 确定线框Ⅱ的形状 e) 确定线框Ⅳ的形状 f) 组合体的空间形状

(1) 分析

根据前例所说,需先把各个视图联系起来看一下,由于图中的线条完全被包围在一个形体之内,因此可基本确定本例的形体是以挖切为主的组合体。

(2) 读图

1) 确定未挖切前的基本形状。由于三个视图的外形轮廓都是直线,且线段相互平行,符合棱柱的基本性质,因此确定未挖切前的基本形体是以左视图的轮廓形状为端面的五棱柱,如图 3-17b 所示。

2) 看视图、分线框。从特征图形入手,将主视图分为 3 个线框Ⅰ、Ⅱ、Ⅲ,并补充俯视图中一个三角形线框Ⅳ，如图3-17a所示。

3）对投影、定形体（定平面的形状及其相对位置）。

① 线框Ⅰ的正面投影是四边形$a'b'c'd'$；侧面投影有类似形$a''b''c''d''$；俯视图上，符合与主视图长对正投影关系的有一个三角形或一直线段。根据平面投影若非类似形必有积聚性的特性，水平投影只可能是积聚性直线段$abcd$，如图3-17c所示。该线框表示一个铅垂面。

② 线框Ⅱ的正面投影是四边形$c'd'f'g'$；水平投影有类似形$cdfg$；侧面投影没有类似形，与上同理应为直线段$c''d''f''g''$，如图3-17d所示。该线框表示一个侧垂面。

③ 线框Ⅲ是正平面。

④ 线框Ⅳ的水平投影是三角形bce，正面、侧面投影均没有类似形，因此只可能是直线段，根据投影规律可确定它们的位置，如图3-17e所示。该线框表示一个水平面。

4）综合起来想整体。通过逐一挖切后想象出来的组合体空间形状如图3-17f所示，即在基本形体（五棱柱）的左前方用一铅垂面和一水平面组合挖切去了一块。

3.4.3　读图举例

通常读图的综合训练方式有两种：①已知两视图求作第三视图；②在已给图形中补画缺漏的线条。不管采用何种训练方式，都是在读懂已知视图的基础上进行的。

要注意：有些组合体用两个视图就能完全确定立体形状，在这种情况下，选用合适的读图方法想象出组合体的空间形状后，就可按投影关系作出第三视图。但是若两个视图还不能完全确定组合体形状，其第三视图将会有多种答案，此时只要正确地作出其中一种即可。

【例3-5】　读懂图3-18a所示的主、左两视图，想象组合体形状并作出俯视图。

（1）分析

先把已知视图联系起来看一下，可看出本例图形前后对称，又有若干个线框（形体）叠加在一起，因此可确定本例是以叠加为主的组合体，主要采用形体分析法读图。

（2）作图

可先从反映形体特征比较明显的主视图入手，将图形分为四个线框$1'$、$2'$、$3'$、$4'$，如图3-18a所示。

根据投影规律，分别找出左视图中各线框所对应的投影，并想象所表示形体的空间形状，进而作出各形体的俯视图，如图3-18b、c、d、e所示。

最终完成的俯视图和组合体空间形状如图3-18f所示。

【例3-6】　根据图3-19a所示的图形，想象组合体形状并补画图中缺漏的线条。

（1）分析

先把已知视图联系起来看一下，可看出本例是由直径大小不同、轴线方向不同的五个圆柱组成的。图形中缺漏的线条是各圆柱之间交线的正面投影和侧面投影，而交线的水平投影是已知的。

（2）作图

先在主视图中找出五个圆柱的正面投影$1'$、$2'$、$3'$、$4'$、$5'$，如图3-19a所示。

分析各圆柱之间的相交情况，逐一补画出相贯线和截交线在正面投影和侧面投影中的缺漏线条，如图3-19b~e所示。

最终完成的主、左视图如图3-19f所示。

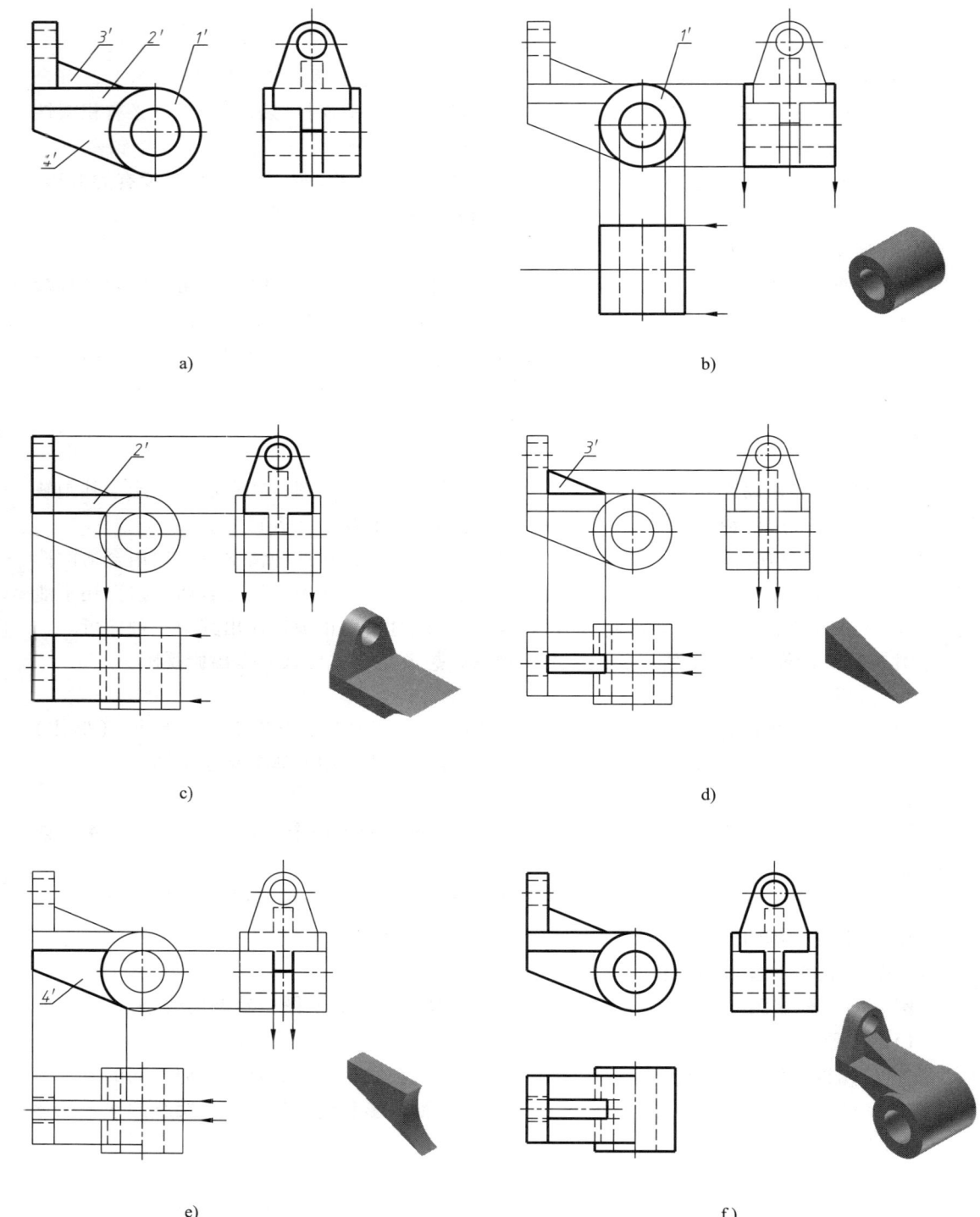

图 3-18 已知两视图求作第三视图
a) 题图并分线框 b) 作形体 I 的俯视图 c) 作形体 II 的俯视图
d) 作形体 III 的俯视图 e) 作形体 IV 的俯视图 f) 完成的俯视图

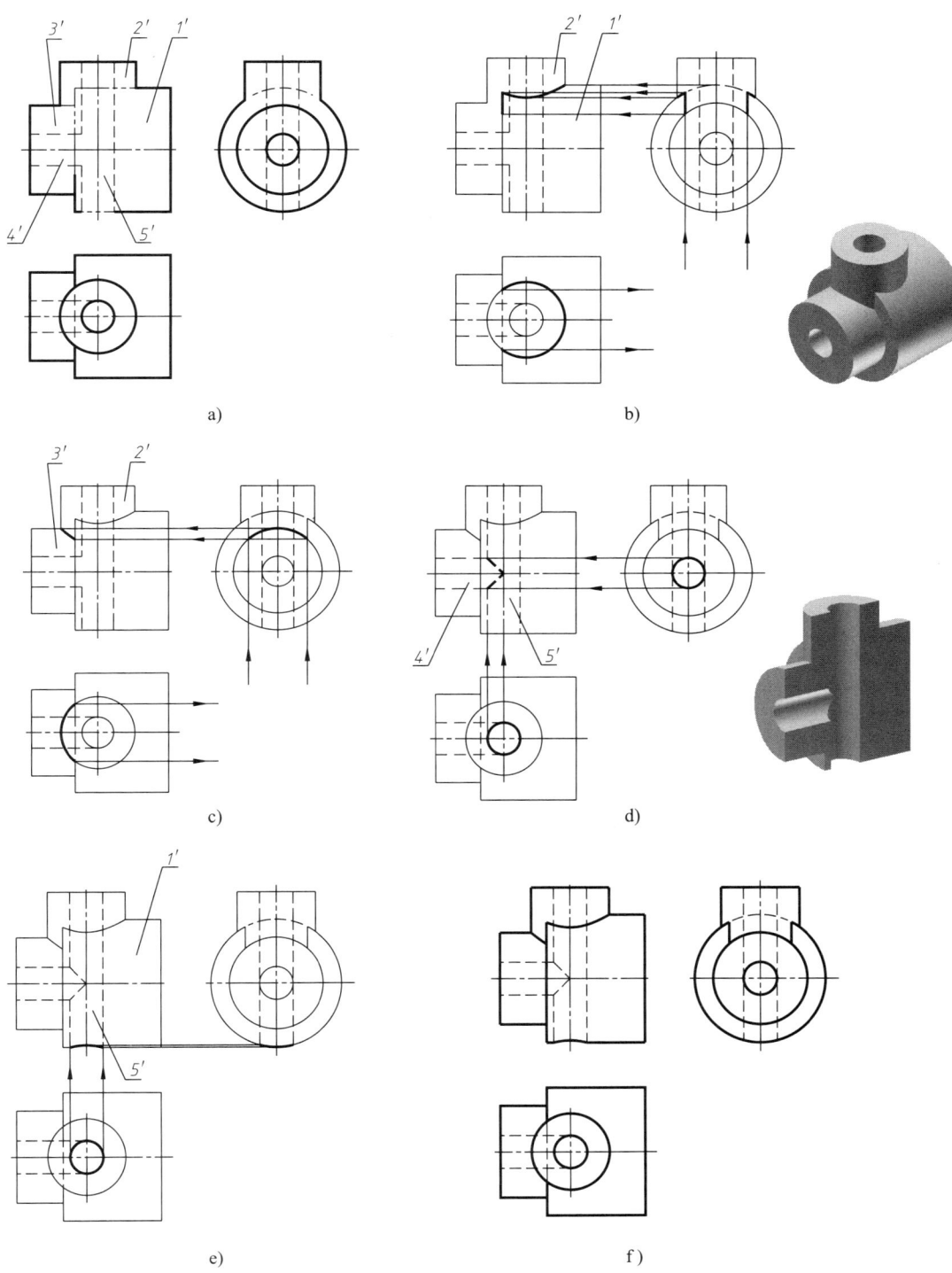

图 3-19 补画图形中缺漏的线条
a）题图，形体分析　b）作形体Ⅰ和Ⅱ的相贯线（空间曲线）和截交线（铅垂线）
c）作形体Ⅱ和Ⅲ的相贯线（空间曲线）　d）作形体Ⅳ和Ⅴ的相贯线（椭圆其正面投影的直线）
e）作形体Ⅰ和Ⅴ的相贯线（空间曲线）　f）完成的主、左视图

【例 3-7】 根据图 3-20a 所示的主、俯两视图,想象组合体形状并作出左视图。

(1) 分析

先把已知视图联系起来看一下,不难看出已给图形被围在一个长方体之内,因此可确定本例是以挖切为主的组合体读图。本例除采用形体分析法外,还需要用线面分析法辅助读图。

(2) 作图

在确定未挖切前的形体是一个长方体后(图 3-20b),将图形分为四个线框,其中主视图三个线框 1′、2′、3′,俯视图一个线框 4。图形中的长圆形通槽,由于其形状明显而不必单独分框。

作出长方体的左视图,如图 3-20b 所示。

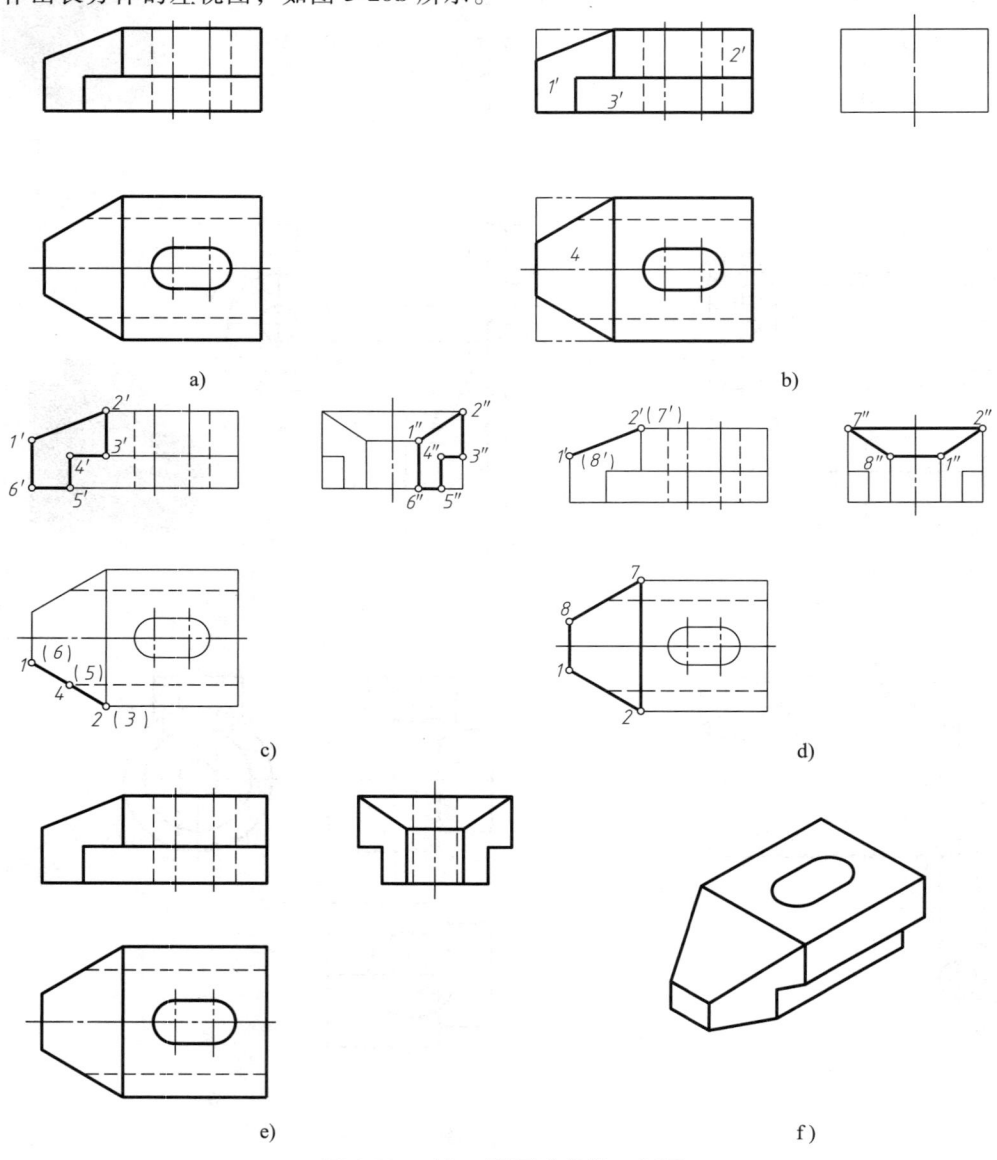

图 3-20 已知两视图求作第三视图

a)题图 b)确定未挖切前的基本形状、分线框 c)求铅垂面 I 及对称面的左视图
d)作正垂面 IV 的左视图 e)完成的左视图 f)立体图

分析线框 1′ 时，可看出它是一个六边形。根据投影规律可先在俯视图中找其类似性，由于没有对应的类似性，因此可断定线框 1′ 必为一个积聚性平面（铅垂面）。同理可判定线框 4′ 也为一个积聚性平面（正垂面）。而线框 2′ 和线框 3′ 都是正平面。

当用线面分析法对各线框进行分析后可逐一作出左视图。注意：在作投影面垂直面的投影时，可先根据投影关系作出多边形投影，再根据其两个投影具有类似性的投影特点检查图形的正确性，如图 3-20c、d 所示。

完成的左视图和立体图如图 3-20e、f 所示。

【例 3-8】 根据图 3-21a 所示的主、俯两视图，想象组合体形状并作出左视图。

（1）分析

将已知视图联系起来看，可见组合体左右对称，既有若干个叠加在一起的形体，又有一些被挖切掉的形体，因此本例的组合体采用综合方式组成。

（2）作图

可先从反映形体特征比较明显的主视图入手，将图形分为四个线框 1′、2′、3′、4′，如图 3-21a 所示。

根据投影规律，分别找出俯视图中各线框所对应的投影，并想象所示形体的空间形状，进而逐步作出各形体的左视图，如图 3-21b、c、d、e 所示。

最终完成的左视图和组合体空间形状如图 3-21f 所示。

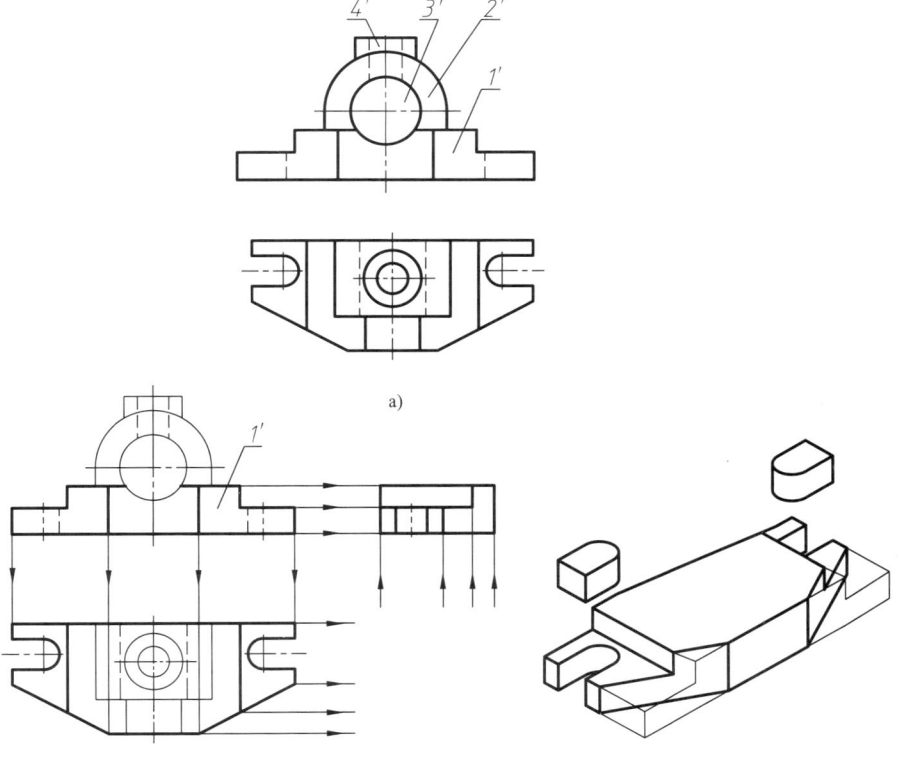

图 3-21 已知两视图求作第三视图
a）题图并形体分析　b）想象形体 I 的形状，作出它的左视图

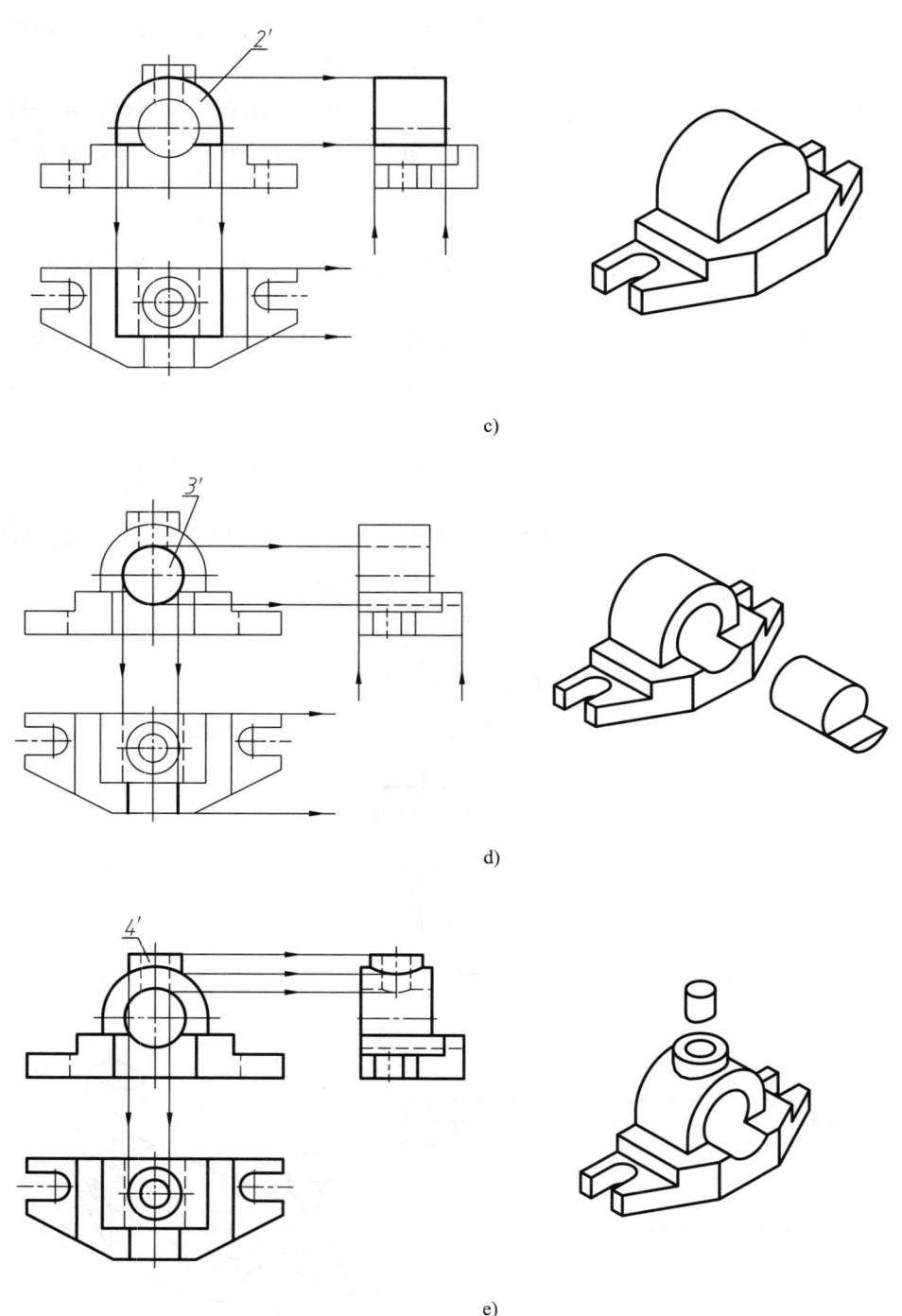

图 3-21 已知两视图求作第三视图（续）
c) 想象形体Ⅱ的形状，作出叠加形体Ⅱ后的左视图　d) 想象形体Ⅲ的形状，作出挖切形体Ⅲ后的左视图
e) 想象形体Ⅳ的形状，作出增加形体Ⅳ后的左视图

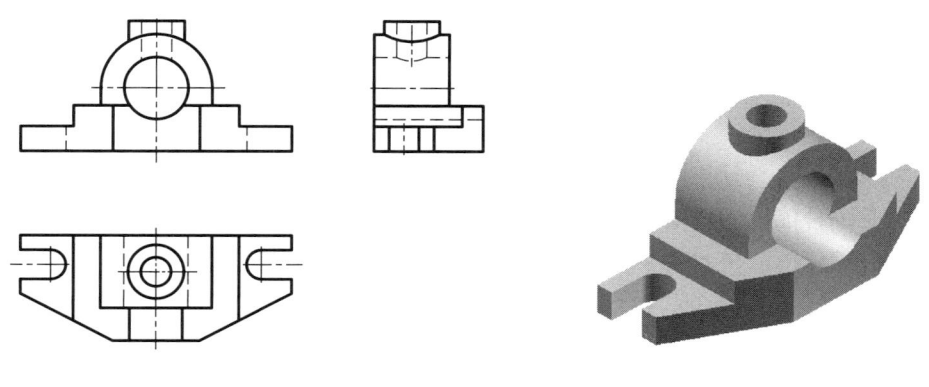

f)

图 3-21 已知两视图求作第三视图（续）
f）完成的左视图和组合体形状

3.5 小结

本章主要介绍了组合体的三视图画法、尺寸注法以及读图方法。学习本章内容，需综合运用前面所学过的投影基础知识。组合体的画图、读图以及尺寸标注又是后续学习内容的重要基础。

本章的学习重点是掌握形体分析法和线面分析法。其中，形体分析法是组合体画图、尺寸标注以及读图的基本方法。

本章的学习难点是组合体的读图和尺寸标注。

复习思考题

1. 组合体的构成方式有几类？
2. 相邻形体表面之间的关系有哪些？
3. 画组合体视图的基本方法是什么？
4. 什么是形体分析法？什么是线面分析法？
5. 组合体尺寸标注的基本要求是什么？
6. 组合体尺寸分几类？
7. 标注组合体尺寸时应注意什么？
8. 是否掌握了常见柱体的尺寸注法？
9. 是否掌握了组合体表面含交线时的尺寸注法？
10. 读图的步骤和注意点有哪些？

第4章 轴 测 图

轴测图是一种能同时反映立体的正面、侧面和水平面形状的单面投影图,它的特点是直观性好,具有较强的立体感。但是轴测图一般不能反映出立体各表面的实形,因而度量性差,同时作图较复杂。因此,在工程中常把轴测图作为辅助图样,被用来说明机器的结构、安装、使用等情况。在设计中,常用轴测图帮助构思、想象立体的形状,以弥补正投影图的不足。本章主要介绍轴测图的基本知识,正等轴测图的概念和画法。

4.1 轴测图的基本知识

4.1.1 轴测图的形成

如图 4-1 所示,用平行投影法将立体和确定其空间位置的直角坐标系,沿不平行于任一坐标面的方向投射在单一投影面(轴测投影面),所得到的图形称为轴测投影图,简称轴测图。

由于轴测图是用平行投影法形成的,因此具有下列投影特性:

1) 立体上互相平行的线段的轴测投影仍相互平行,立体上平行于坐标轴的线段,其轴测投影仍平行于相应的轴测轴。

2) 立体上两平行线段或同一直线上的两线段长度之比值,在轴测图上保持不变。

3) 立体上平行于轴测投影面的直线和平面,在轴测图中的投影反映实长和实形。

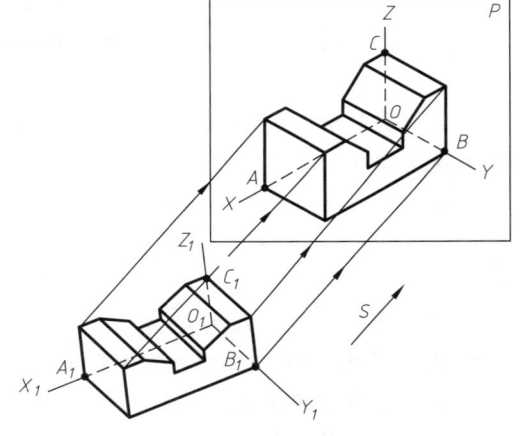

图 4-1 轴测图的形成

4.1.2 轴间角和轴向伸缩系数

1. 轴间角

立体的参考直角坐标系的三根直角坐标轴 O_1X_1、O_1Y_1、O_1Z_1 的轴测投影 OX、OY、OZ 称为**轴测轴**。每两根轴测轴之间的夹角 $\angle XOY$、$\angle YOZ$、$\angle ZOX$ 称为**轴间角**。

2. 轴向伸缩系数

轴测轴上的单位长度与相应直角坐标轴上的单位长度的比值,称为**轴向伸缩系数**。图 4-1 中各坐标轴的轴向伸缩系数为:

O_1X_1 轴的轴向伸缩系数 $= OA/O_1A_1$

O_1Y_1 轴的轴向伸缩系数 $= OB/O_1B_1$

O_1Z_1 轴的轴向伸缩系数 $= OC/O_1C_1$

绘制轴测图时,先确定轴间角和轴向伸缩系数。对立体上平行于直角坐标轴的线段,应按平行于相应轴测轴的方向，并按相应的轴向伸缩系数直接量取该线段的轴测投影长度；对不平行于坐标轴的线段，在轴测图上先定出端点，然后再连线。

注意：对于立体上与坐标轴平行的线段长度的测量和点的坐标的测量，必须沿着轴测轴的方向进行测量。这就是所谓"轴测"的含义。

4.2 正等轴测图的画法

4.2.1 正等轴测图的形成以及轴间角和轴向伸缩系数

当三根直角坐标轴与轴测投影面的倾角相同时，用正投影法得到的投影图称为**正等轴测图**，简称**正等测**。

由于正等测的三根坐标轴与轴测投影面的倾角相同，因此，正等测的三个轴间角相等，均为120°。作正等轴测图时，规定把 OZ 轴画成竖直方向，而 OX 轴和 OY 轴与水平线夹角为30°，如图4-2所示。

正等测图的三个轴向伸缩系数相同，根据计算，约为0.82。为了作图方便起见，实际绘图时通常采用简化的轴向伸缩系数1来作图，这样画出的正等轴测图各轴向尺寸大约放大了 $1/0.82 \approx 1.22$ 倍，如图4-3所示。

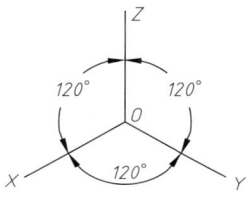

图4-2 正等测的轴间角

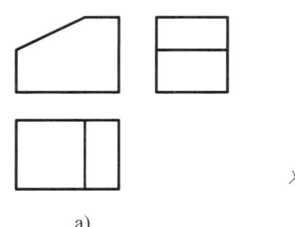 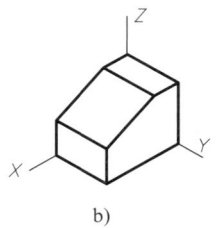 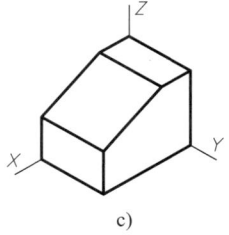

a) b) c)

图4-3 用两种轴向伸缩系数画出的正等轴测图
a) 正投影图 b) 按轴向伸缩系数=0.82画的正等轴测图 c) 按轴向伸缩系数=1画的正等轴测图

4.2.2 平面立体正等轴测图的画法

画轴测图时，首先在投影图中确定坐标原点和坐标轴。在轴测图中规定不可见轮廓线不画。为了减少作图线，应将坐标原点确定在立体的可见表面，通常确定在立体的顶面、左面和前面，以立体的主要轮廓线、对称中心线等为坐标轴。

平面立体轴测图的作图方法有坐标法、切割法等。坐标法是最基本的方法，它是根据立体表面上各顶点的坐标，分别作出其轴测投影，然后依次连接各顶点的轴测投影，就完成了平面立体的轴测图。

【例4-1】 作出正六棱柱的正等轴测图。

作图步骤如下：

1）选定坐标原点和坐标轴。由于六棱柱前后、左右对称，应把坐标原点定在顶面六边形的中心，这样便于直接确定顶面六边形各顶点的坐标，如图 4-4a 所示。

2）画出轴测轴，作出六棱柱顶面的轴测投影。根据顶面各点的坐标在 XOY 平面上定出 A、B、C、D、E、F 点的位置，并连接各点，如图 4-4b 所示。

3）从各顶点向下作 OZ 轴的平行线，并根据棱柱高度在各平行线上截取长度，同时也确定了底面各顶点的位置，如图 4-4c 所示。

4）连接底面各顶点，整理加深，完成作图，如图 4-4d 所示。

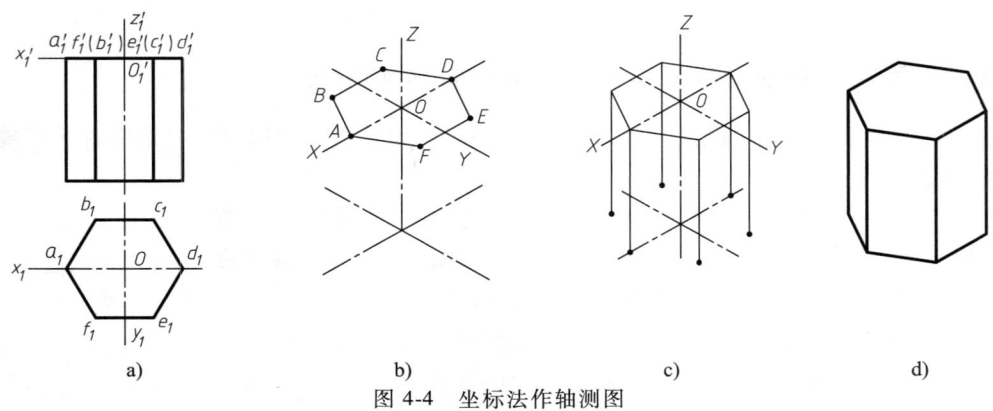

图 4-4　坐标法作轴测图

a）选坐标原点和坐标轴　b）作顶面各顶点　c）作棱线平行于 OZ 轴　d）加深、完成

【例 4-2】　作出图 4-5a 所示平面立体的正等轴测图。

（1）分析　图 4-5a 所示的三视图表示一个切割式的组合体，它是在长方体左上角切去一个三棱柱，再在上方切去一方槽后形成的。

（2）作图　先按坐标法作出长方体的轴测图，然后在左上方切去三棱柱，再在上方切去方槽。具体作图步骤如图 4-5b~f 所示。

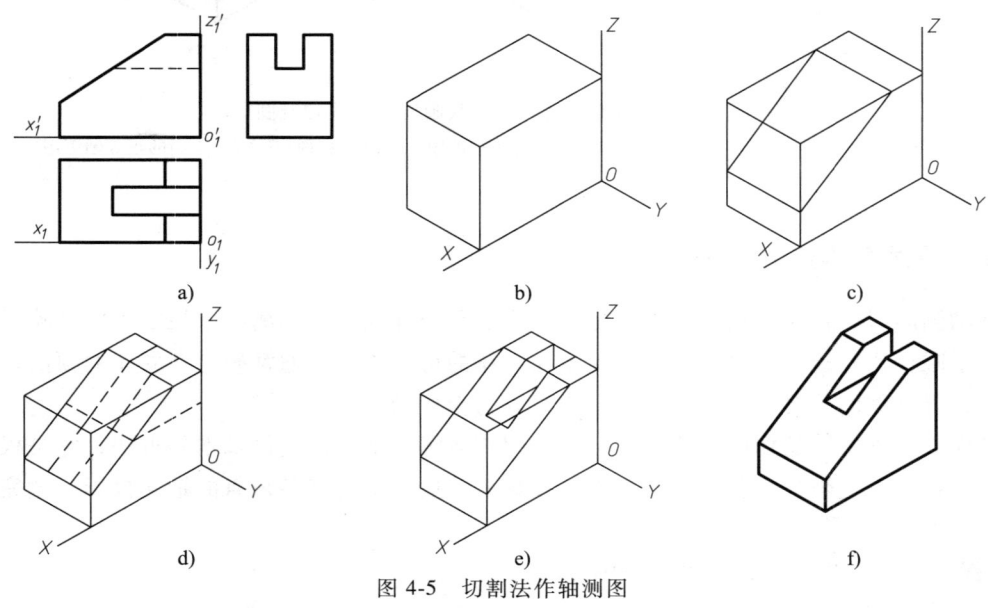

图 4-5　切割法作轴测图

a）平面立体的三视图　b）作长方体的轴测投影　c）作左上角三棱柱的轴测投影
d）作上方切口主要轮廓　e）作全上方切口轴测投影　f）整理加深

4.2.3 回转体正等轴测图的画法

回转体表面轮廓线除了直线外还有曲线,要画好回转体的正等轴测图,重点要掌握圆或圆弧轴测图的作图方法。

1. 平行于坐标面的圆的正等轴测图

根据正等轴测图的形成原理,各坐标面对于轴测投影面都是倾斜的,因此,平行于坐标面的圆的轴测投影为椭圆。图 4-6 所示为平行于三个坐标面的圆的正等轴测图。从图中可以看出:三个椭圆的形状和大小完全相同,但方向各不相同。图 4-7 所示为三个轴线分别平行于坐标轴的圆柱的正等轴测图。从图中可以看出:圆柱的轴线与椭圆的短轴在一条线上。

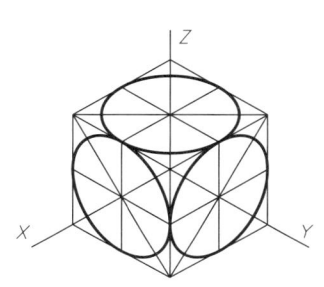
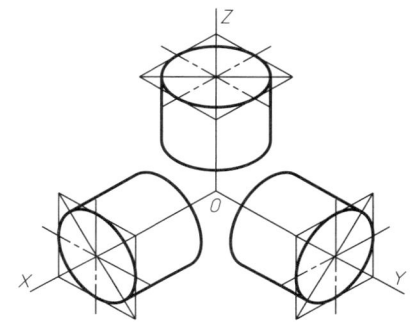

图 4-6 平行于三个坐标面的圆的正等轴测图　　图 4-7 三个轴线平行于坐标轴的圆柱的正等轴测图

为了简化作图,通常采用四段圆弧连接成近似椭圆的作图方法,下面以平行于 $X_1O_1Y_1$ 坐标面的圆为例,说明这种近似画法的作图步骤,如图 4-8 所示。

1) 选坐标原点和坐标轴,如图 4-8a 所示。

2) 画轴测轴 OX 和 OY,根据圆的直径 d 确定 A、B、C 和 D 点的轴测投影,作圆外切正方形的轴测投影,如图 4-8b 所示。

3) 连接 $1D$、$1C$ 和 $3A$、$3B$ 得交点 2、4 点,确定四段圆弧的圆心 1、2、3、4,如图 4-8c 所示。

4) 分别以 1、3 为圆心,$1D$ 长度为半径画两个大圆弧;以 2、4 为圆心,$4D$ 为半径画两个小圆弧,光滑连接成近似椭圆,如图 4-8d 所示。

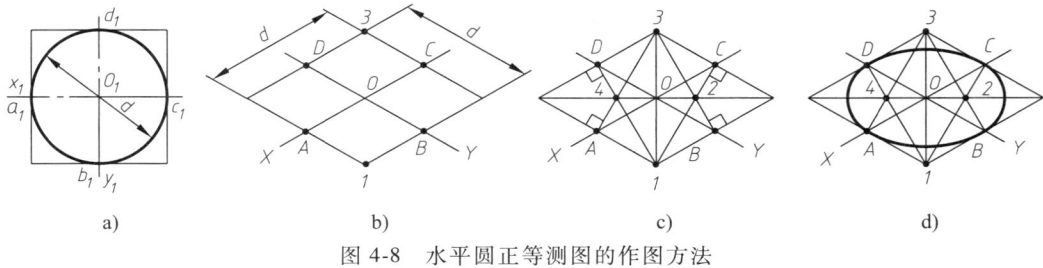

图 4-8 水平圆正等测图的作图方法

【例 4-3】 作出图 4-9a 所示正圆柱的正等轴测图。

(1) 分析

1) 圆柱的轴线为铅垂线,顶面和底面都是水平面。为了避免画出不必要的不可见轮廓线，将坐标原点选择在圆柱顶圆的圆心处。

2) 画相同直径的圆的轴测投影时，采用平移圆弧圆心的方法，可以减少画图量，提高画图速度。画好顶面的轴测投影后，将四段圆弧的圆心沿 Z 轴向下移动一个柱高的距离 h，就可以得到下底椭圆四段圆弧的圆心位置。

（2）作图　正圆柱的正等轴测图的作图步骤如图 4-9b、c、d 所示。

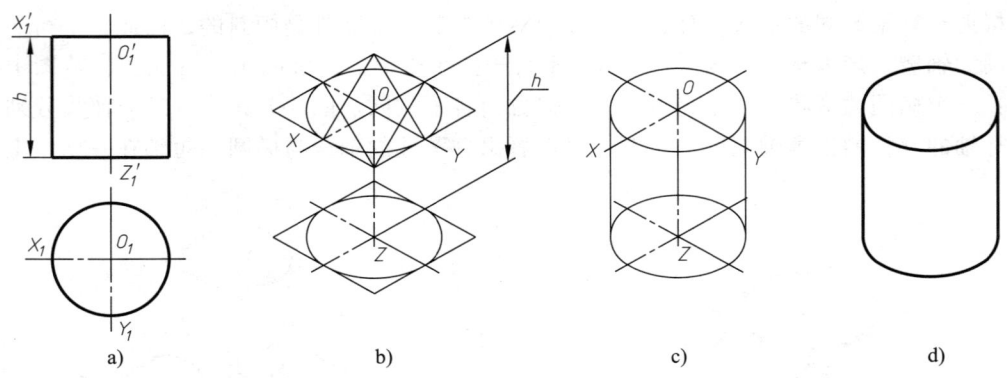

图 4-9　圆柱正等轴测图的作图方法
a) 选坐标原点和坐标轴　b) 作上、下底圆的轴测图，两椭圆中心距等于高度 h
c) 作两椭圆的外公切线　d) 加深、完成作图

【例 4-4】　作图 4-10a 所示圆台的正等轴测图。

圆台轴线为侧垂线，将坐标原点定在圆台左底圆的圆心处。画两个底圆的轴测投影时，注意不要将椭圆的方向画错了。具体作图步骤与圆柱的作图方法类似，如图 4-10b 所示。

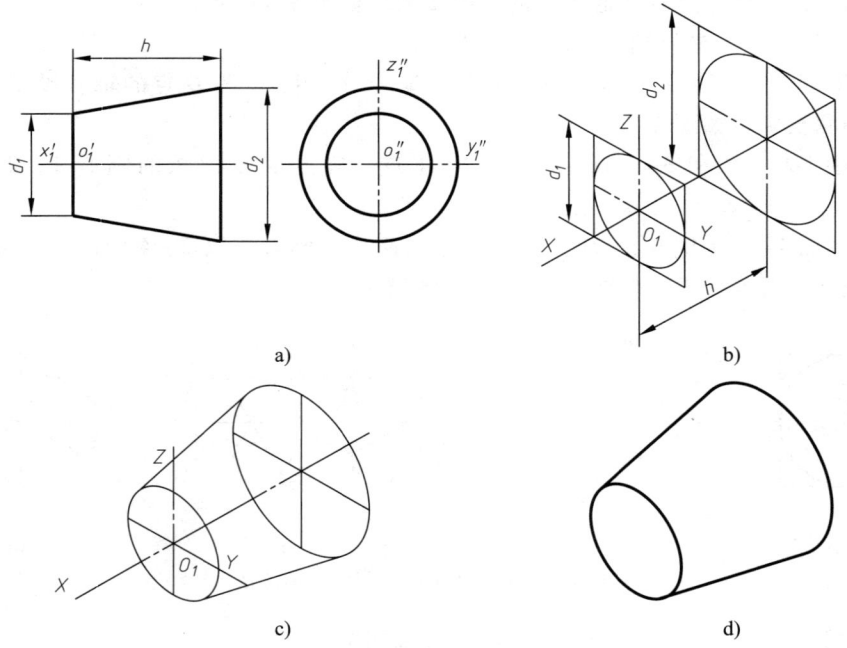

图 4-10　圆台的正等轴测图的作图方法
a) 选坐标原点和坐标轴　b) 作两个底圆的轴测图　c) 作两椭圆的公切线　d) 加深、完成作图

2. 圆角的正等轴测图作图方法

平行于坐标面的圆角,是平行于坐标面的圆的一部分,可以用椭圆的近似画法来完成,1/4 圆周圆角的轴测投影是 1/4 椭圆弧,具体作图步骤如图 4-11 所示。

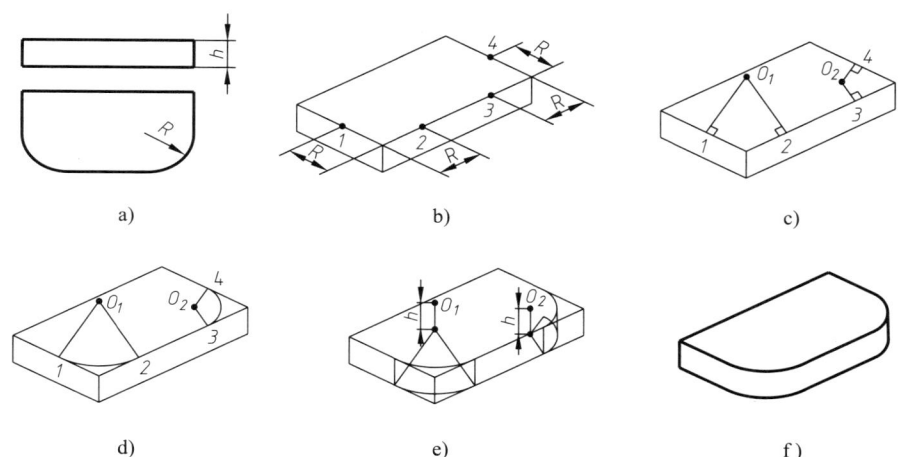

图 4-11 圆角正等轴测图的作图方法

a) 底板的视图 b) 作底板的轴测图,以 R 找出切点 1、2、3、4 c) 过 1、2、3、4 分别作所在直线的垂线,得 O_1O_2 d) 分别以 O_1 和 O_2 为圆心,$1O_1$ 和 $3O_2$ 为半径画弧 e) 用移心法将 O_1 和 O_2 分别沿 Z 轴下移底板厚 h,画出下底面圆角的轴测图 f) 加深、完成作图

4.2.4 组合体正等轴测图的画法

画组合体的轴测图时,要根据组合体的形体结构,确定组合体各形体的相对位置。这就要求坐标原点的选择一定要有利于各形体相对位置的确定。图 4-12 表示了组合体轴测图的作图步骤。

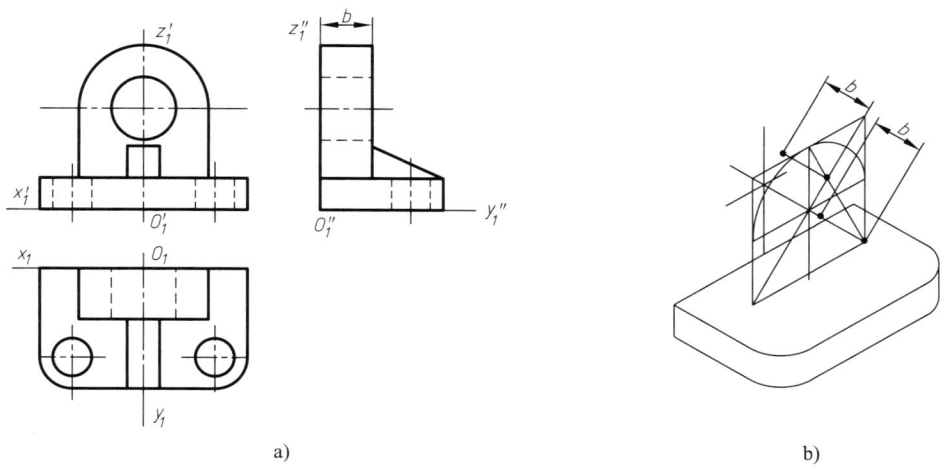

图 4-12 组合体正等轴测图的作图方法

a) 选坐标确定原点和坐标轴 b) 画底板并确定上部柱体椭圆的圆心位置

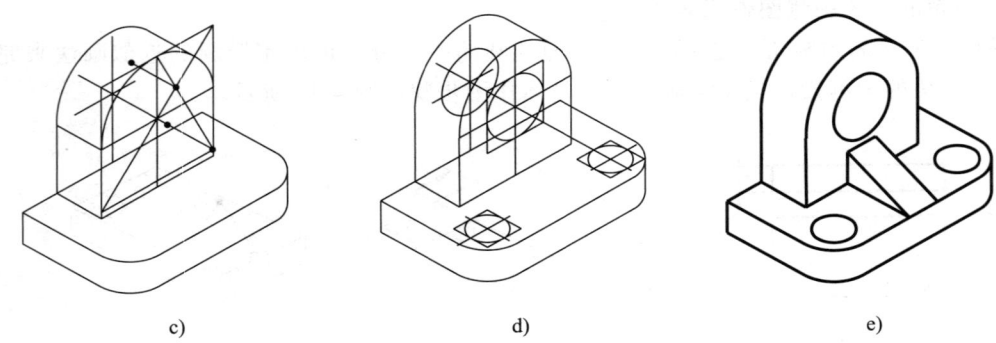

图 4-12 组合体正等轴测图的作图方法（续）
c）画上部柱体　d）画出各小孔　e）画楔块并加深图形

4.3　小结

轴测图直观性好，具有较强的立体感，是工程中常用的辅助图样。本章主要介绍轴测图的基本知识，正等轴测图的概念和画法。

本章学习的重点内容是掌握利用坐标法和切割法绘制组合体的正等轴测图。

本章学习的难点是平行于三坐标面的圆和圆弧的正等轴测图画法，以及组合体正等轴测图的画法。

复习思考题

1. 轴测图与三视图各有哪些优缺点？
2. 正等轴测图的轴间角、轴向伸缩系数是多少？
3. 在正等轴测图中，平行于坐标面的圆投影成的椭圆其长、短轴方向有何特点？

第 5 章 机件形状的表示方法

在工程实际中，机件的结构形状是多种多样的。绘制技术图样时，应根据机件的结构特点，选用适当的表示方法，在完整、清晰地表达机件形状的前提下，力求制图简便。本章主要介绍国家标准《技术制图》和《机械制图》中规定的各种基本表示方法，包括视图、剖视图、断面图、局部放大图和简化画法。要求初学者在掌握这些表示方法的定义、画法、配置规定和标注方法的基础上，学会灵活运用。

5.1 视图

根据有关标准和规定，用正投影法所绘制出的机件的图形（多面正投影），称为**视图**。视图主要用于表达机件的外形。为了便于看图，视图一般只画出机件的可见轮廓，必要时才画出其不可见轮廓。视图分为基本视图、向视图、局部视图和斜视图。

5.1.1 基本视图

对于一些形状比较复杂的机件，仅用前面介绍过的主、俯、左三个视图表达不清楚时，可在原有三个投影面的基础上，再增设三个投影面，即将一个正六面体的六个平面作为基本投影面。

将机件向基本投影面投射所得的视图，称为**基本视图**，如图 5-1 所示。基本视图中，除了前面学过的主视图、俯视图和左视图外，还包括从后向前投射所得的**后视图**；从下向上投射所得的**仰视图**和从右向左投射所得的**右视图**。

为了将六个基本视图画在同一张纸内，国家标准规定了各投影面的展开方法，如图 5-2 所示。

展开后的各基本视图之间仍然符合"长对正、高平齐、宽相等"的投影规律，并且俯、

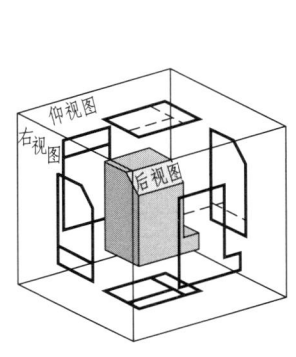

图 5-1 六个基本视图的形成

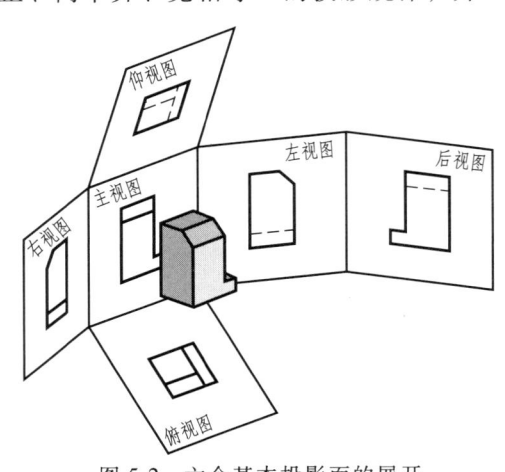

图 5-2 六个基本投影面的展开

仰、左、右视图中靠近主视图的一边都反映机件的后面，如图5-3所示。

在同一张图纸上，按图5-3所示配置六个基本视图时，可不标注视图的名称。

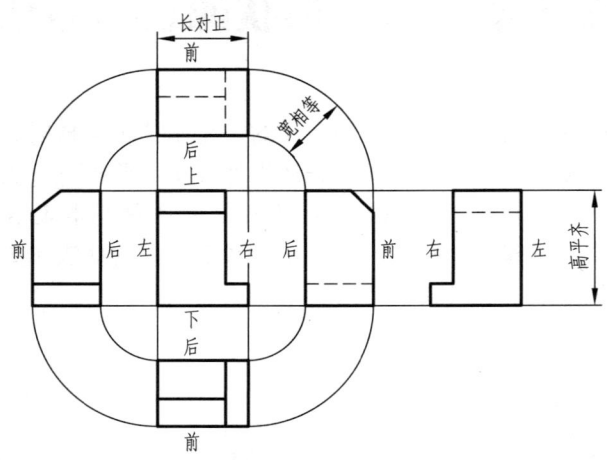

图5-3 六个基本视图的配置

在实际应用时，并非需要将六个基本视图全部画出来，选择恰当的基本视图，可以清晰地表示机件的形状。例如，图5-4所示的机件，选用了主、左、右三个视图来表达机件的主体和左、右凸缘的形状，并在左、右两个视图中省略了不必要的细虚线。

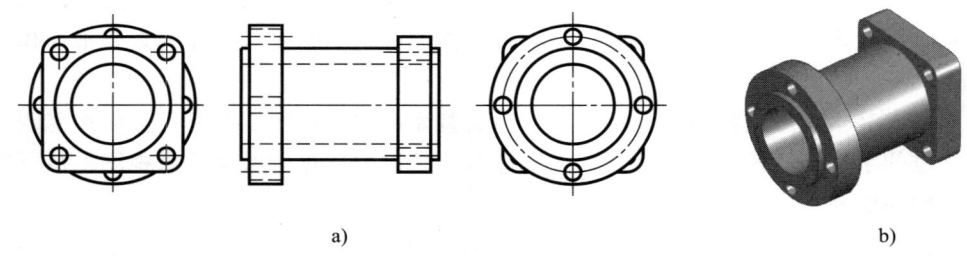

图5-4 基本视图应用举例

5.1.2 向视图

基本视图若不按图5-3所示的形式配置，而是自由平移配置，这种视图称为**向视图**。为了便于看图，向视图应按规定标注：在向视图的上方标注"×"（"×"为大写拉丁字母），在相应的视图附近用箭头指明投射方向，并标注相同的字母，如图5-5中的 A、B、C 三个向视图所示。

5.1.3 局部视图

将机件的某一部分向基本投影面投射所得的视图，称为**局部视图**。当机件的主体形状已由一组视图表达清楚，只有部分形状需要表示，且没有必要画出整个基本视图时，可采用局部视图。例如

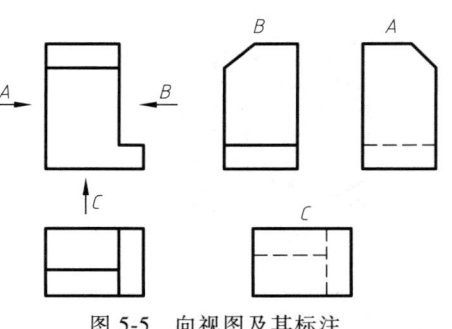

图5-5 向视图及其标注

图 5-6 所示的机件，用主、俯两个基本视图已清楚地表示了其主体形状，但为了表示左、右两端凸缘形状，再增加左视图和右视图，就显得烦琐和重复，此时可采用两个局部视图来表示，这样表达既简练、清晰，又便于看图和画图。

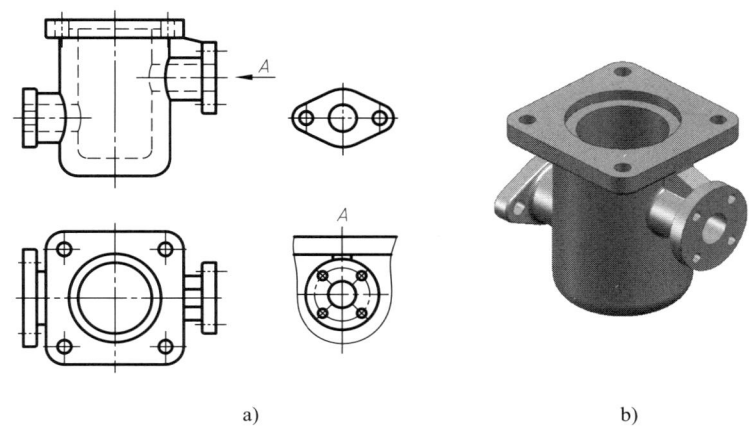

图 5-6 局部视图

局部视图的画法、配置和标注规定如下：

（1）画法　局部视图的断裂边界一般用波浪线表示，如图 5-6 中的 A 向视图；当所表示的局部结构是完整的，且外轮廓线又成封闭时，表示断裂边界的波浪线可省略不画，如图 5-6 中的局部左视图。

（2）配置

1）按基本视图的配置形式配置，当中间没有其他图形隔开时，不必标注，如图 5-6 中的局部左视图和图 5-7 中的局部俯视图。

2）按向视图的配置形式配置并标注，如图 5-6 中的 A 向局部视图。

（3）标注　局部视图一般需进行标注，即用带字母的箭头标明所要表示的部位和投射方向，并在局部视图的上方标注相应的视图名称，如"A"。但当局部视图按投影关系配置，中间又没有其他视图隔开时，可省略标注，如图 5-6 中的局部左视图（省略了箭头和字母）。

5.1.4 斜视图

将机件向不平行于基本投影面的平面投射所得的视图，称为**斜视图**。斜视图常用来表达机件上倾斜部分结构的真实形状。如图 5-7a 所示，为了表达出机件倾斜部分的实形，选用一个平行于倾斜表面的平面（正垂面 P）作为斜视图的投影面，将机件倾斜部分用正投影法向 P 平面投射，从而得到反映机件倾斜表面实形的局部斜视图。

由于 P 是正垂面，这时 P 面和 V 面构成两投影面体系，同时机件在 P 面的投影也反映机件的宽，因此，斜视图和主、俯视图之间存在着"长对正、宽相等"的投影关系，如图 5-7b 所示。

斜视图的画法、配置和标注规定如下：

（1）画法　斜视图一般只表示机件倾斜部分的局部形状，因此常画成局部斜视图，其

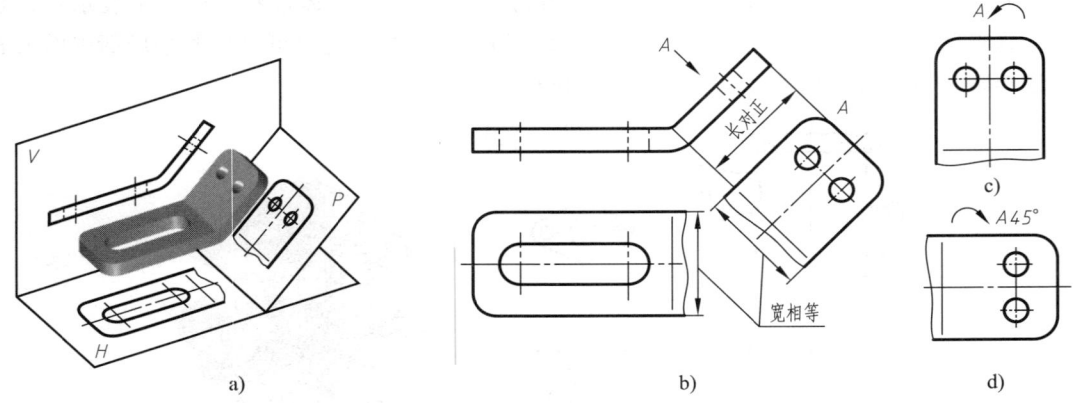

图 5-7 斜视图的形成、画法和标注

断裂边界一般用波浪线表示，如图 5-7 所示，也可用双折线，但同一张图上断裂边界只能用同一种线。当所表示的倾斜结构是完整的，且外轮廓线呈封闭时，波浪线可省略不画，如图 5-8 中的局部斜视图 A。

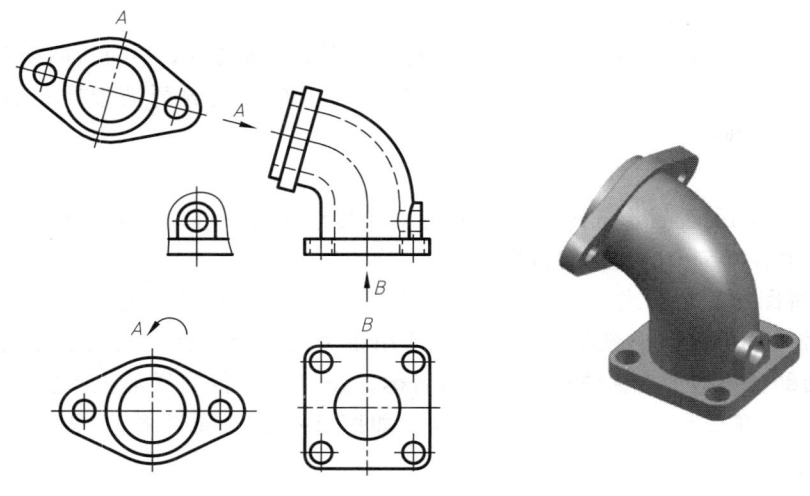

图 5-8 斜视图举例

（2）配置和标注

1）斜视图一般按向视图的配置形式配置并标注，最好按投影关系配置，如图 5-7b 所示，也可平移到其他适当位置。需要注意的是：表示投射方向的箭头应垂直于倾斜表面，标注的字母应写成水平方向。

2）必要时，允许将斜视图转正配置，这时标注在视图上方的字母应注写在旋转符号的箭头端，如图 5-7c 所示，旋转符号的画法如图 5-9 所示；也允许将旋转角度注写在字母的后面，如图 5-7d 所示。需要注意的是：旋转符号箭头的指向应与视图的旋转方向一致。

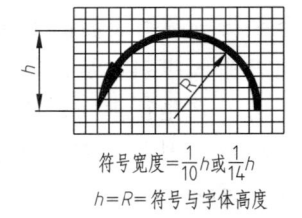

图 5-9 旋转符号

5.2 剖视图

根据国家标准规定，机件的可见轮廓线用粗实线表示，不可见轮廓线用细虚线表示。当机件内部的结构比较复杂时，在视图上就会出现许多细虚线，有时细虚线可能与其他图线重叠，不便于读图和标注尺寸，如图 5-10 所示。为了解决这个问题，国家标准图样画法规定用剖视图来表达机件内部结构的形状。

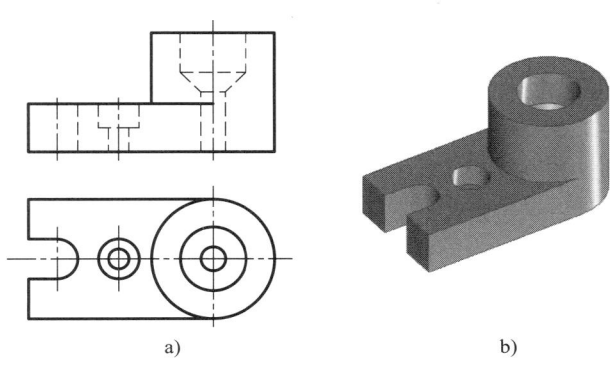

图 5-10 机件的视图表达

5.2.1 剖视图的概念

假想用剖切面剖开机件，将处在观察者和剖切面之间的部分移去，而将其余部分向投影面投射所得的图形，称为**剖视图**（图 5-11），简称**剖视**。采用剖视后，机件内部原来不可见的结构变为可见，用粗实线表示，这样图形清晰，便于读图和标注尺寸，如图 5-11b 所示。

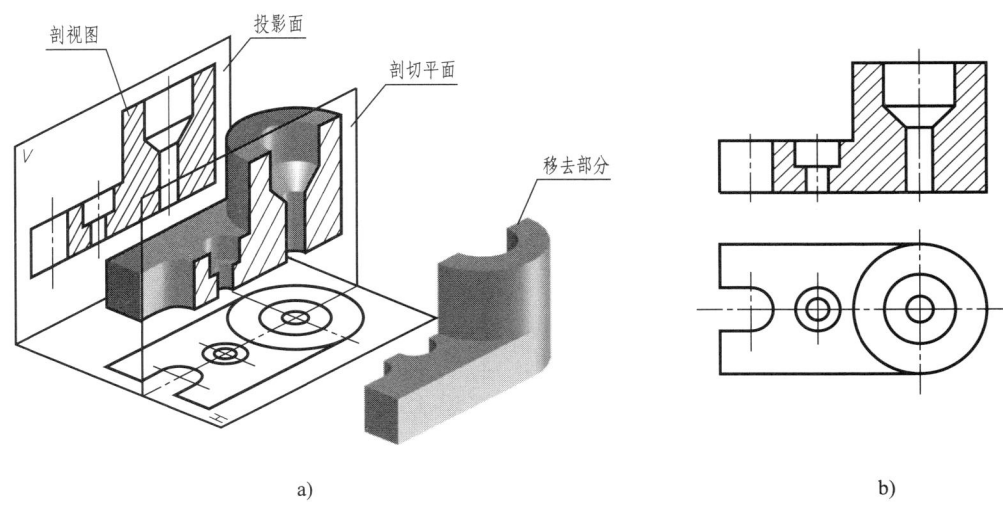

图 5-11 剖视图的形成

5.2.2 剖视图的画法及配置

根据国家标准对图样画法的有关规定,剖视图的画法及配置要点如下:

(1) 剖切面及剖切位置的确定 根据机件结构的特点,剖切面一般是平面,也可以是曲面。为了清晰地表达机件内部结构的真形,剖切平面的位置应通过机件内部结构的对称面或轴线,并与相应的投影面平行,如图 5-11 所示。

(2) 剖视图的画法 在剖视图中,用粗实线画出剖切面与机件接触部分(称为剖面区域)的图形和剖切面后面的可见轮廓线,如图 5-11 所示。为了使剖视图清晰地反映机件上需要表示的结构,必须省略不必要的细虚线,如图 5-12 所示。

由于剖视图是假想剖开机件后画出的,因此,当机件的一个视图画成剖视图后,其他视图不受影响,仍应完整地画出,不能只画一半。图 5-12 是画剖视图中常见的错误。

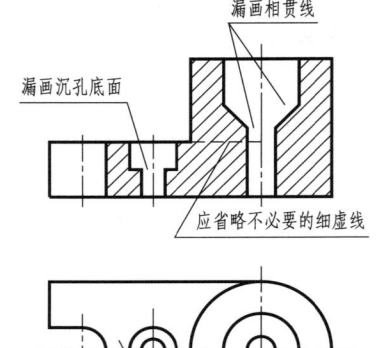

图 5-12 画剖视图常见的错误

(3) 剖面符号的画法 在剖视图中,要在剖面区域中画出表示机件材料的剖面符号。表 5-1 给出了国家标准中规定的部分材料的剖面符号。

表 5-1 剖面符号

材料类别	剖面符号	材料类别	剖面符号	材料类别	剖面符号
金属材料(已有规定剖面符号者除外)		玻璃及供观察用的其他透明材料		砖	
非金属材料(已有规定剖面符号者除外)		砂型、填砂、粉末冶金、砂轮、陶瓷刀片、硬质合金刀片等		液体	

表示金属材料的剖面符号为剖面线,剖面线应以适当角度的细实线绘制,通常与图形的主要轮廓线或剖面区域的对称线呈 45°角的平行线,如图 5-13 所示;同一机件的各个剖面区域,其剖面线的画法应一致,即方向一致,间隔相等,如图 5-14 所示。

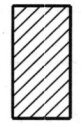 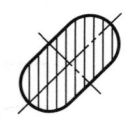  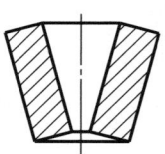 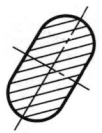

图 5-13 剖面线的画法

当图形中的主要轮廓线与水平方向呈 45°或接近 45°时,该剖视图的剖面线应画呈 30°或 60°平行线,其倾斜的方向仍应与其他剖视图的剖面线的倾斜方向一致,如图 5-15 所示。

(4) 剖视图的配置 剖视图一般按基本视图的配置形式配置,如图 5-14 和图 5-15 中的 "A—A" 剖视。也可以根据图面布局将剖视图配置在其他适当位置,如图 5-14 中的 "B—B" 剖视。

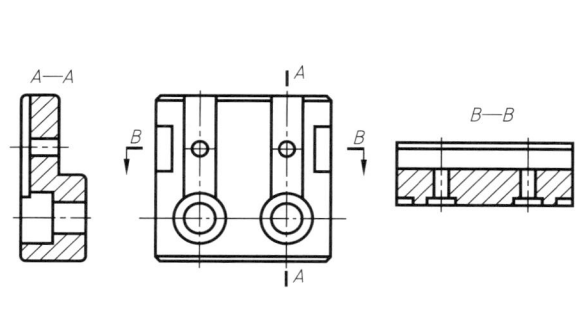
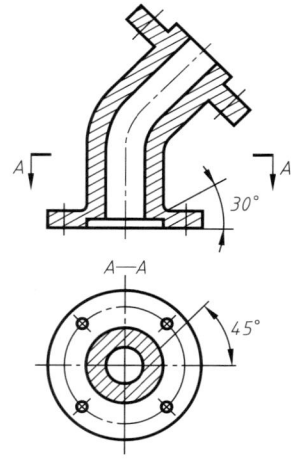

图 5-14　剖视图的配置与标注

图 5-15　机件主要轮廓线与水平方向呈 45°时剖面线的画法

5.2.3　剖视图的种类

按剖视的表达范围来分,可将剖视图分为全剖视图、半剖视图和局部剖视图三种。

1. 全剖视图

(1) 定义　用剖切平面完全地剖开机件所得的剖视图,称为**全剖视图**。例如图 5-11b、图 5-14 和图 5-15 中的剖视图均为全剖视图。

全剖视图一般用于表达外形简单、内部形状较复杂的机件。对于一些具有空心回转体的机件,即使其结构对称,但由于外形简单,也常采用全剖视图,如图 5-16a 所示。

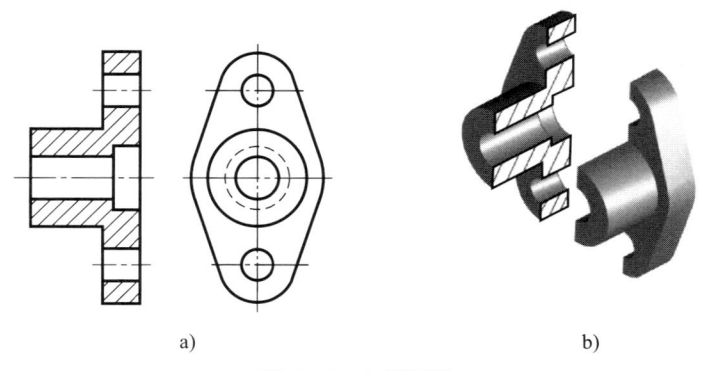

a)　　　　　　　　　　　　　　b)

图 5-16　全剖视图

(2) 标注方法　为了便于看图和明确剖视图与其他视图的投影关系,剖视图一般应按规定标注剖切位置、投射方向和剖视图名称。

1) 剖切位置和剖视图的标注。剖切面的位置通常用剖切符号(粗短画)表示,即在相应的视图上用剖切符号标明剖切面起、讫和转折位置,尽可能不与图形的轮廓线相交,如图 5-14 中间视图上的 "A"。必要时,可在剖切符号之间画出剖切线(用细点画线表示)表示剖切面的位置;投射方向是在剖切符号的外侧用箭头表示,并标注相同的字母,如图

5-14 中间视图上的箭头及字母"B";剖视图名称则是在所画剖视图的上方用大写的拉丁字母标注"×—×",如图 5-14 中的 A—A 和 B—B 剖视。

2) 可省略的标注。

① 当剖视图按基本视图形式配置,中间又没有其他图形隔开时,由于投射方向明确,可省略箭头,如图 5-14 中的 A—A 剖视。

② 当单一剖切平面通过机件的对称平面或基本对称的平面,且剖视图按基本视图规定配置,中间又没有其他图形隔开时,可省略标注,如图 5-11b 和图 5-16a 中的主视图。

2. 半剖视图

(1) 定义 当机件具有对称平面时,向垂直于对称平面的投影面上投射所得的图形,可以对称中心线为界,一半画成剖视图,另一半画成视图,这种合成图形称为**半剖视图**。

半剖视图主要用于内外形状都需要表达,且结构对称的机件,如图 5-17 所示。

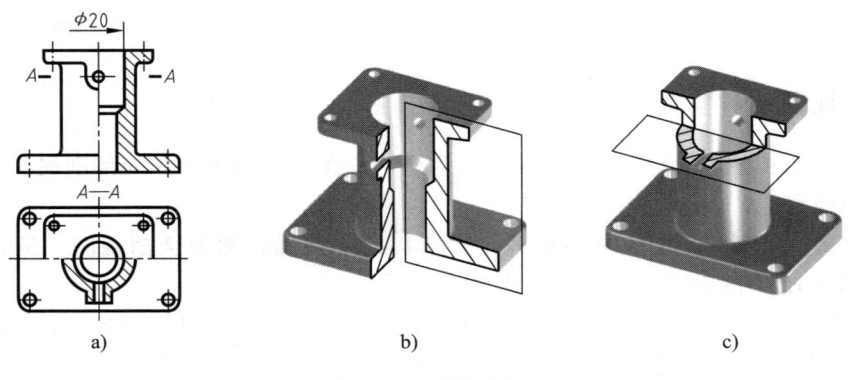

图 5-17 半剖视图

当机件的形状接近于对称,且不对称部分已另有图形表达清楚时,也可以画成半剖视图,如图 5-18 所示。

(2) 画法

1) 在半剖视图中,半个剖视和半个视图的分界线应是细点画线,不能画成粗实线,如图 5-17a 所示。

2) 半剖视图中,因机件的内部形状已由半个剖视图表达清楚,所以在不剖的半个视图中,表达内部形状的细虚线不应画出,如图 5-17a 和图 5-18 所示。

3) 在半剖视图中,对于图中只表达出一半的结构,标注其对称方向的尺寸时,只能在表示了该结构的那一半画出尺寸界线和箭头,尺寸线应超过对称中心线,如图 5-17a 中的尺寸 $\phi20$。

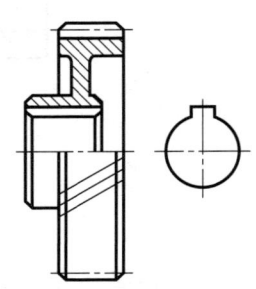

图 5-18 基本对称机件的半剖视图

(3) 标注方法 半剖视图的标注方法与全剖视图的标注方法完全相同,如图 5-17a 所示。

3. 局部剖视图

(1) 定义 用剖切平面局部地剖开机件所得的剖视图,称为**局部剖视图**,如图 5-19

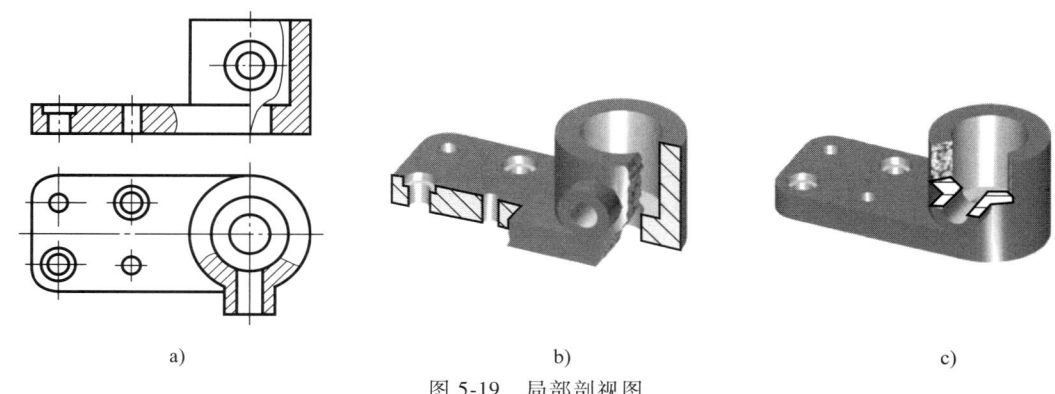

图 5-19 局部剖视图

所示。

（2）画法　在画局部剖视图时，视图部分与剖视部分的分界线为波浪线，如图 5-19～图 5-21 所示。

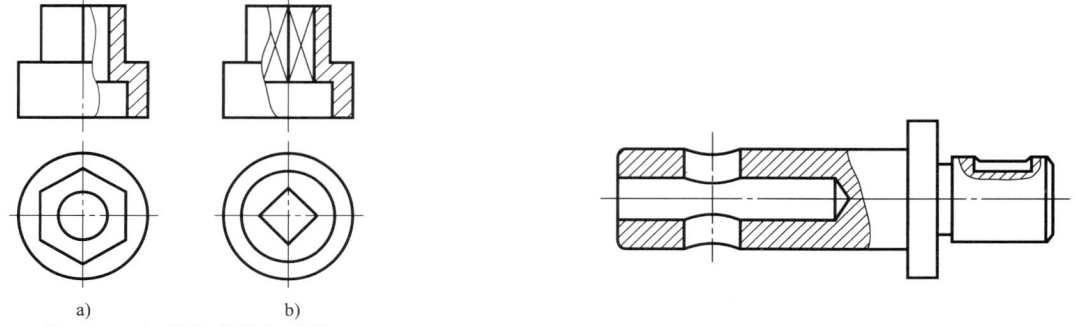

图 5-20　机件轮廓线与对称
中心线重合时的局部剖视图

图 5-21　轴的局部剖视图

当被剖切的局部结构为回转体时，允许将该结构的中心线作为局部剖视与视图的分界线，如图 5-22 所示。

画波浪线时应注意以下几点（图 5-23）：

1）波浪线不能超出视图上被剖切实体部分的轮廓线。

2）波浪线不能画在轮廓线的延长线上，也不能用轮廓线代替波浪线。

3）遇到机件上的孔、槽时，波浪线必须断开。

（3）标注方法　局部剖视图一般应按规定加以标注，但当用一个平面剖切，且剖切位置明显时，可省略标注，如图 5-19～图 5-21 所示。

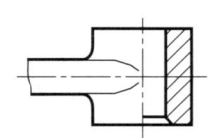

图 5-22　被剖结构为回转体的局部剖视图

局部剖视图由于不受机件是否对称的条件限制，因而适用范围较广。常用于下列情况：

1）同时需要表示不对称机件的内、外结构形状，如图 5-19a 所示。

2）机件虽有对称面，但有轮廓线与其对称中心线重合，不宜采用半剖视图时，如图 5-20 所示。

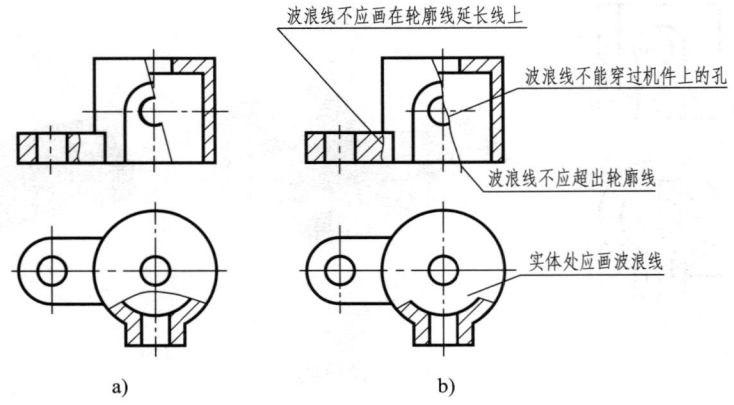

图 5-23 画波浪线应注意的问题
a) 正确画法 b) 错误画法

3) 对于实心轴中的孔槽结构,采用局部剖视图,以避免在不需要剖切的实心部分画剖面线,如图 5-21 所示。

5.2.4 剖切面的种类和剖切方法

国家标准规定,根据机件的结构特点,可选用以下剖切面剖开机件:单一剖切面、几个平行的剖切平面和几个相交的剖切平面(交线垂直于某一投影面)。

1. 单一剖切面

单一剖切面可以是平面,也可以是柱面,其中使用最多的是单一剖切平面。

使用单一剖切平面剖切机件时,单一剖切平面可以平行于某一基本投影面,如图 5-14、图 5-16 和图 5-17 所示,也可以不平行于任何基本投影面(但必须与某一基本投影面垂直)。

用不平行于任何基本投影面的单一剖切平面剖开机件的方法,习惯上称为"**斜剖**",如图 5-24 所示。

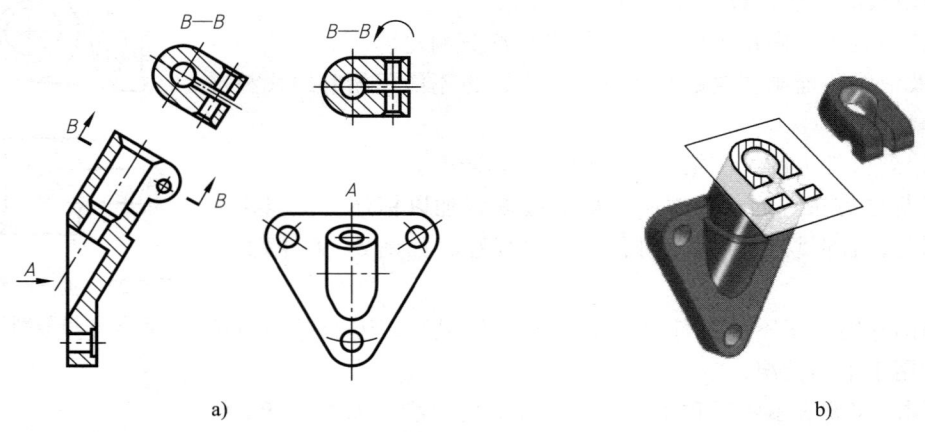

图 5-24 用斜剖获得的全剖视图

斜剖视图的画法和配置与斜视图相同，只是在剖面区域要加画剖面符号。为了看图方便，斜剖视图最好按投影关系配置，并按规定加以标注，如图 5-24a 中的"*B—B*"。必要时斜剖视图也可以配置在其他适当位置，在不致引起误解时，允许将图形旋转，此时必须加注旋转符号，如图 5-24a 中的"*B—B*⌒"。其中旋转符号"⌒"的箭头所指方向应与图形实际旋转方向一致，并且表示剖视图名称的大写拉丁字母应靠近旋转符号的箭头端。

2. 几个平行的剖切平面

当机件上几种不同的结构要素（如孔、槽等）的中心线排列在几个互相平行的平面上时，可采用几个平行的剖切平面剖切机件，如图 5-25 所示。

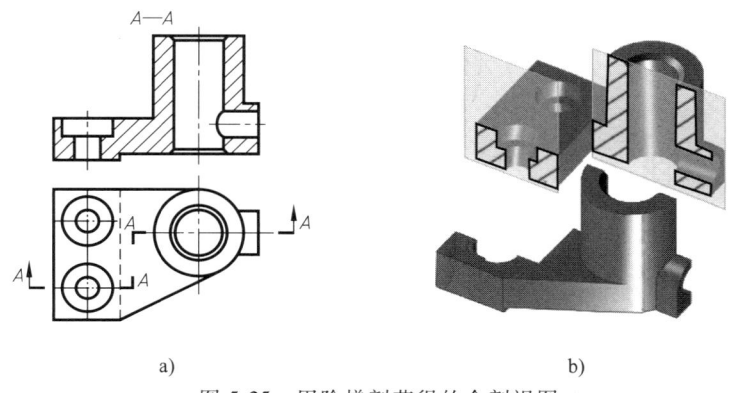

图 5-25 用阶梯剖获得的全剖视图

用几个平行的剖切平面剖开机件获得的剖视图习惯上称为**阶梯剖**视图。例如，图 5-25a 中的 *A—A* 是采用两个平行的剖切平面剖获得的全剖视图。

（1）画法

1）在阶梯剖视图中，几个平行的剖切平面的剖切区域应连成一片，中间不能画出剖切平面转折处的分界线。

2）剖视图中不应出现不完整的要素。

3）但当两个要素在图形内具有公共的对称中心线或轴线时，可以对称中心线或轴线为界，各画出一半图形，如图 5-26 所示。

4）当只需剖切绘制零件的部分结构时，应用细点画线将剖切符号相连，剖切面可位于零件实体之外，如图 5-27 所示。

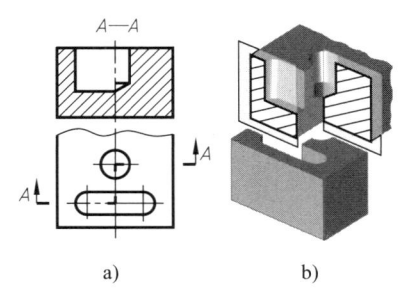

图 5-26 有公共对称中心线和轴线结构的画法

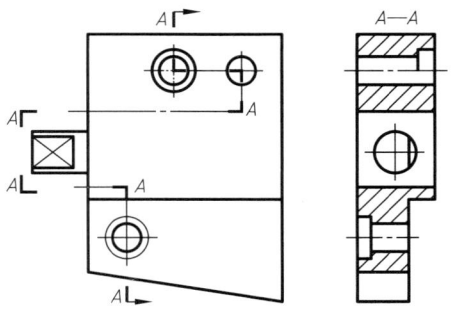

图 5-27 剖分剖切结构的表示方法

（2）标注方法　阶梯剖视图必须按规定加以标注，如图5-25a所示。当转折处位置有限，且不致引起误解时，允许省略字母，如图5-26a所示。

3. 几个相交的剖切平面（交线垂直于某一基本投影面）

（1）画法　用几个相交的剖切平面剖开机件获得的剖视图，如图5-28和图5-29所示。采用这种方法画剖视图时，先假想按剖切位置剖开机件，然后将被剖切平面剖开的结构及有关部分旋转到与选定的基本投影面平行后，再进行投射，如图5-30a所示。

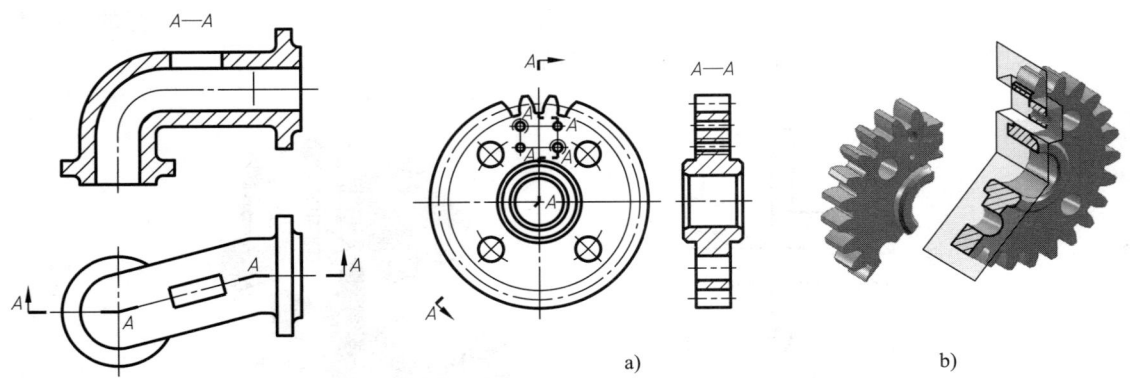

图5-28　用几个相交的剖切平面获得的剖视图（一）　　　图5-29　用几个相交的剖切平面获得的剖视图（二）

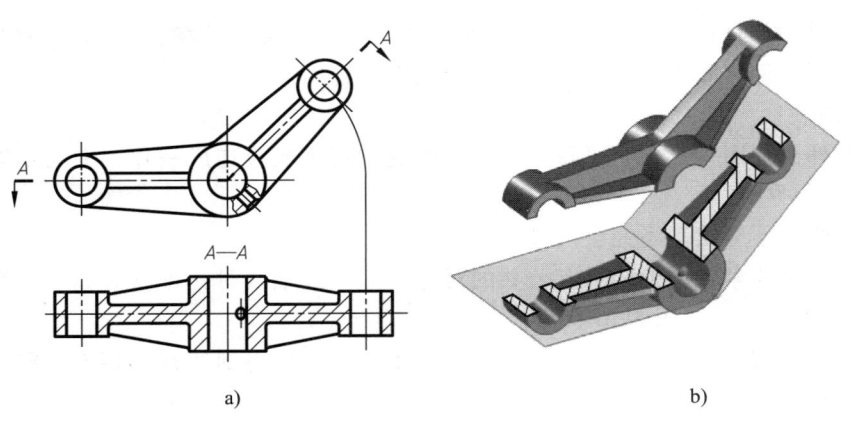

图5-30　用旋转剖获得的全剖视图

用两个相交的剖切平面（交线垂直于某一基本投影面）剖开机件获得剖视图的方法，习惯上称为"旋转剖"。

应注意的是，在剖切平面后的其他结构一般仍按原来的位置投射。如图5-30a中部的小孔，其俯视图是按原来位置投射画出的。当剖切后产生不完整要素时，应将此部分按不剖绘制，如图5-31中位于中间的臂的画法。

（2）标注方法　用几个相交的剖切平面获得的剖视图，必须标注剖视图的名称，标全剖切符号，并在剖切平面的起、讫和转折处用相同的字母标出，当转折处位置有限，又不致引起误解时，允许省略字母（图5-30）。

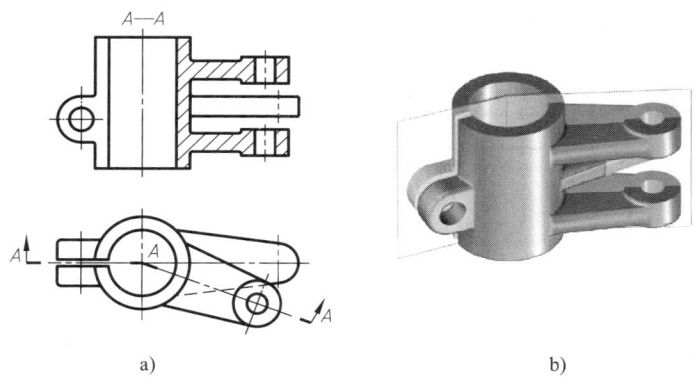

图 5-31 剖切后产生不完整要素的画法

当采用几个相交的剖切平面剖开机件画剖视图时，可采用展开画法，此时应标注"×—×○⇁"，如图 5-32 所示。

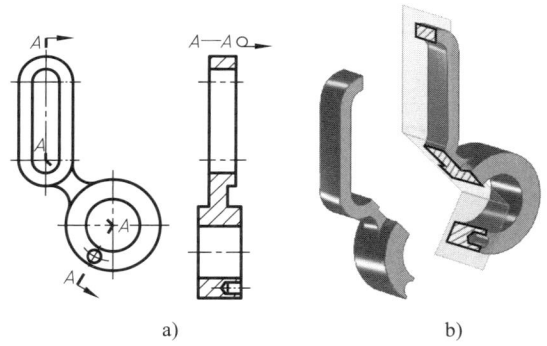

图 5-32 几个相交剖切平面的展开画法和标注方法

5.3 断面图

5.3.1 断面图的概念和种类

假想用剖切面将机件的某处切开，仅画出剖切面与机件实体接触部分（截断面）的图形，称为**断面图**，简称**断面**。图 5-33 表明了断面图与剖视图的区别。显然，用断面图表达机件上的孔、槽、肋、轮辐等结构比用剖视图更简练。

断面可分为移出断面和重合断面。

5.3.2 移出断面

画在视图之外的断面，称为**移出断面**。

1. 移出断面的画法

1）移出断面的轮廓线用粗实线绘制。

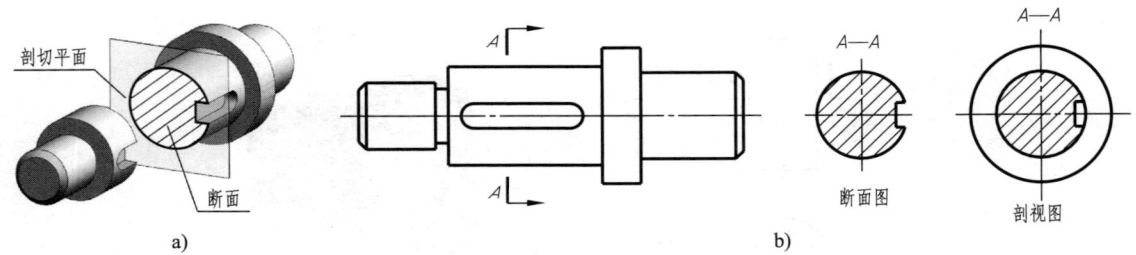

图 5-33 断面图的概念

2）当剖切面通过回转面形成的孔或凹坑的轴线时，这些结构按剖视图要求绘制（即孔或凹坑口画成闭合），如图 5-34 所示。当剖切平面通过非圆形通孔，会导致出现完全分离的两个断面时，这些结构也应按剖视图的要求绘制，如图 5-35 中的 $A—A$ 所示。

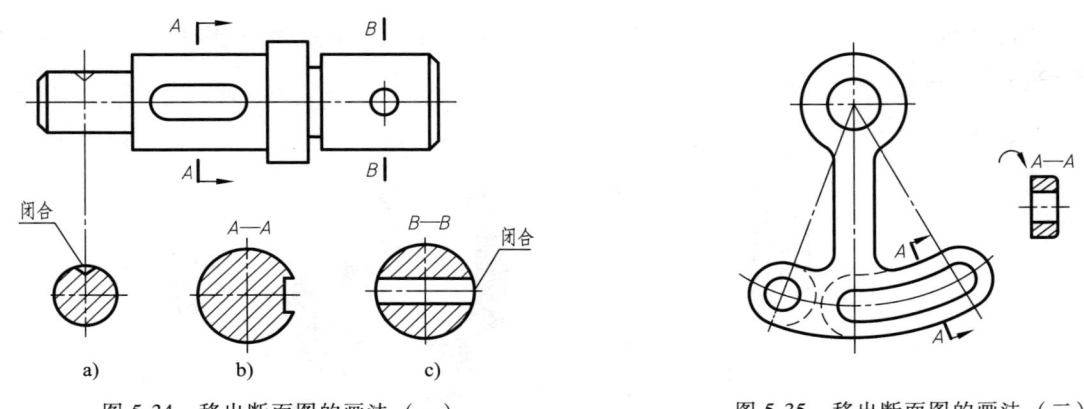

图 5-34 移出断面图的画法（一）　　　　图 5-35 移出断面图的画法（二）

3）为了表示机件结构的正断面形状，剖切面应垂直于机件结构的主要轮廓线或轴线，如图 5-36 所示。由两个相交的剖切平面剖切得到的移出断面，中间部分一般应以波浪线断开，如图 5-37 所示。

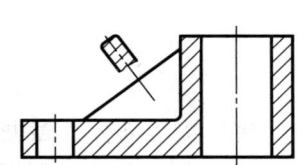 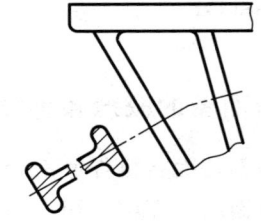

图 5-36 移出断面图的画法（三）　　　　图 5-37 移出断面图的画法（四）

2. 移出断面的配置

1）移出断面应尽量配置在剖切符号或剖切线（表示剖切面位置的细点画线）的延长线上，如图 5-38 所示。

2）移出断面也可按投影关系配置（图 5-33b），或配置在其他适当位置，如图 5-34b、c 所示。

3）当断面图形对称时，也可画在视图的中断处，如图 5-39 所示。

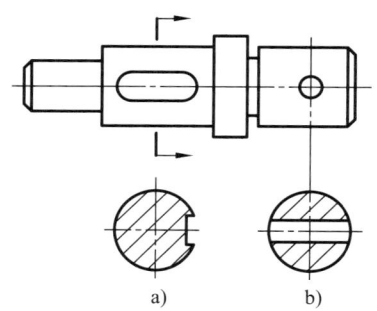

图 5-38 移出断面的配置

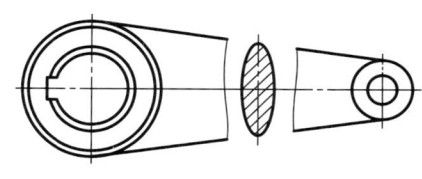

图 5-39 配置在视图中断处的移出断面图

3. 移出断面的标注

移出断面的标注与剖视图的标注基本相同。一般应标出移出断面的名称，在相应的视图上用剖切符号表示剖切位置和投射方向，并注写相同的字母，如图 5-34b 所示。

在下列情况下可部分省略或全部省略标注：

1）配置在剖切符号延长线上的不对称移出断面，可省略字母，如图 5-38a 所示。

2）没有配置在剖切符号延长线上的对称移出断面或按投影关系配置的移出断面，均可省略箭头，如图 5-34c 所示。

3）配置在剖切线延长线上的对称移出断面（图 5-34a、图 5-38b）和配置在视图中断处的移出断面（图 5-39），均可不作标注。

5.3.3 重合断面

画在视图中被剖切结构的投影轮廓之内的断面图，称为**重合断面**。

1. 重合断面的画法

1）重合断面的轮廓线用细实线绘制，如图 5-40、图 5-41 所示。

2）当视图中的轮廓线与重合断面的图形重叠时，视图中的轮廓线仍应连续画出，不可间断，如图 5-41b 所示。

2. 重合断面的标注

对称的重合断面不必标注，如图 5-40 所示。不对称的重合断面可省略标注，如图 5-41 所示。

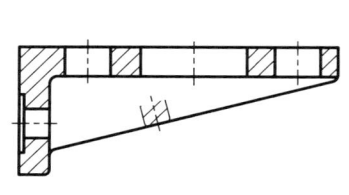

图 5-40 重合断面的画法

a)

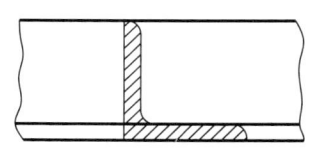

b)

图 5-41 角钢的重合断面

5.4 其他表示方法

5.4.1 局部放大图

将机件的部分结构,用大于原图形所采用的比例画出的图形,称为**局部放大图**。局部放大图可以画成视图、剖视图、断面图,它与被放大部分的表示方法无关。

局部放大图应尽量配置在被放大部位的附近,如图 5-42 所示。当机件上的某些细小结构在原图形中表示得不够清楚,或不便于标注尺寸时,就可采用局部放大图来表示。

局部放大图中所标注的比例与原图所采用的比例无关,它仅表示放大图中的图形尺寸与实物之比。

标注局部放大图时,应先用细实线圈出被放大的部位;当同一机件上有几个被放大的部分时,必须用罗马数字依次标明被放大的部位,并在局部放大图的上方标注出相应的罗马数字和所采用的比例,如图 5-42 所示。当机件上被放大的部分仅一个时,在局部放大图的上方只需注明所采用的比例,如图 5-43 所示。

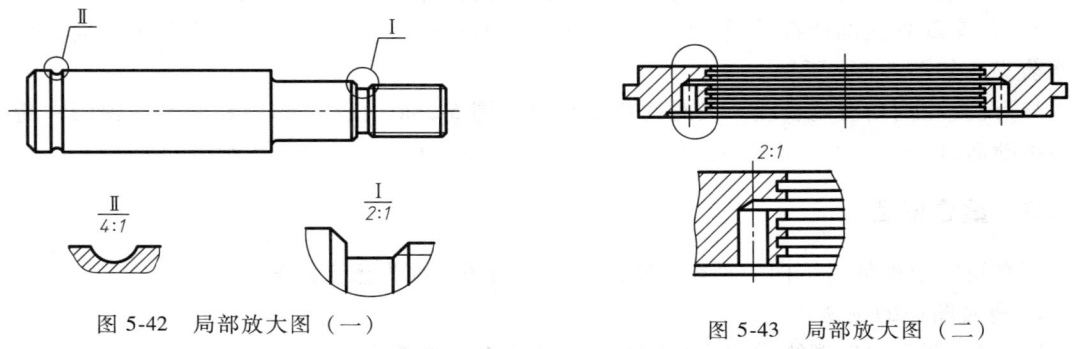

图 5-42 局部放大图(一)　　　　图 5-43 局部放大图(二)

5.4.2 简化画法和省略画法

简化画法是在便于看图的前提下,通过简化图形和省略视图等方法对机件或机件上某些结构的表示方法进行简化,使图形易于绘制。其简化的原则是:

1) 简化必须保证不致引起误解和不会产生理解的多义性。在此前提下,应力求制图简便。

2) 便于识图和绘制,注重简化的综合效果。

3) 在考虑便于手工和计算机绘图的同时,还要考虑微缩制图的要求。

1. 剖视图中对特定结构要素的简化画法

1) 对于机件上的肋、轮辐及薄壁等结构,如按纵向剖切(对于肋和薄壁,是指剖切平面垂直于厚度方向,从厚度中间剖切),这些结构都不画剖面符号,而用粗实线将它与其相邻部分分开,如图 5-44a 中的左视图和图 5-45a 所示。当剖切平面沿横向剖切(垂直于轮辐、肋等的轴线或对称面)时,就需要画出剖面符号,如图 5-44 中的 A—A 所示。

2) 当机件回转体上均匀分布的肋、轮辐、孔等结构不处于剖切平面上时,可将这些结构旋转到剖切平面上画出其剖视图，且均布的孔只需在一边详细画出一个，在另一边只画出轴线即可，如图 5-46 所示。

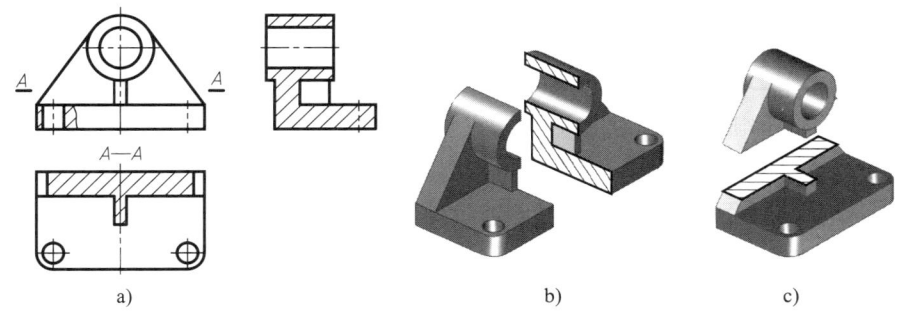

图 5-44 剖视图中肋的简化画法

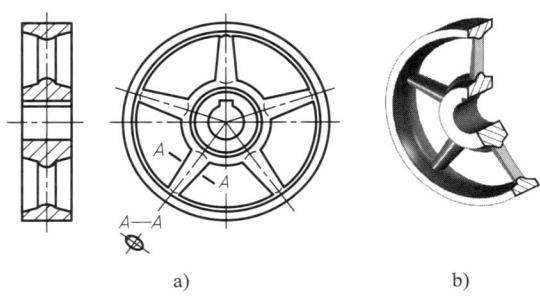

图 5-45 剖视图中均布轮辐的简化画法

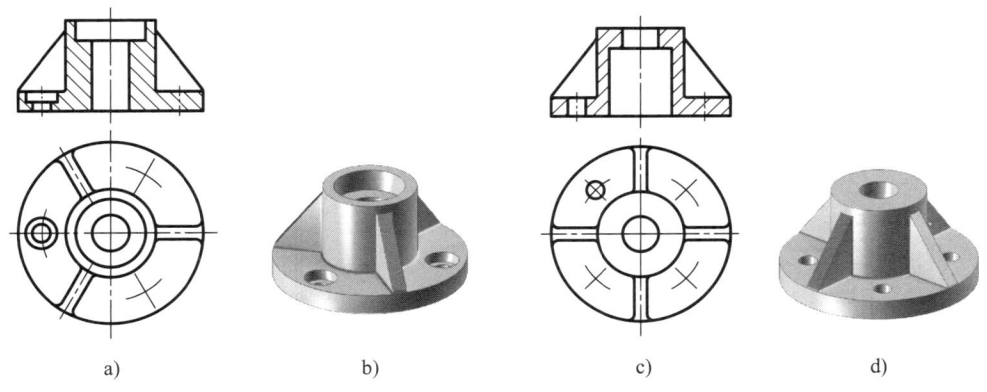

图 5-46 剖视图中均布的肋和孔的简化画法

2. 重复结构要素的省略画法

1）当机件具有相同结构（如齿、槽等），并按一定规律分布时，只需画出几个完整的结构，其余用细实线连接，但在图中必须注明该结构的总数，如图 5-47 所示。

2）若干直径相同且成规律分布的孔（圆孔、螺孔、沉孔等），可以仅画出一个或几个，其余只需用细点画线表示其中心位置即可，但在图中必须注明孔的总数，如图 5-48 所示。

3）在不致引起误解时，对于对称机件的视图可只画一半或四分之一，并在对称中心线的两端画出两条与其垂直的平行细实线，如图 5-49 所示。

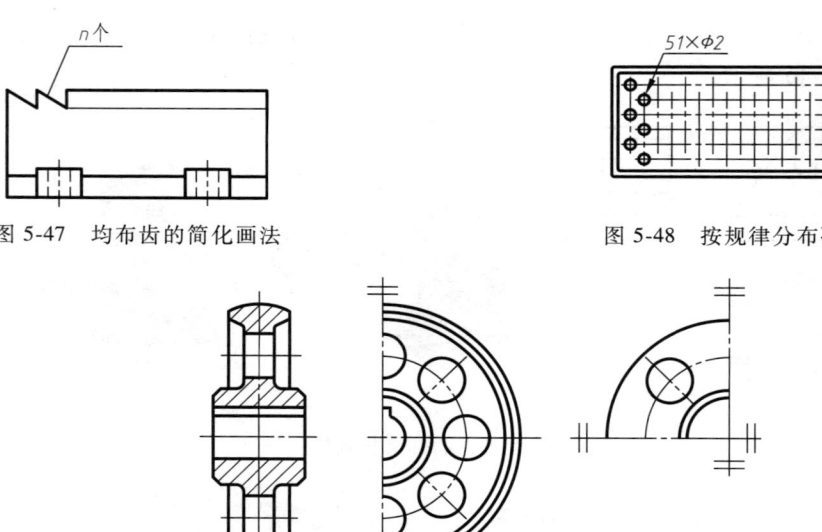

图 5-47 均布齿的简化画法　　　　图 5-48 按规律分布孔的简化画法

图 5-49 对称机件视图的简化画法

3. 省略视图

1）表示圆柱形法兰和类似零件上均匀分布的孔的数量和位置时，可按图 5-50 所示的方法表示。

2）在剖视图的剖面区域内再作一次局部剖。采用这种表示方法时，两个剖面区域的剖面线方向和间隔应相同，但要互相错开，并用引出线标注其名称，如图 5-51 所示，当剖切位置明显时，也可省略不注。

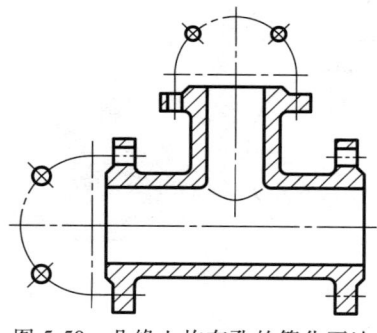

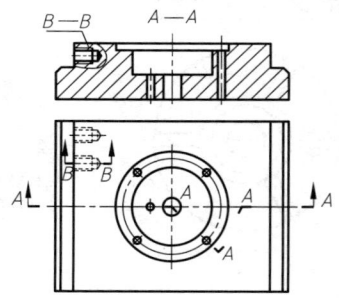

图 5-50 凸缘上均布孔的简化画法　　　图 5-51 剖视图中再作一次局部剖的画法

3）当回转体零件上的平面在图形中不能充分表示时，可用两条相交的细实线表示这些平面，如图 5-52 所示。

4. 简化投影

1）机件上与投影面倾斜角度≤30°的圆或圆弧，其投影可以用圆或圆弧代替，如图 5-53 所示。

2）在不致引起误解时，机件表面交线（截交线、相贯线、过渡线）可采用简化画法，例

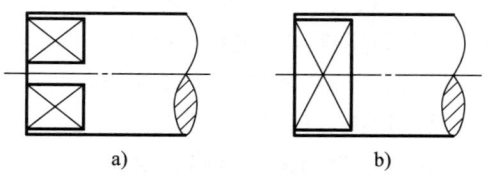

图 5-52 回转体上平面的表示法

如用直线或圆弧代替非圆曲线,如图 5-54、图 5-55 所示。

3)机件上对称结构的局部视图,可按图 5-55 的方法绘制。

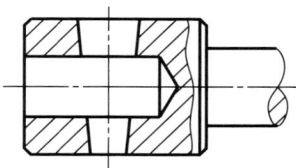

图 5-54 交线的简化画法

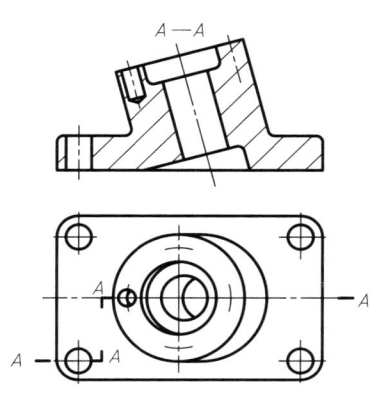

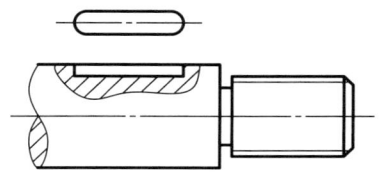

图 5-53 ≤30°倾斜圆的简化画法

图 5-55 对称结构局部视图的简化画法

4)对于较长的机件(如轴、杆或型材等),当沿长度方向的形状一致或按一定规律变化时,可将其断开后缩短绘制,机件的断开处一般用波浪线表示,但尺寸仍需按实际长度标注,如图 5-56 所示。

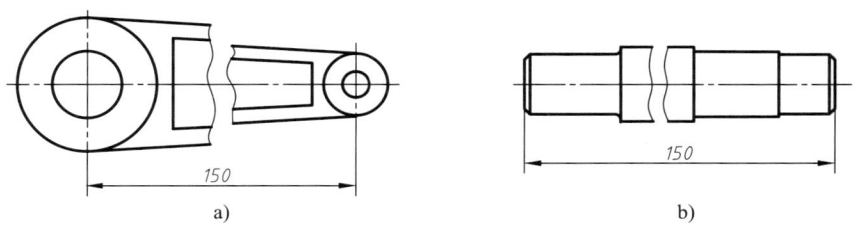

图 5-56 较长机件的简化画法

5)在不致引起误解时,可以简化视图、45°小倒角以及小圆角等,但必须注明尺寸,如图 5-57 所示。

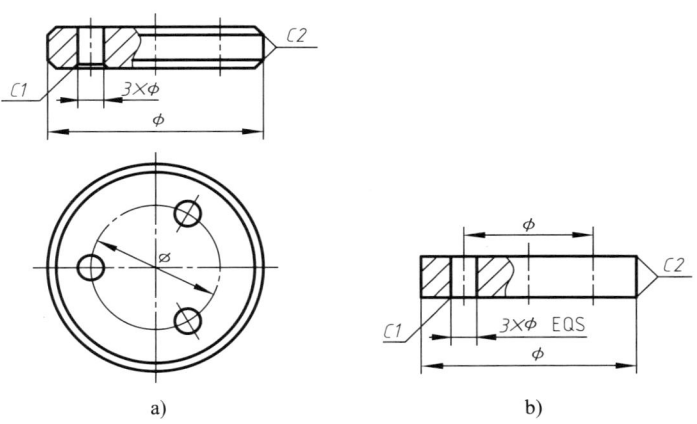

图 5-57 简化视图和小倒角
a)简化前 b)简化后

5.5 第三角画法简介

"技术制图"和"机械制图"国家标准规定在绘制技术图样时,应优先采用第一角画法。但国外的技术图样有的采用第三角画法,下面简单介绍第三角画法。

图 5-58 表示三个相互垂直的投影面 V、H 和 W,将空间分成八个分角。若将机件置于第一分角内,并使机件处于观察者和投影面之间,将机件向投影面进行投射,所得到的视图就是**第一角画法**,本书前面所介绍的视图均采用第一角画法。

若将机件置于第三分角内,并使投影面处于观察者与机件之间而得到的多面正投影,则为**第三角画法**。第三角画法有如下特点:

1)将机件置于第三分角内,使投影面处于观察者与机件之间,并假想投影面是透明的,观察者可以看见投影面后面的机件,如图 5-59 所示。

图 5-58 八个分角

2)与第一角投影类似,第三角投影中也可以用正投影的方法获得六个基本视图,它们分别为主视图、俯视图、左视图、右视图、仰视图和后视图。

3)第三角投影中的六个基本投影面的展开方法如图 5-60 所示。

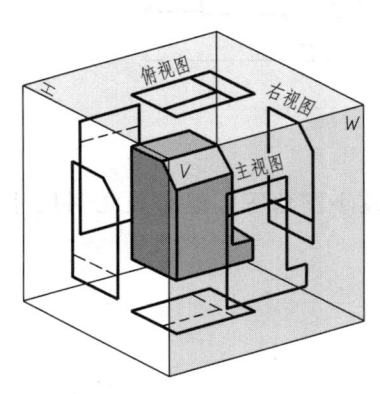

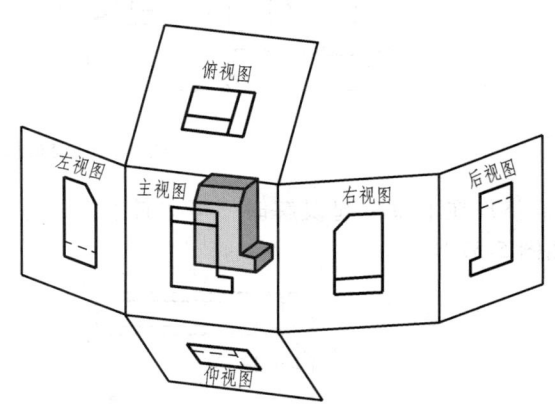

图 5-59 第三角投影   图 5-60 第三角投影的展开方法

4)展开后,第三角画法六个基本视图的配置形式如图 5-61 所示。六个基本视图之间同样符合"长对正、高平齐、宽相等"的投影规律,并且俯、仰、左、右视图中靠近主视图的一边表示机件的前面。

5)采用第三角画法时,必须在图样中画出第三角画法的识别图形符号,如图 5-62 所示。图 5-63 为第一角画法的识别图形符号,只有在必要时才使用。在图样中,一般将识别图形符号标在标题栏附近。

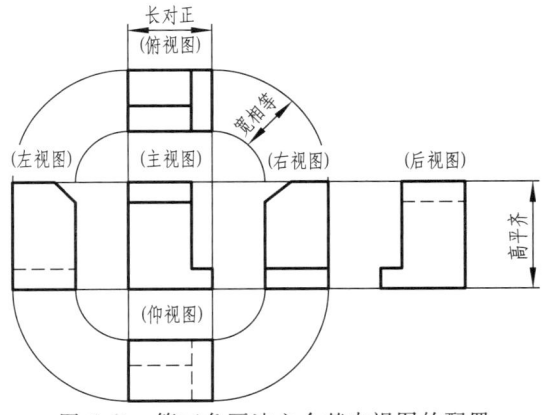

图 5-61 第三角画法六个基本视图的配置

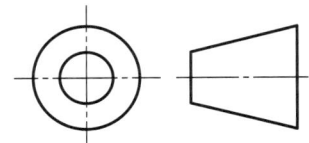   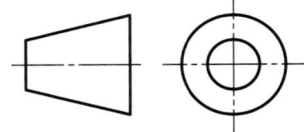

图 5-62 第三角画法的识别图形符号   图 5-63 第一角画法的识别图形符号

5.6 小结

视图、剖视图、断面图和其他各种基本表示方法是绘制和阅读机械图样的重要基础。本章主要介绍了各种基本表示方法的定义、画法、配置规定和标注规则以及适用场合。

本章学习的重点内容是掌握基本视图、向视图、局部视图和斜视图的画法和标注方法；掌握剖视图的概念、全剖、半剖、局部剖视图的画法和标注方法；掌握断面图的概念、画法和标注方法。

本章学习的难点是向视图、斜视图的配置及标注；半剖视图的画法和标注的规定；局部剖视图的画法和标注的规定，以及剖切范围的选择；移出断面图的画法和标注的规定，肋板纵剖、均布孔等结构的画法规定；重合断面图的画法规定；各种表示方法中的虚线处理。

复习思考题

1. 视图有几种？对各种视图的配置和标注有何规定？
2. 剖视图有几种？剖切面的种类和剖切方法有哪些？
3. 剖视图如何标注？哪些情况下可省略标注？
4. 断面图有几种？画法上有何区别？
5. 断面图如何标注？省略标注有什么条件？
6. 断面图中剖切孔、凹坑时画法上有什么规定？
7. 断面图与剖视图有什么区别？
8. 剖视图中肋的画法上有什么规定？
9. 第三角画法与第一角画法有什么异同？

第 6 章 零 件 图

零件是构成机器的基本单元,表示零件结构、大小及技术要求的图样称为零件图。学习零件图,不仅需要综合运用前面各章节的知识,完整、清楚地表示出零件的结构形状、大小等,还要给出零件的材料、零件应达到的精度等要求。本章主要介绍零件图中所含的内容,零件加工的基本技术要求,以及看零件图的方法等。

6.1 零件图的作用和内容

在实际生产中,零件的制作是根据零件图所表示的各种加工信息完成的。图 6-1 所示为定滑轮(图 8-10)中支架的零件图。

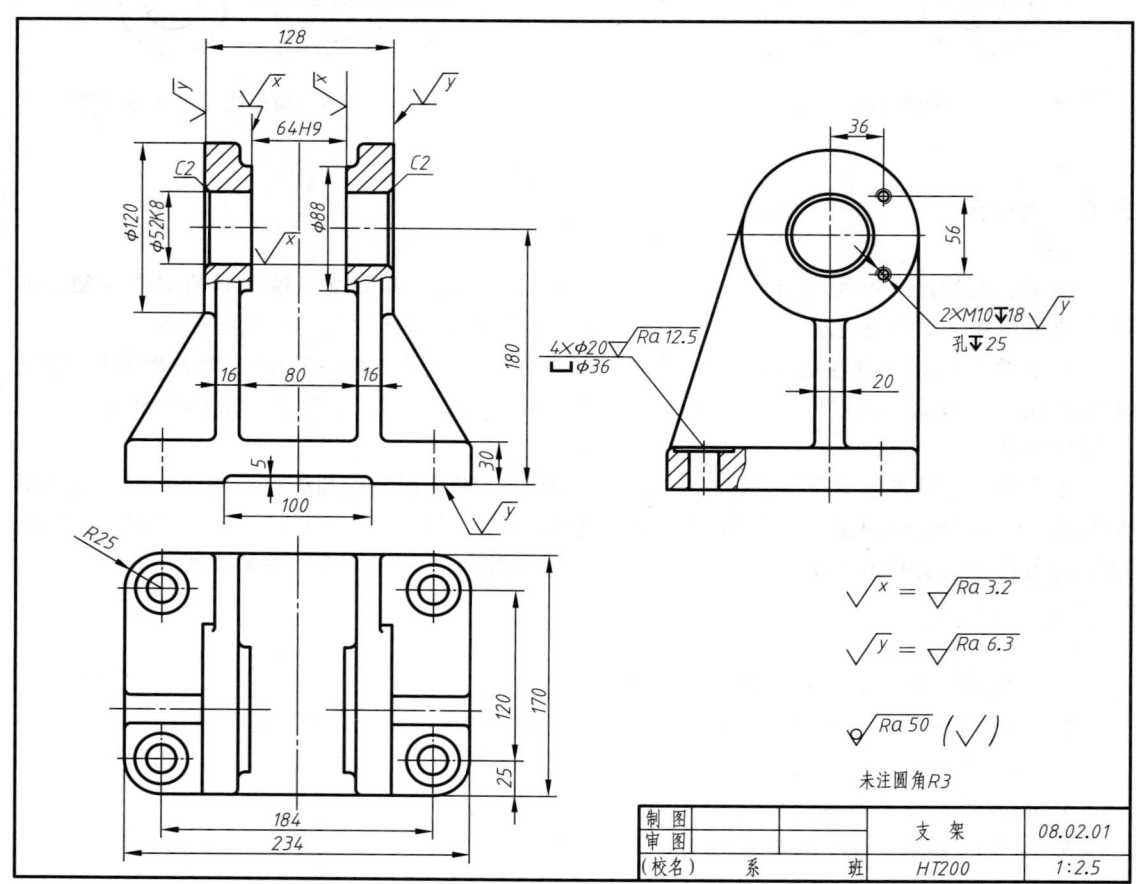

图 6-1 支架零件图

零件图是制造和检验零件的依据,直接服务于生产实际,它通常包括以下内容:
1) 表达零件结构形状的**一组视图**。

2) 制造零件所需的**全部尺寸**。

3) 表明零件在制造和检验时应达到的一些**技术要求**，如尺寸公差、几何公差、表面结构要求、表面处理、热处理等。

4) 说明零件的名称、材料、图样比例、图号等内容的**标题栏**。

6.2 零件图的技术要求

本节介绍零件图的技术要求中的尺寸公差、几何公差、表面结构要求。

6.2.1 线性尺寸公差 ISO 代号体系

1. 零件的互换性

互换性是指同一规格的零件，不经挑选或修配，装到机器上就能满足机器性能要求的性质。互换性为产品的使用带来了方便，例如自行车上的中轴坏了，换上一个相同规格的就可以继续使用。零件具有互换性，便于装配和维修，有利于组织生产协作，提高经济效益。

建立公差与配合制度是保证零件具有互换性的必要条件，下面简要介绍国家标准《产品几何技术规范（GPS） 线性尺寸公差 ISO 代号体系》（GB/T 1800.1—2020、GB/T 1800.2—2020）的基本知识及图样中尺寸公差与配合的注法。

2. 术语和定义

在实际生产中，受各种因素的影响，零件的尺寸不可能做得绝对精确。为了使零件具有互换性，设计零件时，根据零件的使用要求和加工条件，必须对尺寸限定一个变动范围，这个变动范围的大小称为**尺寸公差**（简称公差）。

图 6-2a 中标注的轴和孔的配合尺寸为 $\phi 50H7/g6$，图 6-2b、c 中分别注出了孔径和轴径的允许变动范围，即孔的公差为 0.025mm，轴的公差为 0.016mm。

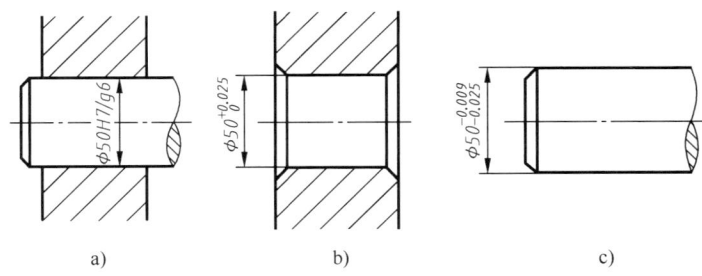

图 6-2 轴、孔配合与尺寸公差

下面以轴 $\phi 50^{-0.009}_{-0.025}$ 为例，将有关术语和定义（如图 6-3b 所示）介绍如下：

(1) 尺寸要素　线性尺寸要素或者角度尺寸要素。

(2) 孔　工件的内尺寸要素，包括非圆柱形的内尺寸要素。

(3) 轴　工件的外尺寸要素，包括非圆柱形的外尺寸要素。

(4) 公称尺寸（$\phi 50$）　由图样规范确定的理想形状要素的尺寸，公称尺寸可以为整数或小数。

(5) 实际尺寸　拟合组成要素的尺寸（通过测量获得的尺寸）。

(6) 极限尺寸　尺寸要素的尺寸所允许的极限值。

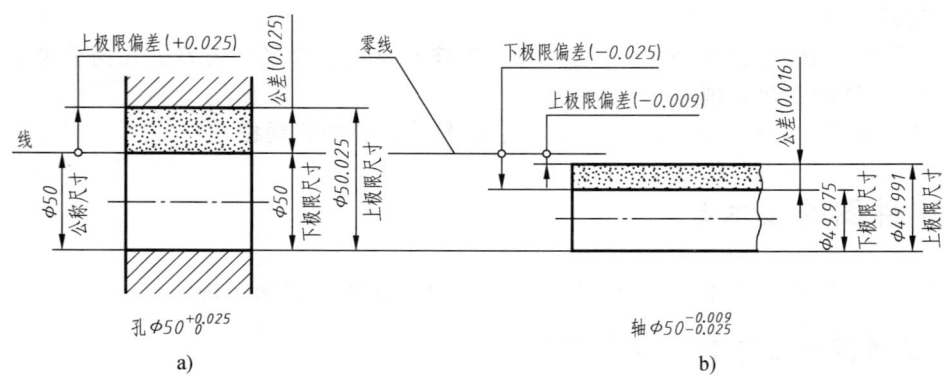

图 6-3 公差带术语图解

（7）上极限尺寸（ϕ49.991） 尺寸要素允许的最大尺寸。

（8）下极限尺寸（ϕ49.975） 尺寸要素允许的最小尺寸。

（9）偏差 某值与其参考值之差，可以为正、负或零值。

（10）上极限偏差（-0.009） 上极限尺寸减其公称尺寸所得的代数差。用 ES（内尺寸要素）或 es（外尺寸要素）表示。

（11）下极限偏差（-0.025） 下极限尺寸减其公称尺寸所得的代数差。用 EI（内尺寸要素）或 ei（外尺寸要素）表示。

（12）极限偏差 相对于公称尺寸的上极限偏差和下极限偏差。

（13）零线 表示公差尺寸的直线，通常沿水平方向绘制，正偏差位于其上，负偏差位于其下。

（14）公差（0.016） 上极限尺寸与下极限尺寸之差。是一个没有符号的绝对值。

（15）公差带 公差极限尺寸（包括公差极限）之间的变动值。公差带包含在上极限尺寸和与下极限尺寸之间，由公差大小和其相对于公称尺寸的位置（基本偏差）确定。轴的公差带图解如图 6-4 所示。

图 6-4 轴的公差带图解

3. 标准公差和基本偏差

（1）公差带的确定方法 国家标准规定，公差带由"公差大小"和"公差带位置"组成，公差大小由**标准公差**确定，公差带位置由**基本偏差**确定，基本偏差是确定公差带相对公称尺寸（零线）位置的上极限偏差或下极限偏差。

当已知公差和基本偏差时，就可算出另一个极限偏差。如图 6-4 所示，轴的公差 0.016 确定了公差大小，而基本偏差（为上极限偏差-0.009）确定了公差带位置。因此，下极限偏差可以根据公差与极限偏差的关系得到：

$$公差 = 上极限偏差 - 下极限偏差$$

通过计算，下极限偏差 = 上极限偏差 - 公差 = -0.009 - 0.016 = -0.025

（2）标准公差等级与标准公差数值 公差等级用来确定尺寸的精确程度。国家标准将标准公差等级分为 20 级，其代号为 IT01、IT0、IT1、IT2、…、IT18。IT 表示标准公差，数字表示公差等级。IT01 的精度最高,即其公差数值最小,以下逐级降低。设计中常用 IT5～IT12。

标准公差的数值取决于公差等级和公称尺寸,其选取请参考有关国家标准(可参见附表 23)。

(3) 基本偏差系列 基本偏差一般是指上、下极限偏差中靠近零线的那个极限偏差。为了满足各种配合要求,国家标准规定了基本偏差系列;基本偏差标识符用拉丁字母表示,大写为孔,小写为轴,各有 28 个。图 6-5 表示基本偏差系列标识符及其与零线的相对位置,图中代号 ES(es)表示上极限偏差,EI(ei)表示下极限偏差,孔用大写字母,轴用小写字母。从图 6-5 以及轴、孔基本偏差数值表(附表 24 和附表 25)可知:

1) 对于孔,A～H 的基本偏差为下极限偏差(EI),J～ZC 的基本偏差为上极限偏差(ES);对于轴,a～h 的基本偏差为上极限偏差(es),j～zc 的基本偏差为下极限偏差(ei)。

2) 孔 JS 和轴 js 的公差带对称分布于零线两边,其基本偏差为上极限偏差(+IT/2)或下极限偏差(-IT/2)。

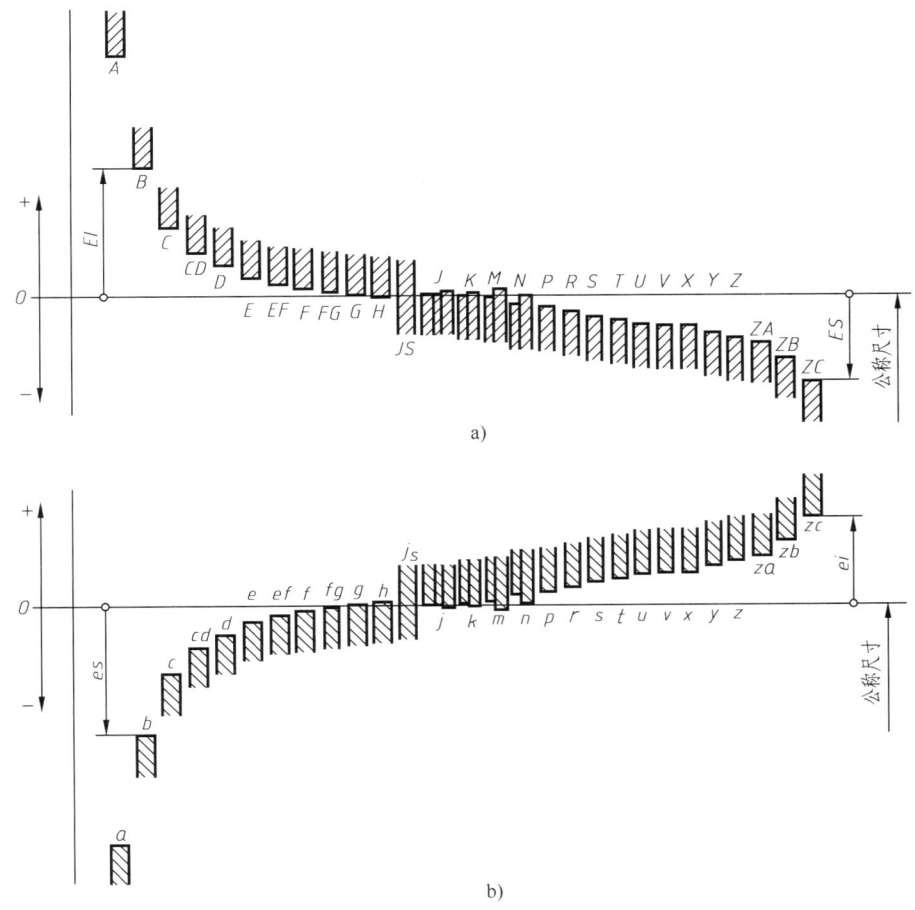

图 6-5 基本偏差系列示意图
a) 孔(内尺寸要素) b) 轴(外尺寸要素)

4. ISO 配合与配合制

（1）ISO 配合

配合是公称尺寸相同并且相互结合的内尺寸要素（孔）和外尺寸要素（轴）公差带之间的关系。

配合公差是组成配合的两个尺寸要素的尺寸公差之和，它是表示配合所允许的变动量。配合公差是一个没有符号的绝对值。

1）间隙和过盈。孔和轴配合时，由于它们的实际尺寸不同，会产生间隙或过盈。孔的尺寸减去相配合的轴的尺寸之差为正时是**间隙**，为负时是**过盈**。

2）配合类别。

① 间隙配合。孔和轴装配时，只能具有间隙（包括最小间隙等于零）的配合。此时，孔的公差带在轴的公差带之上，如图 6-6 所示。

② 过盈配合。孔和轴装配时，只能具有过（包括最小过盈等于零）的配合。此时，孔的公差带在轴的公差带之下，如图 6-7 所示。

图 6-6 间隙配合　　　　　　　　　　图 6-7 过盈配合

③ 过渡配合。孔和轴装配时，可能具有过盈，也可能具有间隙的配合。此时，孔的公差带与轴的公差带相互交叠，如图 6-8 所示。

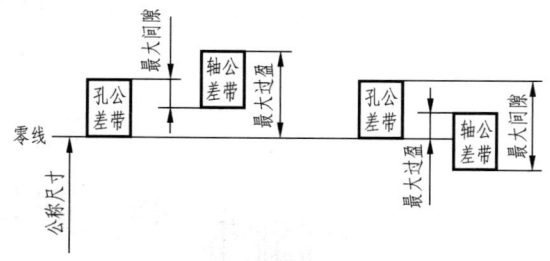

图 6-8 过渡配合

（2）ISO 配合制

配合制是由线性尺寸公差 ISO 代号体系确定公差的孔和轴组成的一种配合制度，其应用的前提条件是孔和轴的公称尺寸相同。要得到不同种类的配合，就必须在保证获得适当间隙或过盈的条件下，确定孔和轴的公差带。为了便于设计和制造，国家标准规定了基孔制配合和基轴制配合。

1）**基孔制配合**。基本偏差为零的孔的公差带，与不同基本偏差的轴的公差带形成各种配合的一种制度，如图 6-9 所示。

基孔制配合的孔称为**基准孔**，基准孔的基本偏差标识符为 H，H 的公差带在零线之上，基本偏差（下极限偏差）为零。

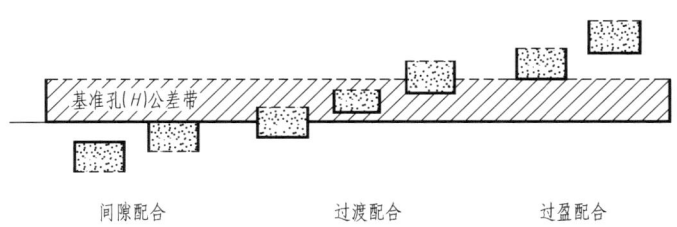

图 6-9　基孔制配合

2) **基轴制配合**。基本偏差为零的轴的公差带，与不同基本偏差的孔的公差带形成各种配合的一种制度，如图 6-10 所示。

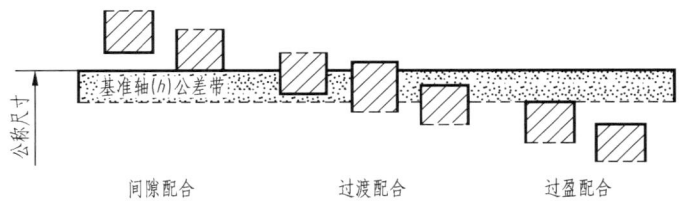

图 6-10　基轴制配合

基轴制配合的轴称为**基准轴**，基准轴的基本偏差标识符为 h，h 的公差带在零线之下，基本偏差（上极限偏差）为零。

(3) 公差带代号和配合代号

1) 公差带代号。公差带代号由基本偏差标识符后跟标准公差等级数字组成，例如 H7、M8 为孔的公差带代号，g6、h7 为轴的公差带代号。

2) 配合代号。配合代号由组成配合的孔、轴公差带代号组成，写成分数形式，分子为孔的公差带代号，分母为轴的公差带代号，例如 $\frac{H7}{g6}$、$\frac{M8}{h7}$，也可写成 H7/g6、M8/h7。

5. 公差带及配合代号选取

(1) 公差带代号的选取

由于孔和轴的公差带代号是由基本偏差标示符和标准公差等级数字组合，因此可以组成的公差带代号是数量很大的。为了避免工具和量具不必要的多样性，国家标准规定，孔和轴的公差带代号尽可能从表 6-1 中选取，框中所示的公差带代号应优先选取。

表 6-1　孔和轴优先、常用公差带代号（GB/T 1800.1—2020）

孔公差带代号																		
						G6	H6	JS6	K6		M6	N6	P6	R6	S6	T6		
					F7	G7	H7	JS7	K7	M7		N7	P7	R7	S7	T7	U7	X7
				E8	F8		H8	JS8	K8		M8	N8	P8	R8				
			D9	E9	F9		H9											
		C10	D10	E10			H10											
A11	B11	C11	D11				H11											

(续)

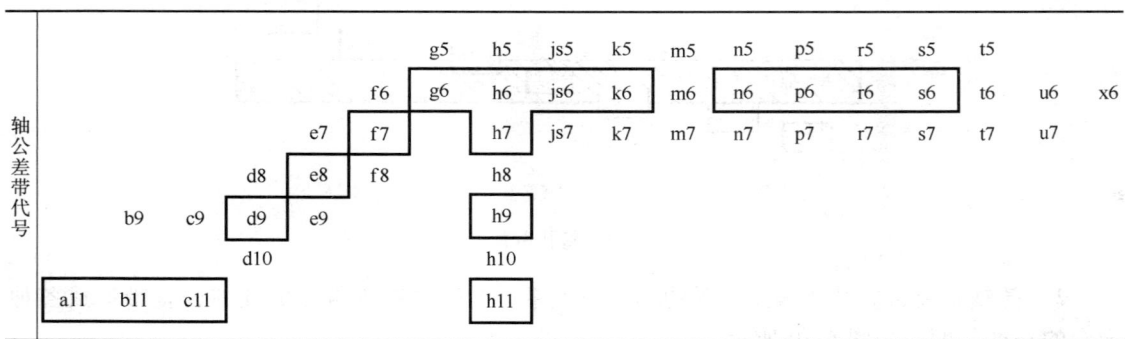

注：表中的公差带代号仅应用于不需要对公差带代号进行特定选取的一般性用途。

（2）配合代号的选取

按照配合定义，只要公称尺寸相同的孔和轴公差带结合起来，就可组成配合，即使采用基孔制和基轴制配合，配合的数量仍嫌太多，这样既不能发挥标准的作用，也对生产和使用极为不利。因此，为了提高效率又同时满足普通工程机构的需要，国家标准规定，孔和轴的配合代号应从表6-2中选取。考虑到经济因素，如有可能，配合时应优先选择框中所示的公差带代号。

表 6-2　孔和轴优先、常用配合代号（GB/T 1800.1—2020）

基准孔	轴公差带代号			
		间隙配合	过渡配合	过盈配合
基孔制配合	H6		g5　h5	js5　k5　m5	n5　p5
	H7		f6　g6　h6	js6　k6　m6　n6	p6　r6　s6　t6　u6　x6
	H8	e7　f7　h7	js7　k7　m7	s7　u7
	H8	d8　e8　f8　h8		
	H9	d8　e8　f8　h8		
	H10	b9　c9　d9　e9　h9		
	H11	b11　c11　d10　h10		

基准轴	孔公差带代号			
		间隙配合	过渡配合	过盈配合
基轴制配合	h5		G6　H6	JS6　K6　M6	N6　P6
	h6		F7　G7　H7	JS7　K7　M7　N7	P7　R7　S7　T7　U7　X7
	h7	E8　F8　H8		
	h8	D9　E9　F9　H9		
	h9	E8　F8　H8		
	h9	D9　E9　F9　H9		
	h9	B11　C10　D10　H10		

为了使用方便，本书在附表26和附表27中分别列出了优先配合轴和孔的极限偏差。

6. 尺寸公差与配合在图样上的标注

(1) 在零件图上线性尺寸的公差注法

零件图中有配合功能要求的尺寸，应在公称尺寸的右边标注公差，线性尺寸的公差应按下列三种形式之一标注：

1) 标注公差带代号，如图 6-11a 所示。

2) 标注上、下极限偏差（单位为 mm），如图 6-11b 所示。

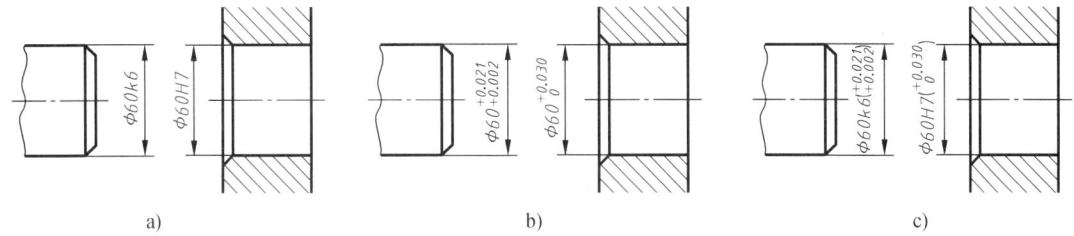

图 6-11 公差在零件图中的规定注法

上极限偏差应注在公称尺寸的右上方；下极限偏差应与公称尺寸注在同一底线上。上、下极限偏差的数字的字号应比公称尺寸的数字的字号小一号。

上、下极限偏差的小数点必须对齐，小数点后的位数一般也应相同。当上极限偏差或下极限偏差为"零"时，用数字"0"标出，并与下极限偏差或下极限偏差的小数点前的个位数对齐。

当公差带相对于公称尺寸对称地配置，即上、下极限偏差绝对值相同时，极限偏差数字可以只注写一次，并应在极限偏差数字与公称尺寸之间注出符号"±"，且两者字高相同，例如"50±0.025"。

3) 同时标注公差带代号和上、下极限偏差，但上、下极限偏差应加上圆括号，如图 6-11c 所示。

(2) 在装配图上的配合注法

在装配图中要对有配合关系的线性尺寸标注配合要求。配合要求的注法是在公称尺寸右边标注配合代号，即用分数的形式注出孔、轴的公差带代号，通常注法如图 6-12 所示。必要时也可以在公称尺寸右边标注相配零件的极限偏差，其标注形式可查看相关标准。

这里所说的孔、轴，是一个广义的概念，除指圆柱形的内、外表面外，还包括图 6-13 所示的平面配合。

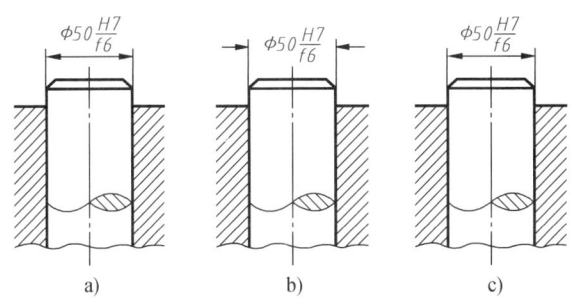

图 6-12 线性尺寸的配合代号在装配图中的允许注法
a) 注法一 b) 注法二 c) 注法三

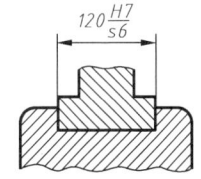

图 6-13 平面配合

7. 线性尺寸的一般公差

零件图中大多数非配合的尺寸，一般不标注公差。但是为了保证零件的使用功能，国家标准《一般公差 未注公差的线性和角度尺寸的公差》GB/T 1804—2000 对这类尺寸也规定了公差，称为一般公差。一般公差分四级，分别用字母 f（精密）、m（中等）、c（粗糙）和 v（最粗）表示。一般公差在图样中不单独注出，而是在标题栏附近、技术要求或技术文件中作出总的说明，如："尺寸一般公差按 GB/T 1804—m"，表示选用中等（级）一般公差。

8. 根据配合代号求得孔和轴的极限偏差举例

在阅读图样时，通过对配合尺寸进行识别和分析，可以确定孔、轴的极限偏差、公差以及配合性质等。

9. 举例

在阅读图样时，通过对配合的标注进行识别和分析，可以确定孔、轴的极限偏差、公差以及配合性质等。

（1）直接查表法　已知配合为优先配合时，可直接查阅极限偏差表得到孔和轴的上、下极限偏差。

【例 6-1】　确定配合尺寸 $\phi 28 \dfrac{F8}{h7}$ 中孔和轴的上、下极限偏差，并确定配合类别。

配合尺寸 $\phi 28 \dfrac{F8}{h7}$ 表示公称尺寸为 $\phi 28$ 的孔轴配合，孔的尺寸 $\phi 28 F8$，公差带代号 F8，基本偏差标示符 F，标准公差等级 IT8；轴的尺寸 $\phi 28 h7$，公差带代号 h7，基本偏差标示符 h（基轴制），标准公差等级 IT7。

1）从附表 26 的 >24~30 尺寸分段中，直接查得轴 $\phi 28 h7$ 的极限偏差为 $^{\ \ 0}_{-0.021}$。

2）从附表 27 的 >24~30 尺寸分段中，直接查得孔 $\phi 28 F8$ 的极限偏差为 $^{+0.053}_{+0.020}$。

3）绘制孔、轴公差带图，如图 6-14 所示。由公差带图可以看出这是间隙配合。

（2）查表计算法　先从附表 23 中确定标准公差值，再由附表 24 或附表 25 中确定轴或孔的基本偏差，然后计算出极限偏差。

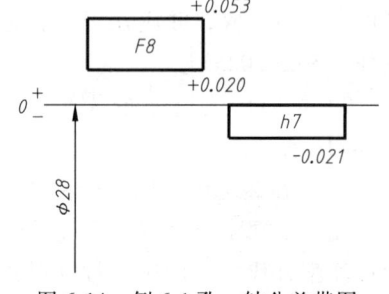

图 6-14　例 6-1 孔、轴公差带图

【例 6-2】　确定配合尺寸 $\phi 28 \dfrac{H6}{s5}$ 中孔和轴的上、下极限偏差，并确定配合类别。

配合尺寸 $\phi 28 \dfrac{H6}{s5}$ 表示公称尺寸为 $\phi 28$ 的孔轴配合，孔的尺寸 $\phi 28 H6$，公差带代号 H6，基本偏差标示符 H（基孔制），标准公差等级 IT6；轴的尺寸 $\phi 28 s5$，公差带代号 s5，基本偏差标示符 s，标准公差等级 IT5。

1）从附表 23 查得标准公差值：IT5 = 0.009mm；IT6 = 0.013mm。

2）从附表 24 查得基本偏差 s 的下极限偏差 ei = +0.035mm，轴的上极限偏差 es = ei+IT5 = +0.035mm+0.009mm = +0.044mm。因此，轴 $\phi 30 s5$ 的极限偏差为 $^{+0.044}_{+0.035}$。

3）从附表 25 查得基本偏差 H 的下极限偏差 EI = 0，孔的上极限偏差 ES = EI+IT6 = 0+

0.013mm = +0.013mm。因此，孔 $\phi 30H6$ 的极限偏差为 $^{+0.013}_{0}$。

4) 绘制孔、轴公差带图，如图 6-15 所示。由公差带图可以看出这是过盈配合。

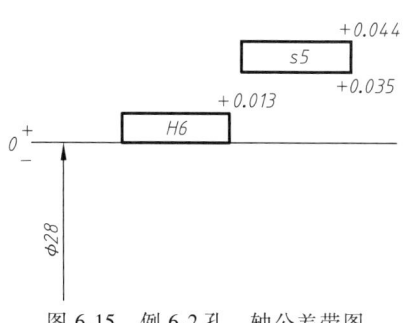

图 6-15 例 6-2 孔、轴公差带图

6.2.2 几何公差

1. 几何公差的基本概念

实际生产的零件，不仅尺寸存在误差，而且零件表面要素的形状、方向、位置等也会存在几何误差。如图 6-16a 表示圆柱轴线不直，产生了形状误差；图 6-16b 表示两段圆柱的轴线不在一条线上，不同轴，产生了位置误差；图 6-16c 表示上下两平面不平行，产生了方向误差。几何误差对零件的性能影响很大，严重影响其质量。几何误差的最大允许变动量称为**几何公差**，允许变动量的值称为公差值。

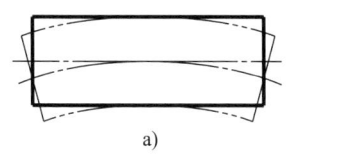 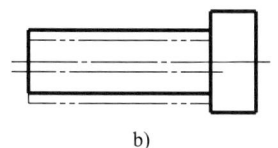 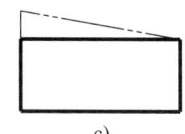

a)　　　　　　　　　b)　　　　　　　　　c)

图 6-16 几何误差示意图

a) 形状误差　b) 位置误差　c) 方向误差

2. 几何公差的标注示例

图样中精度要求较高的几何公差采用框格标注，未注出的应按 GB/T 1182—2018 规定的未注公差值在图样的技术要求中说明。

表 6-3 为几何公差的几何特征和符号。

表 6-3 几何公差的几何特征和符号

公差类别	几何特征	符号	有或无基准要求	公差类别	几何特征	符号	有或无基准要求
形状公差	直线度	—	无	位置公差	位置度	⊕	有或无
	平面度	▱			同心度（用于中心线）	◎	有
	圆度	○			同轴度（用于轴线）	◎	
	圆柱度	⌭			对称度	=	
	线轮廓度	⌒			线轮廓度	⌒	
	面轮廓度	⌓			面轮廓度	⌓	
方向公差	平行度	∥	有	跳动公差	圆跳动	↗	
	垂直度	⊥			全跳动	⌿	
	倾斜度	∠					
	线轮廓度	⌒					
	面轮廓度	⌓					

图 6-17 为几何公差标注示例。

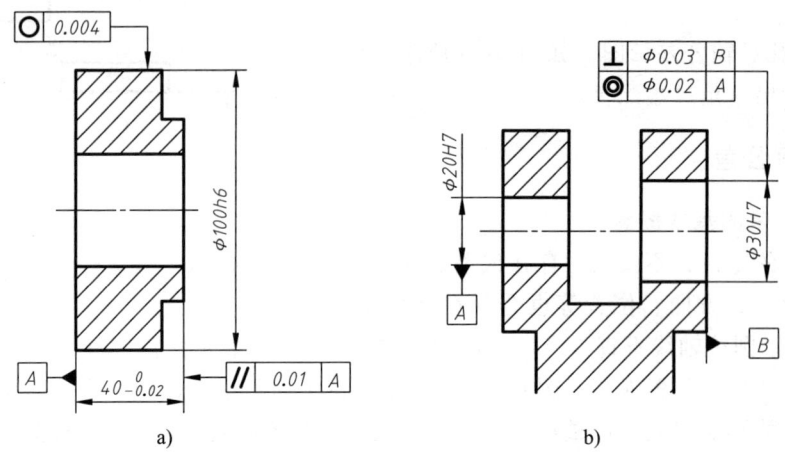

图 6-17 几何公差的标注示例

框格 ⌀ 0.004 中的 ⌀ 是圆度符号，表示在圆柱面的任意横截面内，实际圆周应限定在半径差为 0.004mm 的两共面同心圆之间。

框格 ∥ 0.01 A 中的 ∥ 是平行度符号，表示零件右端面应限定在间距等于 0.01mm，且平行于基准平面 A 的两平行平面之间。

框格 ⊥ φ0.03 B 中的 ⊥ 是垂直度符号，表示孔的轴线应限定在直径等于 0.03mm 且垂直于基准平面 B 的圆柱面内。

框格 ◎ φ0.02 A 中的 ◎ 是同轴度符号，表示 φ30H7 孔的轴线应限定在直径等于 0.02mm，以 φ20H7 基准孔轴线 A 为轴线的圆柱面内。

几何公差（形状、方向、位置和跳动公差）的定义、符号和图样表示法等，详见 GB/T 1182—2018。

6.2.3 表面结构的表示法

经过加工的零件，其表面必然具有各种类型的不规则形态，形成工件的几何特性。几何特性包括尺寸误差、形状误差等，也包括微观的几何误差，如表面结构（粗糙度轮廓、波纹度轮廓和原始轮廓）。国家标准建立了一系列参数和定义，来描述对表面结构的要求，本书仅介绍其中常用的符号和标注方法。

1. 粗糙度轮廓参数

国家标准有关表面结构参数的术语和定义中，粗糙度轮廓参数 Ra 最为常用，它表示粗糙度轮廓的算术平均偏差，其系列值见表 6-4。

表 6-4 Ra 系列值　　　　　　　　　　（单位：μm）

Ra	0.012	0.025	0.05	0.1	0.2	0.4	0.8	1.6	3.2	6.3	12.5	25	50	100

2. 标注表面结构的图形符号和代号

1) 表面结构图形符号及其含义见表 6-5。

2) 图形符号形状画法如图 6-18 所示，其尺寸见表 6-6。

表 6-5　表面结构图形符号及其含义

符　号	含　义
 ∨	基本图形符号，适用于未指定工艺方法的表面，当通过一个注释解释时可单独使用
 ∨	扩展图形符号，表示指定表面用去除材料的方法获得
 ∨○	扩展图形符号，表示指定表面用不去除材料的方法获得
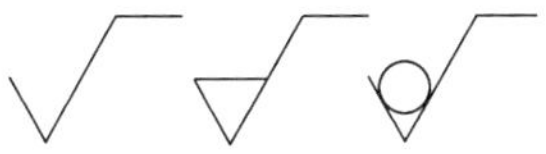 ∨ ∨ ∨○	完整图形符号，当要求标注表面结构特征的补充信息时，应在基本图形符号或扩展图形符号的长边上加一横线
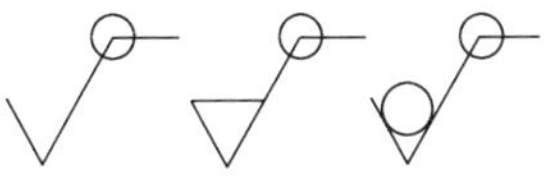 ∨○ ∨○ ∨○	工件轮廓各表面具有相同要求的图形符号，当在某个视图上组成封闭轮廓的各表面有相同的表面结构要求时，应在完整图形符号上加一圆圈，标注在图样中工件的封闭轮廓线上。如果标注会引起歧义，各表面应分别标注

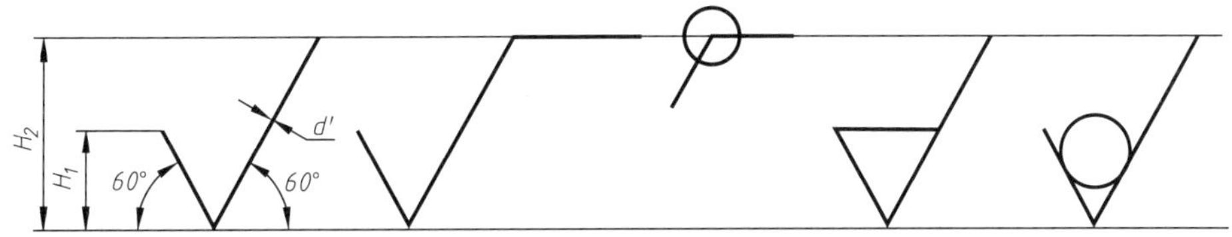

图 6-18　表面结构图形符号形状

表 6-6　图形符号的尺寸　　　　　　　　　　　（单位：mm）

数字与字母的高度 h	2.5	3.5	5	7	10	14	20
符号的线宽 d'	0.25	0.35	0.5	0.5	1	1.4	2
数字与字母的笔画宽度 d							
高度 H_1	3.5	5	7	10	14	20	28
高度 H_2（最小值）①	7.5	10.5	15	21	30	42	60

① H_2 取决于注写内容。

3）表面结构代号的含义。以表面粗糙度为例，图 6-19a 表示去除材料，Ra 粗糙度轮廓算术平均偏差极限值为 $3.2\mu m$；图 6-19b 表示不允许去除材料，Ra 粗糙度轮廓算术平均偏差极限值为 $25\mu m$。

a)　　　　　b)

图 6-19　表面结构代号的含义

3. 表面结构要求在图样中的注法

表面结构要求对每一表面一般只标注一次，并尽可能注在相应的尺寸及其公差的同一视图上。

（1）表面结构符号、代号的标注位置与方向

1）标注原则。应使表面结构的注写和读取方向与尺寸的注写和读取方向一致，如图 6-20 所示。

2）标注的位置。具体介绍如下：

① 符号应从材料外指向并接触表面，直接标注在轮廓线上，必要时，也可以用指引线引出标注，如图 6-20 ~ 图 6-22 所示。

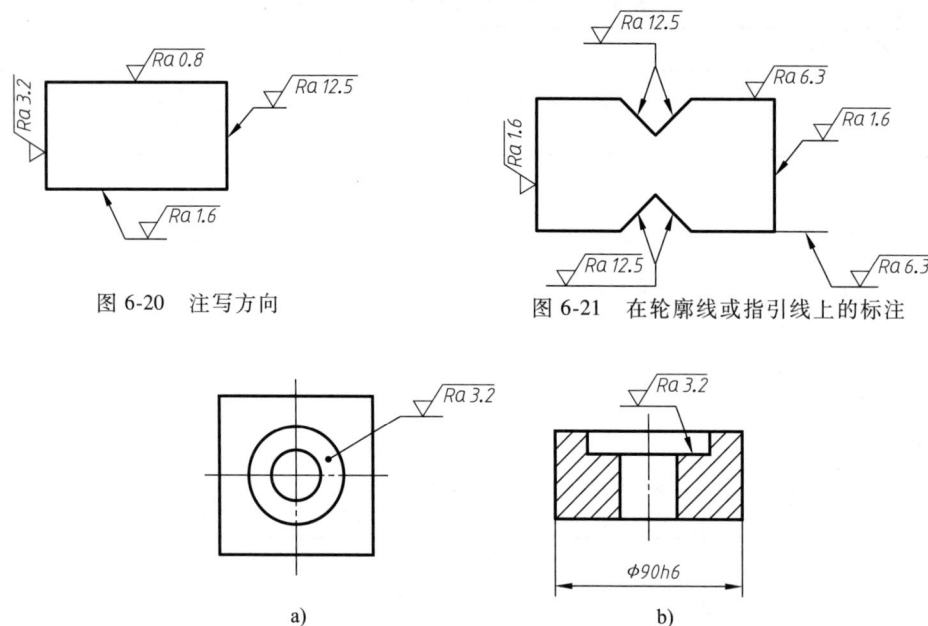

图 6-20 注写方向　　　　图 6-21 在轮廓线或指引线上的标注

图 6-22 用指引线引出标注

② 标注在特征尺寸的尺寸线上。在不致引起误解时，表面结构要求可以标注在给定的尺寸线上，如图 6-23 所示。

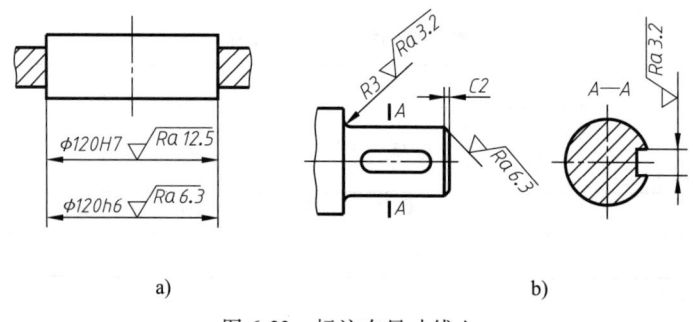

图 6-23 标注在尺寸线上

③ 标注在几何公差框格的上方，如图 6-24 所示。

④ 标注在延长线上，或从延长线上用带箭头的指引线引出标注，如图 6-25 所示。

⑤ 标注在圆柱和棱柱表面上，要求只标注一次，如图 6-25 所示。如果棱柱每个棱面有不同表面结构要求，则应分别标注，如图 6-26 所示。

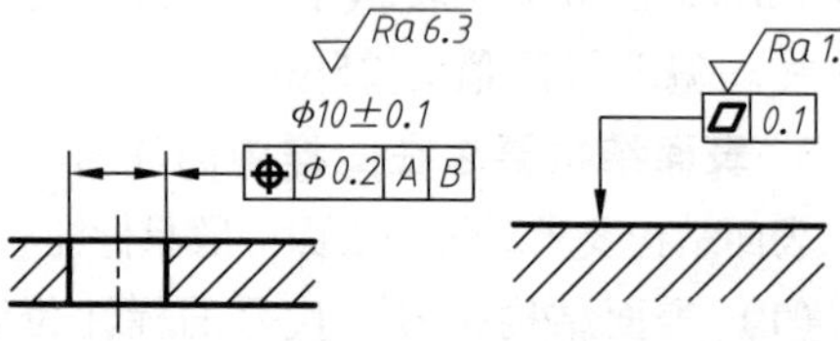

（2）简化注法

1）全部或多数表面结构要求相同时，可统一标注在图样标题栏附近，其代号后面需用圆括号给予说明，圆括号内可仅用基本符号，如图 6-27 所示。

2）多个表面有共同要求时，可用带字母的完整符号（图 6-28 所示），或只用基本图形符号和扩展图形符号（图 6-29 所示），以等式的形式，在图形或标题栏附近进行简化标注。

图 6-24 标注在几何公差框格的上方

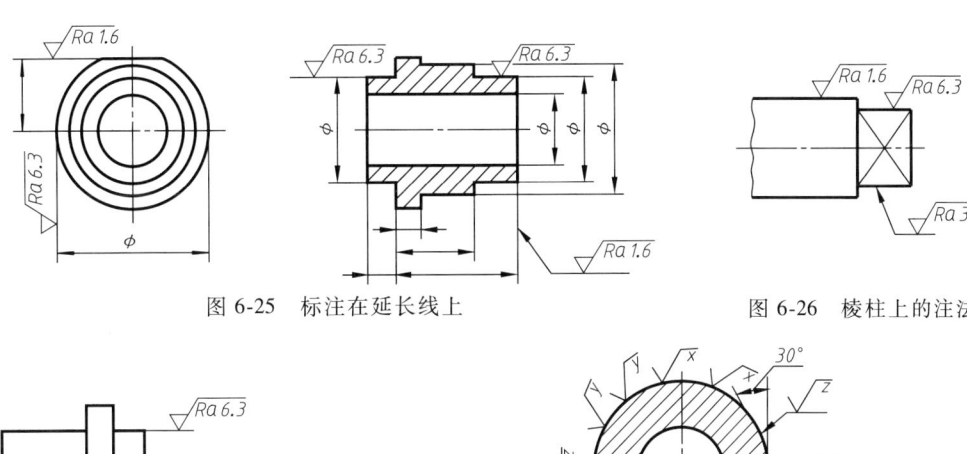

图 6-25 标注在延长线上　　　　　　图 6-26 棱柱上的注法

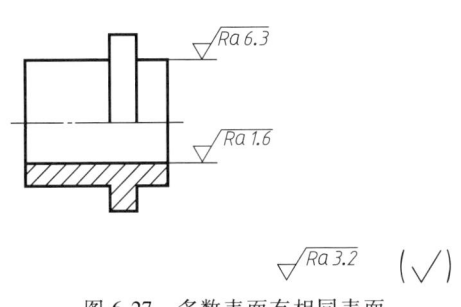
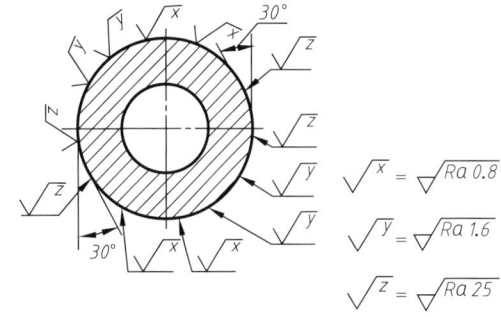

图 6-27 多数表面有相同表面　　　　图 6-28 用带字母的完整符号对有相同
　　　结构要求的简化注法　　　　　　　　　表面结构要求的表面采用简化注法

3）对周边各面有相同表面结构要求时，可采用各表面具有相同要求的图形符号进行简化标注。图 6-30 所示为封闭轮廓的六个面有相同的表面结构要求。

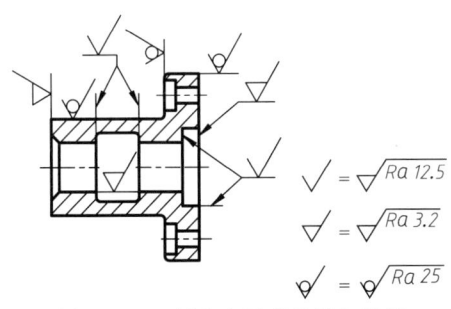
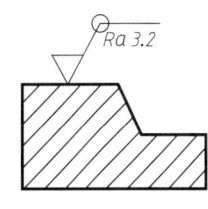

图 6-29 只用基本图形符号和扩展　　　图 6-30 对周边各面有相同
　　　图形符号的简化注法　　　　　　　　表面结构要求的注法

6.3 零件上的常见结构

零件的结构依据设计和制造工艺而定，本节介绍其中一些常见结构的基本知识和表示方法。

6.3.1 螺纹

1. 螺纹的基本知识

螺纹是指在圆柱表面或圆锥表面上，具有相同牙型、沿螺旋线连续凸起的牙体（图 6-31）。

凹陷部分称为螺纹牙槽。连接两个相邻牙侧的牙体顶部表面称为牙顶；连续两个相邻牙侧的牙槽底部表面称为牙底。在工件外表面形成的螺纹称为**外螺纹**，在工件内表面形成的螺纹称为**内螺纹**。

（1）螺纹的要素　包括螺纹牙型、公称直径、螺纹线数、螺距和导程、旋向。

1）螺纹牙型。在螺纹轴线平面内的螺纹轮廓形状称为**螺纹牙型**。常见的螺纹牙型有三角形、梯形、锯齿形和矩形，如图6-32所示。

2）公称直径。公称直径是代表螺纹尺寸的直径。螺纹直径有大径、小径和中径，如图6-33所示。

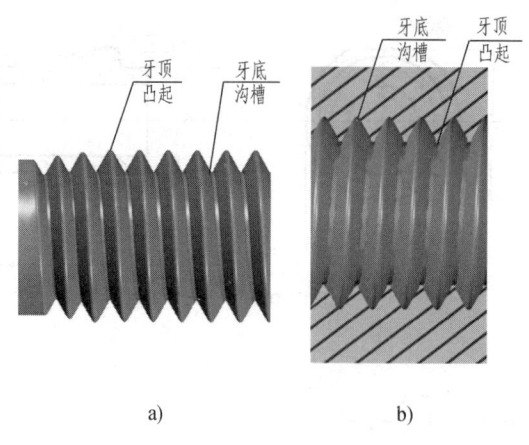

图 6-31　螺纹
a）外螺纹　b）内螺纹

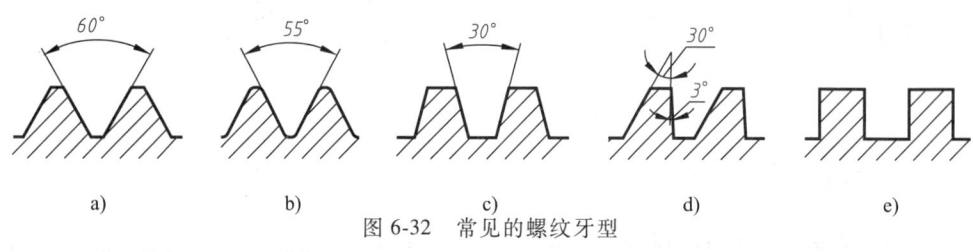

图 6-32　常见的螺纹牙型
a）普通螺纹（M）　b）管螺纹（G）　c）梯形螺纹（Tr）　d）锯齿形螺纹（B）　e）矩形螺纹

与外螺纹牙顶或内螺纹牙底相切的假想圆柱的直径（即螺纹的最大直径）称为**大径**，内、外螺纹的大径分别以 D 和 d 表示。

与外螺纹牙底或内螺纹牙顶相切的假想圆柱的直径（即螺纹的最小直径）称为**小径**，内、外螺纹的小径分别以 D_1 和 d_1 表示。

在大径和小径之间假想有一圆柱，其素线通过螺纹上牙体厚与牙槽宽相等的地方，此假想圆柱称为中径圆柱，其母线称为中径线，其直径称为**中径**，内、外螺纹中径分别以 D_2 和 d_2 表示。

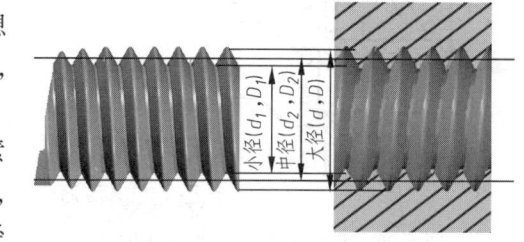

图 6-33　螺纹的基本尺寸

普通螺纹、梯形螺纹、锯齿形螺纹的公称直径都是大径。

3）螺纹线数（n）。只有一个起点的螺纹称为单线螺纹；具有两个或两个以上起点的螺纹，称为多线螺纹，如图6-34所示。

4）螺距（P）和导程（P_h）。相邻两牙体上的对应牙侧与中径线相交两点间的轴向距离，称为**螺距**。在同一条螺旋线上，相邻两牙体上的对应牙侧与中径线相交两点间的轴向距离称为**导程**。因此，单线螺纹的螺距=导程，多线螺纹的螺距=导程/线数，如图6-34所示。

5）旋向。顺时针旋转时旋入的螺纹，称为右旋螺纹；逆时针旋转时旋入的螺纹，称为左旋螺纹，如图6-35所示。

牙型、大径、螺距、线数和旋向是确定螺纹结构尺寸的五要素。只有五要素都相同的外

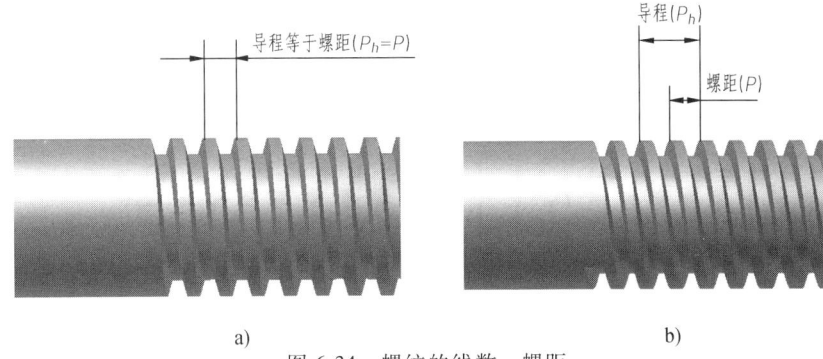

图 6-34 螺纹的线数、螺距
a) 单线螺纹 b) 双线螺纹

螺纹和内螺纹才能相互旋合在一起。

（2）螺纹的种类 根据制造和使用的要求，螺纹可按下列方法分类。

1）按标准分类。螺纹可分为标准螺纹、特殊螺纹和非标准螺纹。凡牙型、直径、螺距都符合国家标准的螺纹，称为标准螺纹。牙型符合国家标准，而直径、螺距不符合国家标准的螺纹，称为特殊螺纹。牙型不符合国家标准的螺纹，称为非标准螺纹。

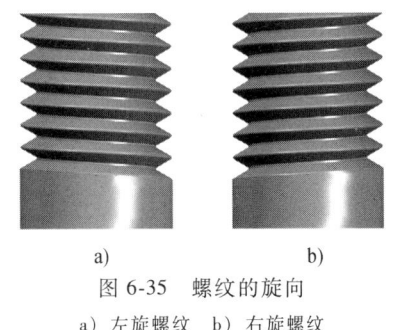

图 6-35 螺纹的旋向
a) 左旋螺纹 b) 右旋螺纹

常用的标准螺纹有：普通螺纹（特征代号 M）、梯形螺纹（特征代号 Tr）、锯齿形螺纹（特征代号 B）和管螺纹（特征代号 G）。矩形螺纹是非标准螺纹，没有特征代号。

2）按用途分类。螺纹可分为联接螺纹和传动螺纹两种，前者起连接固定的作用，后者则用于传递运动和动力。联接螺纹有普通螺纹和管螺纹；传动螺纹有梯形螺纹、锯齿形螺纹和矩形螺纹。

3）按螺距分类。普通螺纹有粗牙和细牙之分。螺纹大径相同时，螺距最大的一种称为粗牙螺纹，其余都称为细牙螺纹。

2. 螺纹的表示法

为了绘图和读图方便，国家标准对螺纹的表示法作了规定。螺纹的规定画法见表 6-7。

表 6-7 螺纹的规定画法

类别	外螺纹	内螺纹
圆柱螺纹的画法	小径用细实线表示，小径圆只画约3/4圆 大径用粗实线表示 螺纹终止线 细实线应画入倒角 倒角圆不画	大径用细实线表示，大径圆只画约3/4圆 小径用粗实线表示 细实线不画入倒角 螺纹终止线 剖面线画到粗实线

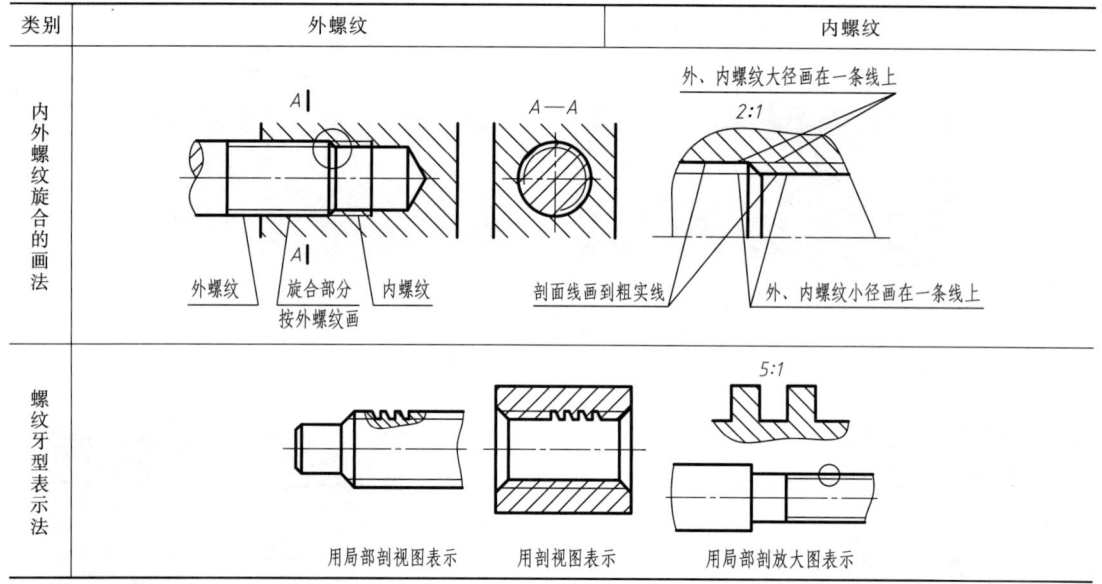

对螺纹画法的说明：

1) 螺纹为可见时，牙顶用粗实线表示，牙底用细实线表示。

2) 在垂直于螺纹轴线的投影面的视图中，表示牙底的细实线圆只画约 3/4 圈，在此视图中，螺杆（外螺纹）或螺孔（内螺纹）的倒角圆均省略不画。

3) 有效螺纹的终止界线（简称终止线）用粗实线表示，当外螺纹终止线处被剖开时，螺纹终止线只画出表示牙型高度的一小段。

4) 不可见螺纹的所有图线都画成虚线。

5) 在剖视图和断面图中，内、外螺纹的剖面线都必须画到粗实线。

6) 内、外螺纹联接时的画法：用剖视图表示时，旋合部分按外螺纹的画法绘制，其余部分仍按各自的画法表示。

7) 螺纹小径可近似按大径的 0.85 倍（即 $0.85d$）画出。

8) 当需要表示螺纹牙型时，可采用剖视图或局部放大图表示。

3. 螺纹的标注方法

在图样中，由于螺纹采用了简化画法，其五要素等未作表达，因此必须用标记和标注对螺纹进行描述，螺纹的标注见表 6-8。

（1）标准螺纹的标记　包括普通螺纹、梯形螺纹、锯齿形螺纹和管螺纹的标记。

1) 普通螺纹的标记。普通螺纹标记的内容和格式如下：

| 螺纹特征代号 | 尺寸代号 |-| 公差带代号 |-| 旋合长度代号 |-| 旋向代号 |

例如，M20×1-5g7g-L-LH 的含义如下所示：

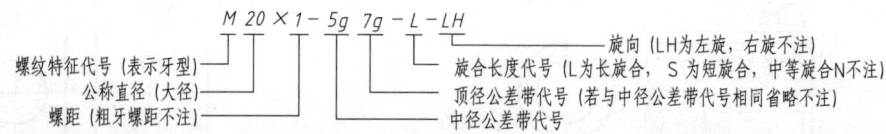

说明：尺寸代号由公称直径、导程、螺距组成。单线螺纹时，写成"公称直径×螺距"（如 20×1），如果是粗牙螺纹则不注螺距；多线螺纹时，写成"公称直径×Ph 导程 P 螺距"（如 20×Ph4 P2）。公差带代号中，6H 或 6g 在标记中不注出。

2) 梯形螺纹标记。梯形螺纹标记的内容和格式如下：

梯形螺纹代号 - 中径公差带代号 - 旋合长度代号 - 旋合代号

例如，Tr40×12P6-7e-L-LH 的含义如下所示：

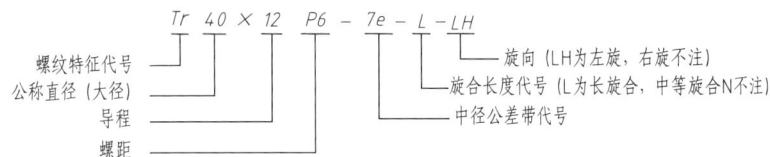

3) 锯齿形螺纹的标记。锯齿形螺纹标记的内容和格式如下：

锯齿形螺纹代号 - 中径公差带代号 - 旋合长度代号

例如，B40×14（P7）LH-8H-L 的含义如下所示：

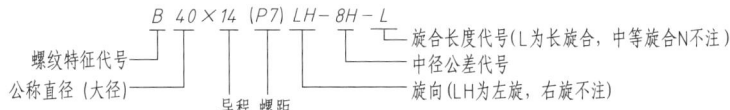

锯齿形螺纹特征代号为 B，其标记的内容与梯形螺纹的相似，但其螺距需加括号、左旋代号写在螺距后。

4) 55°管螺纹标记。55°非密封管螺纹标记的内容和格式如下：

外螺纹：螺纹特征代号 尺寸代号 公差等级代号 - 旋向代号

内螺纹：螺纹特征代号 尺寸代号 - 旋向代号

例如，G1/2A-LH 的含义如下所示：

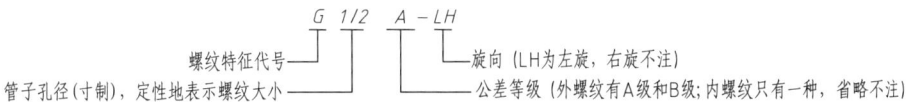

（2）非标准螺纹的标注 对于非标准螺纹，不仅应画出螺纹的牙型，还应注出所需的尺寸，见表6-8。当线数为多线，旋向为左旋时，应在图样的适当位置注明。

（3）特殊螺纹的标注 特殊螺纹或有特殊要求的非标准螺纹的标注方法，可查阅《机械制图》国家标准。

（4）螺纹长度的标注 螺纹长度的标注如图6-36所示，螺纹长度包括螺纹倒角。

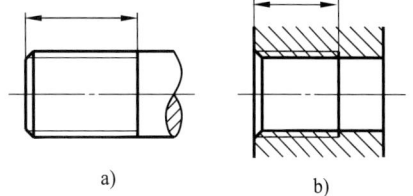

图 6-36 螺纹长度的标注方法
a) 外螺纹长度注法 b) 内螺纹长度注法

6.3.2 常见机械加工工艺结构的画法及尺寸注法

1. 螺纹的工艺结构及其尺寸注法

（1）倒角 为了便于内、外螺纹旋合和防止端部螺纹碰伤，一般在螺纹端部做出倒角。

表 6-8　螺纹的标注

螺纹种类		标注图例	说明
普通螺纹	粗牙	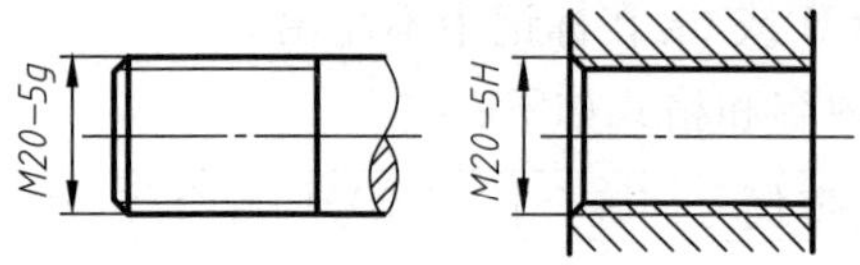M20-5g M20-5H	粗牙普通螺纹，大径为 20mm，右旋；外螺纹中径和顶径公差带代号都为 5g；内螺纹中径和顶径公差带代号都为 5H；内、外螺纹都是中等旋合长度
	细牙	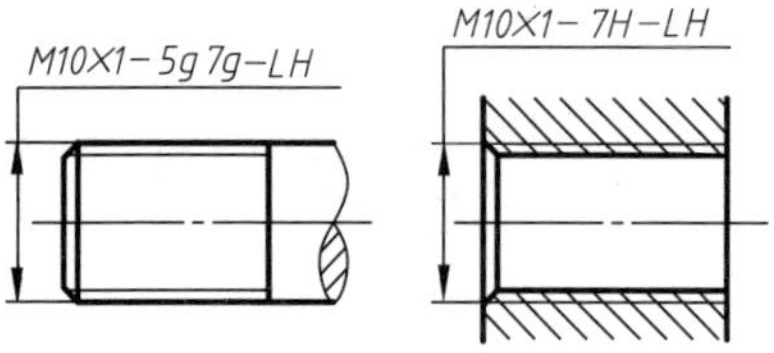M10X1-5g7g-LH M10X1-7H-LH	细牙普通螺纹，大径为 10mm，螺距为 1mm，左旋；外螺纹中径和顶径公差带代号为 5g7g；内螺纹中径和顶径公差带代号为 7H；内、外螺纹都是中等旋合长度
梯形螺纹		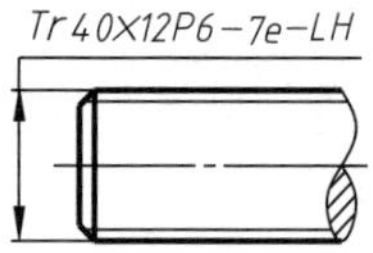Tr40X12P6-7e-LH	梯形螺纹，大径为 40mm，导程为 12mm，双线，左旋，中径公差带代号为 7e，长旋合长度
锯齿形螺纹		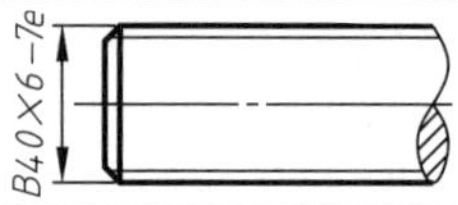B40X6-7e	锯齿形螺纹，大径为 40mm，螺距为 6mm，右旋，中径公差带代号为 7e，中等旋合长度
管螺纹		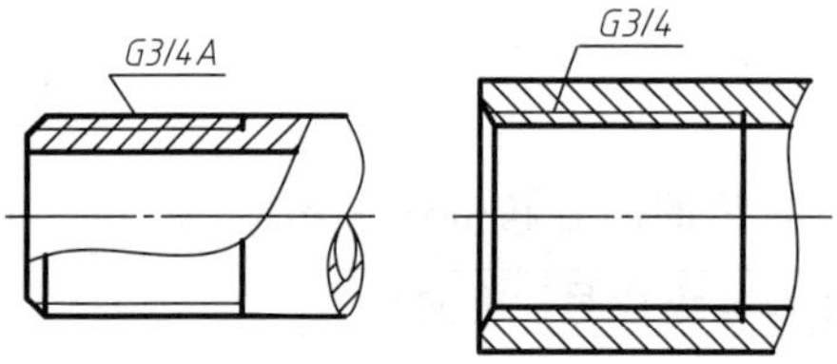G3/4A G3/4	非螺纹密封的管螺纹，外螺纹与内螺纹的尺寸代号都为 3/4，都是右旋，外螺纹中径公差等级为 A 级
矩形螺纹（非标准螺纹）		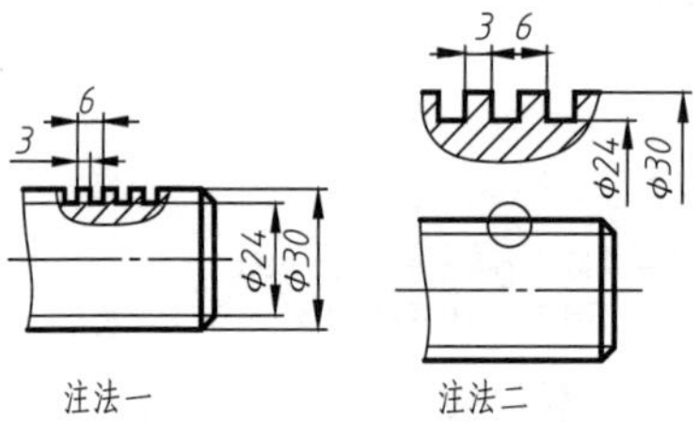6 3 ϕ24 ϕ30 3 6 ϕ24 ϕ30注法一　注法二	矩形螺纹，单线，右旋，螺纹尺寸如图所示
内、外螺纹旋合		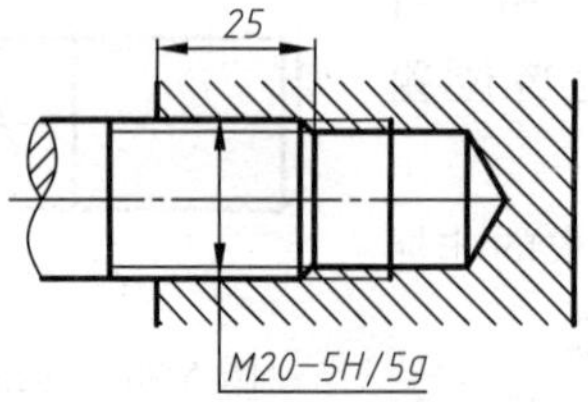25 M20-5H/5g	在装配图中，需要时应标注螺纹副的标记，如图所示。标注普通螺纹的螺纹副标记时，其内、外螺纹的公差带代号用斜线分开 内、外螺纹旋合长度应包括螺纹倒角，参见图中的尺寸 25

倒角两端底圆的直径差应略大于螺纹大径与小径之差。在投影为圆的视图上，倒角圆一般省略不画。如图 6-37a 所示，图中 C 表示 45°倒角，h_1 为外螺纹倒角的轴向长度代号，例如 $C2$。

（2）螺尾和退刀槽　由于加工中退刀的原因，会在螺纹收尾部分形成一小段渐浅的不完整螺纹，称为螺尾。在图样中一般不需将螺尾画出。由于螺尾是不能旋合的，因此为了消除螺尾，常在工件上预先加工出比螺纹稍深的槽，以便刀具退出，这种槽称为退刀槽，如图 6-38 所示。国家标准对螺纹退刀槽的形式和尺寸作了规定（见附表 4）。

（3）不通螺孔 加工不通螺孔的顺序为：先用钻头钻出圆孔（图 6-39a），然后用丝锥攻出螺纹（图 6-39b）。不通螺孔的画法和孔深的标注方法如

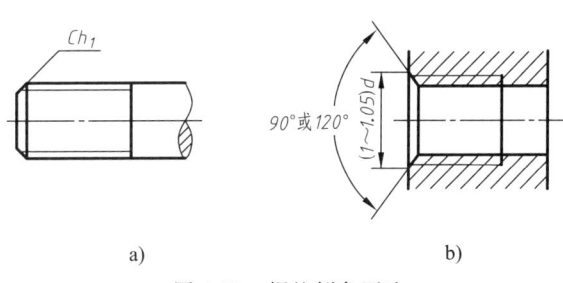

图 6-37 螺纹倒角画法
a) 外螺纹倒角 b) 内螺纹倒角

图 6-39c 所示。由于钻头头部有 118°的锥面，所以钻孔底部也有一个 118°的锥孔，在图上简化画成 120°，且不注尺寸。用丝锥加工的不通螺孔也有螺尾部分。在绘制不通螺孔时，按螺纹大径画螺孔，其深度为 L_2，按螺纹小径画钻孔，其深度为 L_3。L_2、L_3 的尺寸与螺纹大径和加工出螺孔的零件的材料有关，可查附表 6。

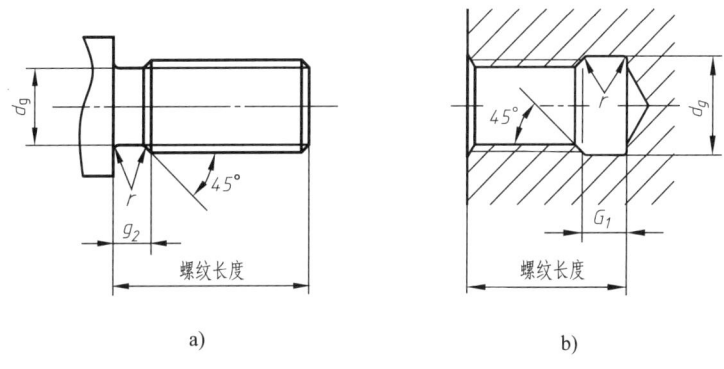

图 6-38 螺纹退刀槽
a) 外螺纹退刀槽 b) 内螺纹退刀槽

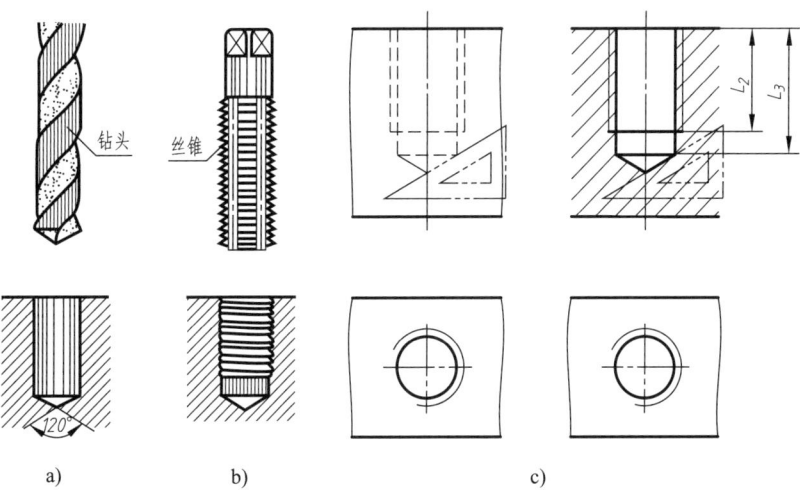

图 6-39 用丝锥加工不通螺孔时，螺孔的画法和尺寸注法
a) 钻孔 b) 攻螺纹 c) 画法和尺寸标注

2. 圆角、倒角工艺结构及尺寸注法

对于阶梯状的孔和轴，为了避免转角处产生应力集中，设计和制造零件时，这些地方常以圆角过渡，其尺寸注法如图 6-40 所示，尺寸大小可查附表 1。在不致引起误解时，零件的小圆角或小倒角允许省略不画，但必须注明尺寸，如图 6-41 所示。

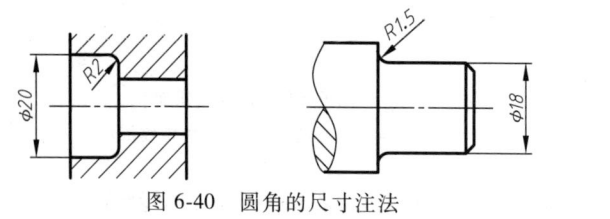
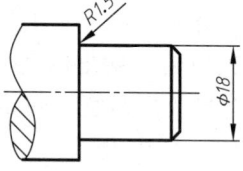

图 6-40　圆角的尺寸注法　　　　　图 6-41　圆角简化画法

为了削去零件上因机加工产生的毛刺，也为了便于零件装配，一般在零件端部做出倒角，其画法和尺寸注法如图 6-42 所示，尺寸大小可查附表 2。

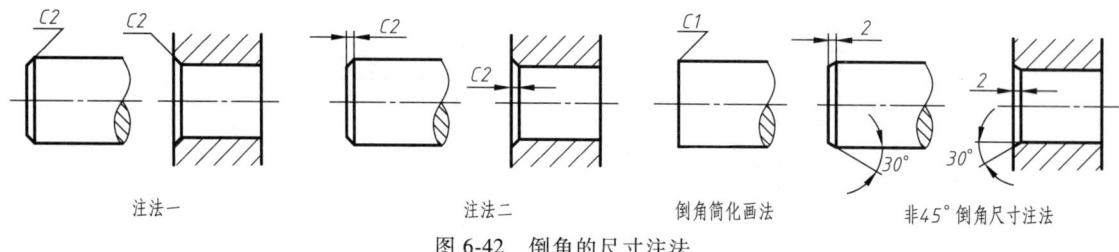

图 6-42　倒角的尺寸注法

3. 退刀槽、砂轮越程槽工艺结构及尺寸注法

为了在切削或磨削加工时便于退出刀具，保证加工质量，并在装配时容易使两接触零件靠紧等，常预先在零件被加工表面的终止处加工出退刀槽或砂轮越程槽（附表 3）。砂轮越程槽的形状和尺寸注法如图 6-43 所示。图 6-43 中，2 是槽宽尺寸，$\phi 18$ 是槽底的直径，1 是槽的深度。

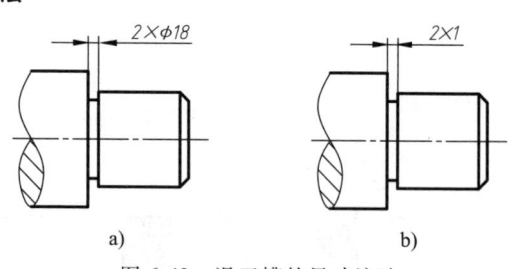

图 6-43　退刀槽的尺寸注法
a）注法一　b）注法二

4. 常见孔的工艺结构及尺寸注法

零件上各种孔的尺寸注法，除采用普通注法外，还可采用旁注法，见表 6-9。

6.3.3　铸件的工艺结构、过渡线

1. 铸件的工艺结构

由于铸造加工属于成型加工，通常是将熔化的金属液体注入砂箱的型腔内，待金属液体冷却凝固后，去除型砂而获得铸件，因此在铸造加工时，为了保证零件质量，便于加工制造，铸件上需设计出均匀的壁厚、铸造圆角、凸台、凹坑和凹槽等一些铸造工艺结构，如图 6-44、图 6-45 所示。

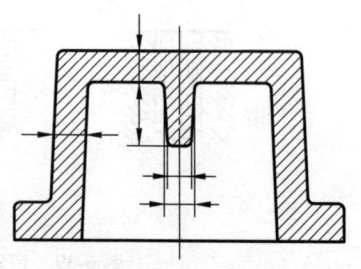

图 6-44　壁厚、铸造圆角

表 6-9 各种孔的尺寸注法

类型	旁注法		普通注法	说明
不通光孔	4×φ7↧10	4×φ7↧10	4×φ7，深10	4×φ7 表示直径为 7mm，均匀分布的四个光孔，"↧"表示孔深为 10mm
螺孔	3×M6	3×M6	3×M6	3×M6 表示大径为 6mm，均匀分布的三个螺孔
螺孔	3×M6↧10 孔↧12	3×M6↧10 孔↧12	3×M6，螺孔深10，孔深12	3×M6 表示大径为 6mm，均匀分布的三个不通螺孔，螺孔深度为 10mm，钻孔深度为 12mm
沉孔	6×φ7 ⌵φ13×90°	6×φ7 ⌵φ13×90°	φ13，90°，6×φ7	"⌵"为锥形沉孔符号 锥形沉孔的直径 φ13mm 和锥角 90°均需注出
沉孔	4×φ6.6 ⌴φ11↧4.7	4×φ6.6 ⌴φ11↧4.7	φ11，4.7，4×φ6.6	"⌴"为柱形沉孔及锪平孔符号 柱形沉孔的直径 φ11mm 和深度 4.7mm 均需注出
沉孔	4×φ9 ⌴φ18	4×φ9 ⌴φ18	⌴φ18，4×φ9	锪平孔 φ18mm 的深度不需标注，一般加工到不出现毛坯面为止

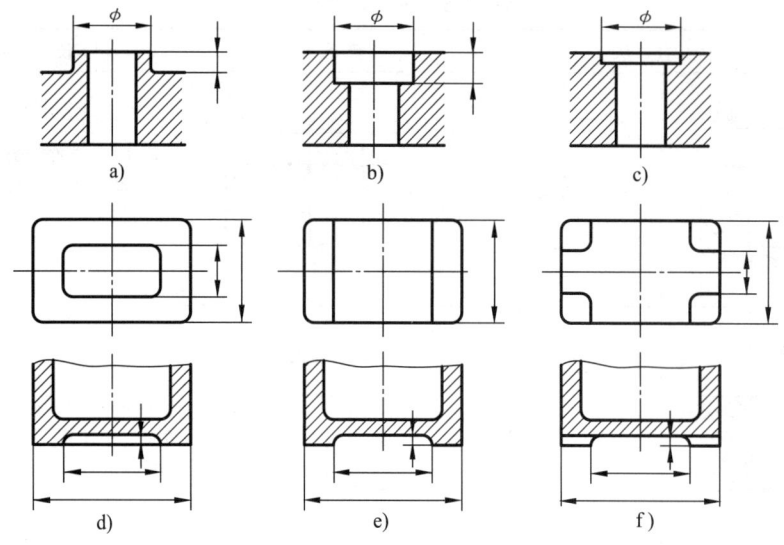

图 6-45 凸台、凹坑和凹槽
a）凸台 b）沉孔 c）锪平 d）凹坑 e）凹槽 f）凹槽

2. 过渡线

由于铸件表面相交处存在铸造圆角，因此其交线不明显。但为了增强图形的直观性，区别不同表面，图样上仍需在原相交处画出交线的投影，这种交线称为**过渡线**。

过渡线用细实线表示，其画法与原有交线画法相同，但由于有圆角，因此交线的两端不再与铸件的轮廓线相接触，其画法如图 6-46 所示。

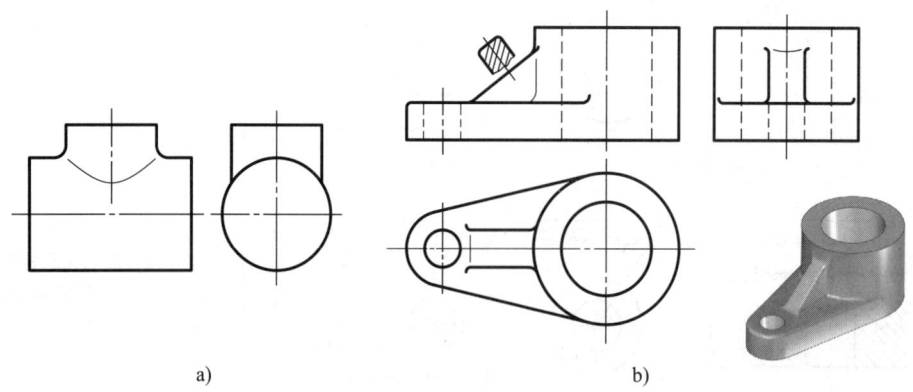

图 6-46 过渡线画法
a）两圆柱相交过渡线画法 b）肋板与圆柱面和平面相交过渡线画法

6.4 零件图的视图

零件图的视图选择是指选用适当的视图、剖视、断面等表达方法，将零件的结构形状完整、清晰地表达出来。**选择视图的总原则是：在便于看图的前提下，力求画图简便**。要达到这个要求首先必须选择好主视图，然后选配其他视图。

6.4.1 选择主视图的一般原则

根据零件的结构形状特点，可将零件分为轴套类、盘盖类、支架类和箱体类四大类，不同的零件在选择主视图时应综合考虑形状特征原则、加工位置原则或工作位置原则。

1. 形状特征原则

其原则是要求所选主视图应能较好地反映零件的形状特征，即能较好地将零件各功能部分的形状及相对位置表达出来。

如图 6-47a 所示的轴，比较按 A 方向与 B 方向投射所得到的视图，很明显按 A 方向投射得到的视图能较好地反映此轴的形状特征，因此应选择 A 方向作为主视图的投影方向。

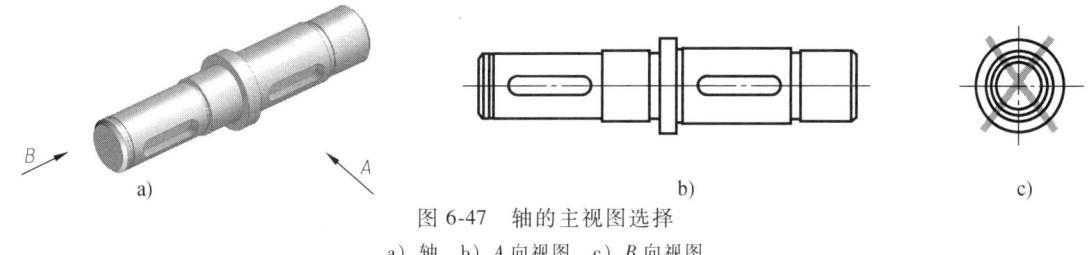

图 6-47 轴的主视图选择
a) 轴　b) A 向视图　c) B 向视图

2. 加工位置原则

其原则是要求所选主视图应尽可能与零件在机床上加工时的装夹位置一致，以便于看图加工。由于轴、套、轮、盘、盖类零件（图 6-48），一般是在卧式车床上完成机械加工的，因此可按加工位置选择主视图，即将轴线水平画出，如图 6-47b、图 6-49 所示。

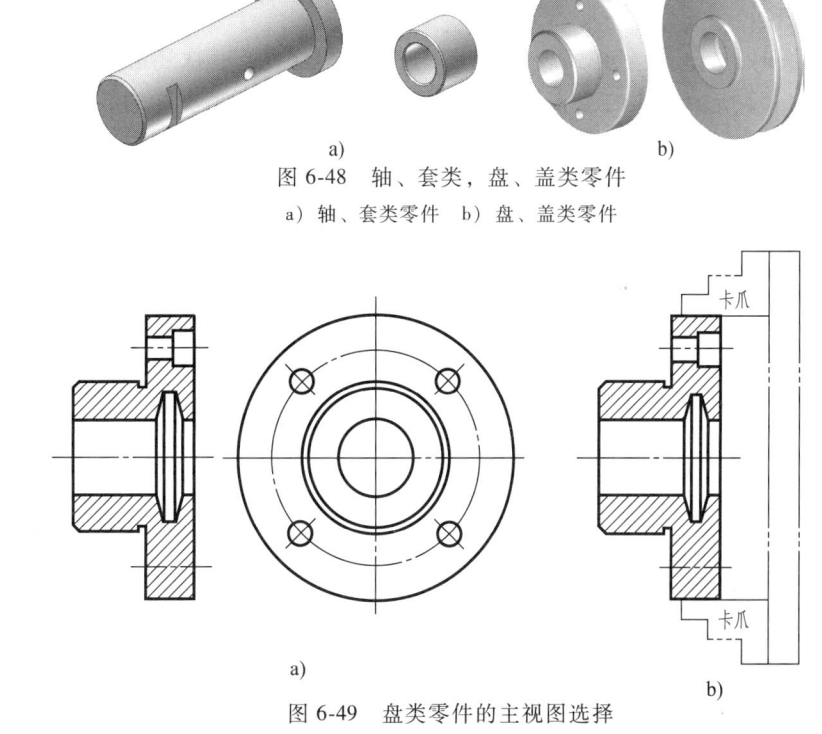

a)　　　　　b)

图 6-48 轴、套类，盘、盖类零件
a) 轴、套类零件　b) 盘、盖类零件

图 6-49 盘类零件的主视图选择
a) 盘类零件的主视图按加工位置选择　b) 盘类零件加工时的装夹位置

3. 工作位置原则

其原则是所选主视图应尽可能与零件在机器（或部件）中的工作位置一致，以便于对照装配图进行作业。

由于支座类、箱体类零件（图 6-50）的结构一般比较复杂，往往需要加工多处不同的表面，加工位置常常变化，因此不宜采用加工位置原则。对于此类零件，主视图选择时应采用工作位置原则，如图 6-51 所示。

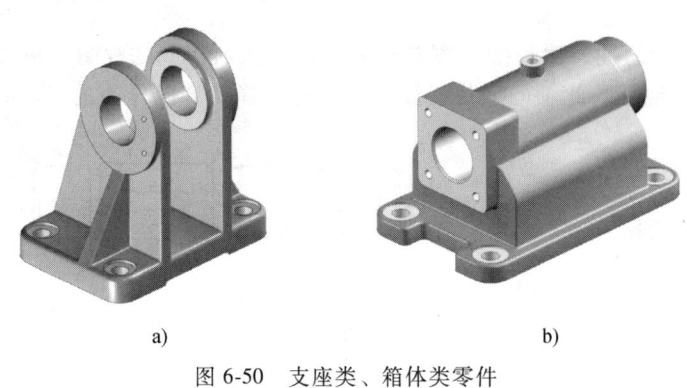

图 6-50 支座类、箱体类零件
a）支座类零件 b）箱体类零件

选择主视图时，上述三个原则不一定能同时满足，往往需要综合考虑并加以比较而定。

6.4.2 选择其他视图

为了表达清楚零件的每个组成部分的形状和它们的相对位置，一般还需要选择其他视图来配合主视图的表达。

选择其他视图时，首先要考虑需要哪些视图与主视图配合，其次还需要考虑其他视图之间的配合。如图 6-52 所示，轴的主视图已将轴上各段圆柱的大小和相对位置表达清楚了，但键槽部分还需要选择两个断面图来表达其深度等。

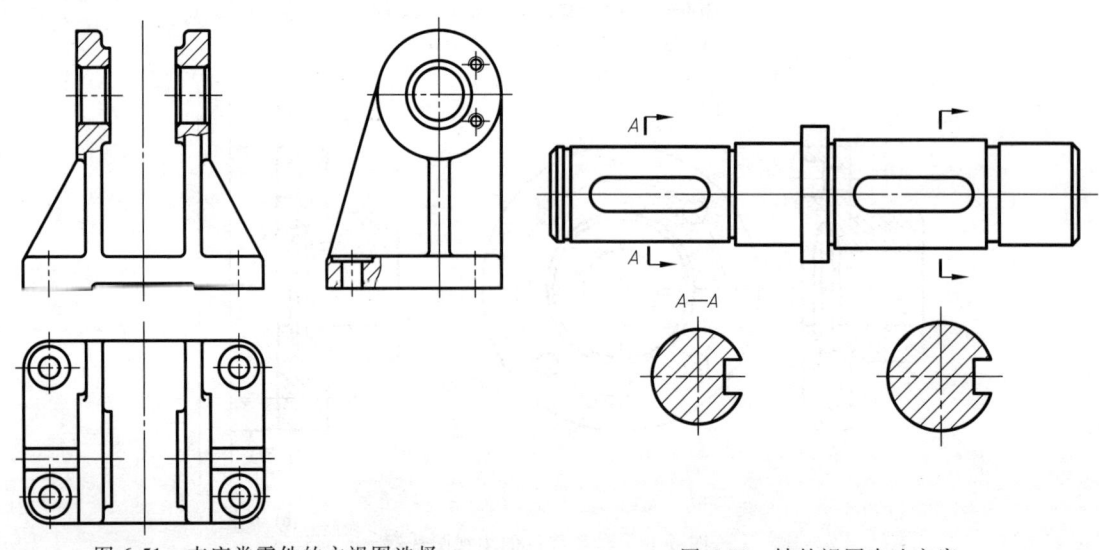

图 6-51 支座类零件的主视图选择　　　　图 6-52 轴的视图表达方案

此外，有时还要考虑视图与尺寸注法的配合，如图 6-53 所示的零件，采用一个视图并加上带有符号"φ"的尺寸，即可表示清楚零件的柱体结构等。

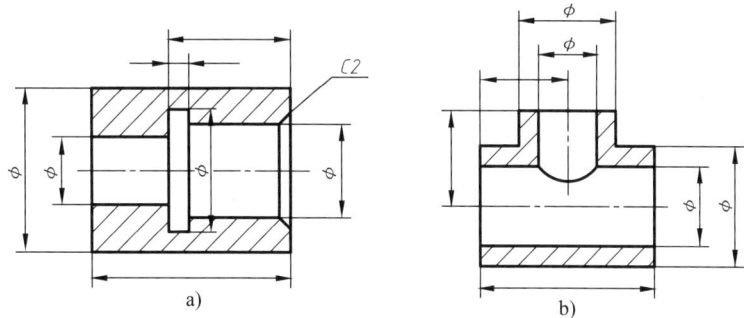

图 6-53 用一个带尺寸的视图能表达清楚零件形状的举例

6.4.3 视图选择举例

零件图的视图选择，一般可参考下列步骤：

1）分析零件。分析零件在机器（或部件）中的作用、工作位置以及所采用的加工方法，并对零件进行形体分析或结构分析。

2）选择主视图。根据零件的特点及类型，确定主视图选择的原则，选择主视图的投射方向。

3）选择其他视图。在选择其他视图时，应灵活运用各种表示方法，使各视图相互配合表达清楚零件的形状。

以图 6-54 所示的支座为例，说明零件视图选择步骤和方案的比较：

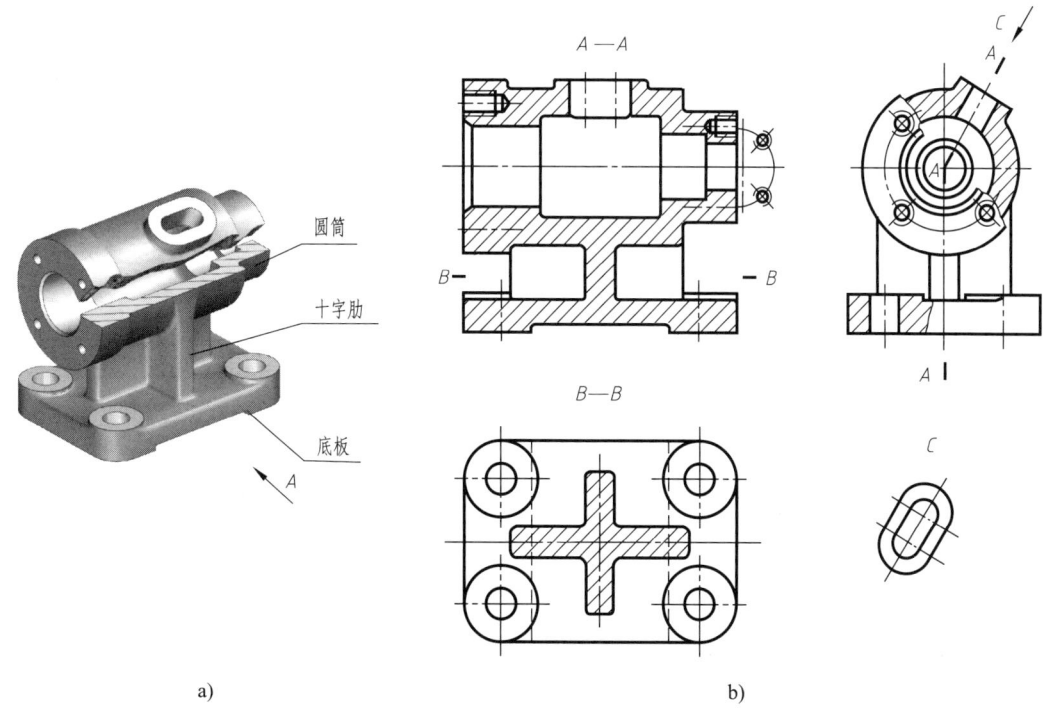

图 6-54 支座的视图表达方案

1）分析零件。支座是用来支承传动轴的，图 6-54a 所示为其工作位置。支座由圆筒、底板和十字肋组成。圆筒中部有个倾斜的穿孔长圆形凸台，内部有阶梯孔，左右端面各有四个均布的螺孔；底板上有穿孔的四个凸台，底部有通槽；十字肋为十字交叉的肋板结构。

2）选择主视图。综合考虑形状特征和工作位置原则，图 6-54a 中选择 A 方向为主视图投射方向。为了使主视图既能表达清楚圆筒内的阶梯孔，又能表达倾斜的穿孔长圆形凸台中孔的情况和凸台的轴向位置，故采用 A—A 旋转剖；左端和右端各四个螺孔均按简化画法画出。

3）选择其他视图。为了配合主视图，能够更加完整、清晰地表达支座各组成部分的形状和相对位置，其他视图的选配可按如下分析进行：

① 圆筒。为了表达倾斜凸台的方位和左端螺孔的分布情况，需要选配左视图；倾斜凸台的端面形状则用局部斜视图表达。

② 底板。选用俯视图表达底板的形状。

③ 十字肋。对于十字肋基本形状的表达，选配左视图或俯视图都可以，但为了能同时表达出肋的横断面形状，则应选用俯视图或断面图。

④ 相对位置。圆筒、底板和十字肋的上下位置和左右位置关系，已经在主视图中表达清楚；前后位置关系可用左视图或俯视图来表达，但在俯视图上它们的投影互相重叠，不宜分辨，因此应当选用左视图表达为好。

综合上述分析，最后确定的表达方案如图 6-54b 所示。俯视图采用 B—B 全剖视图，配合主视图主要表达底板和十字肋的形状；左视图则与主视图配合表达圆筒的形状及圆筒与其他两部分的前后位置关系，左视图上部的局部剖视图除了表达倾斜凸台以外，还表达了十字肋的前后两个正平面与圆筒外表面的位置关系，左下角的局部剖视图是为了表明底板四个角上的孔都是通孔。在上述表达方案中，一些次要部位的表达问题，往往是在零件基本形状的表达方案确定后考虑的，因此，在基本形状的表达方案确定后，采用了局部斜视图对其进行适当补充，使之更加完善。

图 6-55 为支座的另一个表达方案，图中多画了一个 B—B 移出断面图和一个 D 向视图；左视图上部虽采用了局部剖，但其剖切范围处理不当，无端地多剖去了一个螺孔，同时也没有将十字肋与圆筒表面前后的位置关系表达出来。因此，这个方案表达得不够完整、清晰，既不便于看图，也不便于画图。

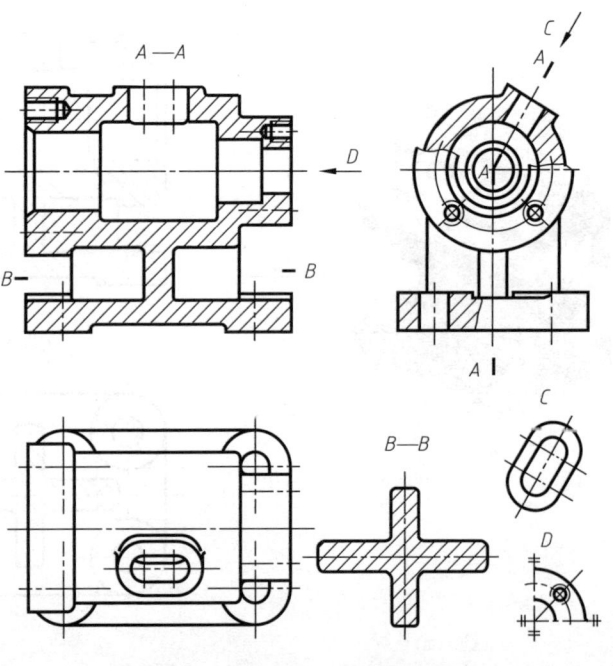

图 6-55 视图表达方案选择不合理

6.5 零件图的尺寸标注

6.5.1 零件图尺寸标注的基本要求

标注零件图尺寸的基本要求是符合标准、完整、清晰与合理。在第 3 章中已介绍了用形体分析法完整、清晰地标注尺寸的问题,这里主要介绍合理标注尺寸的基本知识。要使尺寸标注合理,就要求所注的尺寸必须满足:①设计要求,以保证机器的质量;②工艺要求,以便于加工制造和检验。要达到以上要求,还需掌握一定的生产实际知识和有关的专业知识。

6.5.2 尺寸基准的选择

尺寸基准是指在零件的设计、制造和测量时确定尺寸位置的几何元素。零件的长、宽、高三个方向上都至少要有一个尺寸基准。当同一方向有几个基准时,其中之一为主要基准,其余为辅助基准。要合理标注尺寸,必须正确选择尺寸基准。基准有设计基准和工艺基准两种。

1. 设计基准

设计基准是根据零件在机器中的作用和结构特点,为保证零件的设计要求而选定的一些基准。设计基准一般用来确定零件在机器中的位置,可以是接触面、对称面、端面、回转面的轴线等。

图 6-56 所示,支架是定滑轮(图 8-10)中的主体零件,其左右结构对称,因此,这个对称面就是长度方向的设计基准。定滑轮在机器中的位置是通过支架的底面和前端面来定位的,所以,底面和前端面分别是支架在高度和宽度方向的设计基准。

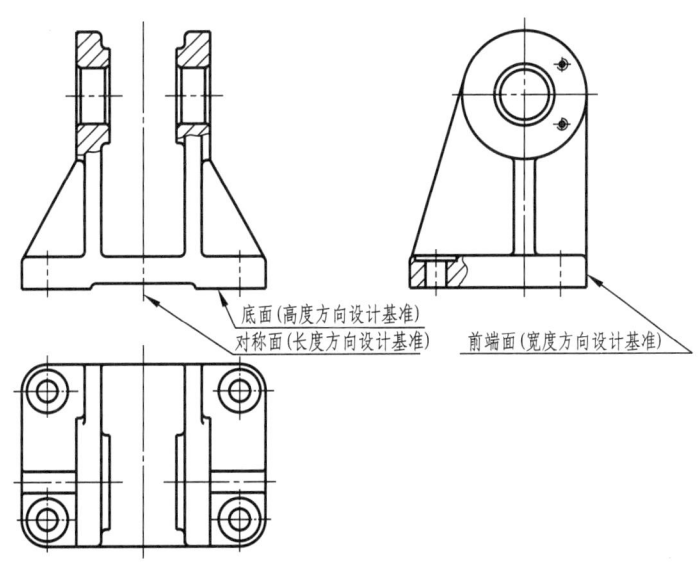

图 6-56 支架的设计基准

如图 6-57 所示,定滑轮中的零件心轴,其径向是通过心轴与支架上的轴孔处于同一条

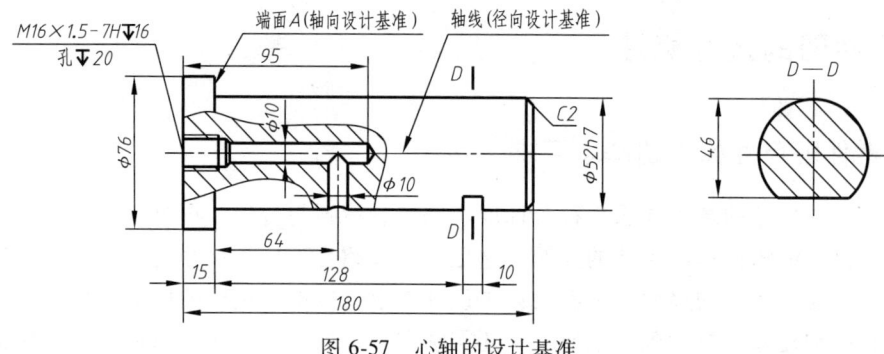

图 6-57 心轴的设计基准

轴线来定位的;轴向是通过轴肩端面 A 与支架的圆筒端面来定位的。所以,心轴的回转轴线和轴肩左端面 A 就是其在径向和轴向的设计基准。

2. 工艺基准

工艺基准是指零件在加工过程中,用于装夹定位,测量、检验零件已加工面时所选定的基准,主要是零件上的一些面、线或点。

如图 6-58 所示,在车床上加工心轴上的 $\phi52h7$ 轴段时,夹具是以左端大圆柱面 B 来定位的;车削加工及测量长度时以端面 C 为起点。因此,圆柱面 B 和端面 C 分别是加工 $\phi52h7$ 轴段时的工艺基准。

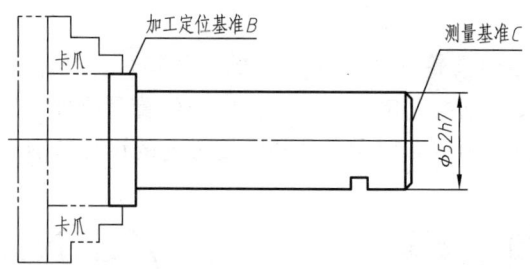

图 6-58 心轴的工艺基准

从设计基准出发标注尺寸,能保证设计要求;从工艺基准出发标注尺寸,则便于加工和测量。因此,最好使设计基准和工艺基准重合。当设计基准和工艺基准不重合时,所注尺寸应在保证设计要求的前提下,满足工艺要求。

6.5.3 尺寸的合理标注

1. 正确选择尺寸基准

当依据功能要求确定了机器(或部件)中各零件的结构、位置和装配关系以后,其设计基准就基本确定了,但工艺基准则由于所采用的加工方法不同而有所差异。设计基准和工艺基准一致,可以减少影响误差。标注尺寸时一般重要的尺寸从设计基准为起点标注,以保证设计要求;一些必要的尺寸则从工艺基准出发进行标注,以便于加工和测量。

2. 尺寸链中应留出一个尺寸不标注,以形成开环

同一方向上的一组尺寸顺序排列时,连成一个封闭回(环)路,其中每一个尺寸,均受到其余尺寸的影响,这种尺寸回路,称为尺寸链,图 6-59a 中的 a、b、e、c 为一个尺寸链。尺寸链中的每一个尺寸均称为一个环。标注尺寸时，每个尺寸链中对精度要求最低的一环不注尺寸，如图6-59b中未注尺寸 e。此环称为开口环，目的是使加工其他尺寸产生的加工误差累积到这个环上。但有时为了给设计、加工、检测或装配时提供参考，也可经计算后把开口环的尺寸加上括号（称为参考尺寸），如图6-59c所示。

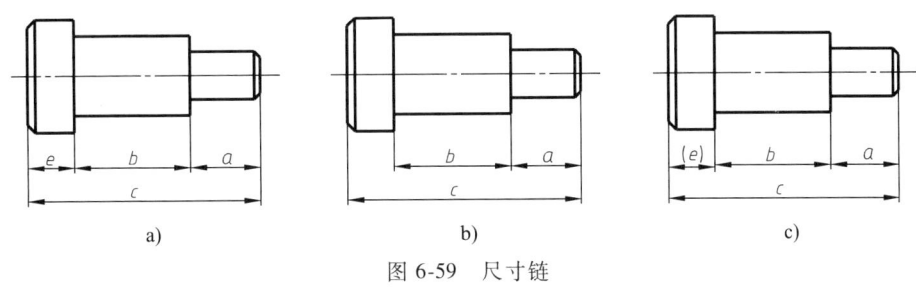

图 6-59 尺寸链
a）封闭尺寸链　b）有开口环的尺寸注法　c）参考尺寸注法

3. 重要尺寸必须直接标注

重要尺寸是指零件上对机器（或部件）的使用性能和装配质量有直接影响的尺寸，这些尺寸必须在图样上直接注出。如图6-60所示，标注定滑轮中支架的尺寸时，支架上部轴孔（心轴装在其内）的尺寸 $\phi52K8$，轴线到底面的距离（中心高）180，底板安装孔的位置尺寸25、120及184等都是重要尺寸，必须在零件图上直接标注。

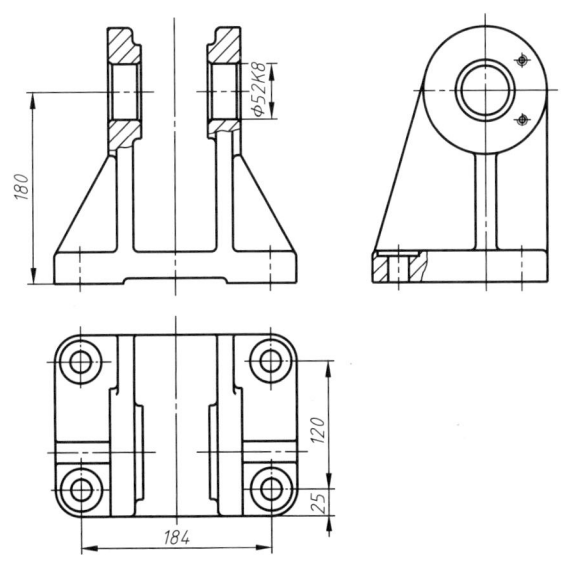

图 6-60 支架的重要尺寸

4. 尽量符合零件的加工要求并便于测量

除重要尺寸必须直接标注外，标注零件尺寸时，应尽可能与加工顺序一致，并要便于测量，如图6-61所示。

5. 毛面的尺寸注法

毛面是指用铸造或锻造等方法制造零件毛坯时所形成的且未经任何机械加工的表面。标注零件的尺寸需分清毛面与加工面，标注时，加工面与毛面之间，在一个方向上，只能有一

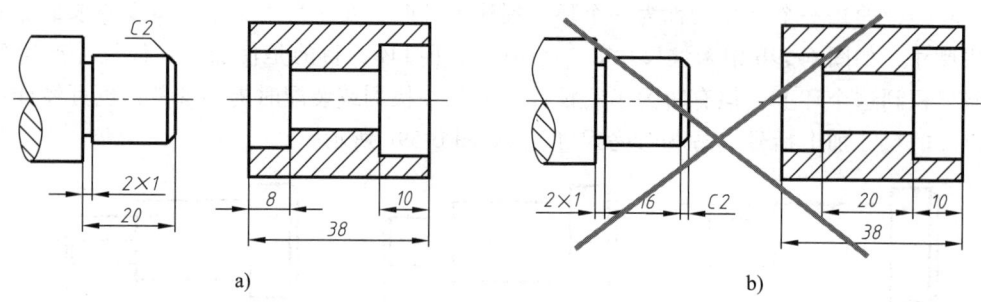

图 6-61 阶梯轴及孔的尺寸注法
a）正确注法 b）错误注法

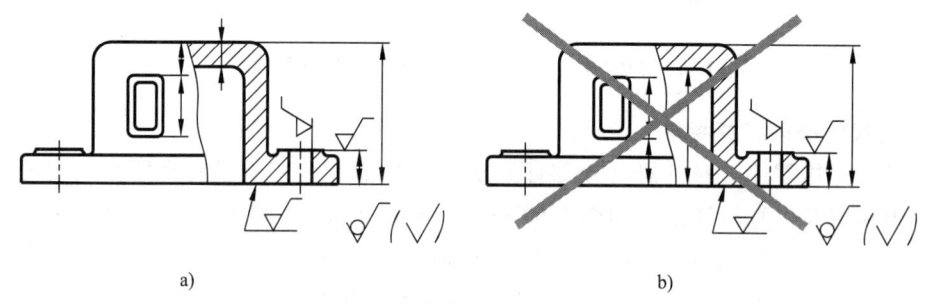

图 6-62 毛面的尺寸注法
a）合理 b）不合理

个尺寸联系，其余则为毛面与毛面或加工面与加工面之间的尺寸联系。如图 6-62 所示，在同一方向上的多个毛面不能与同一个加工面直接发生尺寸联系。

6.6 读零件图

读零件图就是通过看零件图了解零件的作用，弄清楚零件的结构形状、尺寸、技术要求以及材料等。

以图 6-63 所示的端盖零件图为例，说明读零件图的一般方法和步骤。

1. 概括了解

可先从标题栏了解零件的名称、材料、图样比例等，并大致了解零件的作用。由图 6-63 的标题栏可知，零件的名称为端盖，材料为牌号 HT150 的铸铁，图样比例 1:1。该零件属于盘盖类零件，是某箱体上一个孔的盖子。

2. 读懂零件的结构形状

（1）分析视图 先找出主视图，然后分析各视图之间的相互关系及其所表示的内容。剖视图应找出剖切面的位置和投影方向。

端盖零件图采用两个基本视图表示盘盖类零件。其中主视图采用全剖视图，表达了该类零件的外部结构特征，以及内部台阶孔的结构。左视图表达该零件圆盘形状特征，以及均布沉孔的相对位置，图中采用了简化画法。

（2）分析结构形状 在形体分析的基础上，结合零件上常见结构的特点，以及一般的

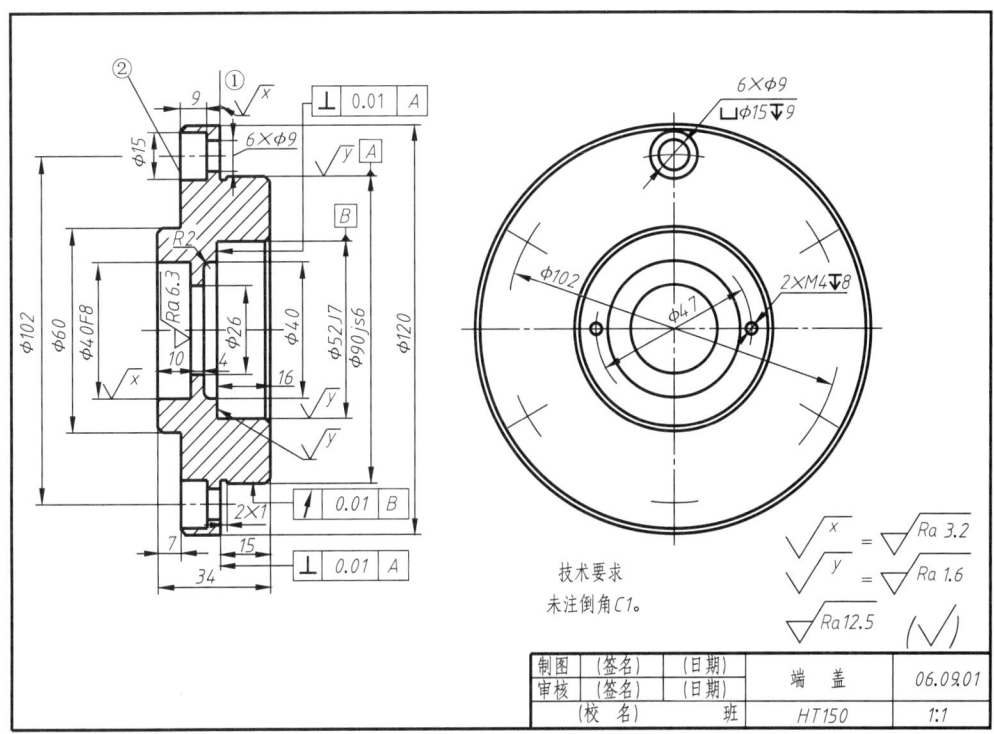

图 6-63 端盖零件图

工艺知识，分析零件各个结构的形状及其功能和作用，最终想象出整个零件的形状。

从端盖零件图的主视图中可以看出，①是端盖凸缘部分（连接板）的平面，安装时起到与某箱体零件接触连接的作用。结合主视图和左视图可看出，在凸缘部分上，沿圆周分布了六个安装螺钉所用的沉孔②。端盖上标注尺寸 $\phi90js6$ 的圆柱将插入箱体上的孔。圆柱面左端有砂轮越程槽。内部台阶孔用来穿轴和滚动轴承。

3. 分析尺寸

根据形体和结构特点，先分析出三个方向的尺寸基准，再分析哪些是重要尺寸，那些是非功能尺寸。

端盖零件的轴向尺寸以接触面①为主要基准，径向基准为轴孔轴线。重要尺寸主要有：轴孔尺寸 $\phi26$，圆柱尺寸 $\phi90js6$，轴承孔尺寸 $\phi52J7$、16 等。砂轮越程槽尺寸 2×1，沉孔尺寸 6×$\phi9$、$\phi15$、9，为标准结构尺寸。

4. 分析技术要求

了解图中的尺寸公差、几何公差、表面结构要求以及热处理等的基本含义。

端盖零件图中标出的有尺寸公差要求的配合尺寸包括：圆柱直径 $\phi90js6$，轴承孔直径 $\phi52J7$，以及轴套孔直径 $\phi40F8$。标出有几何公差要求的有三处。表面粗糙度要求最高的是 $\phi90js6$ 圆柱面及轴承孔的两个面，其 Ra 值均为 $1.6\mu m$；接触面①及 $\phi40F8$ 孔的圆柱表面粗糙度 Ra 值为 $3.2\mu m$；$\phi40F8$ 孔底面表面粗糙度 Ra 值为 $6.3\mu m$；其余表面 Ra 值为 $12.5\mu m$。所有表面均用去除表面材料的方法获得。

图 6-64 为拨叉零件图。主视图主要表示外形，在凸台销孔处用局部剖视图表示。俯视

图为过拨叉基本对称中心线剖出的全剖视图,以表示圆柱形套筒、叉架及其连接关系。A 向局部斜视图表示倾斜凸台的真形。由于拨叉制造过程中,两件合铸,加工后分开,因而在主视图上,用双点画线画出与其对称的另一件的部分投影。

拨叉零件图尺寸注法的特点是以叉架孔 $\phi 55H11$ 的轴线为长度方向的主要基准,标出与孔 $\phi 25H7$ 的轴线间的中心距 $93.75_{-0.2}^{-0.1}$;高度方向以拨叉的基本对称面为主要基准;宽度方向则以叉架的两工作侧面为主要基准,标出尺寸 12d11、12±0.2。

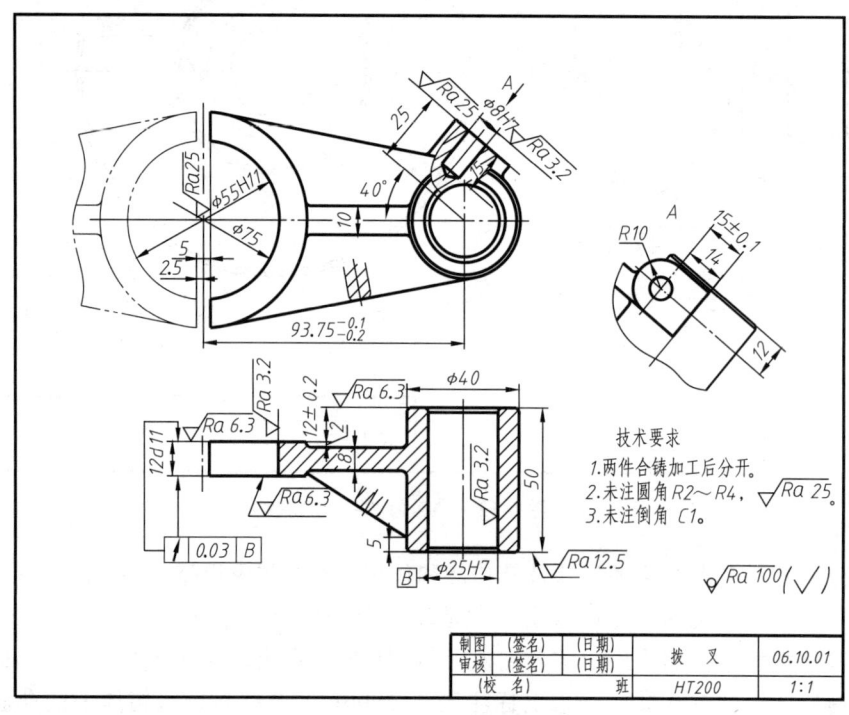

图 6-64 拨叉零件图

6.7 小结

零件图是生产中重要的技术文件之一。本章主要介绍零件图的作用、零件图的视图选择和尺寸注法、螺纹等零件上的常见结构,以及零件图中表面结构的表示法、公差与配合在图样上的标注和识别等。

本章学习的重点内容是极限与配合;表面结构的表示法;螺纹的画法和标注方法;零件图的视图选择和零件图的尺寸注法;读零件图。

本章学习的难点是零件图的视图选择和尺寸注法;读零件图。

复习思考题

1. 一张完整的零件图应包括哪些内容?标题栏中应填写哪些内容?
2. 什么是尺寸公差?什么是标准公差、基本偏差?
3. 什么是配合?配合有几类?什么是配合制?

4. 表面结构代号在图样中如何标注?
5. 零件上的常见结构有哪些?它们的画法和尺寸标注有哪些特点?
6. 螺纹的五要素分别是什么?
7. 普通螺纹与梯形螺纹的标记在格式和内容上有什么区别?
8. 内螺纹与外螺纹的画法有什么区别?内、外螺纹旋合时画法上如何表示?
9. 选择零件图主视图的一般原则是什么?不同类型零件的视图选择有什么区别?
10. 零件图的尺寸标注有哪些要求?
11. 零件图的尺寸基准怎样选择?
12. 零件图中合理标注尺寸应注意哪些方面的问题?

第 7 章　标准件和常用件

在机器或部件中，螺栓、螺钉、螺母、垫圈、键、销、齿轮、弹簧、滚动轴承等被广泛、大量地使用。为了设计、制造和使用的方便，国家标准对这些零（部）件的结构、型式、尺寸、技术要求、画法和标记作了统一规定，其中一些已完全标准化，有的部分标准化。完全标准化的零（部）件称为**标准件**。本章主要介绍标准件和常用件的基本知识、规定画法和标记方法。

7.1　螺纹紧固件

螺纹紧固件是指通过螺纹旋合起到紧固、连接作用的零件。常用的螺纹紧固件有螺栓、螺柱、螺钉、螺母、垫圈等，如图 7-1 所示。螺纹紧固件的种类很多，且使用范围广泛，一般均已标准化，其结构、型式、尺寸和技术要求等均可根据标记从标准中查得。因此，对符合标准的螺纹紧固件，不必绘制出它们的零件图。

图 7-1　螺纹紧固件

国家标准《紧固件标记方法》（GB/T 1237—2000）中规定有完整标记和简化标记两种，并规定了完整标记的内容、格式和标记的简化原则。

表 7-1 列举了一些常用的螺纹紧固件的简图和简化标记示例。

表7-1 常用的螺纹紧固件的简图和简化标记示例

名称及标准编号	简 图	简化标记及其说明
六角头螺栓 GB/T 5782—2016		螺栓　GB/T 5782　M10×35 表示螺纹规格$d=M10$，公称长度$l=35mm$，性能等级为8.8级，表面不经处理，产品等级为A级的六角头螺栓
双头螺柱 GB 897—1988 GB 900—1988	A型 B型	螺柱　GB/T 897　M10×35 表示两端均为粗牙普通螺纹，螺纹规格$d=M10$，公称长度$l=35mm$，性能等级为4.8级，B型，$b_m=1d$的双头螺柱 螺柱　GB/T 897　AM10—M10×1×35 表示旋入机体一端为粗牙普通螺纹，旋入螺母一端为螺距$P=1mm$的细牙普通螺纹，螺纹规格$d=M10$，公称长度$l=35mm$，性能等级为4.8级，A型，$b_m=1d$的双头螺柱
开槽圆柱头螺钉 GB/T 65—2016		螺钉　GB/T 65　M10×45 表示螺纹规格$d=M10$，公称长度$l=45mm$，性能等级为4.8级，表面不经处理的A级开槽圆柱头螺钉
开槽沉头螺钉 GB/T 68—2016		螺钉　GB/T 68　M10×50 表示螺纹规格$d=M10$，公称长度$l=50mm$，性能等级为4.8级，表面不经处理的A级开槽沉头螺钉
十字槽沉头螺钉 第1部分：4.8级 GB/T 819.1—2016		螺钉　GB/T 819.1　M10×50 表示螺纹规格$d=M10$，公称长度$l=50mm$，性能等级为4.8级，H型十字槽，表面不经处理的A级十字槽沉头螺钉
开槽锥端紧定螺钉 GB/T 71—2018		螺钉　GB/T 71　M6×20 表示螺纹规格$d=M6$，公称长度$l=20mm$，性能等级为14H级，表面氧化的开槽锥端紧定螺钉
1型六角螺母 GB/T 6170—2015		螺母　GB/T 6170　M10 表示螺纹规格$D=M10$，性能等级为8级，表面不经处理，产品等级为A级的1型六角螺母
平垫圈　A级 GB/T 97.1—2002 平垫圈　倒角型　A级 GB/T 97.2—2002		垫圈　GB/T 97.1　10 表示标准系列，公称规格10mm，性能等级为200HV级，不经表面处理，产品等级为A级的平垫圈
标准型弹簧垫圈 GB/T 93—1987		垫圈　GB/T 93　10 表示规格10mm，材料为65Mn，表面氧化的标准型弹簧垫圈

螺纹紧固件的基本连接形式有**螺栓连接**、**双头螺柱连接**、**螺钉连接**三种，下面分别介绍它们在装配图中的画法。

7.1.1 螺栓联接

在螺栓联接中，应用最广的是六角头螺栓联接，它是用螺栓、螺母和垫圈来紧固被联接零件的，如图7-2所示。垫圈的作用是防止拧紧螺母时损坏零件的表面和增加支承面积，使螺母的压力均匀分布到零件表面上。螺栓联接主要用于联接不太厚的两个或两个以上的零件，被联接的零件都加工出无螺纹的通孔，通孔的直径 d_h 稍大于螺栓大径，其尺寸可查标准。

在画螺栓联接装配图时，应先根据紧固件的型式、螺纹大径（d）和被联接零件的厚度（δ_1、δ_2）等，确定螺栓的公称长度（l）和标记。具体步骤如下：

1) 通过计算，初步确定螺栓的公称长度 l。$l \geqslant$ 被联接零件的总厚度（$\delta_1+\delta_2$）+垫圈厚度（h）+螺母厚度（m）+螺栓伸出螺母的高度（b_1）。式中 h、m 的数值从相应标准查得，b_1 一般取值为 $0.2d \sim 0.3d$。

图7-2 螺栓联接

2) 根据螺栓长度的计算值，在螺栓标准表（附表10）中的 l 公称系列值中，选取公称长度值。

3) 确定螺栓的标记。例如，已知螺纹紧固件的标记为：螺栓 GB/T 5782 M12×l，螺母 GB/T 6170 M12，垫圈 GB/T 97.1 12，被联接零件的厚度 $\delta_1 = 20$mm、$\delta_2 = 18$mm。其螺栓公称长度（l）和标记的确定步骤如下：

① 查标准，得出垫圈厚度 $h = 2.5$mm，螺母厚度 $m = 10.8$mm。

② 计算出 $l_{计} = 20$mm $+ 18$mm $+ 2.5$mm $+ 10.8$mm $+ (0.2 \sim 0.3) \times 12$mm $= 53.7 \sim 54.9$mm。

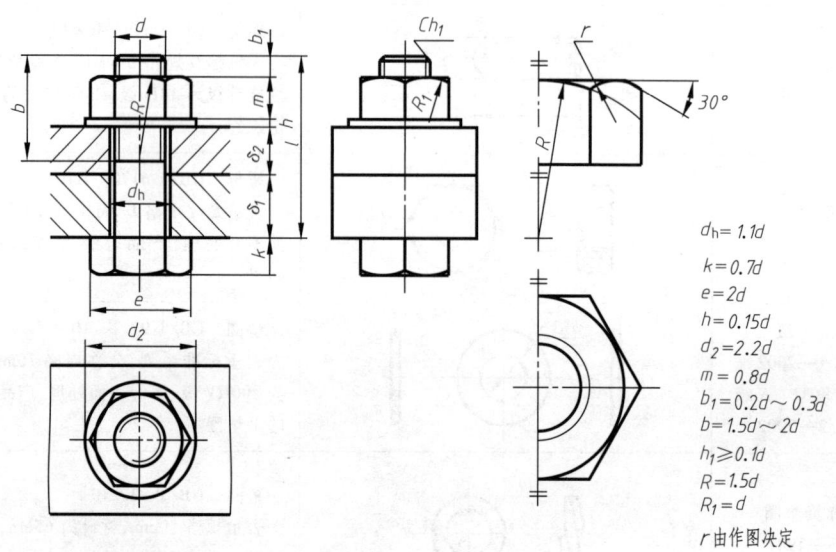

$d_h = 1.1d$
$k = 0.7d$
$e = 2d$
$h = 0.15d$
$d_2 = 2.2d$
$m = 0.8d$
$b_1 = 0.2d \sim 0.3d$
$b = 1.5d \sim 2d$
$h_1 \geqslant 0.1d$
$R = 1.5d$
$R_1 = d$

r 由作图决定

图7-3 六角头螺栓联接图的比例画法

③ 查螺栓标准中的 l 公称系列值，根据 $l \geqslant l_{计}$，从中选取螺栓的公称长度 $l = 55\text{mm}$。

④ 确定螺栓的标记为：螺栓 GB/T 5782 M12×55。

为了便于画图，装配图中的螺纹紧固件可以不按标准中规定的尺寸画出，而采用按螺纹大径（d）的比例值画图，如图 7-3 所示，这种近似画法称为**比例画法**。

画螺纹紧固件联接图时，应遵守下列规定：

1) 两零件的接触面只画一条线，不接触面和不配合面应画两条线。

2) 在装配图中，若剖切平面通过螺杆的轴线时，螺柱、螺栓、螺钉、螺母及垫圈等标准件规定按不剖绘制。

3) 在剖视图中，相邻的两金属零件，其剖面线方向应相反，或者方向一致，间隔不等；同一零件的各个视图中所有剖面线的方向和间隔都应一致。

4) 在剖视图中，当其边界不画波浪线时，应将剖面线绘制整齐。

7.1.2 双头螺柱联接

双头螺柱联接是用双头螺柱、垫圈和螺母来紧固被连接零件的，如图 7-4 所示。双头螺柱联接用于被连接零件之一太厚或由于结构上的限制不宜用螺栓联接的场合。在一个被联接的较厚的零件中加工出螺孔，其余零件都加工出通孔。图 7-4 中选用了弹簧垫圈，它能起防松作用。

双头螺柱两端都有螺纹，一端必须全部旋入被联接零件的螺孔中，称为**旋入端**；另一端用来拧紧螺母，称为**紧固端**。旋入端的长度 b_m 与螺孔和钻孔的深度尺寸 l_2 和 l_3，均与螺纹大径和加工出螺孔的零件的材料有关，螺孔和钻孔的深度尺寸数值可查有关标准。按旋入端长度 b_m 的不同，国家标准规定双头螺柱有以下四种。

用于：钢、青铜零件 $\qquad b_m = d$ （GB/T 897—1988）

铸铁零件 $\qquad b_m = 1.25d$ （GB/T 898—1988）

材料强度在铸铁与铝之间的零件 $\qquad b_m = 1.5d$ （GB/T 899—1988）

铝零件 $\qquad b_m = 2d$ （GB/T 900—1988）

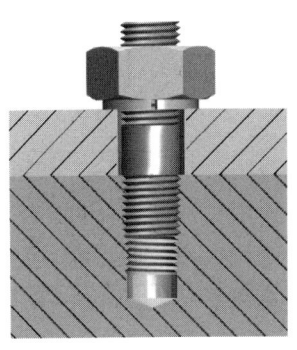

图 7-4 双头螺柱联接

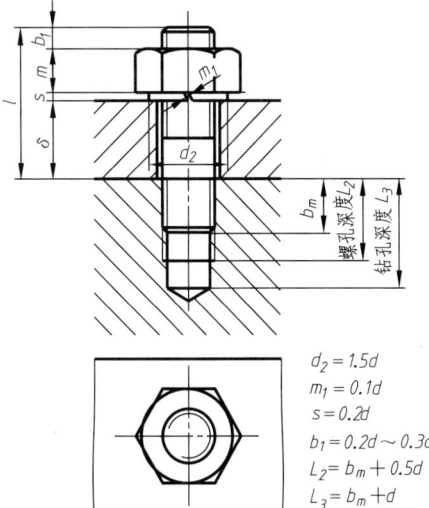

$d_2 = 1.5d$
$m_1 = 0.1d$
$s = 0.2d$
$b_1 = 0.2d \sim 0.3d$
$L_2 = b_m + 0.5d$
$L_3 = b_m + d$

图 7-5 双头螺柱联接图的比例画法

画双头螺柱联接图和画螺栓联接图一样，应先根据紧固件的型式，螺纹大径（d）、加工出通孔的零件的厚度（δ）等，确定螺柱的公称长度（l）和标记。双头螺柱的公称长度应根据下式估算后，再查螺柱标准选取相近的标准公称长度数值。

$$l \geq \delta + 垫圈厚度\ s + 螺母厚度\ m + 螺柱伸出螺母高度\ b_1$$

式中，s、m 的数值从相应标准中查得，b_1 取值为 $0.2d \sim 0.3d$。

双头螺柱联接图的比例画法如图 7-5 所示。图中未注出的比例值尺寸，都与螺栓联接图中对应处的比例值相同。画双头螺柱联接图时要注意的是：旋入端的螺纹终止线与带螺孔的被联接零件的上端面平齐。

7.1.3 螺钉联接

螺钉联接一般用于受力不大而又不需经常拆装的地方。这种联接不用螺母，而是把螺钉直接拧入一个带螺孔的被连接零件中，其余零件都加工出通孔，如图 7-6 所示。

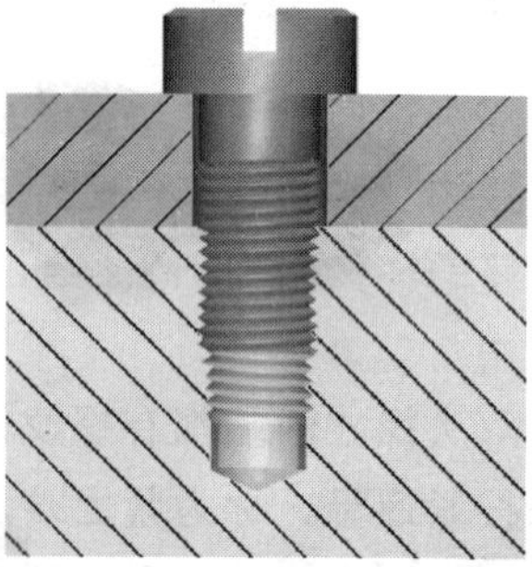

在画螺钉联接图时，也应先根据螺钉的型式，螺纹大径（d）、被连接零件的厚度（δ）以及带螺孔的被联接零件的材料，确定螺钉的公称长度（l）和标记。

螺钉公称长度应根据下式估算后再查螺钉标准选取相近的标准公称长度数值。

$$l \geq \delta + 螺钉旋入螺孔的深度\ L_1$$

式中，L_1 可按双头螺柱旋入端长度 b_m 的计算方法来确定。

部分常见螺钉连接图的比例画法如图 7-7 所示。

图 7-6 螺钉联接

要注意螺钉头部一字槽和十字槽的画法，它在主、俯视图之间是不符合投影关系的，在俯视图上螺钉头部一字槽和十字槽应画成与圆的对称中心线呈 45° 倾斜。

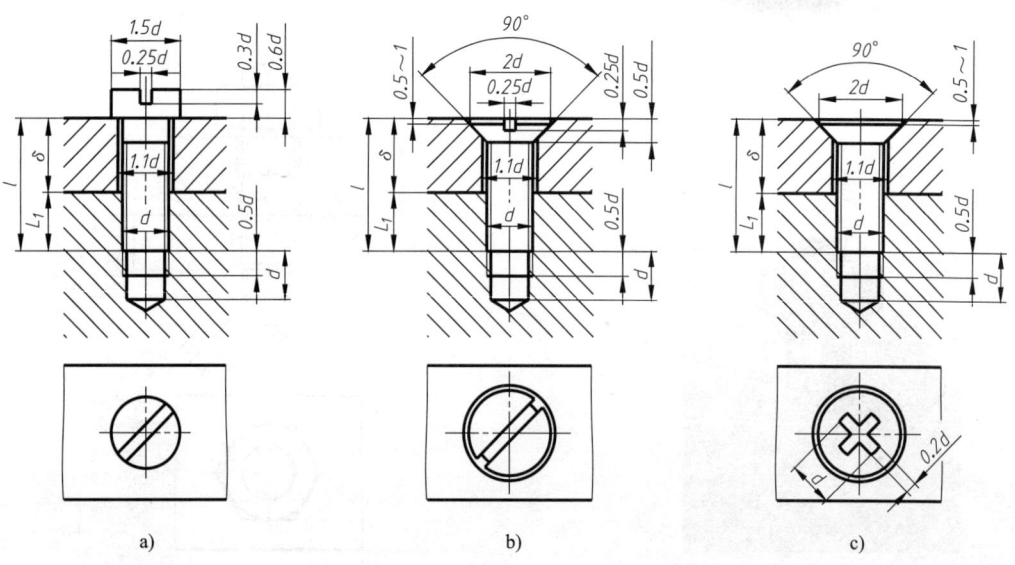

图 7-7 部分常见螺钉连接图的比例画法

7.1.4 螺纹紧固件联接图的简化画法

按照国家标准 GB/T 4459.1—1995 规定，画螺栓、螺柱、螺钉联接图时，可采用图 7-8 所示的简化画法。

1) 螺纹紧固件的工艺结构，如倒角、退刀槽、缩颈、凸肩等均可省略不画。
2) 不穿通的螺纹孔，可以不画出钻孔深度，仅按有效螺纹部分的深度（不包括螺尾）画出。
3) 在装配图中，螺钉头部的一字槽和十字槽、弹簧垫圈的开口可按简化画法画出。

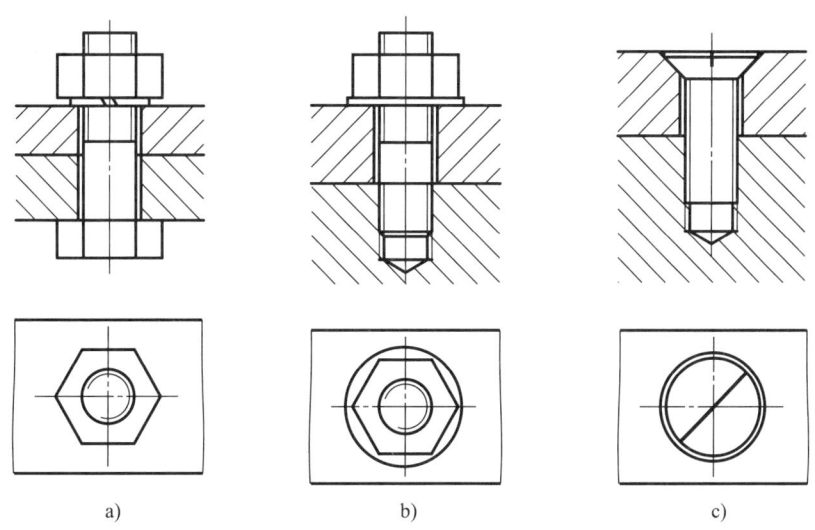

图 7-8 螺栓、螺柱、螺钉联接图的简化画法

7.2 键

7.2.1 键的种类和标记

在机器中，键常用来联结轴和轴上的零件（如齿轮、带轮等）使它们和轴一起转动，如图 7-9 所示。常用的键有普通型平键、普通型半圆键和钩头型楔键。键的种类很多，都已标准化，它们的简图和标记见表 7-2。

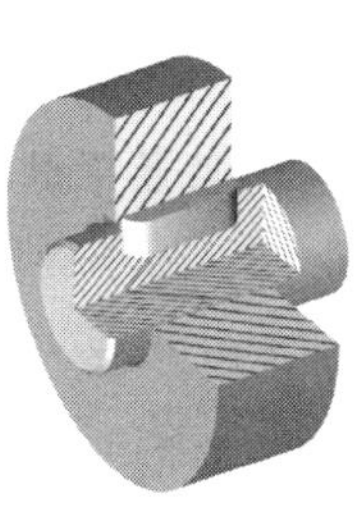

7.2.2 普通平键键槽的画法及键联结的画法

1. 普通平键键槽的画法和尺寸注法

画平键联接装配图时，首先应知道轴的直径和键的类型，然后根据轴的直径查有关标准，确定键的尺寸 b（键宽）和 h（键高），以及轴和轮子的键槽尺寸，并选定键的长度值 L。

图 7-9 平键联结

例如：已知轴的直径为 26mm，采用普通 A 型平键，由标准 GB/T 1096—2003 查得键宽 $b=8$mm，键高 $h=7$mm；轴和轮（毂）上键槽尺寸 $t=4$mm，$t_1=3.3$mm，键长 L 应小于轮厚 $B=26$mm，从标准 GB/T 1096—2003 中选取键长 $L=25$mm，其零件图中轴和轮上键槽尺寸标注如图 7-10 所示。

表 7-2 常用键的简图和标记

名称及标准编号	简图	标记及其说明
普通型 平键 GB/T 1096—2003	A型	GB/T 1096 键 8×7×28 表示宽度 $b=8$mm、高度 $h=7$mm、长度 $L=28$mm 的普通 A 型平键
普通型 半圆键 GB/T 1099.1—2003		GB/T 1099.1 键 6×10×25 表示宽度 $b=6$mm、高度 $h=10$mm、直径 $D=25$mm 的普通型半圆键
钩头型 楔键 GB/T 1565—2003		GB/T 1565 键 8×28 表示宽度 $b=8$mm、高度 $h=7$mm、长度 $L=28$mm 的钩头型楔键

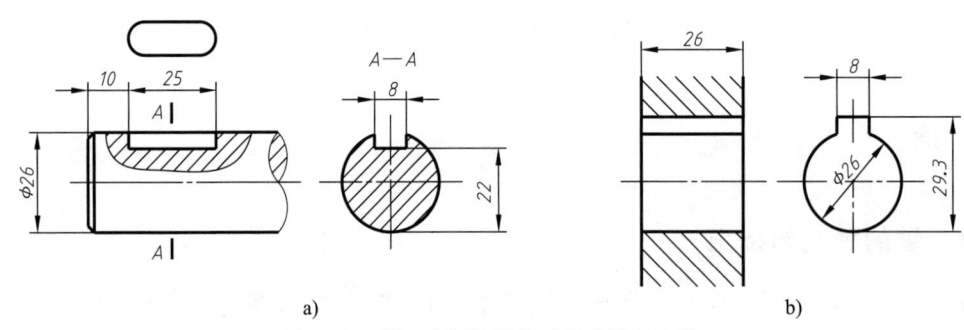

图 7-10 普通平键键槽的画法和尺寸注法

2. 普通平键联结图的画法

用普通平键联结时，键的两侧面是工作面，因此在装配图中，键的两侧面和下底面都应与轴上、轮毂上键槽的相应表面接触，而键的顶面是非工作面，它与轮毂的键槽顶面之间不接触，应留有间隙。普通平键联结图的画法如图 7-11 所示。

此外，在剖视图中，对于键等实心零件，当剖切平面通过其对称平面纵向剖切时，键按不剖绘制。当剖切平面垂直于轴线剖切时，被剖切的键应画出剖面线。

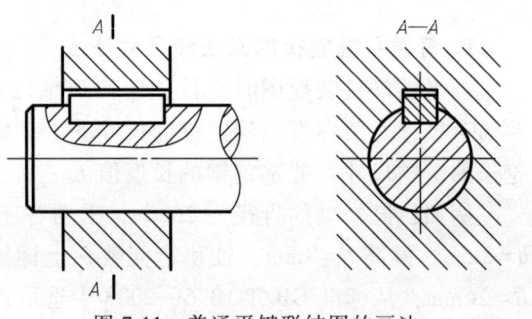

图 7-11 普通平键联结图的画法

7.3 销

7.3.1 销的种类和标记

常用的销有**圆柱销**、**圆锥销**和**开口销**。圆柱销和圆锥销通常用于零件间的定位和连接,而开口销则用来防止螺母回松或固定其他零件防止零件脱落。表7-3列举了三种销的简图和标记。

表7-3 常用的销的简图和标记

名称及标准编号	简 图	标记及其说明
圆柱销 GB/T 119.1—2000		销 GB/T 119.1 8m6×30 表示公称直径 $d=8$mm,公差为m6,公称长度 $l=30$mm,材料为钢,不经淬火,不经表面处理的圆柱销
圆锥销 GB/T 117—2000		销 GB/T 117 10×60 表示公称直径 $d=10$mm,公称长度 $l=60$mm,材料为35钢,热处理硬度28~38HRC,表面氧化处理的A型圆锥销
开口销 GB/T 91—2000		销 GB/T 91 5×50 表示公称直径 $d=5$mm,公称长度 $l=50$mm,材料为Q215或Q235,不经表面处理的开口销

7.3.2 销联接的装配图画法

圆柱销联接装配图画法如图7-12所示。国家标准规定:在装配图中,对于轴、销等实心零件,若按纵向剖切,且剖切平面通过其轴线时,这些零件均按不剖绘制;若垂直于销的轴线时,被剖切的销应画出剖面线。

圆锥销的联接装配图画法如图7-13所示。应注意:圆锥销是以小端直径 d 为基准的,因此,圆锥销孔也应标注小端直径尺寸。

开口销的联接装配图画法如图7-14所示。开口销与槽形螺母合用,用来防止螺母松开或者防止其他零件从轴上脱开。

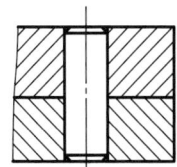
图7-12 圆柱销联接装配图

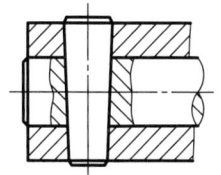
图7-13 圆锥销联接装配图

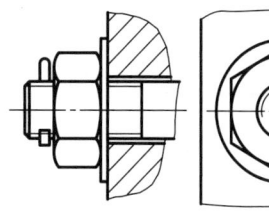
图7-14 开口销联接装配图

7.4 齿轮

7.4.1 齿轮的基本知识

齿轮是机械传动中广泛应用的传动零件，它可以用来传递动力、改变转动方向和速度以及改变运动方式等，但必须成对使用。

齿轮的种类很多，根据传动轴轴线的相对位置的不同，常见的齿轮传动有**圆柱齿轮传动**（用于两平行轴的传动）、**锥齿轮传动**（用于两相交轴的传动）和**蜗轮蜗杆传动**（用于两垂直交叉轴的传动）三种，如图 7-15 所示。

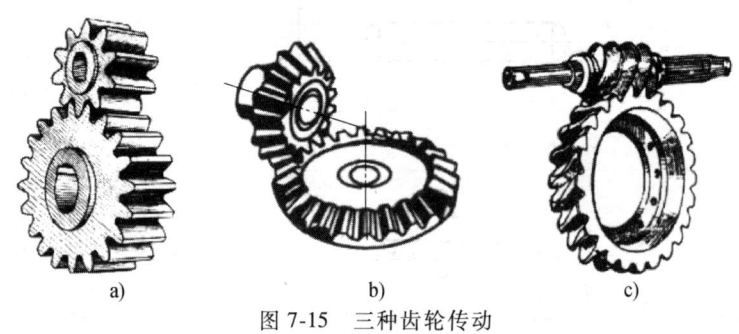

图 7-15 三种齿轮传动
a）圆柱齿轮传动 b）锥齿轮传动 c）蜗轮蜗杆传动

齿轮上的齿称为**轮齿**，轮齿是齿轮的主要结构，只有当轮齿符合国家标准中规定的齿轮才能称为标准齿轮。在齿轮的性能参数中，只有模数和齿形角已标准化。下面主要介绍直齿圆柱齿轮的基本知识和画法。

7.4.2 直齿圆柱齿轮的基本参数、轮齿的各部分名称和尺寸关系

当圆柱齿轮的轮齿方向与圆柱的素线方向一致时，称为**直齿圆柱齿轮**。直齿圆柱齿轮轮齿各部分名称和基本参数见表 7-4。

1. 齿轮的基本参数和轮齿各部分名称（GB/T 3374.1—2010）

模数 m 是设计和制造齿轮的重要参数。不同模数的齿轮要用不同的刀具来加工制造。为了便于设计和加工，模数已标准化，其数值见表 7-5。

2. 轮齿各部分尺寸与模数的关系

在设计齿轮时要先确定模数和齿数，其他各部分尺寸都可由模数和齿数计算出来。标准直齿圆柱齿轮轮齿各部分尺寸的计算公式见表 7-6。

只有模数、压力角都相同的齿轮才能相互啮合。

7.4.3 直齿圆柱齿轮的规定画法

1. 单个齿轮的画法

齿轮一般用两个视图（包括剖视图）或一个视图和一个局部视图来表示，如图 7-16 所示。国家标准 GB/T 4459.2—2003 规定的齿轮的画法如下：

表 7-4 直齿圆柱齿轮轮齿各部分名称和基本参数

名称	符号	说明
齿数	z	一个齿轮的轮齿总数 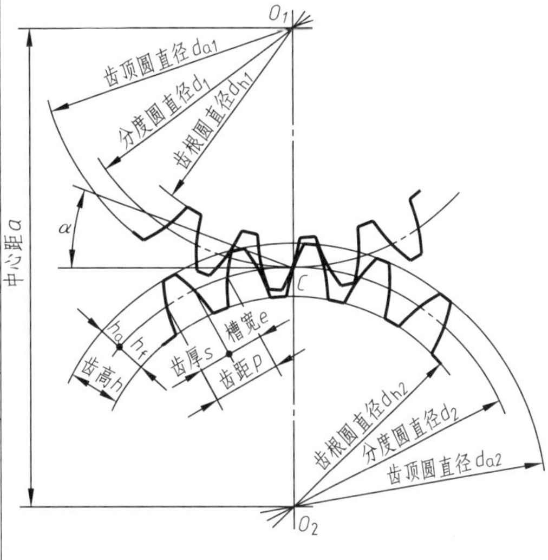
齿顶圆	d_a	通过齿顶的圆
齿根圆	d_f	通过齿根的圆
分度圆	d	计算轮齿各部分尺寸的基准圆
齿高	h	齿顶圆和齿根圆之间的径向距离
齿顶高	h_a	齿顶圆和分度圆之间的径向距离
齿根高	h_f	齿根圆和分度圆之间的径向距离
齿距	p	在分度圆上,相邻两齿廓对应点的弧长(齿厚+槽宽)
齿厚	s	在分度圆上,每齿的弧长
节圆	d'	当两齿轮传动时,其齿廓在连心线 $O_1 O_2$ 上接触点 C 处,两齿轮的圆周速度相等,以 $O_1 C$ 和 $O_2 C$ 为半径的两个圆称为相应齿轮的节圆
压力角	α	过齿廓与分度圆的交点 C 的径向直线与该点处的齿廓切线所夹的锐角称为压力角。我国规定标准齿轮的压力角为 20°
啮合角	α'	两齿轮传动时,两相啮合的轮齿齿廓接触点处的公法线与两节圆的内公切线所夹的锐角,称为啮合角。啮合角就是在点 C 处两齿轮受力方向与运动方向的夹角
模数	m	由于 $\pi d = zp$,所以 $d = (p/\pi)z$,令 $m = p/\pi$

表 7-5 齿轮模数标准系列摘录（GB/T 1357—2008）　　　（单位：mm）

第Ⅰ系列	1　1.25　1.5　2　2.5　3　4　5　6　8　10　12　16　20　25　32　40　50
第Ⅱ系列	1.125　1.375　1.75　2.25　2.75　3.5　4.5　5.5　(6.5)　7　9　11　14　18　22　28　36　45

注：选用模数时,应优先选用第Ⅰ系列；其次选用第Ⅱ系列；括号内的模数尽可能不用。

表 7-6 标准直齿圆柱齿轮轮齿各部分尺寸的计算公式

名 称	代 号	尺寸计算
分度圆直径	d	$d = mz$
齿顶高	h_a	$h_a = m$
齿根高	h_f	$h_f = 1.25m$
齿顶圆直径	d_a	$d_a = d + 2h_a = m(z+2)$
齿根圆直径	d_f	$d_f = d - 2h_f = m(z-2.5)$
全齿高	h	$h = h_a + h_f = 2.25m$
两啮合齿轮中心距	a	$a = m(z_1 + z_2)/2$
齿距	p	$p = \pi m$

1）齿顶圆和齿顶线用粗实线绘制；分度圆和分度线用细点画线绘制（分度线应超出轮齿两端 2~3mm）；齿根圆和齿根线用细实线绘制,也可省略不画。

2）在剖视图中,当剖切平面通过齿轮的轴线时,轮齿一律按不剖绘制,齿根线用粗实线绘制。

3）如需表明齿形时,可在图形中用粗实线画出一个或两个齿,或用适当比例的局部放

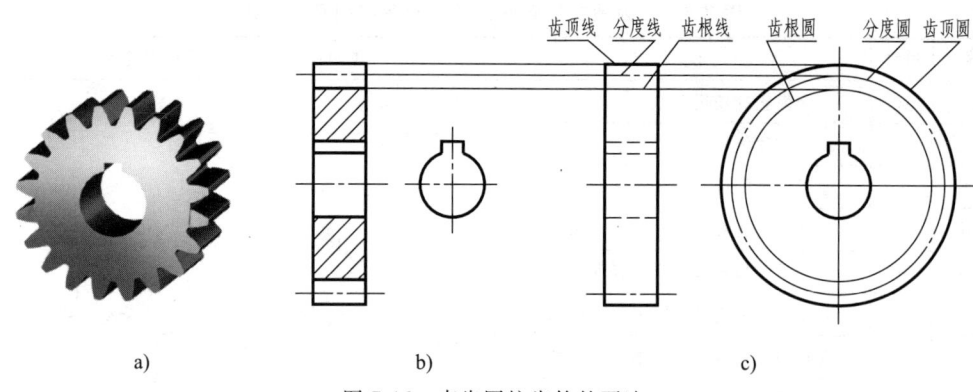

图 7-16 直齿圆柱齿轮的画法
a）直齿圆柱齿轮 b）剖视的画法 c）不剖的画法

大图表示。

2. 直齿圆柱齿轮的啮合画法

一对模数、压力角相同且符合标准的圆柱齿轮处于正确的安装位置（装配准确）时，其分度圆和节圆重合。一对齿轮啮合在一起称为**齿轮副**，其啮合区的画法规定如下：

1）在垂直于圆柱齿轮轴线的投影面的视图中，两节圆应相切。啮合区内的齿顶圆均用粗实线绘制，如图 7-17a 所示的左视图；也可省略不画，如图 7-17b 所示的左视图。齿根圆全部不画。

2）在平行于圆柱齿轮轴线的投影面的视图中，啮合区内的齿顶线不需要画出，节线用粗实线绘制，如图 7-17b 所示的主视图。

3）在剖视图中，当剖切平面通过两啮合齿轮的轴线时，在啮合区内将一个齿轮的轮齿用粗实线绘制，另一个齿轮的轮齿被遮挡的部分用细虚线绘制，这条细虚线也可省略不画。

4）在剖视图中，当剖切平面不通过啮合齿轮的轴线时，齿轮一律按不剖绘制。

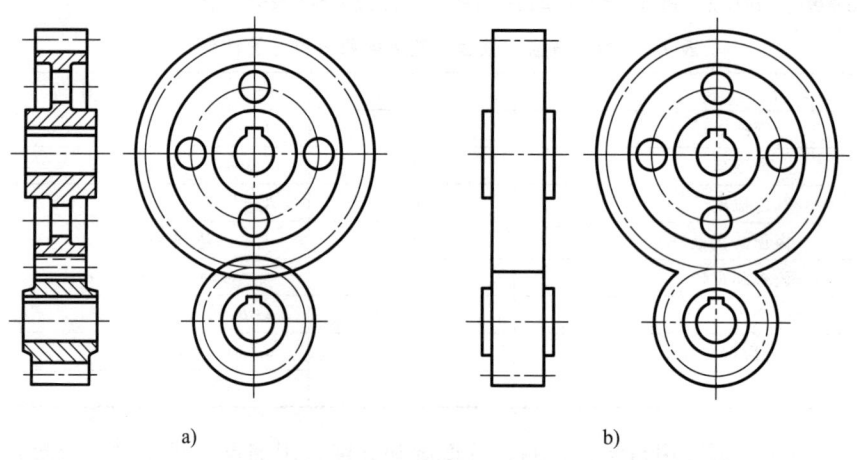

图 7-17 直齿圆柱齿轮副啮合画法

7.4.4 齿轮图样格式

图 7-18 是按照渐开线圆柱齿轮图样格式示例绘制的直齿圆柱齿轮零件图，图样格式示例除

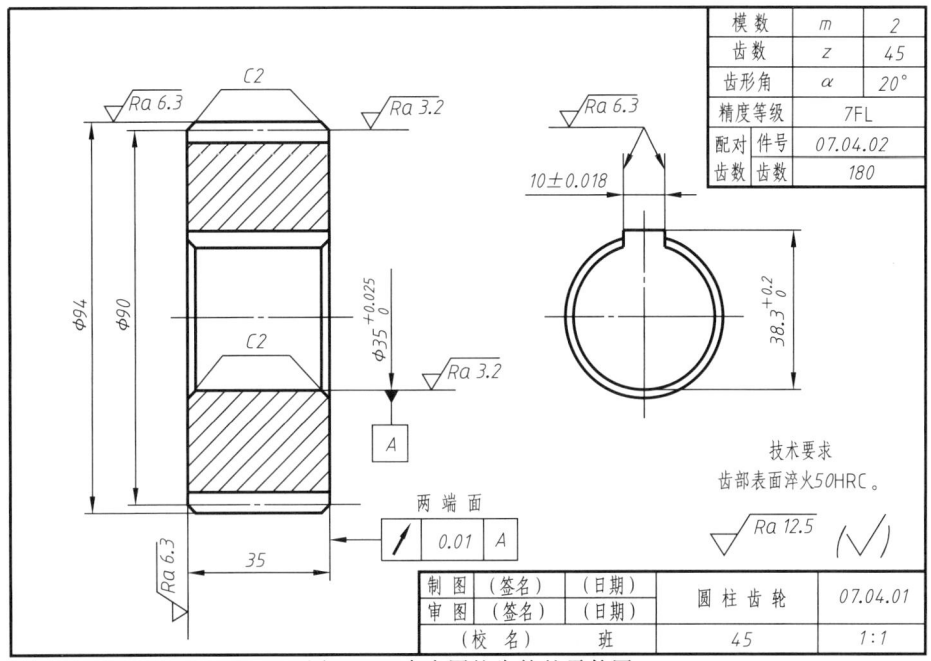

图 7-18 直齿圆柱齿轮的零件图

了要按画法规定绘制轮齿外,还要按规定进行标注,包括尺寸标注、几何公差标注和填写齿轮参数表。参数表中参数包括模数、齿数、齿形角和精度等级等,其项目可根据需要增减。

7.5 弹簧

弹簧的用途很广,可用来储藏能量、减振、测力、夹紧等。在电器中,弹簧常用来保证导电零件的良好接触或脱离接触。

弹簧的种类很多,有螺旋弹簧、涡卷弹簧和板弹簧等,如图 7-19 所示。在各种弹簧中,圆柱螺旋弹簧最为常见,根据其受力情况的不同,又分为**压缩弹簧**、**拉伸弹簧**、**扭转弹簧**三种。

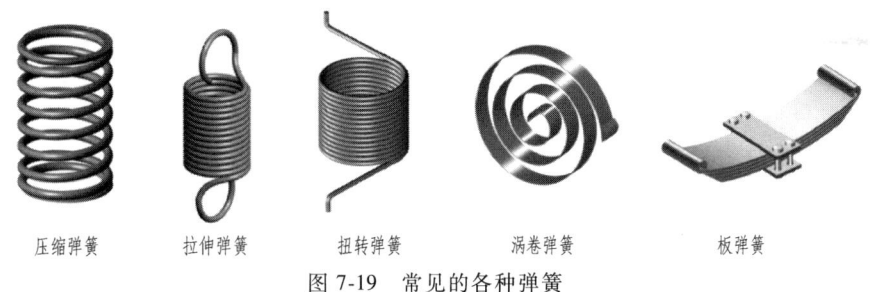

压缩弹簧　　拉伸弹簧　　扭转弹簧　　涡卷弹簧　　板弹簧

图 7-19 常见的各种弹簧

下面主要介绍圆柱螺旋压缩弹簧的规定画法和标记。

7.5.1 圆柱螺旋压缩弹簧各部分名称及其相互关系

表 7-7 列出了圆柱螺旋压缩弹簧各部分名称和相互关系。

表 7-7 圆柱螺旋压缩弹簧各部分名称和相互关系

名称	符号	说明
材料直径	d	制造弹簧用的型材直径 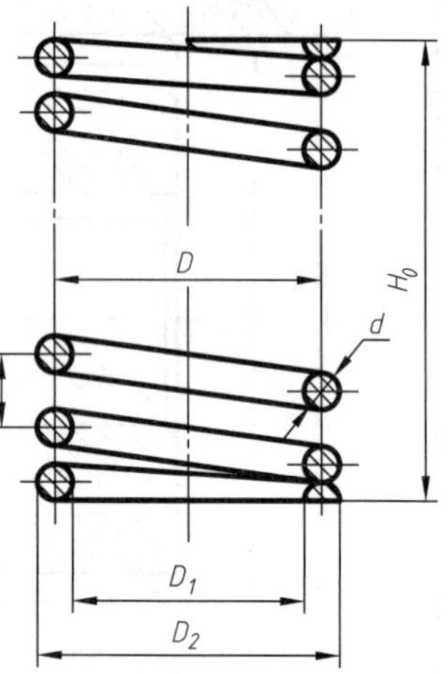
弹簧外径	D_2	弹簧的最大直径
弹簧内径	D_1	弹簧的最小直径
弹簧中径	D	$D = D_2 - d = D_1 + d$
有效圈数	n	为了工作平稳,n 一般不小于 3 圈
支承圈数	n_z	弹簧两端并紧磨平或锻平的各圈仅起支承作用(一般取 1.5 圈、2 圈或 2.5 圈)
总圈数	n_1	$n_1 = n + n_z$
节距	t	相邻两个有效圈在中径上对应点的轴向距离
自由高度	H_0	未受负荷时的弹簧高度 $H_0 = nt + (n_2 - 0.5)d$
展开长度	L	制造弹簧时,所需弹簧钢丝的长度 $L = \dfrac{\pi D n_1}{\cos\alpha} \approx \pi D n_1$,式中 α 为螺旋升角,一般为 5°~9°

圆柱螺旋压缩弹簧的尺寸及参数在 GB/T 2089—2009 中都作了规定,使用时可查阅该标准。

7.5.2 圆柱螺旋压缩弹簧的规定画法(GB/T 4459.4—2003)

1)在平行于螺旋弹簧轴线的投影面的视图中,其各圈的轮廓线应画成直线。

2)螺旋弹簧均可画成右旋,但左旋螺旋弹簧不论画成左旋或右旋,必须在"技术要求"中注明"旋向:左旋"。

3)对于螺旋压缩弹簧,如要求两端并紧且磨平时,不论支承圈数多少和末端贴紧情况如何,均按图 7-20(有效圈是整数,支承圈为 2.5 圈)所示的形式绘制。必要时也可按支承圈的实际结构绘制。

4)当弹簧的有效圈数在四圈以上时,其中间部分可以省略不画,只画出两端的 1~2 圈(支承圈除外)。中间部分省略后,用通过弹簧钢丝中心的两条细点画线表示,并允许适当缩短图形的长度。

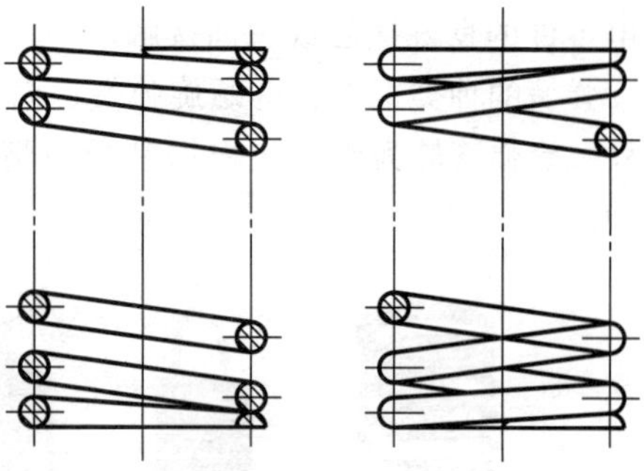

图 7-20 圆柱螺旋压缩弹簧画法
a)剖视图 b)视图

5)在装配图中,型材直径或厚度在图形上等于或小于 2mm 的螺旋弹簧,允许用示意图绘制,如图 7-21a 所示;当弹簧被剖切时,也可用涂黑表示,且各圈的轮廓线不画,如图 7-21b 所示。

6)在装配图中,被弹簧挡住的结构一般不画出,可见部分应从弹簧的外轮廓线或从弹簧钢丝断面的中心线画起,如图 7-22 所示。

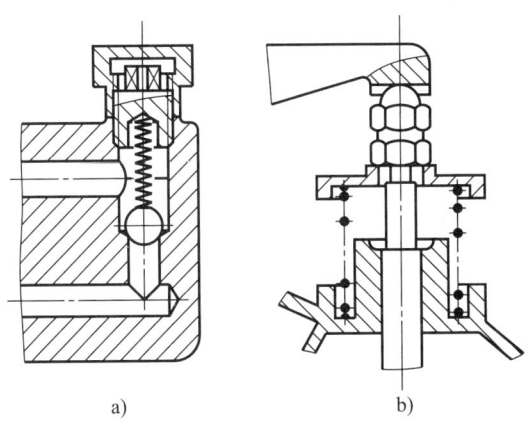
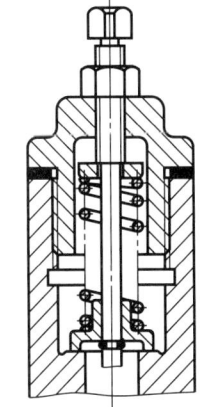

图 7-21　装配图中簧丝直径≤2mm 时的画法　　　图 7-22　被弹簧挡住的零件结构的画法

7.5.3　圆柱螺旋压缩弹簧的标记

根据（GB/T 2089—2009）规定，圆柱螺旋压缩弹簧的标记内容和标记格式如下：

类型 $d×D×H_0$ - 精度代号 旋向代号 GB/T 2089

例：YA 型弹簧，A 型，材料直径为 3mm，弹簧中径为 20mm，自由高度为 80mm，制造精度为 2 级，左旋的两端并紧磨平的冷卷压缩弹簧。其标记为：

YA 3×20×80-左　GB/T 2089—2009

注意：弹簧按 2 级精度制造时不表示，3 级应注明；右旋不表示。

7.5.4　圆柱螺旋压缩弹簧的作图步骤

当已知弹簧的材料直径 d、中径 D、自由高度 H_0（画装配图时，采用初压后的高度）、有效圈数 n、总圈数 n_1 和旋向后，即可计算出节距 t，其作图步骤如图 7-23 所示。

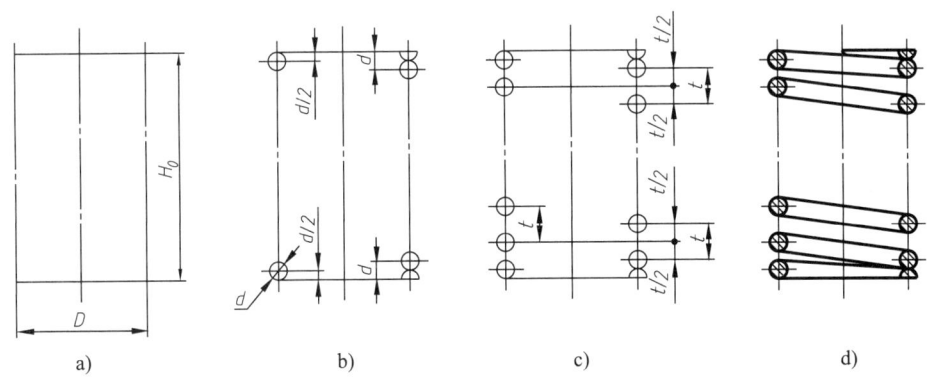

图 7-23　圆柱螺旋压缩弹簧的作图步骤
a）根据 D 画左右两条中心线，根据 H_0 确定高度　b）根据 d 画两端支承圈的小圆
c）根据 t 画出几个有效圈的小圆　d）按右旋画相应小圆的外公切线及剖面线

图 7-24 为圆柱螺旋压缩弹簧的零件图，主视图右上方的倾斜直线（力学性能曲线）表示该弹簧在不同负荷下其长度随着变化的情况，其中 F_1、F_2 为弹簧的工作负荷，F_j 为工作极限

负荷，55mm、47mm 表示相应工作负荷下的工作高度，39mm 表示工作极限负荷下的高度。

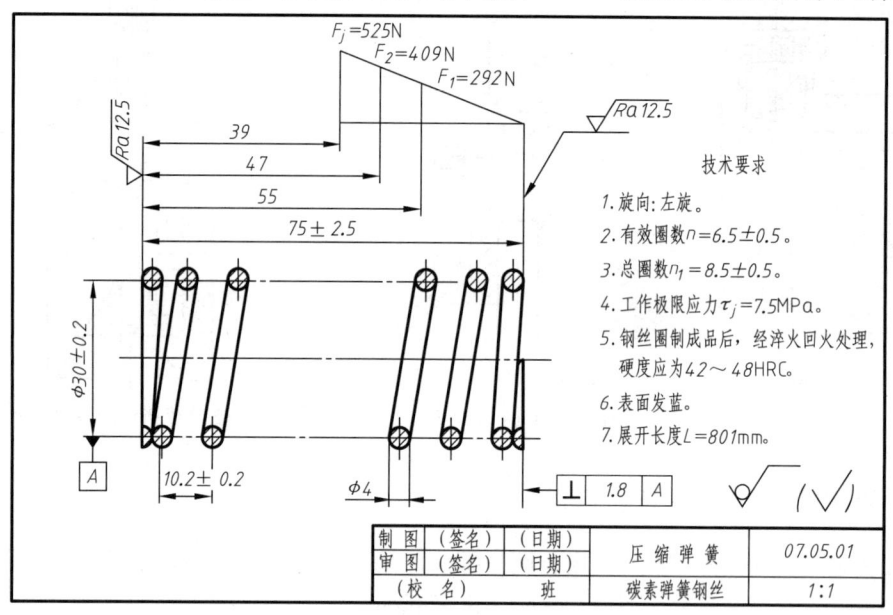

图 7-24　圆柱螺旋压缩弹簧的零件图

7.6　滚动轴承

滚动轴承是支承转动轴的组件，具有结构紧凑、摩擦阻力小、动能损失少和旋转精度高的优点，应用比较广泛。滚动轴承是常用的标准组件，它由专门的工厂生产，用户可根据机器的具体要求确定型号，选购即可。

7.6.1　滚动轴承的构造和类型

滚动轴承的种类很多，但其结构大致相同，通常由外圈、内圈、滚动体（安装在内、外圈间的滚道中如滚珠、滚锥等）和隔离圈（又叫保持架）等零件组成，如图 7-25 所示。

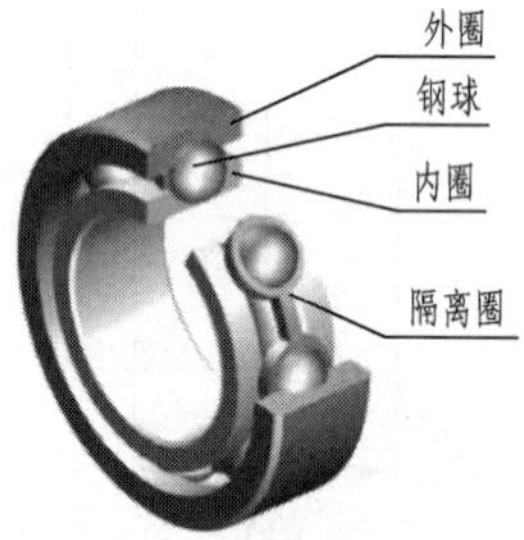

滚动轴承按其承受载荷的方向不同，可分为三类：

（1）向心轴承　主要用以承受径向载荷，如深沟球轴承。

（2）推力轴承　用以承受轴向载荷，如推力球轴承。

（3）向心推力轴承　可同时承受径向和轴向的联合载荷，如圆锥滚子轴承。

7.6.2　滚动轴承的表示法（GB/T 4459.7—2017）

图 7-25　滚动轴承的结构

在装配图中，滚动轴承有三种表示法：通用画法、特征画法和规定画法。这些画法的具体规定如下：

1. 基本规定

1）图线。通用画法、特征画法及规定画法中的各种符号、矩形线框和轮廓线均用粗实线绘制。

2）尺寸及比例。绘制滚动轴承时，其矩形线框或外轮廓线的大小应与滚动轴承的外形尺寸一致，并与所属图样采用同一比例。

3）剖面符号。在剖视图中，用通用画法或特征画法绘制滚动轴承时，一律不画剖面符号（剖面线）。

在采用规定画法绘制滚动轴承的剖视图时，轴承的滚动体不画剖面线，其各套圈一般应画成方向、间隔相同的剖面线（见表7-8）。在不致引起误解时，也允许省略不画。

2. 通用画法

在剖视图中，当不需要确切地表示轴承的外形轮廓、载荷特性、结构特征时，可用矩形线框及位于线框中央正立的十字形符号表示，十字形符号不应与矩形线框接触。通用画法在轴的两侧以同样方式画出，如图7-26a所示。如需确切地表示滚动轴承的外形时，则应画出其断面轮廓，并在轮廓中间画出正立十字符号，如图7-26b所示。通用画法的尺寸比例如图7-27所示。

3. 特征画法

在剖视图中，如需较形象地表示滚动轴承的结构特征时，可采用在矩形线框内画出其结构要素符号的方法表示。常用滚动轴承的特征画法见表7-8。

在垂直于滚动轴承轴线的投影面的视图上，无论滚动体的形状（如球、柱、针等）及尺寸如何，均按图7-28所示的方法绘制。

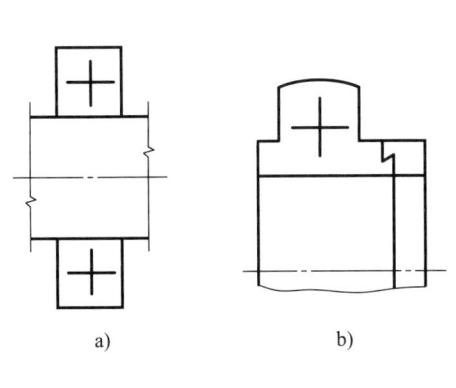
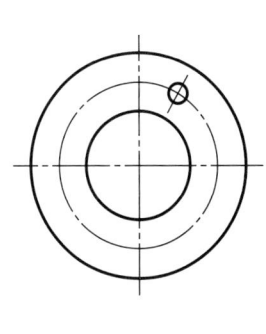

图7-26 滚动轴承的通用画法
a）绘制在轴两侧 b）画出外形轮廓

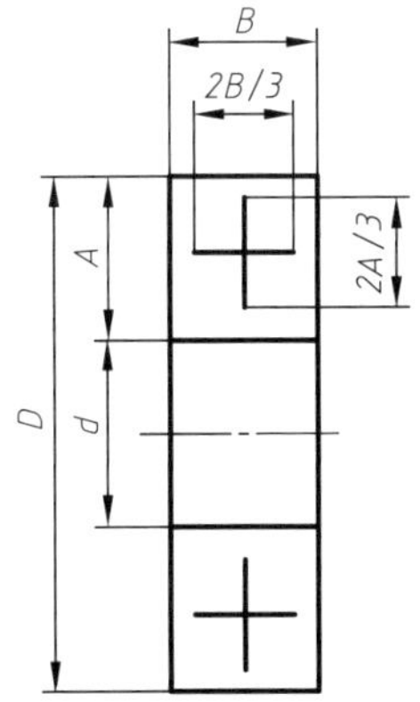

图7-27 通用画法尺寸比例

图7-28 滚动轴承轴线垂直于投影面的特征画法

4. 规定画法

必要时，在滚动轴承的产品图样、产品样本、产品标准、用户手册和使用说明中可采用规定画法绘制滚动轴承，表7-8中列出了三种滚动轴承的规定画法。

在装配图中，滚动轴承的保持架及倒角、圆角等结构可省略不画。

规定画法一般绘制在轴的一侧，另一侧按通用画法绘制。

7.6.3 滚动轴承的代号及标记（GB/T 272—2017，GB/T 271—2017）

滚动轴承的种类很多。为了便于选用，国家标准规定各种不同的滚动轴承用代号来表示。它由前置代号、基本代号和后置代号三部分组成。通常用其中的基本代号表示。基本代号表示轴承的基本类型、结构和尺寸，是轴承代号的基础。前置代号、后置代号是轴承在结构形状、尺寸、公差和技术要求等有改变时，在其基本代号前、后添加的补充代号，要了解它们的编制规则和含义可查阅有关标准。

表 7-8　常用滚动轴承的规定画法和特征画法

轴承名称、类型及标准号	类型代号	规定画法	特征画法	标记及说明
深沟球轴承 60000 型 GB/T 276—2013	6			滚动轴承 6210 GB/T 276—2013　按 GB/T 276—2013 制造，内径代号为 10（公称内径 $d=50$mm），直径系列代号为 2，宽度系列代号为 0（省略）的深沟球轴承
圆锥滚子轴承 30000 型 GB/T 297—2015	3			滚动轴承 30204 GB/T 297—2015　按 GB/T 297—2015 制造，内径代号为 04（公称内径 $d=20$mm），尺寸系列代号为 02 的圆锥滚子轴承
推力球轴承 50000 型 GB/T 301—2015	5			滚动轴承 51206 GB/T 301—2015　按 GB/T 301—2015 制造，内径代号为 06（公称内径 $d=30$mm），尺寸系列为 12 的推力球轴承

基本代号由轴承的**类型代号**、**尺寸系列代号**和**内径代号**三部分自左至右顺序排列组成。类型代号用数字或字母表示，数字或字母的含义见表 7-9；接着是尺寸系列代号，它由轴承的宽（高）度系列代号（一位数字）和直径系列代号（一位数字）组成；最后是内径代号（两位数字），当轴承内径在 20~480mm 范围内时，内径代号乘以 5 为轴承的公称内径尺寸。基本代号的排列形式为：

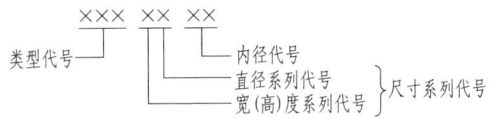

表 7-9 轴承的类型代号（摘录 GB/T 272—2017）

类型代号	0	1	2	3	4	5	6	7	8	N	U	QJ	C
滚动轴承名称	双列角接触球轴承	调心球轴承	调心滚子轴承和推力调心滚子轴承	圆锥滚子轴承	双列深沟球轴承	推力球轴承	深沟球轴承	角接触球轴承	推力圆柱滚子轴承	圆柱滚子轴承	外球面球轴承	四点接触球轴承	长弧面滚子轴承

轴承基本代号示例如下：

(1) 轴承 6210　6—类型代号，表示深沟球轴承；
　　　　　　　2—尺寸系列代号，表示 02 系列（直径系列代号为 2，宽度系列代号为 0 省略）；
　　　　　　　10—内径代号，表示该轴承的公称内径为 50mm。

(2) 轴承 30204　3—类型代号，表示圆锥滚子轴承；
　　　　　　　02—尺寸系列代号，表示 02 系列；
　　　　　　　04—内径代号，表示该轴承的公称内径为 20mm。

(3) 轴承 51206　5—类型代号，表示推力球轴承；
　　　　　　　12—尺寸系列代号，表示 12 系列；
　　　　　　　06—内径代号，表示该轴承的公称内径为 30mm。

为了便于识别轴承，生产厂家一般将轴承代号打印在轴承圈的端面上。

滚动轴承的标记由名称、代号和标准编号三个部分组成。其格式如下：

|名称|代号|标准编号|　　例如：滚动轴承　51206　GB/T 301—2015

7.7　小结

标准件和常用件是机器上被广泛、大量使用的零（组）件。本章主要介绍螺纹紧固件、键、销、弹簧、轴承的结构型式、标记、规定画法和查表方法；齿轮的结构型式、规定画法和尺寸注法。

本章学习的重点内容是：常用螺纹紧固件的标记、查表方法和连接装配图画法；键联结的画法；直齿圆柱齿轮的画法、尺寸注法及其啮合画法。

本章学习的难点是：常用螺纹紧固件的查表方法及其连接装配图画法。

复习思考题

1. 螺栓、双头螺柱、螺钉这三种紧固连接,在结构上和应用上有什么区别?
2. 螺栓或双头螺柱连接时,使用垫圈的目的是什么?
3. 螺栓 GB/T 5782 M10×30,螺柱 GB/T 897 AM10×30,螺钉 GB/T 68 M10×30,垫圈 GB/T 97.1 10,各代表什么含义?
4. 绘制螺钉头部的槽时,应注意什么规定画法?
5. 绘制键联结时,键若按纵向剖切且剖切平面通过其对称平面,键应如何绘制?
6. 绘制标准直齿圆柱齿轮需要哪几个参数?如何计算?
7. 直齿圆柱齿轮应标注哪些尺寸?
8. 两个直齿圆柱齿轮正确啮合的条件是什么?
9. 国家标准对绘制压缩弹簧有哪些规定?
10. 滚动轴承 6206 代表什么含义?

第8章 装配图

装配图是表达机器、部件或组件的图样。在设计过程中，一般先画出装配图，再根据装配图画出零件图。在生产过程中，装配图是制订装配工艺规程，进行装配、检验、安装、调试及维修的依据。在使用或维修机器或部件的过程中，需要通过装配图了解机器或部件的构造和性能。在进行技术交流、引进设备的过程中，装配图是必不可少的技术资料。

8.1 装配图的作用和内容

图 8-1 所示为蝴蝶阀立体图。当推、拉齿杆时，齿杆带动齿轮旋转，齿轮的旋转带动阀杆和铆在阀杆上的阀门转动，阀门的转动可以调节阀体上孔的流通断面面积，从而实现节流和增流。

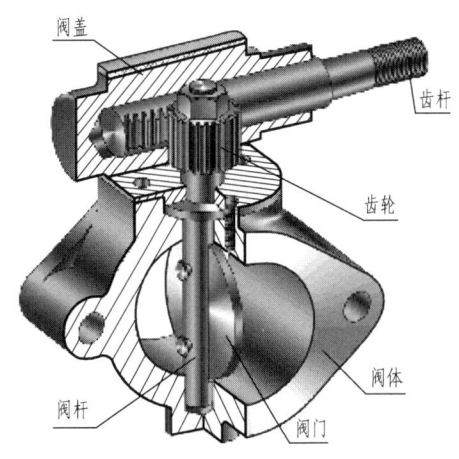

图 8-1 蝴蝶阀立体图

图 8-2 所示为蝴蝶阀装配图，图中包括以下内容：

（1）**一组视图** 表示机器或部件的工作原理、结构特征、零件间的相对位置、装配和连接关系以及主要零件的结构形状。

（2）**几种尺寸** 表示机器或部件的规格、性能及装配、检验、安装的精度控制要求。

（3）**技术要求** 说明在装配、安装、调试、检验、使用、维修等方面的要求和技术指标。

（4）**零、部件的序号、明细栏和标题栏** 将每一种零件或组件编号，并在明细栏内填写其序号、名称、代号、数量、材料等内容，标题栏内填写机器或部件的名称、图号、比例以及设计、审核等人员的签名等。

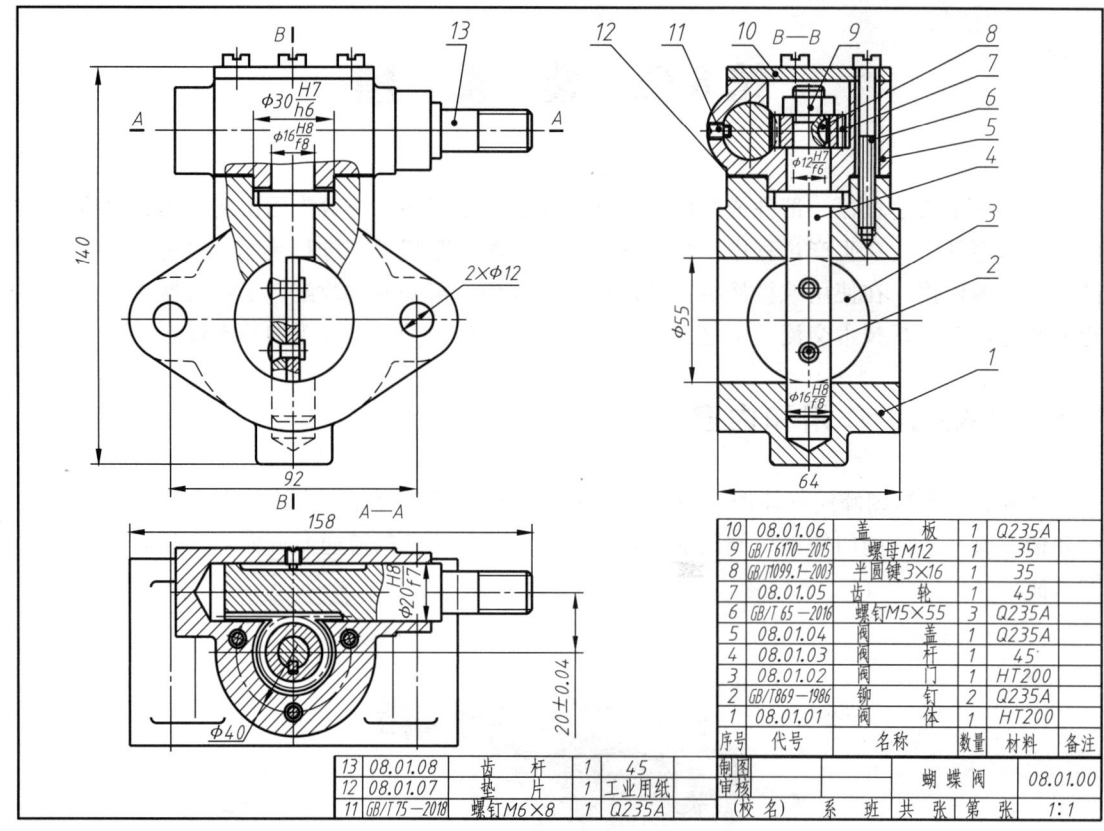

图 8-2 蝴蝶阀装配图

8.2 装配图的图样画法

装配图和零件图表达的侧重点不同，零件图主要表示零件的结构形状；装配图的主要任务是表示机器或部件的工作原理、各零件之间的相对位置和装配关系等。因此，除了第 6 章中介绍的各种视图、剖视图和断面图之外，对装配图还规定了相应的画法。

1. 规定画法

1）装配图中，零件间的接触表面或配合表面都只画一条线，不接触表面或非配合面应画两条线，如图 8-2 所示，在左视图中盖板 10 与阀盖 5 的接触面画一条线；而螺钉 6 与阀盖的孔之间即使间隙很小，也应画成两条线。

2）为了区别不同的零件，当两个或两个以上金属零件互相邻接时，剖面线的倾斜方向应相反，或方向相同但间隔不等，如图 8-2 所示。同一零件在各个视图中的剖面线方向和间隔必须相同。如图 8-2 中阀体 1 的剖面线的画法。对于断面厚度在 2mm 以下的狭小面积的剖面，允许用涂黑来代替剖面符号，如图 8-2 中垫片 12 的画法。

3）对于紧固件（如螺钉、螺栓、螺母、垫圈等）和实心件（如键、销、轴、连杆、拉杆、球等），当剖切平面通过它们的基本轴线时，这些零件均按不剖绘制。图 8-2 中螺钉 6、螺母 9 和阀杆 4 都采用了这样的画法。当剖切平面垂直于这些零件的轴线时，则应画剖面线。当剖切平面通过的某些部件为标准产品或该部件已由其他视图表示清楚时，可按不剖绘制（如图 8-3 主视图中的油杯按不剖绘制），或不画出（如图 8-3 左视图中的油杯可省略不画）。

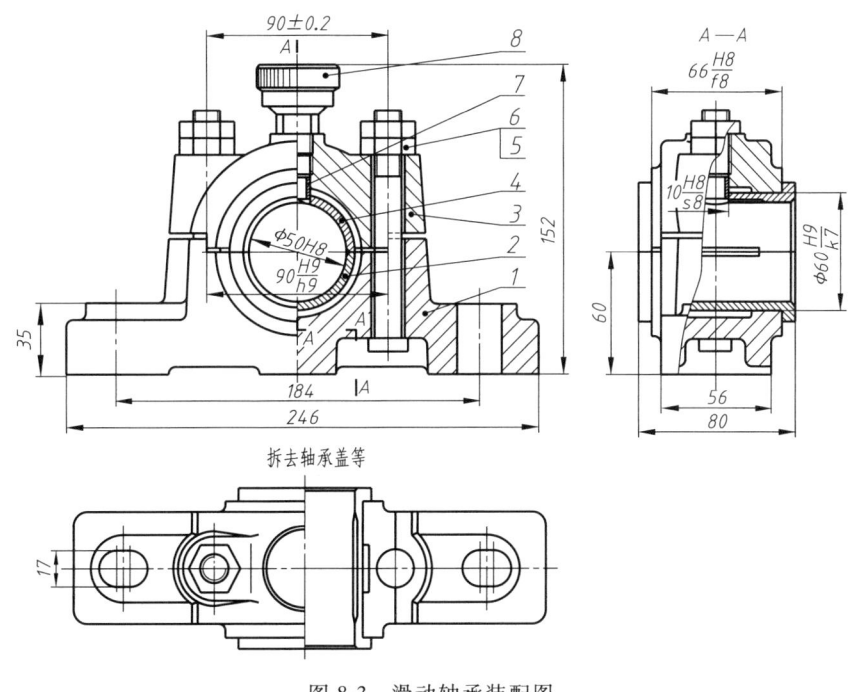

图 8-3 滑动轴承装配图

2. 特殊画法

（1）拆卸画法　为了清楚表示机器或部件被某些零件遮住的内部结构或装配关系，可假想将有关零件拆卸后再绘制要表示的部分。必要时加注"拆去零件××等"。如图 8-3 中的俯视图就是拆去轴承盖、上轴衬、螺栓和螺母后画出来的。

（2）沿零件间结合面的剖切画法　为了表示机器或部件内部结构，可假想沿着两零件的结合面剖切，这时，零件的结合面不画剖面线，但其他被剖到的零件一般都应画剖面线。

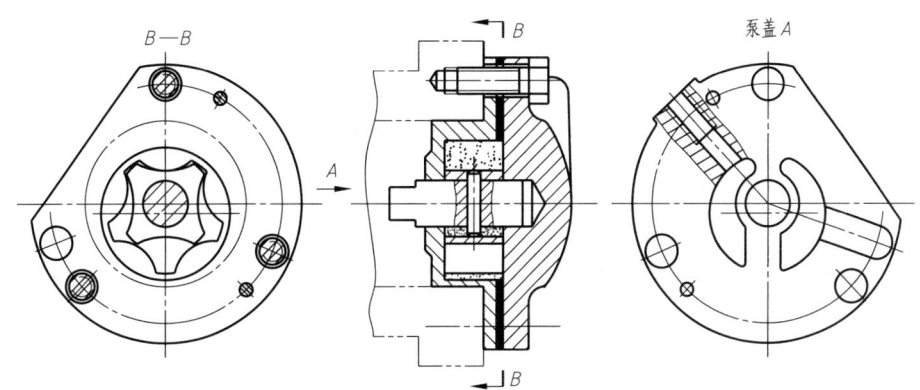

图 8-4　沿零件间结合面的剖切画法和单独画出零件的视图

如图 8-4 所示的 B—B 剖视图就是沿着泵盖和泵体的结合面剖切后再投影得到的。

（3）单独表示某个零件的画法　当某个零件结构未表达清楚而影响对装配关系或结构形状的理解时，可单独画出该零件的视图，并在所画视图的上方注出该零件的视图名称，在相应的视图附近，用箭头指明投射方向，并注上相应的字母，如图 8-4 A 向视图所示。

3. 夸大画法

对微小的装配间隙、带有很小斜度和锥度的零件以及很细小、很薄的零件，当按图中比例无法正常表达时，均可适当夸大画出。如图 8-2 中的垫片 12 就采用了夸大画法。图 8-5 中的螺栓与盖板处也采用了夸大画法。

4. 简化画法

1）对装配图中相同的零（组）件或部件，可详细画出其中一处，其余用细点画线表示其装配位置，如图 8-5 中螺钉位置的表示。

2）在装配图中可省略零件上的工艺结构，如圆角、倒角、退刀槽等工艺结构允许省略不画。如图 8-5 中螺钉的倒角、轴上的退刀槽等省略未画。

3）滚动轴承允许采用规定画法，如图 8-5 所示（详见表 7-8）。

5. 假想画法

在装配图中，用双点画线画出某些零件的外形，具体有以下两种情况：

1）某些运动零件的运动轨迹和极限位置或中间位置，如图 8-6 所示，右边表示手柄的一个极限位置，左边极限位置则用双点画线表示。

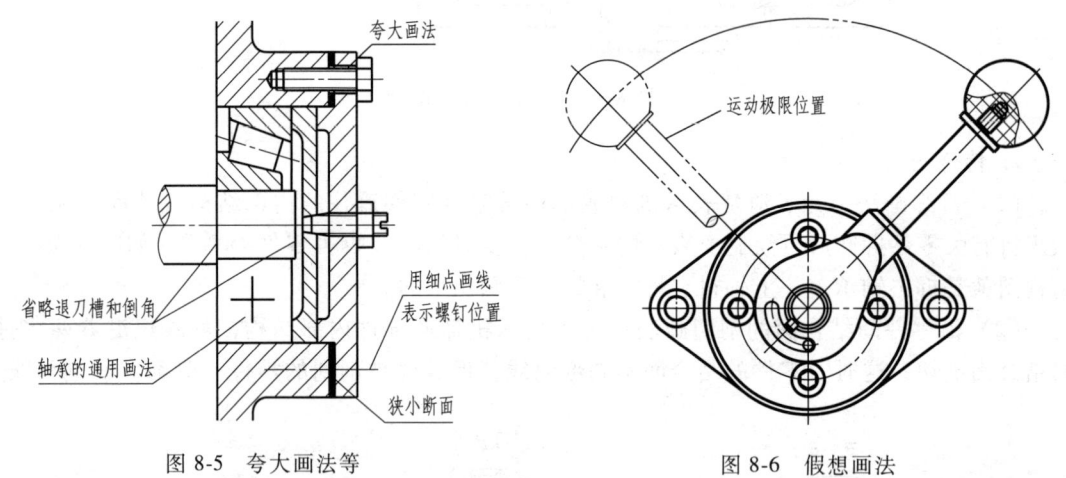

图 8-5　夸大画法等　　　　　　　图 8-6　假想画法

2）装配图中，为了表示与本部件相邻的其他零（部）件的形状和位置，用双点画线画出其轮廓外形图，如图 8-4 所示。

8.3　装配图中的尺寸标注和技术要求

8.3.1　尺寸标注

装配图与零件图的作用不同，因此装配图中不必标注各零件的全部尺寸，而只需标注与装配图作用相关的尺寸，如说明机器或部件性能或规格的尺寸、各零件之间的装配关系的尺寸和决定机器或部件外轮廓大小及安装情况的尺寸等。

装配图中一般应标注下列几种尺寸：

1. 规格尺寸

规格尺寸是说明机器或部件的性能或规格的尺寸。它是设计和选用机器或部件的主要依据。如图 8-2 中的阀体孔的尺寸 $\phi55$ 将影响气体或液体的流量。

2. 装配尺寸

（1）配合尺寸　表示两个零件之间配合要求的尺寸，如图 8-2 中的尺寸 $\phi30\frac{H7}{h6}$ 和 $\phi20\frac{H8}{f7}$。

（2）零件间的连接尺寸　如连接用的螺钉、螺栓和销等的定位尺寸（如图 8-3 中两个螺栓间距 90 ± 0.2）和非标准零件上的螺纹副的标记或螺纹标记。

（3）其他重要尺寸　它是机器或部件中设计时比较重要，但未包括在上述几种尺寸之中的一些重要尺寸。如图 8-2 中的尺寸 20 ± 0.04 是表示齿杆与阀杆相对位置的重要尺寸。

3. 安装尺寸

安装尺寸是表示部件安装在机器上或机器安装在基座上所需要的尺寸，如图 8-2 中的尺寸 92 和 $2\times\phi12$；又如图 8-3 中的尺寸 184 和 17。

4. 外形尺寸

外形尺寸是表示机器或部件的总长、总宽、总高的尺寸。外形尺寸表明机器或部件所占空间的大小，它是包装、运输、安装和厂房设计的依据，如图 8-2 中的尺寸 140、158 和 64。

8.3.2　技术要求

装配图中的技术要求通常有以下几个方面：
（1）装配要求　装配时所要达到的精度，对装配方法的要求和说明等。
（2）检验要求　检验、试验的方法和条件及必须达到的技术指标等。
（3）使用要求　包装、运输、安装、保养，以及使用操作时的注意事项等。
技术要求一般用文字写在标题栏的上方或左边。

8.4　装配图中零（部）件的序号、明细栏和标题栏

为了便于阅读装配图和生产管理，必须对装配图中的每一种零（部）件编写序号，并填写明细栏，以便图栏对照，如图 8-2 所示。

8.4.1　装配图中的序号及其编排方法

装配图中的每一种零（部）件只编一个序号，同一张装配图的序号编写形式应一致。编写序号的形式有三种，如图 8-7a、b、c 所示。

标注的方法是在所要标注的零（部）件的可见轮廓线内画一圆点，然后引出指引线（细实线），在指引线的一端画水平线或圆（细实线），在水平线上或圆内注写序号。序号的

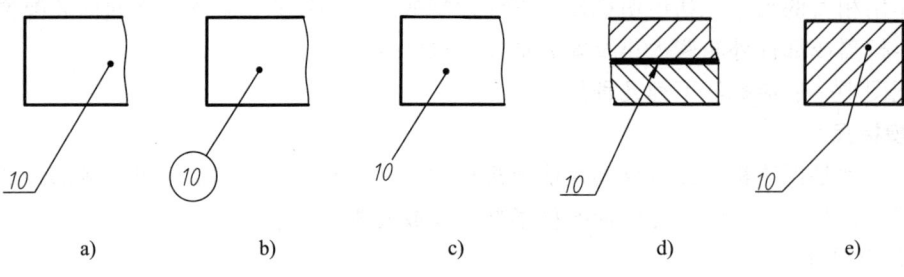

图 8-7 零件序号的注写形式

数字应比尺寸数字大一号或两号,如图 8-7a 和图 8-7b 所示;也可以在指引线旁注写序号,序号的数字应比尺寸数字大一号或两号,如图 8-7c 所示。其中图 8-7a 所示是最常用的形式。

编写序号时,还应该遵守以下规定:

1)所有零(部)件均应编号,相同的零(部)件用一个序号,一般只标注一次。图中序号应与明细栏中的序号一致。

2)当零件很薄或其剖面涂黑而不便画出圆点时,可在指引线的末端画出箭头,并指向零件轮廓,如图 8-7d 所示。

3)指引线不允许彼此相交或与剖面线平行,必要时允许将指引线转折一次,如图 8-7e 所示。

4)对一组紧固件以及装配关系清楚的零件组,允许采用公共指引线,如图 8-8 所示。

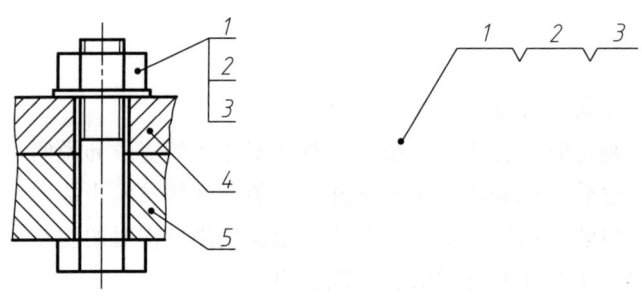

图 8-8 零件组的序号注写形式

5)序号应按水平或垂直方向排列整齐,并按顺时针或逆时针方向编写,如图 8-2 所示。

8.4.2 明细栏和标题栏

明细栏是机器或部件中全部零(部)件的详细目录。其形式和内容由 GB/T 10609.2—2009 中规定的明细栏格式确定。制图作业中采用的简化标题栏和明细栏格式如图 8-9 所示。

明细栏一般应画在与标题栏相连的上方,零(部)件序号应自下而上按顺序填写。当位置不够时,可将其余部分移在紧靠标题栏的左边。具体内容如图 8-2 所示。

在特殊情况下,可将明细栏单独编写在另一张图纸上。

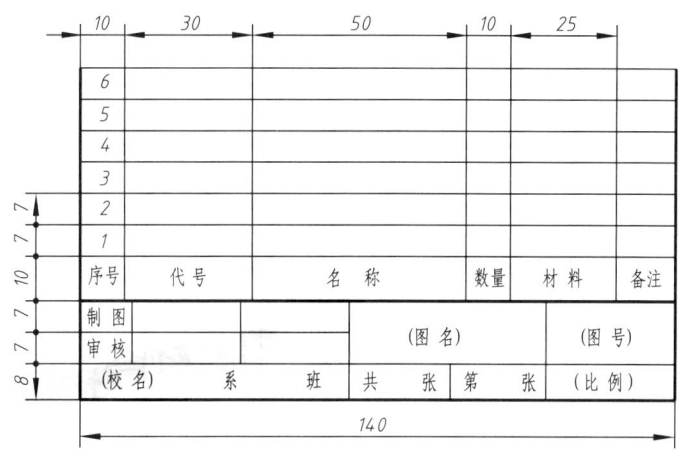

图 8-9 简化的标题栏和明细栏格式

8.5 画装配图

8.5.1 装配图的视图选择

装配图必须能清楚地表达机器或部件的工作原理、各零件的相对位置和装配连接关系等。因此在画装配图前，首先要了解和分析机器或部件的工作原理和结构情况等，以便合理选择表达方案。选择装配图的视图一般按照下列步骤进行：

1. 对机器或部件进行分析

从机器或部件的功能和工作原理出发，分析其工作情况、各零件的连接关系和配合关系。通过分析，弄清该机器或部件各部分的结构和装配关系，分清其主要部分和次要部分，为选择装配图的表达方案做好准备。

2. 主视图的选择

将机器或部件按工作位置放置，使其重要装配轴线、重要安装面处于水平或垂直位置。选择主视图的投射方向，并选择适当的剖视图，使主视图能够较好地反映机器或部件的工作原理、结构特点及各零件之间的装配关系。

3. 其他视图的选择

在主视图确定后，根据需要选择适当的其他视图，对主视图的表达进行补充，以使机器或部件的表达清晰和完整。

8.5.2 由零件图画装配图

根据部件的工作原理和所属的各零件图，可以拼画部件的装配图。首先，根据机器或部件的实物或装配示意图、立体图，对其进行观察和分析，了解该机器或部件的工作原理和各零件之间的装配关系，然后选择合适的表达方案，结合给出的零件图，完成装配图的绘制。下面以定滑轮为例说明由零件图拼画装配图的方法和步骤。定滑轮的轴测图如图 8-10 所示。定滑轮的旋盖油杯、滑轮、心轴和卡板零件图如图 8-11 所示，支架零件图如图 6-1 所示。

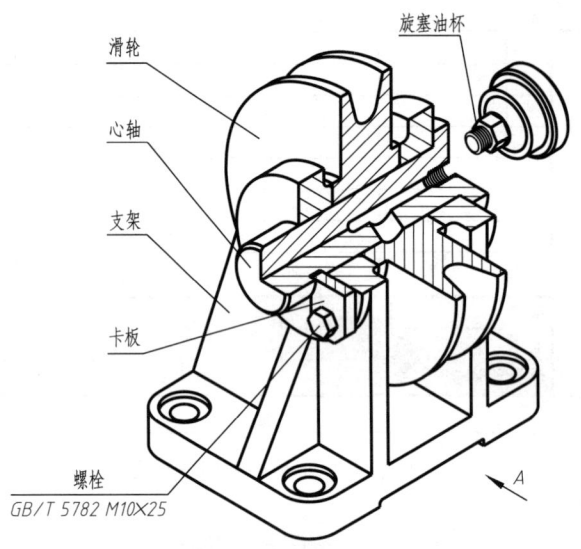

图 8-10　定滑轮的轴测图

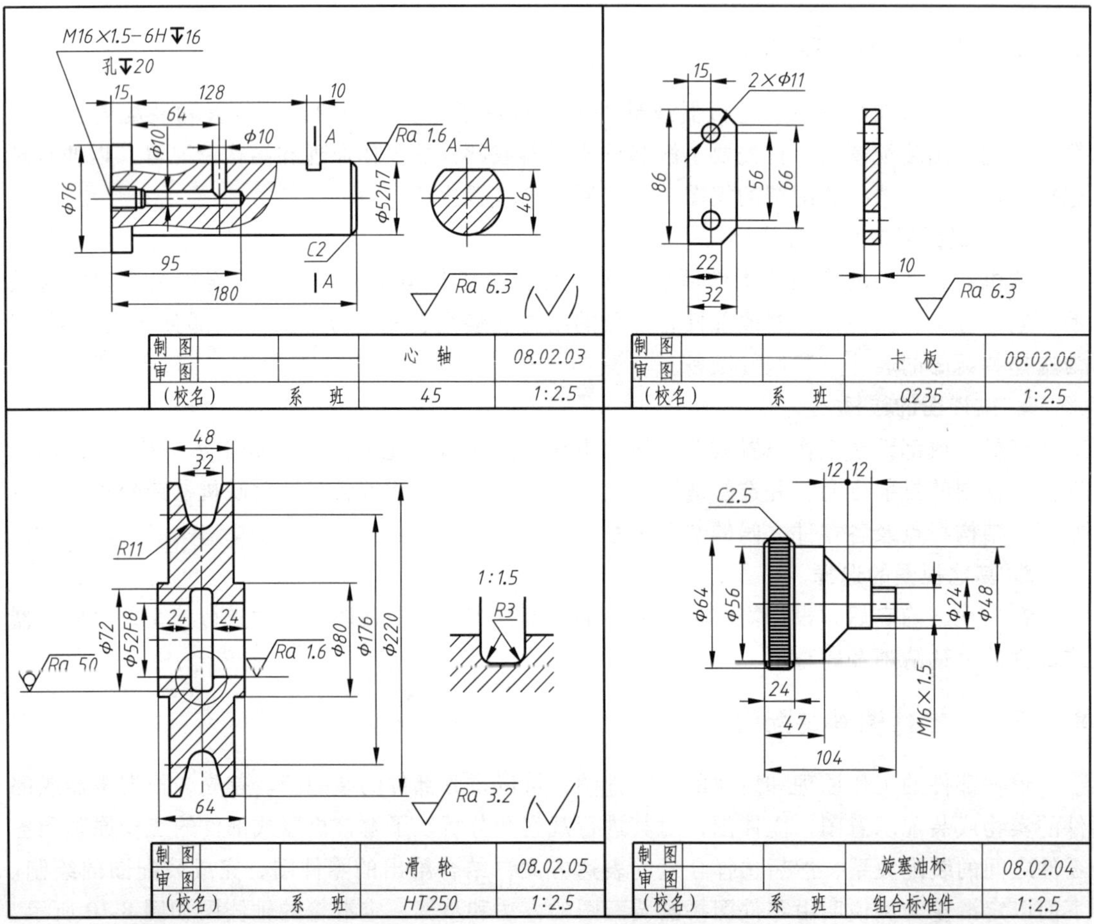

图 8-11　定滑轮的部分零件图

1. 部件分析

如图 8-10 所示，定滑轮是一种简单的起吊装置。绳索套在滑轮的槽内，滑轮装在心轴上，可以转动，心轴由支架支承并用卡板定位，卡板由螺栓固定在支架上；心轴内部有油孔，通过它可以将油杯中的油输送到滑轮的孔槽进行润滑。支架的底板上有四个安装孔，用于将定滑轮固定在所需位置。

2. 视图选择

首先选择主视图。定滑轮的工作位置如图 8-10 所示，它只有一条装配干线（多个零件沿某一轴线方向装配而成，这条轴线称为装配干线），各零件沿着心轴的轴线方向装配而成。根据选择主视图的原则，选择箭头 A 的方向作为主视图的投射方向，通过心轴的轴线剖切，取局部剖作为主视图。

主视图确定后，再选择补充表达装配关系和外形的其他视图。因此，选择俯视图和左视图表达定滑轮的外形结构，并在俯视图中采用局部剖表达心轴、支架及卡板的连接关系，视图表达方案如图 8-12 所示。

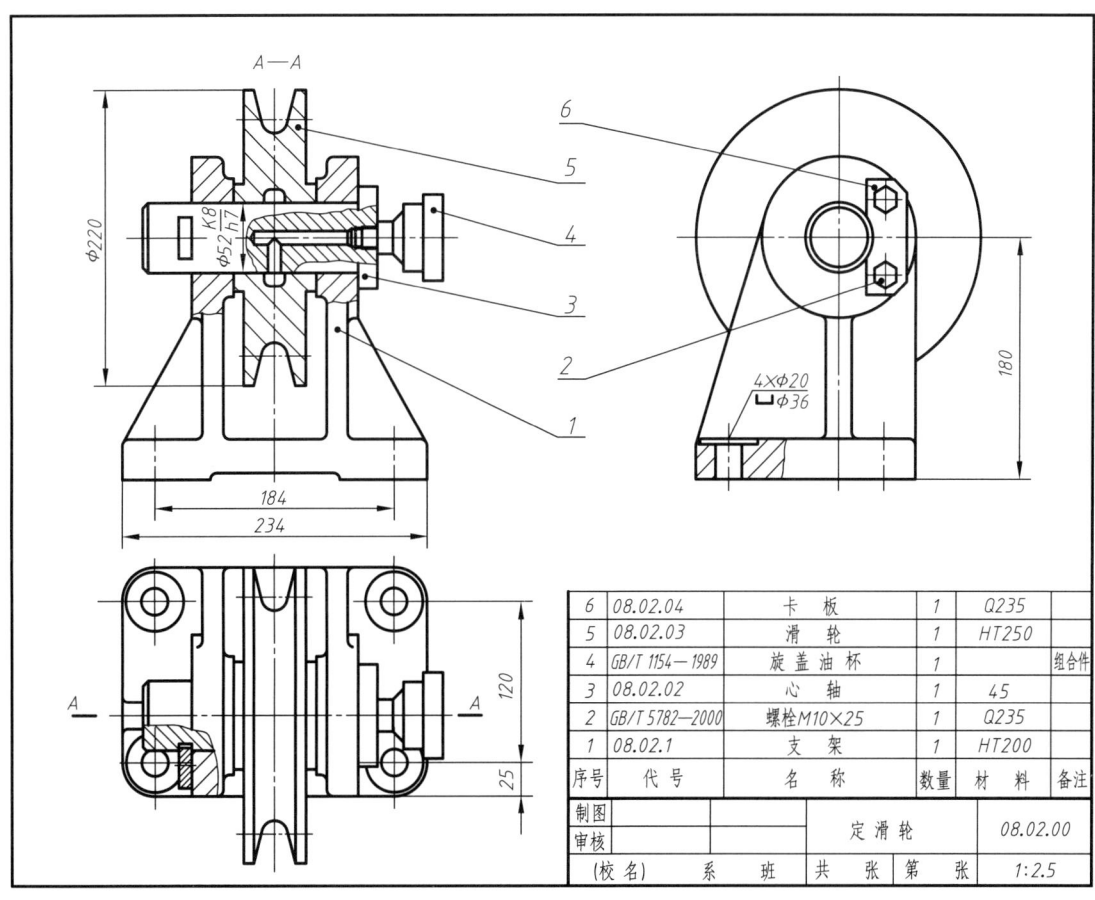

图 8-12 定滑轮装配图

3. 作图步骤

1）确定表达方案后，根据部件的大小选定比例，确定图纸的幅面，然后布图、画标题栏、明细栏及各视图的主要基准线，各视图之间要留出足够的位置以标注尺寸和注写零件编号，如图 8-13a 所示。

2) 起稿画图从主体零件画起，按装配关系逐个画出各个零件的主要轮廓，如图 8-13b 所示。画图时应注意以下问题：

① 为了提高画图速度和减少不必要的作图线，可以采用从外向里画或从里向外画的方法。从外向里画是先画出外部零件（如箱体类零件）的大致轮廓，再将内部零件逐个画出；从里向外画是先从内部零件（如轴套类零件）画起，再逐步画出外部零件。

② 画图时应考虑装配工艺的要求：相邻的两个零件在同一方向一般只能有一对接触面或配合面，这样既能保证装配时零件接触良好，又能降低加工要求。图 8-14 表示了正误画法的对比。

③ 画出部件的次要结构。画出剖面符号，经仔细检查后加深图线，如图 8-13c 所示。

④ 标注尺寸，编写零、部件序号，填写明细栏和标题栏，注写技术要求，如图 8-12 所示。

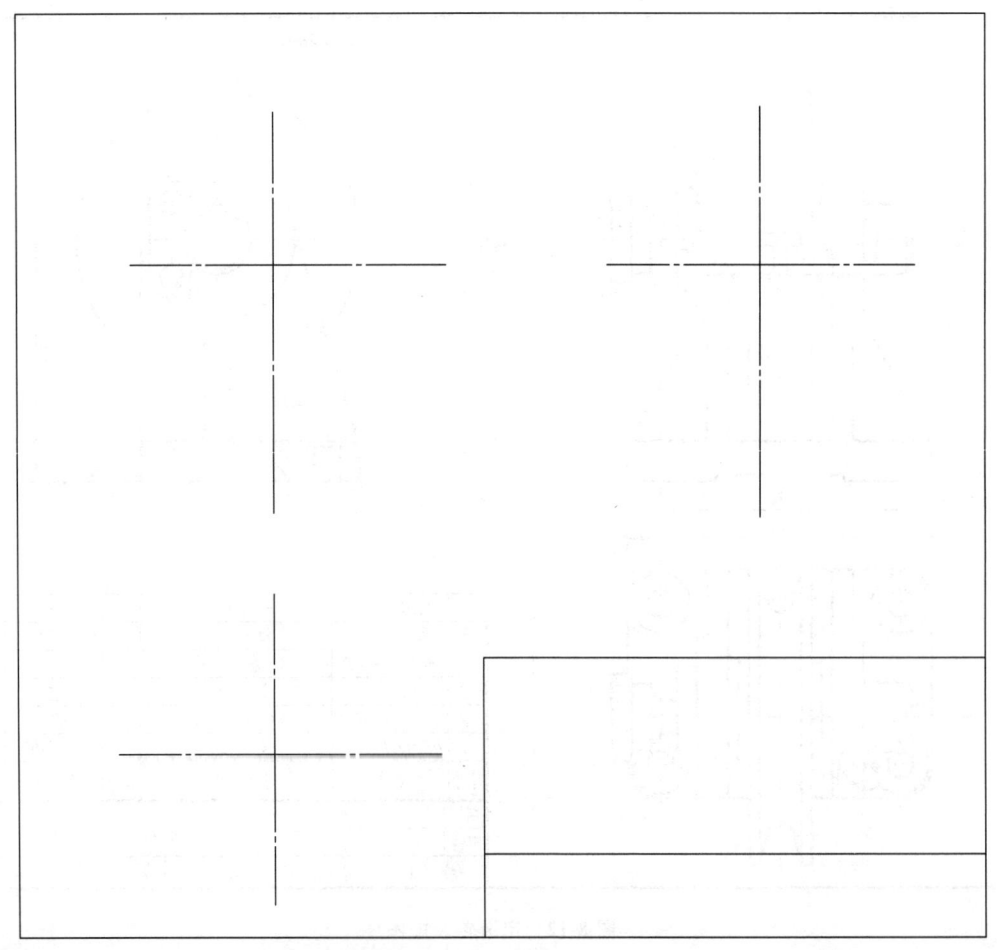

a)

图 8-13　定滑轮装配图的作图步骤

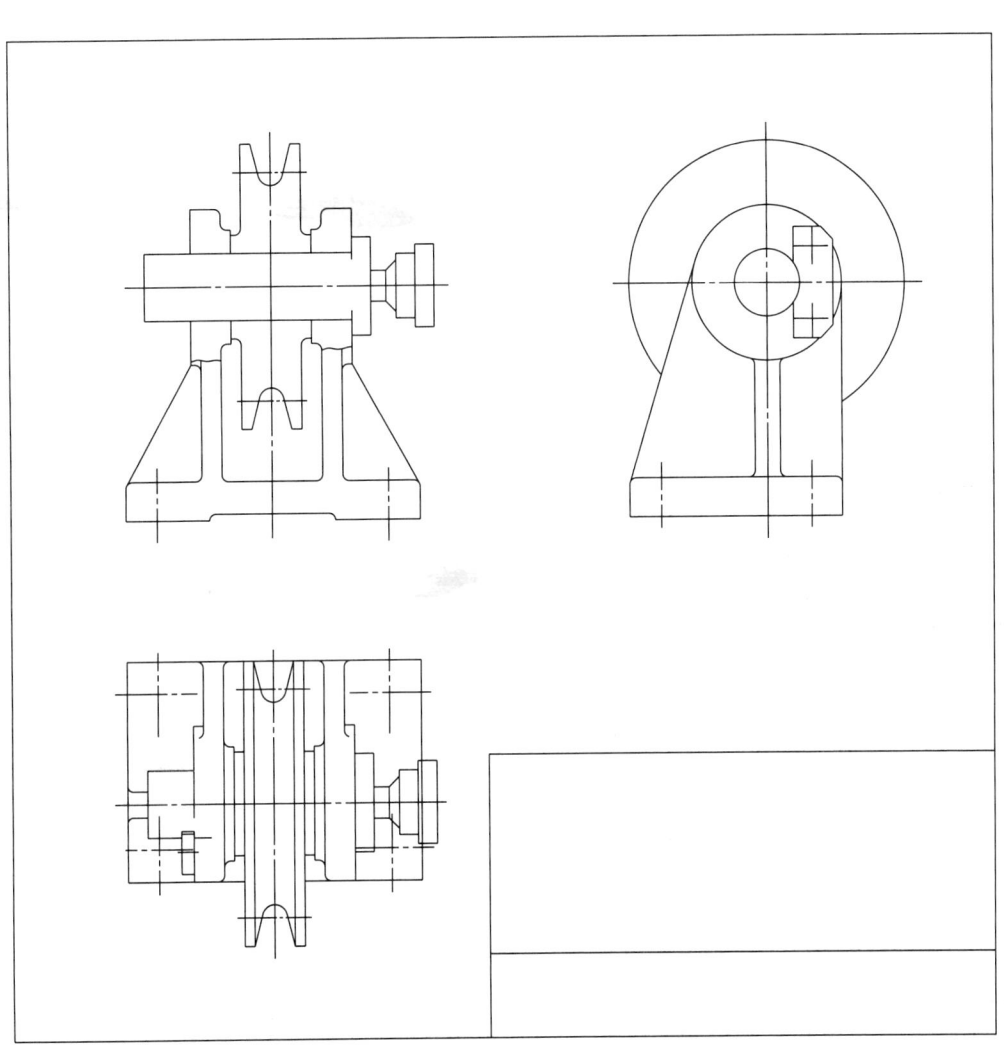

b)

图 8-13 定滑轮装配图的作图步骤（续）

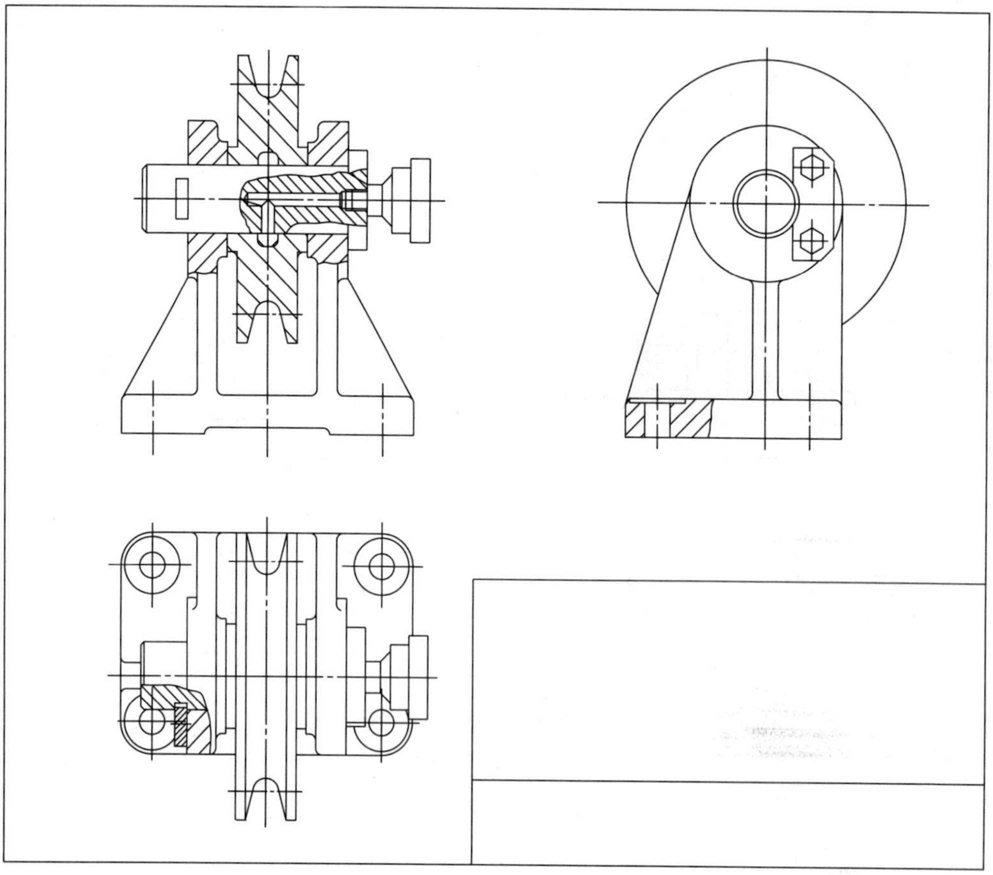

c)

图 8-13　定滑轮装配图的作图步骤（续）

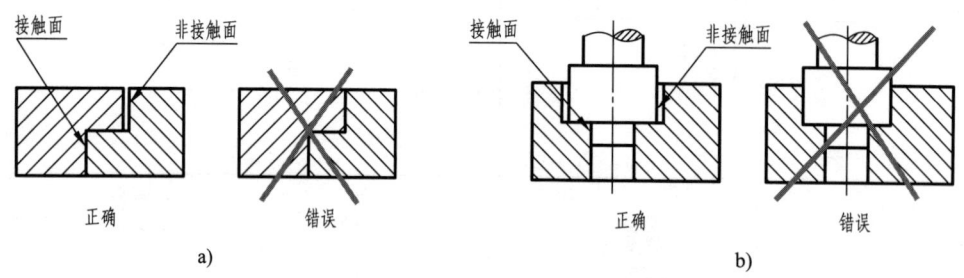

图 8-14　装配结构画法的正误对比

8.6　读装配图及拆画零件图的方法

在设计、制造机器及使用、维修设备或进行技术交流时，都要阅读装配图。工程技术人员通过阅读装配图来了解机器或部件的结构、用途和工作原理。在设计机器和部件时，通常是先画装配图，然后根据装配图来绘制零件图，因此，看懂装配图和由装配图拆画零件图是工程技术人员必须掌握的技能。

8.6.1 读装配图的要求

读装配图的基本要求主要有以下几点：
1) 了解机器或部件的名称、用途、性能和工作原理等。
2) 了解零件之间的相对位置、连接方式、装配关系和配合性质以及装拆顺序和装拆方法等。
3) 了解每个零件的名称、数量、材料及结构形状和作用等。

当然，要达到以上读图要求，有时还要阅读产品说明书及其有关资料。

8.6.2 读装配图的方法和步骤

以图 8-15 所示的台虎钳装配图为例，说明读装配图的方法和步骤。

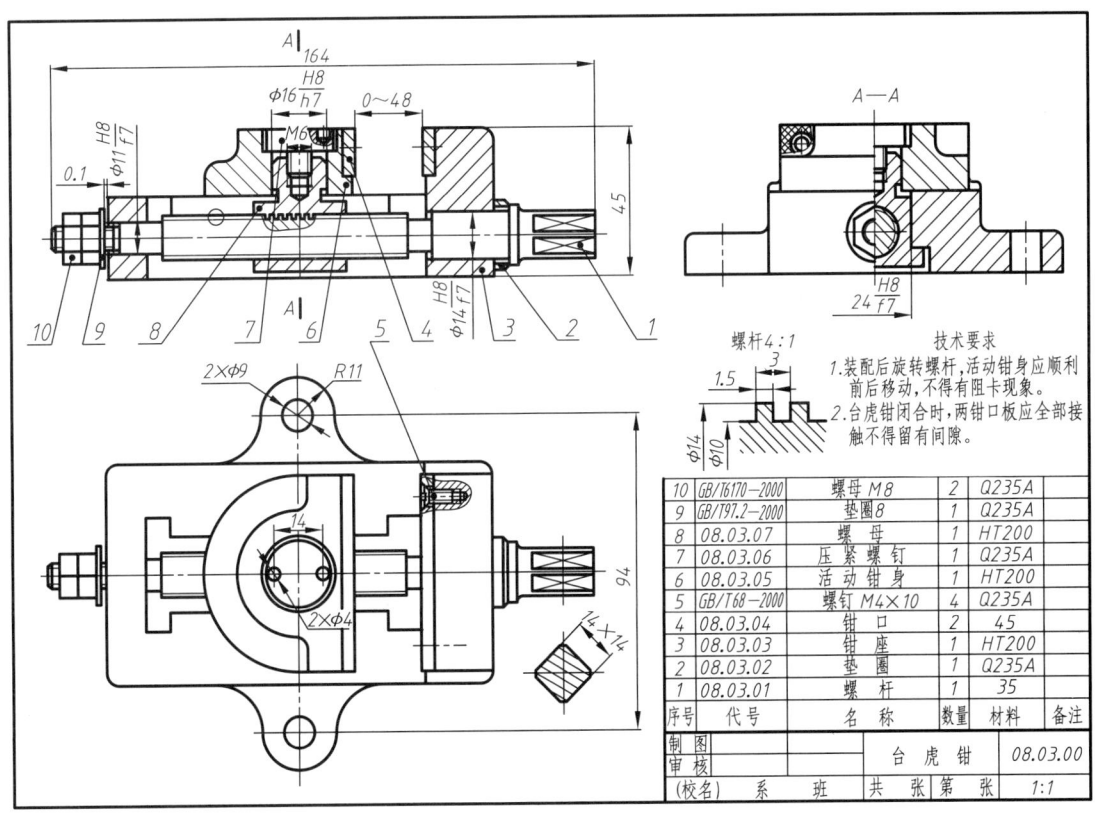

图 8-15 台虎钳装配图

1. 概括了解

首先阅读标题栏和明细栏、产品说明书，了解部件的名称、性能、用途及组成该部件的各种零件名称、数量、材料、标准件规格等；根据图形大小、画图比例和部件的外形尺寸了解部件的大小。

从图 8-15 中的标题栏可知，部件名称为台虎钳，台虎钳是夹持被加工零件（称为工件）的工具。从明细栏可知，它共有 10 种零件，其中标准件 3 种。对照明细栏与视图中的零件序号，找到每种零件在视图中的位置。从画图比例 1∶1 可以想象台虎钳的真实大小。

2. 深入分析

深入分析是读装配图的重要一步。经过深入分析，了解部件的工作原理、装配关系和零件的主要形状。通过分析视图表达方案，找出视图之间的投影关系。明确各视图所表达的内容和目的。然后，从反映工作原理的视图入手（一般为主视图），结合尺寸，分析运动的传递情况、各零件的作用、形状、定位和配合情况。

图 8-15 中采用了三个基本视图、一个断面图和一个局部放大图。主视图采用全剖视图，主要表达台虎钳的工作原理和装配关系。俯视图和左视图则补充表达台虎钳的装配关系和外部形状。

从主视图中可以看出：转动螺杆 1 时，由于螺杆右端凸肩和左端上螺母 10 的阻止，螺杆只能转动而不能沿轴向移动，从而迫使与螺杆连接的螺母 8 沿轴向移动。由于螺母 8 和活动钳身之间是用压紧螺钉 7 固定连接的，螺母 8 便带动活动钳身沿轴向移动，从而达到将工件夹紧在两钳口之间的目的。图中标注了台虎钳钳口张开的范围为 0~48mm，即台虎钳能夹持工件的厚度尺寸，它也是台虎钳的规格尺寸。

为了保护钳身，在钳座 3 和活动钳身 6 处分别装有钳口 4，并用螺钉 5 连接，以便钳口磨损后更换。由于钳口是直接接触工件的，从左视图的局部剖视图中可以看出钳口表面加工有滚花，以增大摩擦力。从明细栏中看到钳口采用与钳身不同的材料，即 45 钢，以提高耐磨性。

从主视图可以看出活动钳身 6 与螺母 8 上部有配合要求，尺寸 $\phi 16H8/h7$ 为间隙配合。当使用专用扳手松开压紧螺钉 7 时，可使活动钳身偏转一定角度，以便夹持具有斜面的工件。螺杆 1 上的矩形螺纹是非标准螺纹，采用局部放大图表示，并注有详细的尺寸。螺杆两端装在钳座上。为了保证螺杆灵活旋转，在台虎钳左端面留有 0.1mm 的间隙，并采用双螺母 10 防松。

俯视图右下方的断面图表示了螺杆上装扳手部位的形状。压紧螺钉上的小孔及其尺寸 14 和 $2\times\phi 4$ 均为装拆该螺钉所需。

台虎钳的安装尺寸为 94，用螺栓通过 $2\times\phi 9$ 孔将台虎钳固定在工作台上。

3. 综合归纳

为了对部件有一个全面、整体的认识，还应综合上述分析，再结合图中尺寸和技术要求等，对全图综合归纳，进一步了解零件的装拆顺序、装配和检验要求等。台虎钳立体图如图 8-16 所示。

必须指出：上述读装配图的方法和步骤仅是一个概括性的说明，实际上读装配图时分析视图和分析尺寸往往是交替进行的。只有通过不断实践，积累经验，才能掌握读图的规律，提高读图的速度和能力。

图 8-16 台虎钳立体图

8.6.3 由装配图拆画零件图

在设计过程中，根据装配图画出零件图简称拆图。拆图是在读懂装配图的基础上进行的。关于零件图的内容、要求和画法等在前面章节已经讨论过，这里重点说明由装配图拆画零件图时应注意的问题。下面以拆画 8-15 所示的台虎钳中钳座零件为例说明拆图的方法和步骤。

1. 分离零件，确定零件形状

在读懂台虎钳装配图的基础上，从主视图入手，按轮廓线、剖面线、零件编号及视图之间的投影关系，将其他相关的零件排除，便可逐步将钳身从其他零件中分离出来。由图中可知：钳座主体为长方体。右边装钳口的部位较高，左边部分的中间开有一个"工"字形槽，用于螺母 8 的安装和移动。从俯视图中可以看出钳座的主体轮廓，综上所述，钳座的形状如图 8-17 所示。

装配图表达的重点是部件的工作原理、装配关系和零件间的相对位置，并非一定要把每个零件的结构形状都表达清楚。拆图时，对那些未表达清楚的结构，应根据零件的作用和装配关系进行设计。

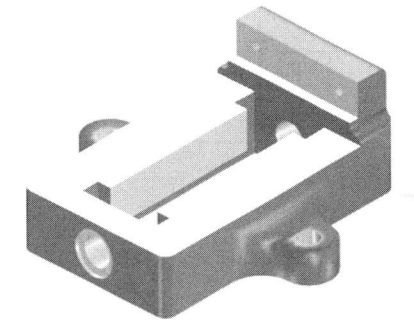

图 8-17 钳座立体图

此外，装配图中未画出的倒角、退刀槽、圆角等工艺结构，在拆画零件图时必须详细画出，或通过标注说明，不得省略。

2. 确定零件表达方案

一般情况下，应根据零件结构形状的特点和前面章节所述零件图的视图选择原则来确定零件的表达方案，不能机械地从装配图中照抄。但对箱体类零件来说，多数情况下，主视图应尽可能与装配图中的表达一致，以便于读图和画图。例如，钳座为箱体类零件，按其工作位置选择视图，如图 8-18 所示。

3. 作图（略）

4. 零件的尺寸标注

零件图尺寸标注的要求在第 6 章中已作介绍，此处省略。拆图时零件图尺寸标注可按下列步骤进行：

（1）抄 凡装配图中已给定的有关尺寸应该直接抄注，不能随便改变它的大小及其标注方法。相配合的零件的尺寸分别标注到各自的零件图上时，所选的尺寸基准应协调一致。如图 8-18 中钳座的高度尺寸 45、底板安装孔的中心尺寸 94 等均抄自台虎钳装配图。钳座左端支承孔的尺寸 $\phi 11H8$ 抄自配合尺寸 $\phi 11H8/f7$。

（2）查 零件上的标准结构，如螺栓通孔直径、倒角、退刀槽、砂轮越程槽、键槽等尺寸，应查阅书后附录或有关手册确定。尺寸的极限偏差值，也应从附录或有关手册查出并按规定方式标注。

（3）算 根据装配图给定的参数计算尺寸。例如，齿轮轮齿部分的尺寸，应根据齿数、模数和其他参数计算出分度圆直径和齿顶圆直径。

（4）量 装配图中的各零件结构形状的大小都是由设计人员仔细考虑并按一定比例画出的。所以，凡装配图中未给出的、属于零件自由表面（不与其他零件接触的表面或不重要表面）的尺寸和不影响装配精度的尺寸，一般可按装配图的画图比例，从图中量取后取整标注。如钳座零件图中的总长尺寸 117 等。

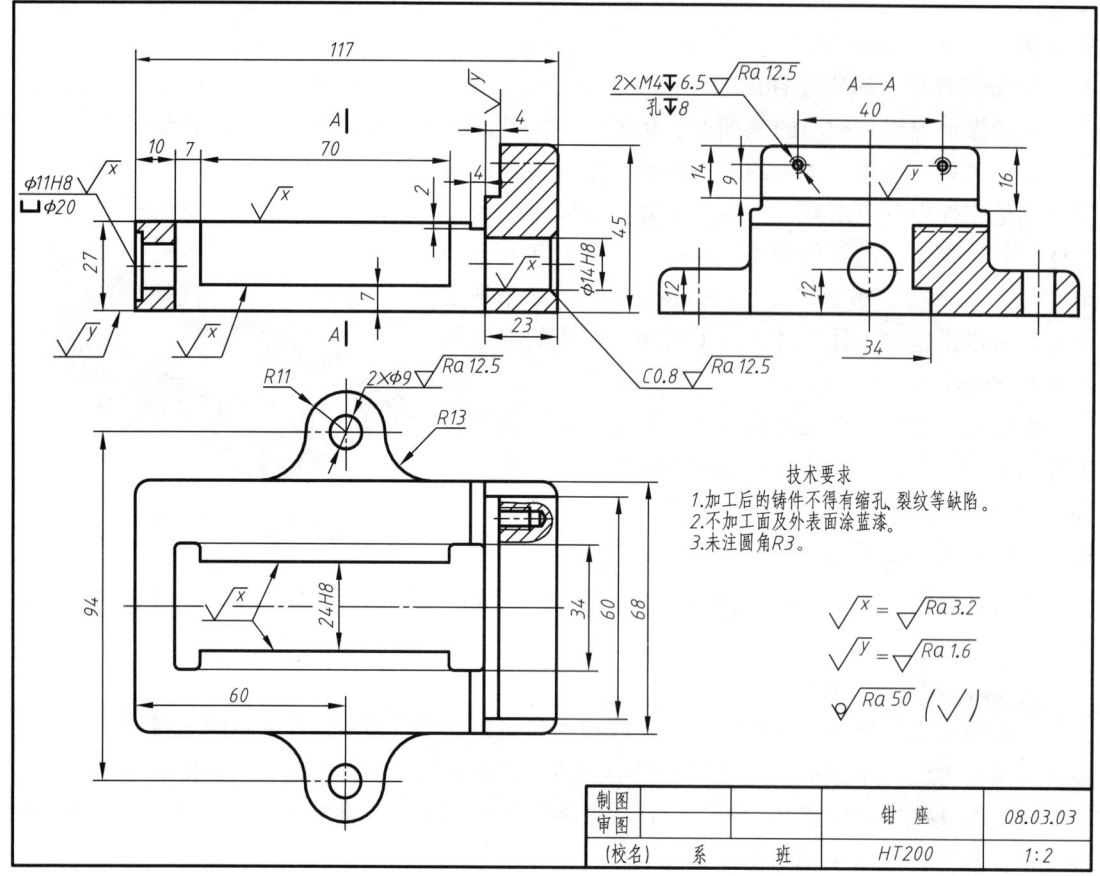

图 8-18 钳座零件图

5. 技术要求的注写

零件图中的技术要求应根据零件的作用、与其他零件的装配关系和工艺结构方面的要求来确定。由于技术要求的确定涉及的专业知识较多,这里只简单说明尺寸公差和表面结构要求的确定,其他内容从略。

1) 零件的尺寸公差是根据装配图中的配合代号确定的。如图 8-18 中钳座孔的尺寸 $\phi14H8$,$\phi11H8$。

2) 表面结构要求应根据零件表面的作用和要求确定。接触面和配合面的表面结构要求较高;非接触面和非配合面的表面结构要求较低。一般参考同类产品,用类比法确定。

8.7 小结

装配图是工程技术人员设计、了解机器设备必须掌握的基础知识。本章主要介绍装配图的作用和内容、装配图的视图表达和尺寸注法、装配图的编号、明细栏和标题栏、装配图画法以及读装配图和拆画零件图的方法。

本章学习的重点内容是装配图的画法;读装配图和拆画零件图的方法。

本章学习的难点是读装配图和拆画零件图的方法。

复习思考题

1. 一张完整的装配图应包括哪些内容？
2. 在装配图的视图表达中常采用哪些画法？
3. 在装配图上要标注哪几类尺寸？
4. 在装配图中，如何编制和编排零（部）件的序号？
5. 试述读装配图的方法和步骤。
6. 拆画零件图时如何进行视图选择？
7. 拆画零件图时尺寸标注应按什么步骤进行？

第 9 章 计算机绘图基础

计算机绘图是现代机械制图的主要绘图手段，同时也是计算机辅助设计的重要基础。本章首先介绍计算机辅助设计技术的发展与现状，然后以 Autodesk Inventor 2024 软件为平台，介绍运用三维参数化机械设计软件进行产品零件建模、部件装配及工程图创建的基本方法。

9.1 计算机辅助设计技术简介

9.1.1 计算机辅助设计技术的发展

计算机辅助设计技术即 CAD 技术，是一门高新技术，诞生于 20 世纪 50 年代后期。最初人们使用计算机绘图、出图，以摆脱烦琐、费时、低精度的传统手工绘图，此时 CAD 的含义还仅仅是计算机辅助绘图［Computer Aided Drawing（or Drafting）］。20 世纪 60 年代，对于 CAD 的研究提出了用计算机表示机械零件三维形体的构想，希望在一个完整的几何模型上实现零件的质量计算、有限元分析、数控加工等。经过多年探索和多种技术途径的实践验证，现已开发出多种功能强大、使用方便的 CAD 平台，并且代表了当代计算机辅助设计技术的发展主流。

从广义上说，计算机辅助设计技术是包括二维工程绘图、三维产品设计、有限元分析、数控加工、仿真模拟、产品数据管理、网络数据库等 CAD（Computer Aided Design，计算机辅助设计）、CAE（Computer Aided Engineering，计算机辅助工程）、CAM（Computer Aided Manufacturing，计算机辅助制造）的集成技术。经过几十年的发展，现代计算机辅助设计技术已经不再是代替手工绘图的工具，而是传统设计方法与手段的变革。随着计算机软硬件技术和网络技术的日益完善，可以预见计算机辅助设计技术将会不断创新和提高。

9.1.2 数字样机技术

产品研发过程是从产品需求分析到产品最终定型和使用的全过程，包括产品的设计、分析、测试、制造、装备等。任何一种产品的研发过程从大的方面可以划分为设计与制造两部分。设计又包括概念设计、初步设计、详细设计、工艺设计、工装设计、试验仿真等；制造包括工装制造、零件制造、装配制造、检测等。

数字样机（Digital Prototyping）是指通过建立产品的数字化模型，将产品的全生命周期的模型实现数字化。数字样机贯穿了从产品的概念设计、工程设计、工程分析、市场推广全过程的集成应用。数字样机并不是指简单地利用 CAD 工具建立的几何模型，而是从产品全生命周期的角度出发建立的支持产品全生命周期信息需求的数字化模型，它不仅是产品零件模型本身，而是一组有相互关系、反映不同阶段操作特性的模型组。数字样机主要包括概念设计阶段的模型、零件几何模型、产品仿真模型和产品装配模型等。

同传统的物理样机相比,数字样机具有以下主要特点:

1) 用数学方法和数据结构描述产品,所以成本低,建模周期短,可重用性好。

2) 可为同一产品建立满足不同需求的多种计算机模型,便于产品的优化设计和改型设计。

3) 可以方便而快速地完成各种工程分析所需的计算工作,并加速产品的工艺规划等后续工作的进行。

4) 可以方便地模拟产品的各种运动状态。

5) 便于人们更好地观察产品中零部件的结构及其相互关系。

9.1.3 三维计算机辅助设计软件简介

三维计算机辅助设计软件是创建数字样机实现产品生命周期数字化的有力工具。

除 Autodesk 公司的 Inventor 软件外,常见的三维设计软件主要有:德国西门子(SIEMENS)公司的 NX、美国参数技术公司(Parametric Technology Corporation, PTC)的 Pro/ENGINEER、法国达索(Dassault)飞机公司的 CATIA、Solidworks,以及国产工业软件浩辰 CAD、山大华天 Crown CAD 等。

Autodesk Inventor 是美国 Autodesk 公司开发的三维数字化设计软件。

Autodesk 公司 1982 年发布并应用至今的主要产品 AutoCAD 已经成为设计领域计算机辅助设计的代名词为人们广为称道,拥有广泛的用户群。继 AutoCAD 之后,Autodesk 公司针对机械制造业和相关产业于 1999 年推出了包含 17 项核心专利技术的三维参数化设计软件 Autodesk Inventor。

Autodesk Inventor 的特点是:

1) 参数化三维特征造型,并融入变量化技术。Inventor 建立在 ACIS 核心算法之上,融合了当前先进 CAD 软件所采用的最新造型技术,具有强大的实体造型能力。

2) 简捷独特的人机界面设计是该软件的一大亮点。依据设计师思维逻辑所构建的用户界面具有简明直观的工具面板、智能化的对话框和精确修复错误的功能,不仅使得软件十分易学易用,重要的是能够使设计人员专注于设计创意和发挥,而少受工具操作的影响。

3) 非凡的大型装配处理功能,实现基于装配的关联设计,有效地管理和使用设计数据流。

4) 具有突破性的自适应技术,进一步完善了参数化设计方案。Inventor 所独创的自适应技术,是指在装配环境中定义的一种关联零件的关系,当改变自适应零部件参数时,系统能够自动更变对应零部件的设计参数,以便对零部件的修改作出关联性的反映。

5) 三维运算速度和显示着色功能取得突破,提供了最简单的方式却增强了零部件模型的材质、光照和颜色的真实感。

6) 领先的 DWG 兼容性,方便地导入和导出 DWG 数据,使人们最大限度地利用原有的设计数据和资源。

7) 完善的学习和参考资源可以多途径地帮助设计人员提高设计能力。

Autodesk Inventor 是一套全面的设计工具,包括五个基本模块:零件、钣金、装配、表达视图、工程图;四个子模块:焊接、结构件生成器、设计加速器、Inventor Studio;四个附加模块:三维布管设计、三维布线设计、应力分析、运动仿真。

9.2 三维计算机辅助设计软件应用

本节将以图 9-1 的旋塞为例,介绍使用 Autodesk Inventor 2024 完成产品零件建模、部件装配及工程图创建的基本方法。

9.2.1 零件建模

本小节介绍阀体及阀杆零件的建模方法。

1. 阀体零件建模

阀体零件图如图 9-2 所示。

使用 Inventor 2024 创建该零件的步骤如下:

1) 启动 Autodesk Inventor 2024,点击工具面板"新建"图标按钮,选择标准零件模板"Standard.ipt"创建零件文件,如图 9-3 所示。

2) 单击工具面板"三维模型"选项卡"开始创建三维草图"图标按钮,在绘图区给出的三维坐标系上选择 XY 坐标平面以开始创

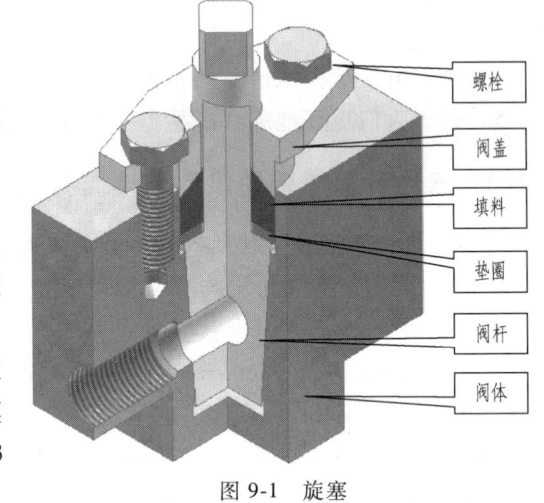

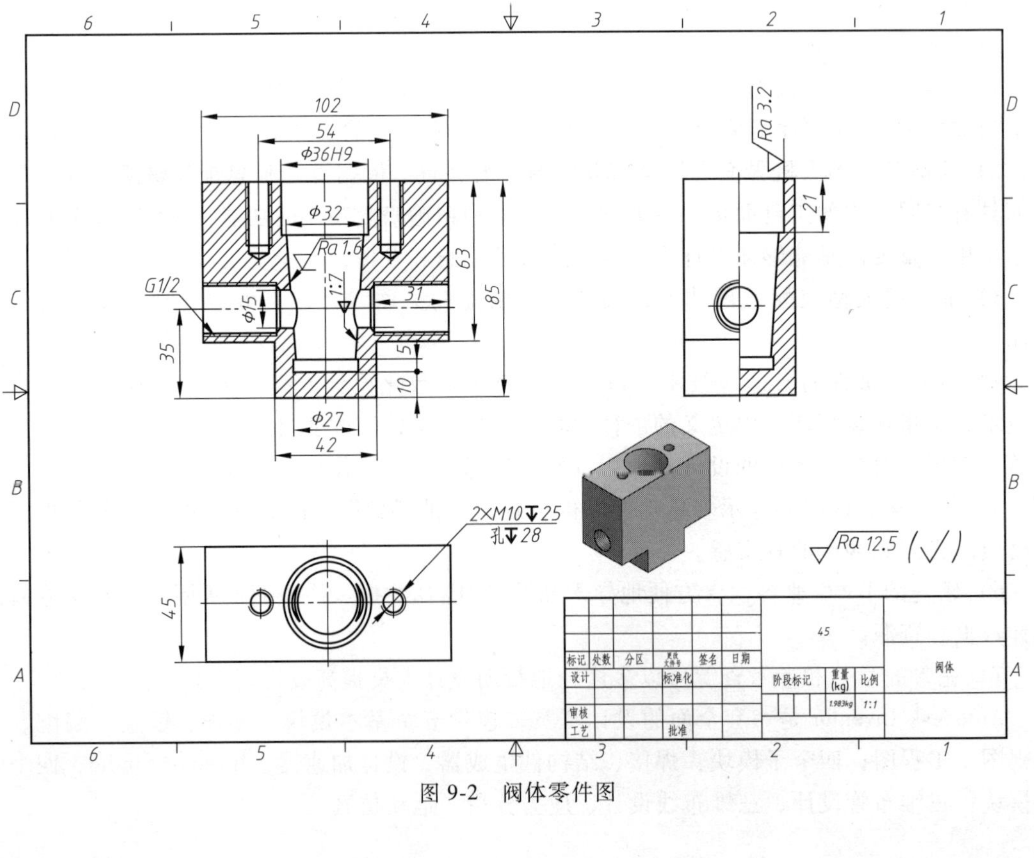

图 9-1 旋塞

图 9-2 阀体零件图

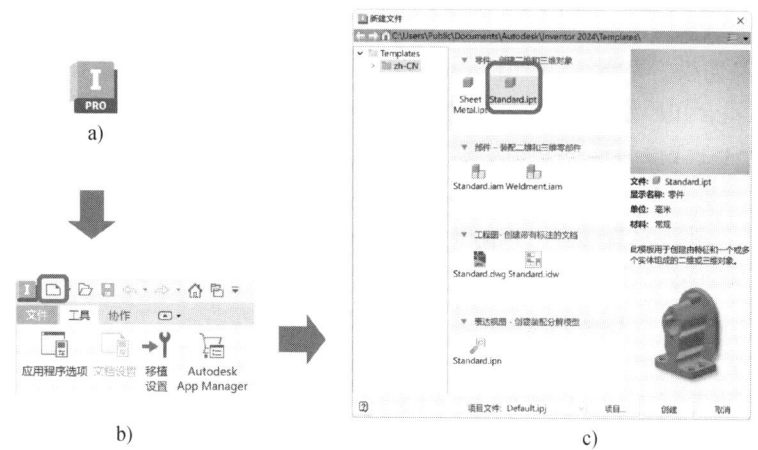

图 9-3 新建零件文件

a) 双击 Inventor 图标启动软件　b) 单击新建按钮　c) 选择标准零件模板创建零件文件

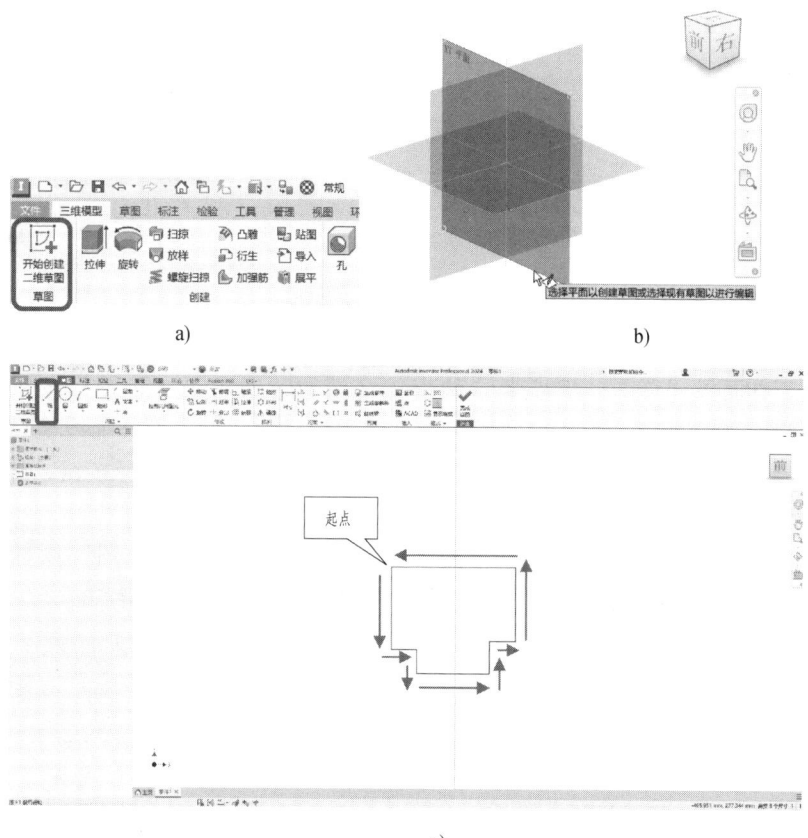

图 9-4 绘制阀体主体轮廓草图

a) 单击工具面板"开始创建二维草图"按钮　b) 单击原始坐标 XY 平面创建草图　c) 直线工具绘制轮廓草图

建草图；按照图 9-4 所示的起点及顺序绘制用于创建阀体主体特征的轮廓草图。使用直线工具绘制轮廓草图时，可通过单击确定线段起点，再单击确定其终点来创建单一线段；也可通过依次单击确定每一线段的终点，创建首尾相接的线段。这里使用后者，通过连续单击绘制阀体主体轮廓。

3）单击工具面板"草图"选项卡"约束"区域的"重合约束"图标按钮，将草图底边水平线段的中点重合在原始坐标的原点投影处，如图 9-5 所示。重合约束常用于将两点重合在一起，或将点重合在线段的延伸线上，添加重合约束时首先单击重合约束图标按钮，再依次选择需进行重合约束的两个对象即可。另外，Inventor 可自动识别几何图元的端点与中点，将鼠标指针移动至几何图元的端点与中点附近，待出现绿色圆点时单击便可选中相应的点。

4）单击工具面板"草图"选项卡"约束"区域的"等长约束"图标按钮，为草图中的两组线段分别添加等长约束以使图形左右对称，如图 9-6 所示。等长约束用于使两条线段长度相等，或两段圆弧半径相等。添加等长约束时，首先单击等长约束图标按钮，然后依次选择需进行等长约束的两个对象即可。

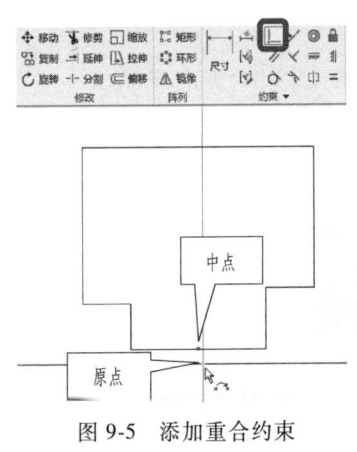 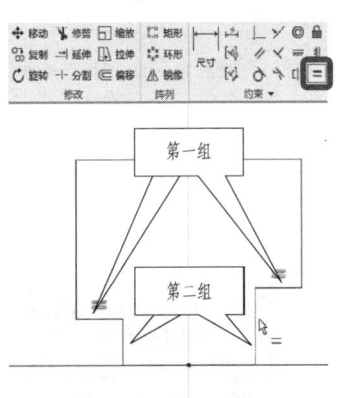

图 9-5　添加重合约束　　　　　　　图 9-6　添加等长约束

5）单击工具面板"草图"选项卡"约束"区域的"通用尺寸"图标按钮，为草图添加尺寸约束，如图 9-7 所示。通用尺寸用于为草图添加尺寸约束，可添加线性尺寸、直径尺寸、半径尺寸、角度尺寸等。添加尺寸约束时，首先单击通用尺寸图标按钮，然后选择待添加尺寸约束的对象即可。

6）单击工具面板"草图"选项卡右侧"退出"区域的"完成草图"图标按钮，完成草图创建并退出草图环境，如图 9-8 所示。此后系统自动进入模型环境。

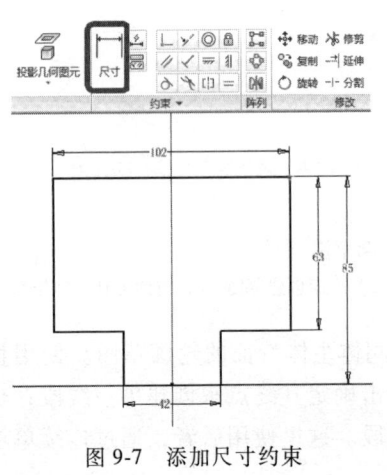 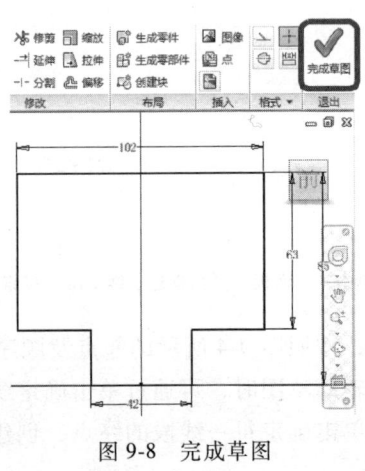

图 9-7　添加尺寸约束　　　　　　　图 9-8　完成草图

7）单击工具面板"模型"选项卡"创建"区域的"拉伸"图标按钮，为阀体主体轮廓草图添加拉伸特征，如图 9-9 所示。拉伸特征用于沿垂直于草图平面的方向添加或去除体积。图 9-9 中 45mm 表示拉伸特征的总长度，向两侧的方向箭头表示可向草图面的两侧同时进行拉伸，且拉伸特征添加完成后，草图平面距离实体前后表面的距离均为 45mm/2 = 22.5mm。

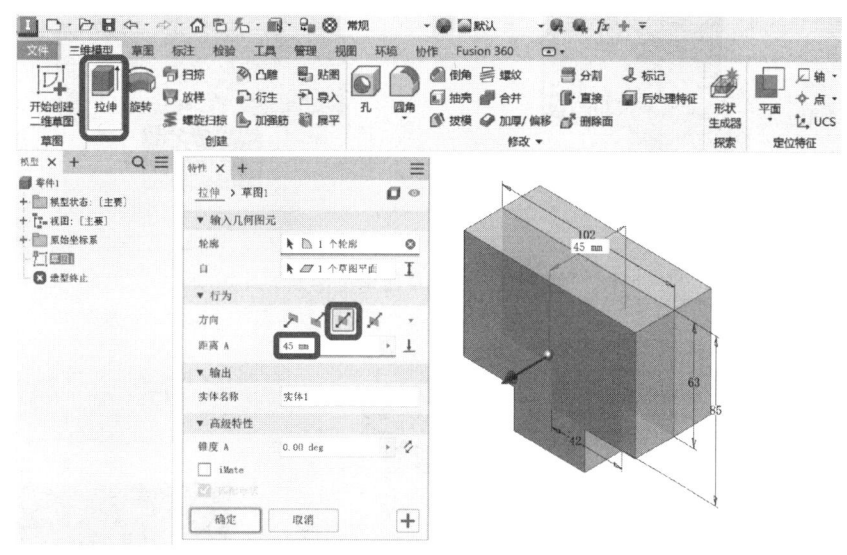

图 9-9　添加拉伸特征

8）单击工具面板"模型"选项卡"草图"区域的"创建二维草图"图标按钮，并展开浏览器"原点"，选择原始坐标"XY 平面"，在原始坐标"XY 平面"创建二维草图，如图 9-10 所示。

9）按〈F7〉暂时关闭草图平面前方实体的可见性，对草图进行"切片观察"，如图 9-11 所示。单击工具面板"草图"选项卡"绘制"区域的"投影切割边"图标按钮，将实体与草图平面的交线投影至当前草图；通过框选的方式选中投影得到的所有几何图元，并单击工具面板格式区域的"构造"图标按钮，将投影得到的几何图元变为构造线，使它们仅作为草图中的定位参考线，而不直接参与后续实体造型。

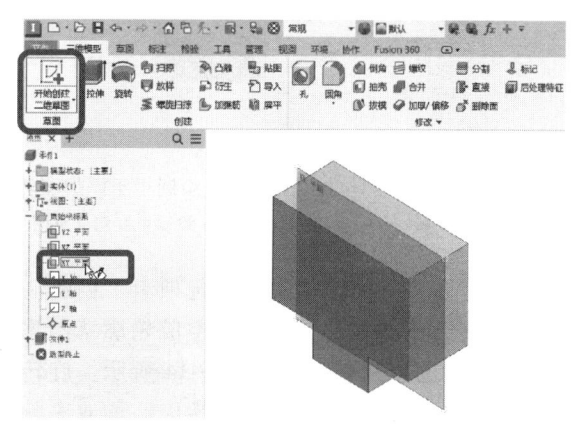

图 9-10　"XY 平面"创建二维草图

10）由顶部水平线中点出发，使用直线工具绘制用于创建阀体内部空腔的轮廓草图，如图 9-12a 所示；然后单击选中草图左侧竖直线，并单击工具面板格式区域的"中心线"图标按钮，将该几何图元的特性更改为中心线，如图 9-12b 所示。

11）为步骤 10）中的草图添加尺寸约束，如图 9-13 所示。由于之前进行了"中心线"设置，故添加尺寸约束时依次选择几何图元与中心线，可添加回转尺寸，如 $\phi36$；锥度暂由角度 4.09°替代。单击"完成草图"退出草图环境。

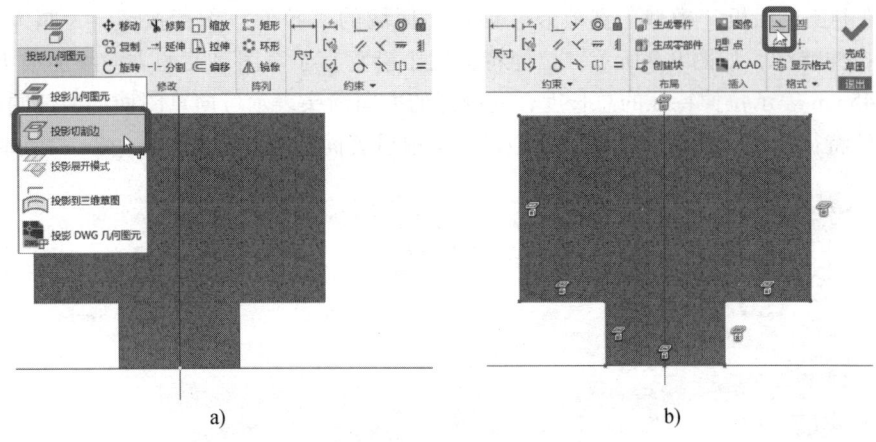

图 9-11 获取草图定位参照
a)投影切割边 b)设置构造线

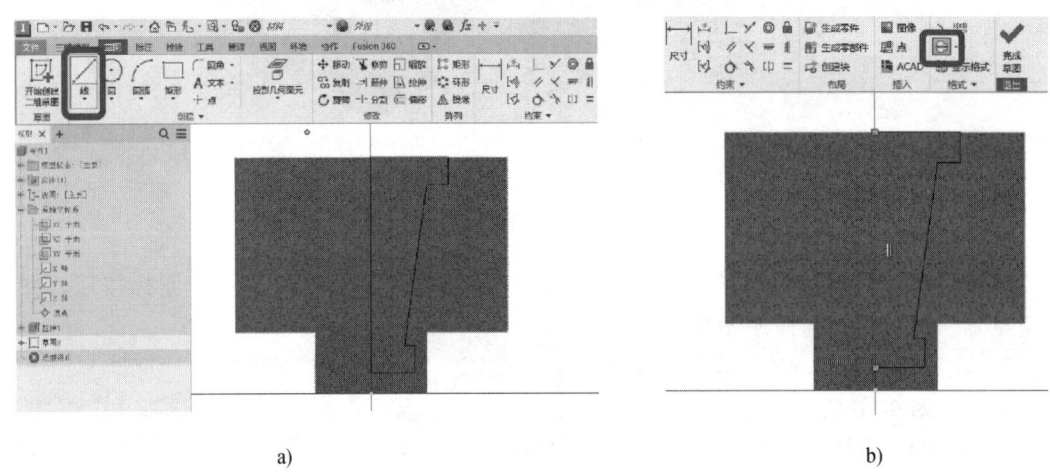

图 9-12 绘制用于添加旋转特征的空腔轮廓草图
a)绘制空腔轮廓草图 b)设置中心线

12)单击工具面板"模型"选项卡"创建"区域的"旋转"图标按钮,为阀体空腔轮廓草图添加"求差"方式的旋转特征,如图 9-14 所示。旋转特征用于将草图轮廓绕指定的轴旋转以添加或去除体积,求差方式的旋转可用于去除已有实体的体积。

13)单击工具面板"模型"选项卡"草图"区域的"创建二维草图"图标按钮,并在图形区选中阀体的上表面,如图 9-15 所示,准备在阀体上表面创建以下二维草图。

14)单击直线工具及尺寸约束工具创建长度为 54mm 的线段,并单击工具面板"创建"区域中的"点"工具在线段的左右端点位置添加点,如图 9-16 所示。

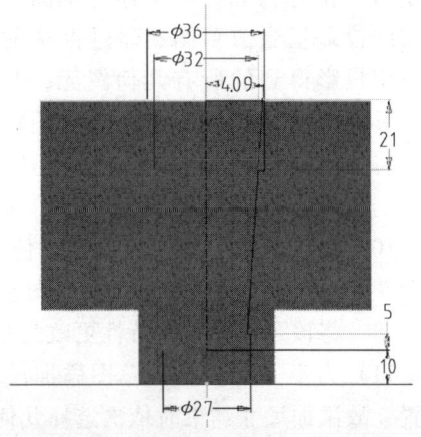

图 9-13 添加空腔轮廓草图的尺寸约束

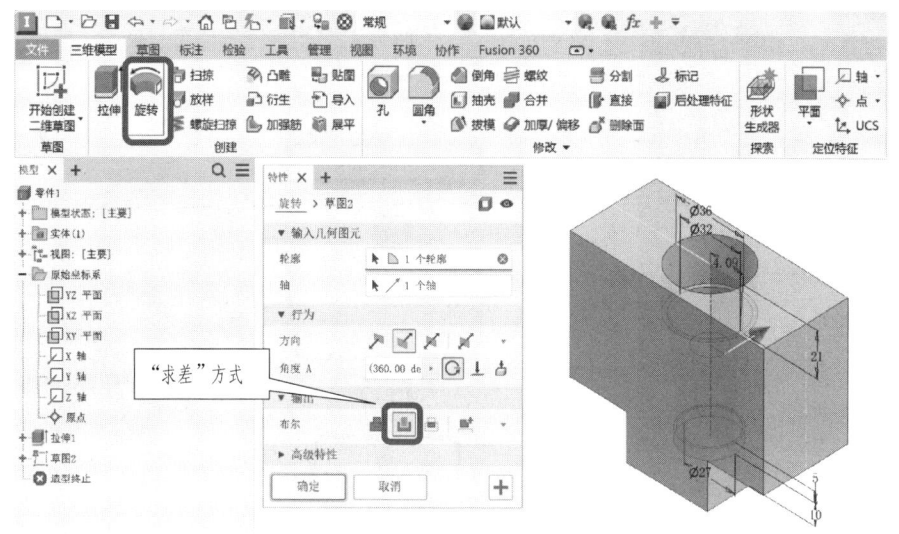

图 9-14 添加旋转特征

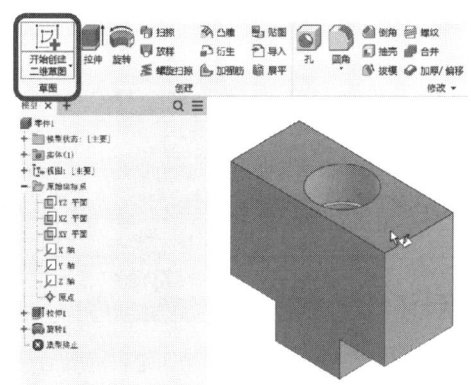

图 9-15 阀体上表面创建二维草图

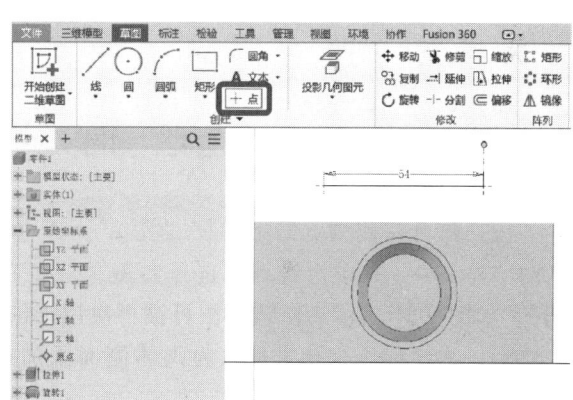

图 9-16 绘制线段并在端点添加"点"

15）添加重合约束，将 54mm 线段的中点重合在阀体顶部孔心位置；由于该草图仅作为孔心定位，不直接参与实体造型，故此时可通过框选将草图中的几何图元全部选中，并将它们的特性设置为"构造"，如图 9-17 所示。单击"完成草图"退出草图环境。

16）单击工具面板"模型"选项卡"修改"区域的"孔"图标按钮，为阀体上表面添加螺纹孔，如图 9-18 所示，注意对话框中的相应设置。

17）选择阀体左侧表面创建草图，单击直线工具及尺寸约束工具创建由原点出发、长度为 35mm 的线段并单击"点"工具在线段的上端点位置添加点，由于该草图仅作为孔心定位，不直接参与实体造型，故此时可通过框选将草图中的几何图元全部选中，并将它们的特性设置为"构

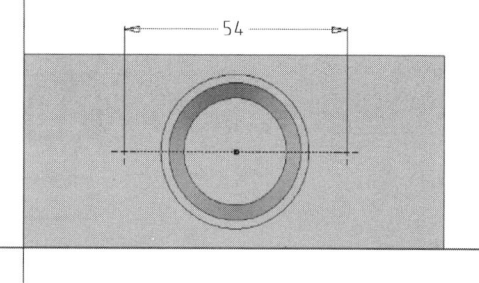

图 9-17 添加重合约束并设置构造线

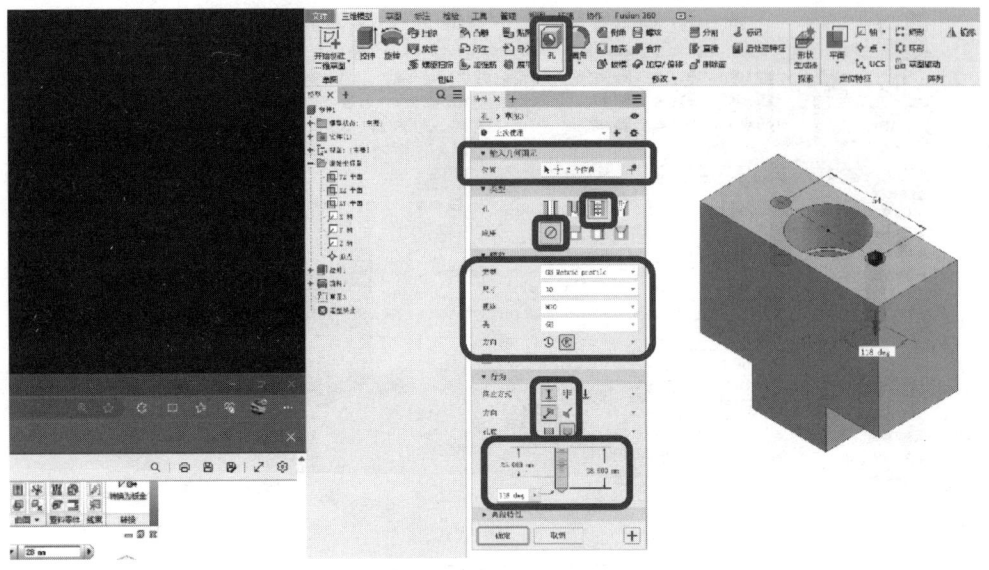

图 9-18 添加孔特征

造",如图 9-19 所示。单击"完成草图"退出草图环境。

18) 单击工具面板"模型"选项卡"修改"区域的"孔"图标按钮,为阀体侧表面添加通孔,如图 9-20 所示,注意对话框中的相应设置。

19) 展开左侧浏览器中特征"孔 2",选中与"孔 2"相关联的"草图 4"并单击右键,选择右键关联菜单中的"共享草图",如图 9-21 所示,使该草图可被再次用于创建其他特征。

20) 再次使用打孔工具,为阀体侧面添加螺纹孔特征,如图 9-22 所示。

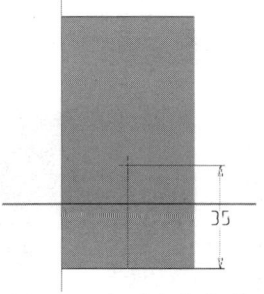

图 9-19 侧孔定位草图

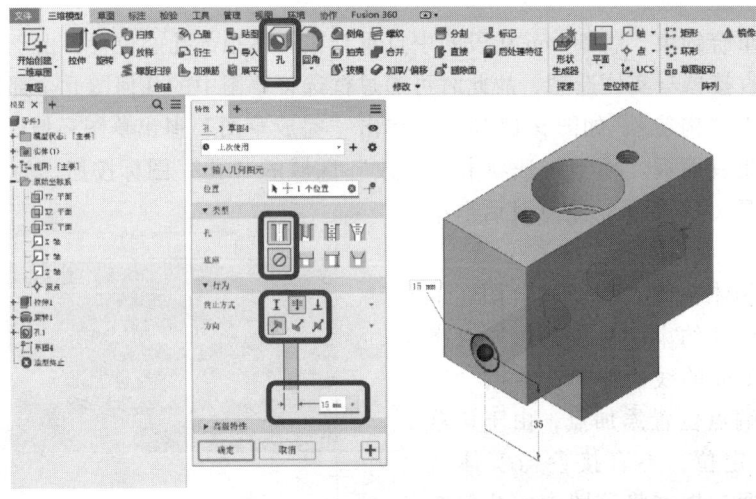

图 9-20 添加侧表面通孔

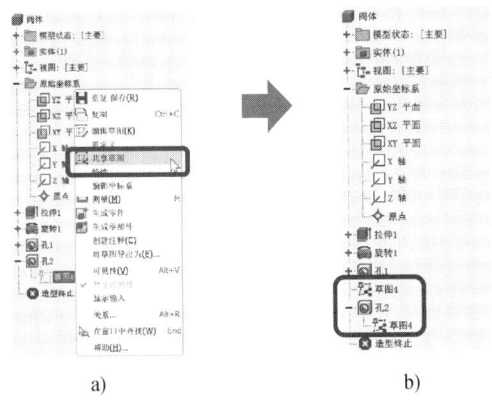

图 9-21 设置草图共享
a) 单击鼠标右键选择共享草图 b) 设置完成

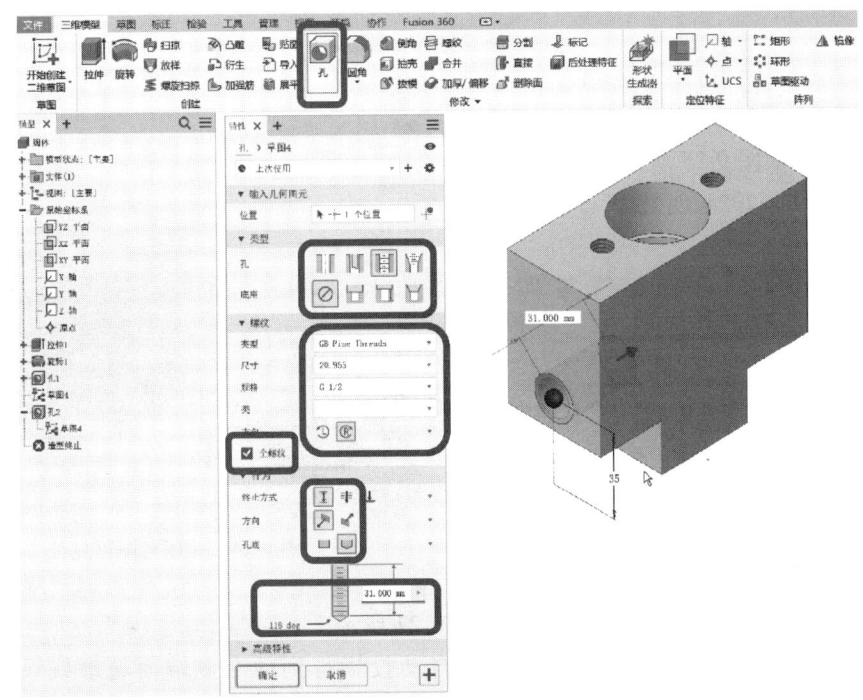

图 9-22 添加侧面螺纹孔特征

21) 单击工具面板"模型"选项卡"阵列"区域的"镜像"图标按钮,接下来在浏览器中选择待镜像的特征"孔 3",然后按下镜像对话框"镜像平面"前的选择箭头,并在浏览器中选择原始坐标的 YZ 平面作为镜像面,单击"确定"按钮完成镜像操作,在阀体另一侧创建螺纹孔,如图 9-23 所示。

22) 选中浏览器中的共享草图"草图 4"并单击鼠标右键,通过右键关联菜单关闭其可见性,如图 9-24 所示。

23) 保存文件,完成阀体零件的创建。

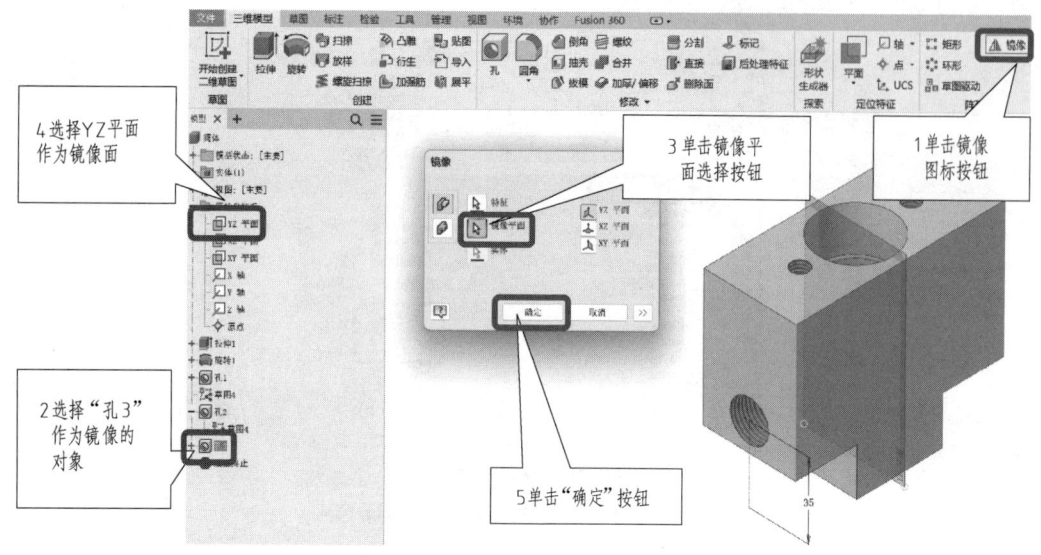

图 9-23 镜像侧面螺纹孔

2. 阀杆零件建模

阀杆零件图如图 9-25 所示。

使用 Inventor 2024 创建该零件的步骤如下：

1）启动软件，选择标准零件模板"Standard.ipt"创建零件文件，如图 9-3 所示。

2）使用草图环境中的直线工具绘制用于创建阀杆主体的轮廓草图，接下来将轮廓底边线段设置为中心线，并使用通用尺寸工具添加尺寸约束，如图 9-26 所示。单击"完成草图"退出草图环境。

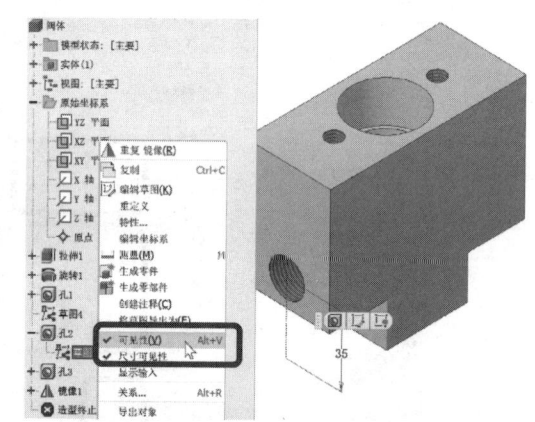

图 9-24 关闭草图可见性

3）添加旋转特征，生成阀杆主体，如图 9-27 所示。

4）在阀杆右侧端面新建草图。首先将自动投影得到的右侧端面轮廓线设置为构造线，使其仅起到定位参照的作用；接下来使用直线工具绘制四边形轮廓，并为该轮廓添加几何约束和尺寸约束，如图 9-28 所示。水平（竖直）约束可使选定的两点处于同一条水平（竖直）线上，也可使选定的线段处于水平（竖直）状态。图 9-28b 中通过添加两次水平约束，使四边形左端点与原始坐标原点、四边形右端点与原始坐标原点处于同一条水平线上；图 9-28c 中通过添加两次竖直约束，使四边形上端点与原始坐标原点、四边形下端点与原始坐标原点处于同一条竖直线上。平行约束用于使选定的两线段保持平行关系。图 9-28d 中通过添加平行约束，使四边形的对边保持平行关系。图 9-28e 中通过添加垂直约束，使四边形邻边保持垂直关系。图 2-28f 中通过添加尺寸约束，使四边形边长确定为 14mm。

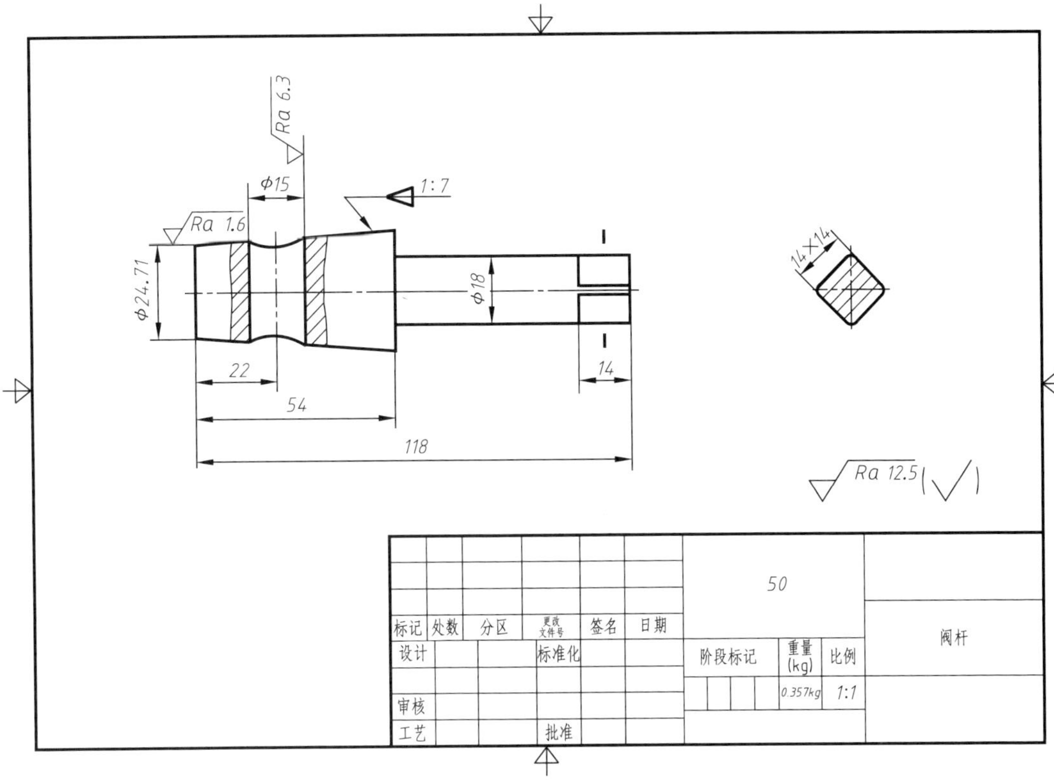

图 9-25 阀杆零件图

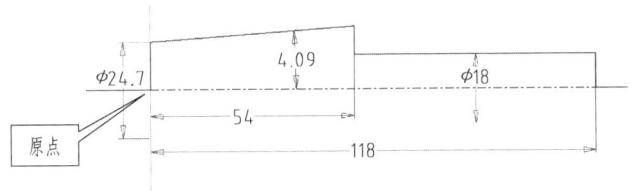

图 9-26 阀杆主体轮廓草图

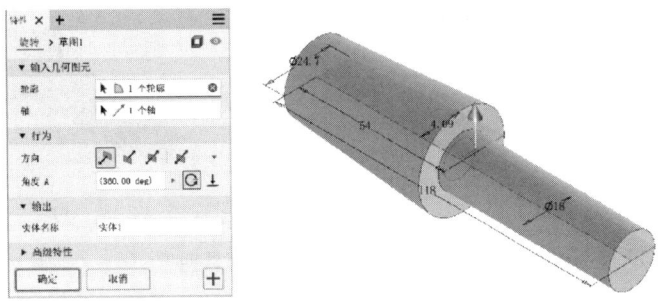

图 9-27 旋转生成阀杆主体

5)单击"三点圆弧"工具,添加四段圆弧,如图 9-29 所示。三点圆弧工具通过三次单击,依次确定圆弧的起点、终点以及圆弧上任意一点创建圆弧。用重合约束将圆弧端点约束到四边形上。用等长约束将四段圆弧分别与 φ18 圆柱右端面投影的圆轮廓进行约束,使它们重合。单击"完成草图"退出草图环境。

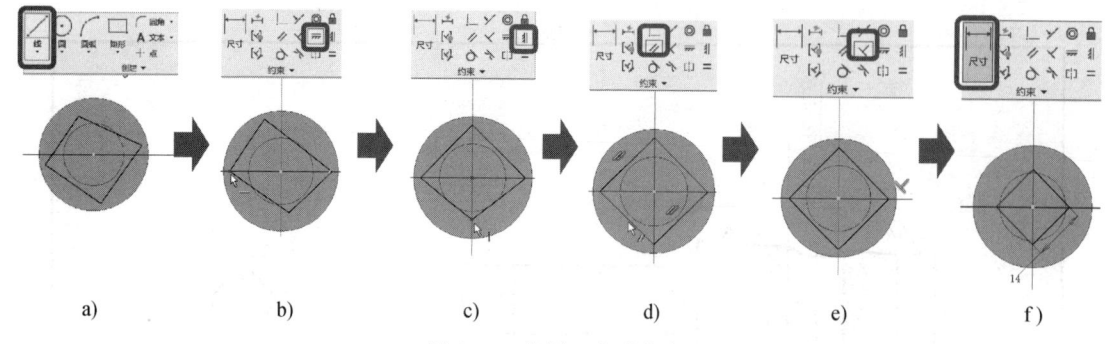

图 9-28 绘制四边形轮廓

a) 直线工具绘制四边形　b) 添加三点之间的水平约束　c) 添加三点之间的竖直约束
d) 添加对边之间的平行约束　e) 添加邻边之间的垂直约束　f) 添加对边之间的尺寸约束

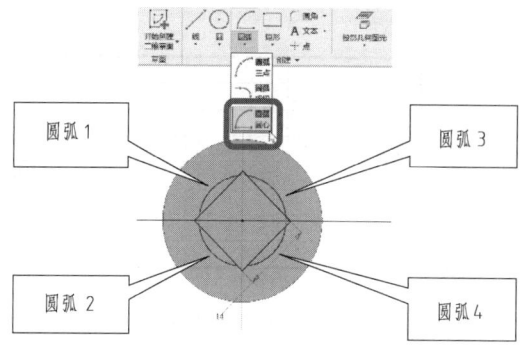

图 9-29 三点圆弧工具绘制四段圆弧

6）为图 9-29 中圆弧与四边形之间的四个区域添加"求差"方式的拉伸特征，拉伸距离为 14mm，完成阀杆端部外四方特征的创建，如图 9-30 所示。

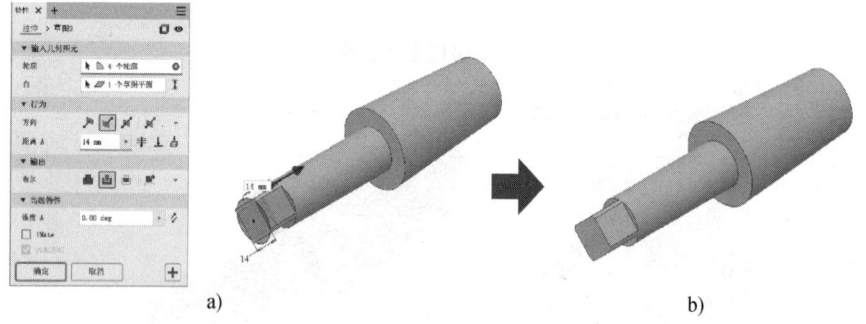

图 9-30 拉伸创建阀杆端部外四方

a) 选择拉伸并求差　b) 拉伸去除体积

7）选择原始坐标 XY 平面新建草图，按〈F7〉进行切片观察，绘制直径为 15mm 的圆，并通过水平约束使圆心与原始坐标原点同处在一条水平线上，并继续添加尺寸约束，使圆心到原点的水平距离为 22mm，如图 9-31 所示。

8）添加向两侧贯通求差方式的拉伸特征，去除实体体积得到阀杆孔，如图 9-32 所示。

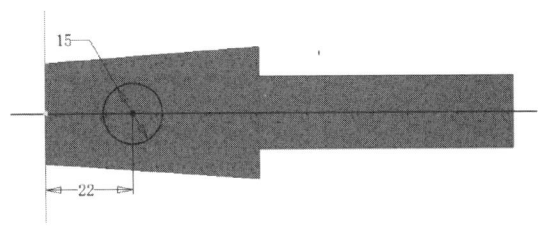

图 9-31 绘制孔轮廓

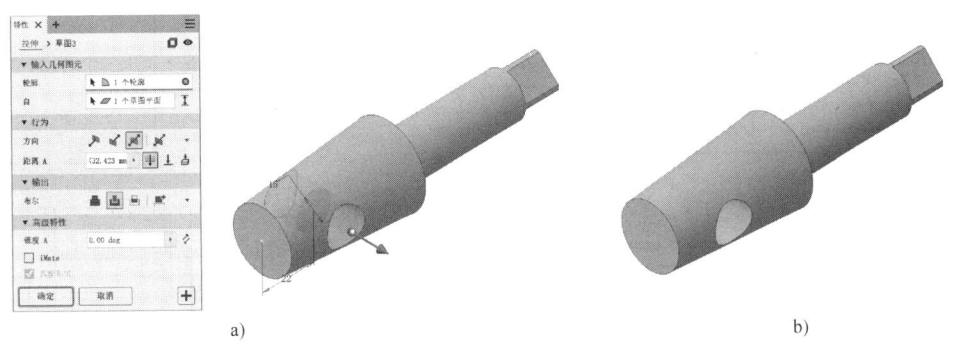

图 9-32 拉伸开孔,完成阀杆模型创建
a) 拉伸得到阀杆孔 b) 完成阀杆模型

9) 保存文件,完成阀杆零件的创建。

3. 零件建模的一般流程

通过阀体、阀杆零件建模过程可见,用 Inventor 2024 创建三维模型的步骤可概括为:

1) 形体分析。对模型的形体进行整体分析,将其划分为若干个简单的形体元素。

2) 创建草图。根据形体分析的结果绘制用于生成特征的草图轮廓,并为草图添加几何约束和尺寸约束。

3) 添加特征。通过拉伸、旋转、打孔等方式为草图或已有的模型添加特征。

4) 重复步骤 2)、3),逐步完成模型的所有结构造型。

以上过程也可用图 9-33 表示。

9.2.2 部件装配

本小节介绍部件旋塞的装配方法。

1. 旋塞的装配

旋塞装配图如图 9-34 所示。使用 Inventor 2024 进行旋塞部件装配的步骤如下:

1) 启动 Autodesk Inventor 2024,单击工具面板"新建"图标按钮,选择标准部件模板"Standard.iam"创建部件文件,如图 9-35 所示。

2) 在 Windows 资源管理器中找到旋塞"阀体",并将其拖入 Inventor 2024 部件环境的图形区,如图 9-36 所示,从而将部件旋塞的基础零件阀体装入部件环境。Inventor 2024 默

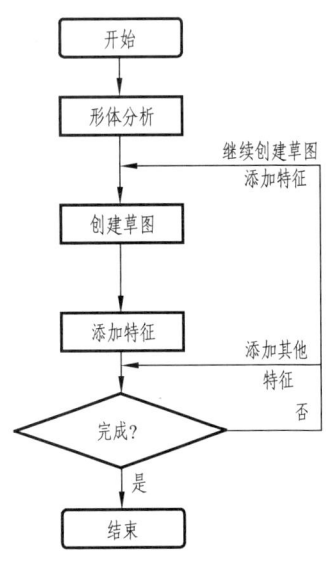

图 9-33 建模流程图

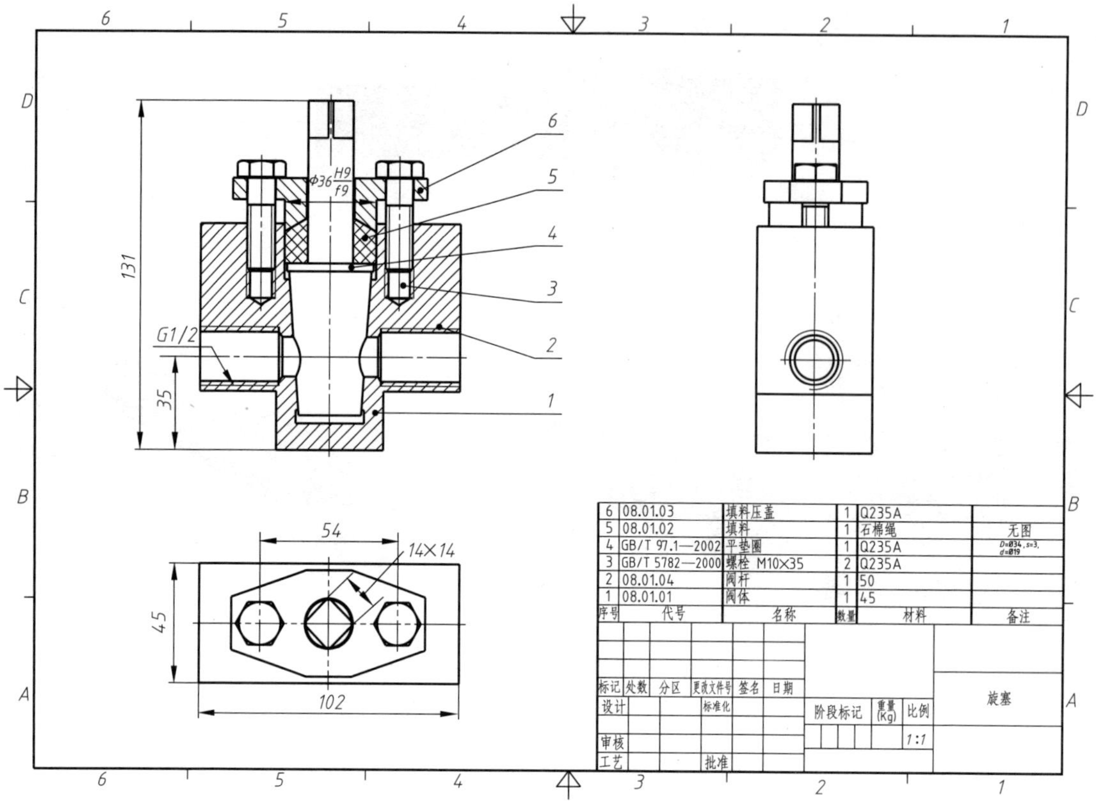

图 9-34　旋塞装配图

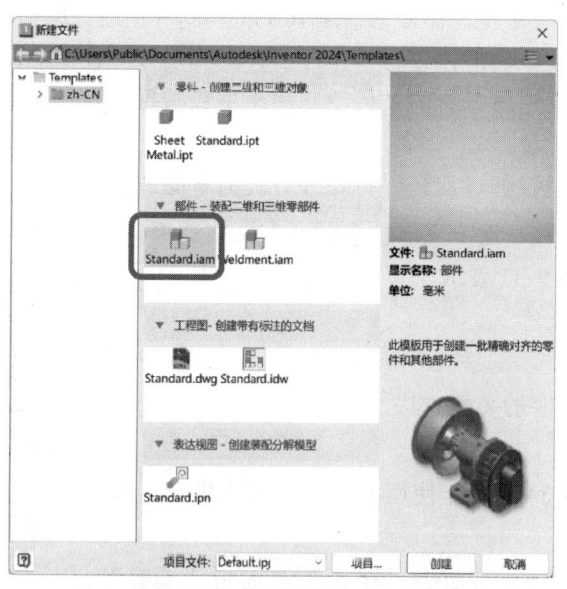

图 9-35　选择标准部件模板新建部件文件

认第一个进入部件环境的零件为基础零件,并将该零件的原始坐标系重合于部件环境的原始坐标系。故一般应首先装入部件中的主体零件,如旋塞中的阀体。用同样的方法将"阀杆"装入部件环境。

3) 单击工具面板"装配"选项卡"位置"区域的"约束"图标按钮,单击约束对话

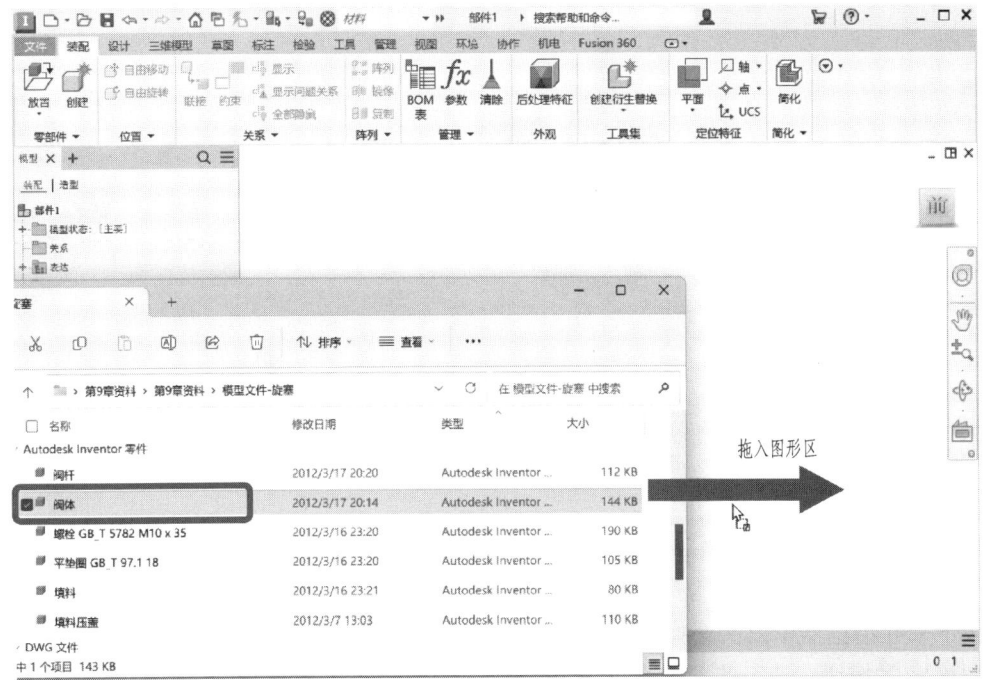

图 9-36 将部件旋塞的基础零件装入部件环境

框中默认的"配合"约束类型,依次选择阀杆的轴线、阀体空腔的轴线,使两者重合,如图 9-37 所示。配合约束常用于将来自不同零件的两个表面以"面对面"或"肩并肩"的方式结合在一起,以及将来自不同零件的回转体特征的轴线重合在一起,也可用于将不同零件上的点或线相重合。这里通过配合约束,使轴与孔的轴线相重合。

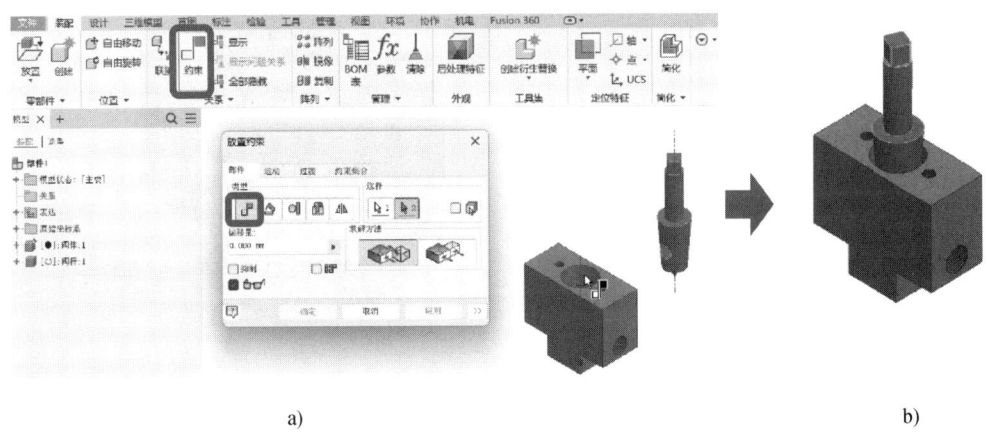

图 9-37 配合约束指定轴与阀体间的位置关系
a) 添加配合约束 b) 实现轴线重合

4) 将阀杆向上拖出,单击工具面板的"约束"图标按钮,单击约束对话框中的"相切"约束类型,依次选择阀杆的锥面、阀体空腔的锥面,并选择相切约束方式为"内边框"(即内切),使选定的两锥面内切,如图 9-38 所示。此时阀杆仅能绕自身轴线转动。相切约束常用于使平面、柱面、锥面或球面之间保持相切关系。

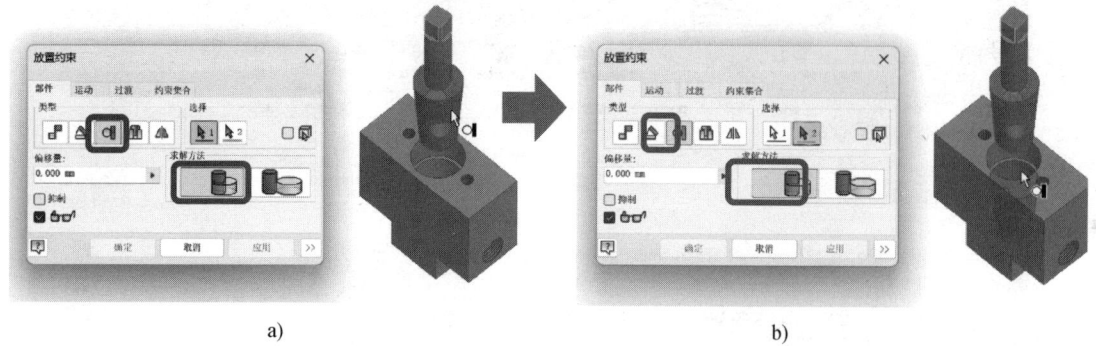

图 9-38 相切约束使两锥面内切
a) 选择阀杆锥面　b) 选择阀体空腔锥面

5)展开左侧浏览器中"阀体"和"阀杆"下的"原点"(即原始坐标),单击工具面板的"约束"图标按钮,单击约束对话框中的"角度"约束类型,并选择"定向角度"方式,接下来在浏览器中依次选择阀体坐标 XY 平面、阀杆坐标 YZ 平面,并单击约束对话框中的"确定"按钮,选定的两平面将保持 0°角度关系,如图 9-39 所示。角度约束常用于定义线或面之间的角度关系。

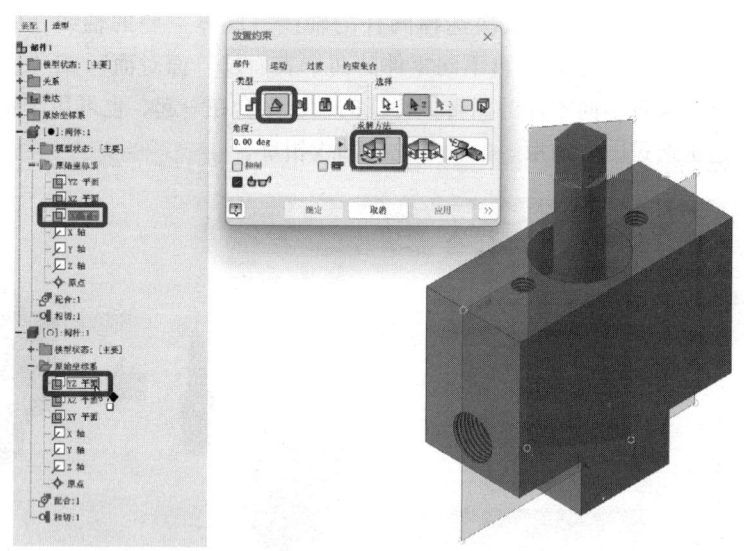

图 9-39 角度约束使两面平行

6)装入零件"平垫圈"(平垫圈 GBT 97.1 18.ipt),如图 9-40a 所示。由于平垫圈应装在位于阀体空腔内部的阀杆轴肩上,故可首先在浏览器中选中零件阀体单击鼠标右键,通过右键关联菜单关闭阀体可见性,如图 9-40b 所示。接下来单击工具面板"装配"选项卡"位置"区域的"约束"图标按钮,选择"插入"类型,并按照图 9-40c 所示的顺序依次选择垫圈端面圆形轮廓与阀杆轴肩圆形轮廓,完成平垫圈的约束,如图 9-40d 所示。插入约束实际是轴线重合的配合约束与表面结合(面对面或者肩并肩)的配合约束的组合。使用插入约束时，随鼠标指针进入图形区的选取符号包含带有箭头的轴线以及红色的圆圈，带有箭头的轴线表示轴线的位置及方向，而红色的圆圈则表示待结合的表面所在的位置。

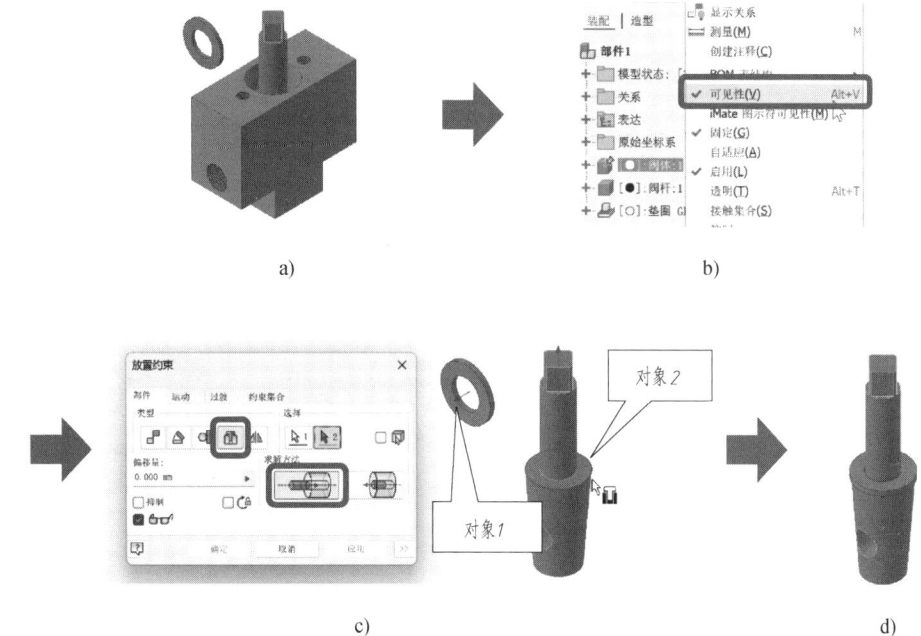

图 9-40 插入约束指定垫圈与阀杆间的位置关系
a) 装入平垫圈 b) 关闭阀体可见性 c) 添加插入约束 d) 约束完成

7) 装入示意零件"填料"，与前一步骤相似，使用"插入"完成指定填料与垫圈的相对位置关系，如图 9-41 所示。

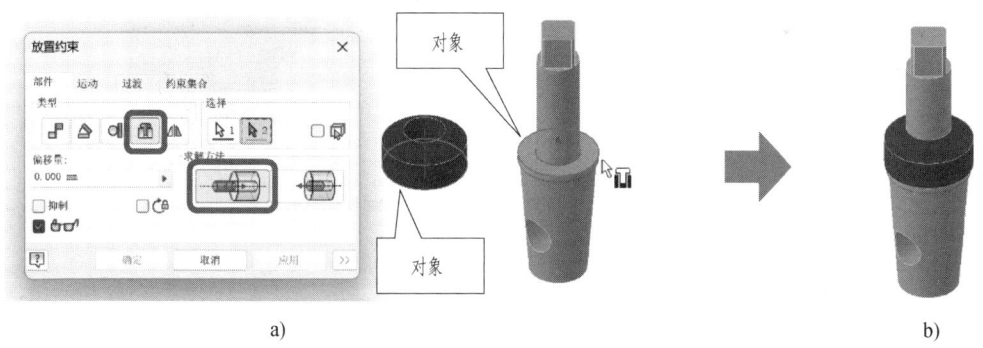

图 9-41 插入约束指定填料与垫圈间的位置关系
a) 添加插入约束 b) 约束完成

8) 恢复阀体可见性，装入零件"填料压盖"。与阀杆的装入方式相似，使用配合约束使填料压盖的轴线与阀杆的轴线相重合，如图 9-42a 所示；使用相切约束使填料压盖底端锥面与填料顶端锥面相内切，如图 9-42b、c 所示；使用配合约束进一步使填料压盖法兰上孔与阀体顶面孔间轴线与轴线重合，如图 9-43d 所示。

9) 装入零件"螺栓"（螺栓 GB/T 5782 M10×35.ipt），使用插入约束指定螺栓与填料压盖间的相对位置关系，如图 9-43 所示。

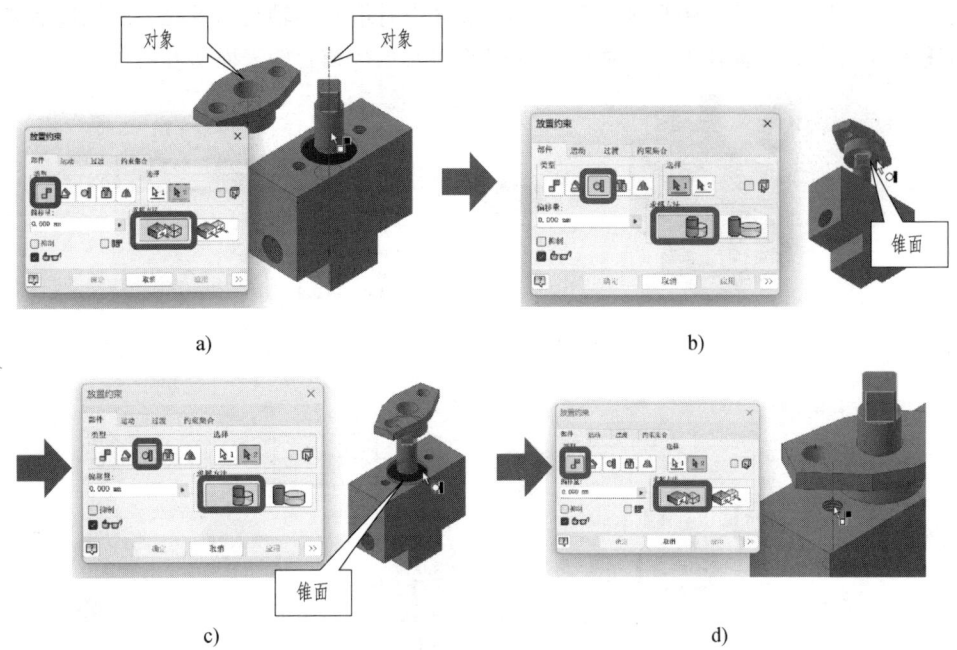

图 9-42 配合、相切约束完成填料压盖装入
a) 配合约束重合轴线 b) 相切约束内切锥面 (1) c) 相切约束内切锥面 (2) d) 配合约束重合轴线

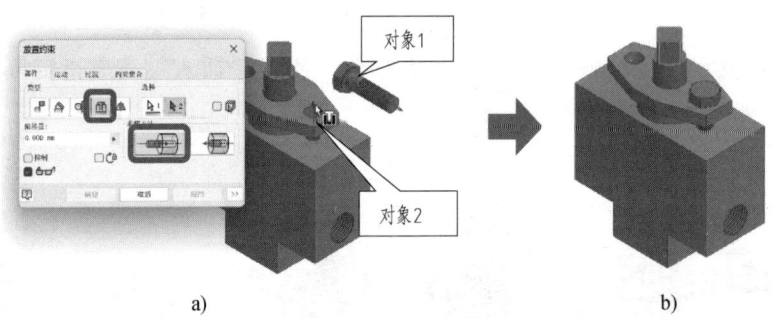

图 9-43 插入约束指定螺栓与填料压盖间的位置关系
a) 添加插入约束 b) 约束完成

10) 采用与步骤 9) 相同的方法完成另一螺栓的装入及位置关系指定,完成部件旋塞的装配,如图 9-44 所示。

2. 部件装配的一般流程

应用 Inventor 进行部件装配,首先新建部件文件,并将待装配的零部件装入部件环境。由于第一个进入部件环境的零件将被应用固定约束,故应首先将部件中可作为部件主体或基体的零部件装入其中;另一方面,同时载入过多的零部件可能造成混乱,一般采用边装载边约束的方式,装入零部件后便添加约束,待该零件约束添加完成后再载入下一个零部件。添加约束时,应先添加位置约束将零部件放置在正确的位置,若部件中的各部分零部件间存在相对运动,还需进一步添加运动约束设置该零部件与其他零部件之间的运动关系。

部件装配的一般流程如图 9-45 所示。

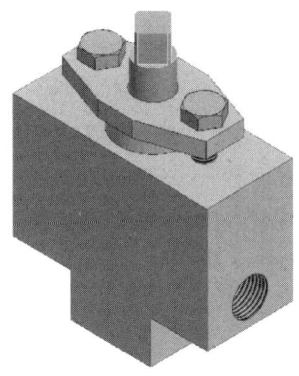

图 9-44 旋塞装配完成

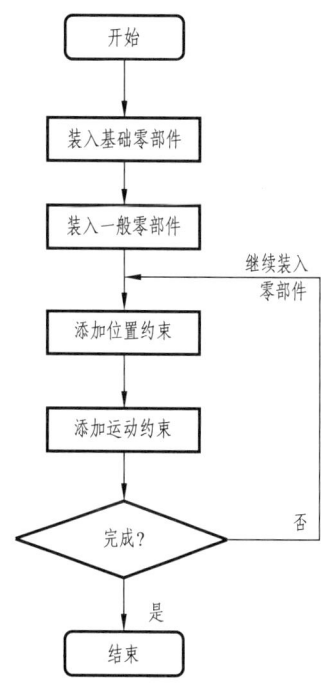

图 9-45 部件装配流程图

9.2.3 工程图

本小节主要介绍填料压盖零件图和旋塞装配图的创建方法。

1. 填料压盖零件图

填料压盖零件图如图 9-46 所示。

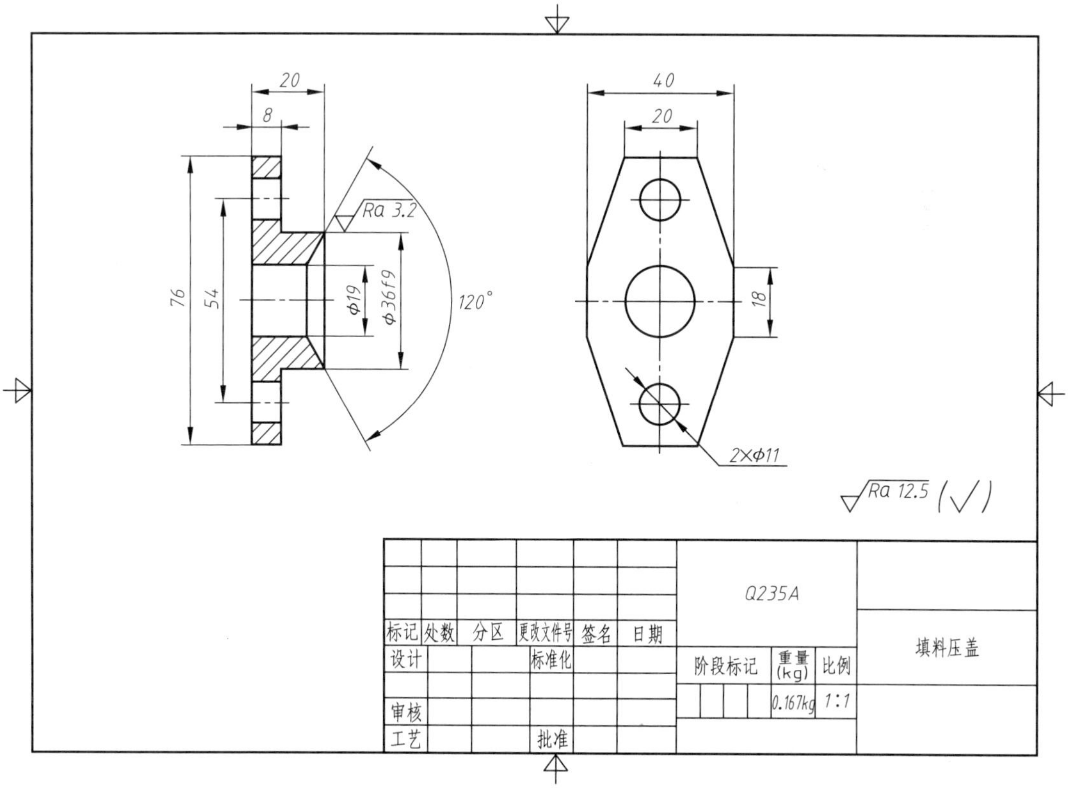

图 9-46 填料压盖零件图

填料压盖零件图的创建方法如下：

1）单击"新建"按钮，选择标准工程图模板"standard.idw"创建工程图文件。

2）单击工具面板"放置视图"选项卡"创建"区域的"基础视图"图标按钮，打开"工程视图"对话框。首先单击对话框中的"打开现有文件"按钮浏览找到零件文件"填料压盖.ipt"；接下来利用图形区右上角的 View Cube 方向控制块的"上"表面及方向旋转箭头选择视图方向，并选择"确定"；然后指定视图比例为"1∶1"，视图显示方式为"不显示隐藏线""不着色"（保持最右边"着色"按钮弹起）；单击"确定"完成基础视图，此时可进一步将视图拖动到恰当的位置，如图 9-47 所示。

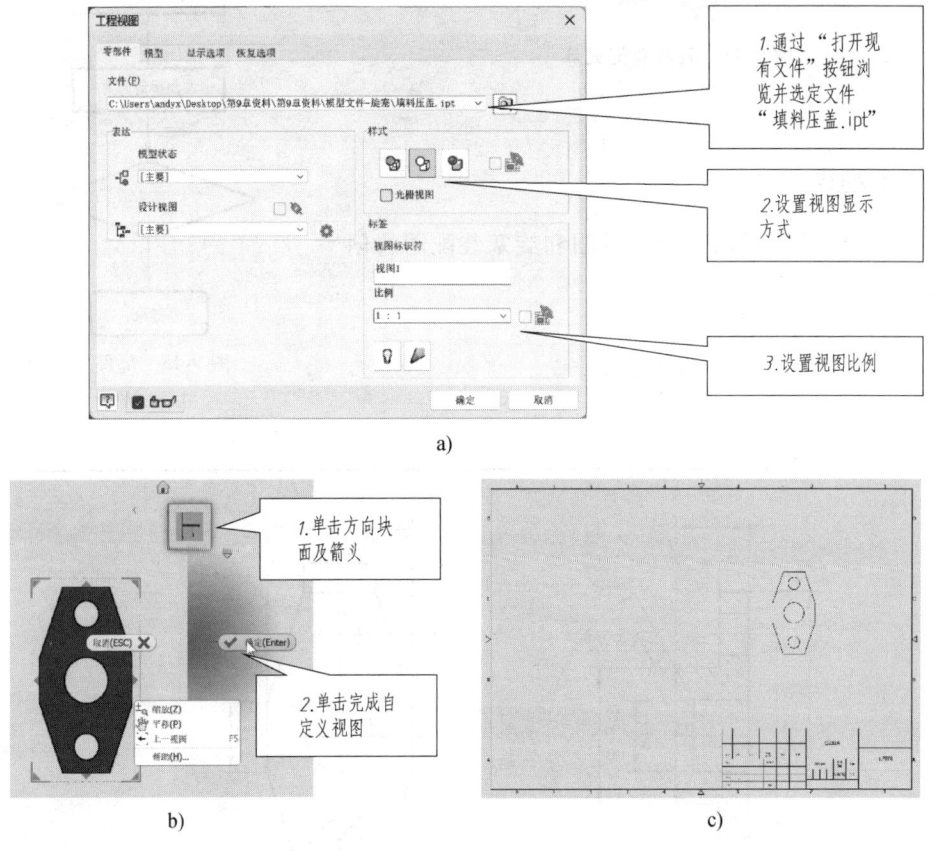

图 9-47 放置基础视图（左视图）
a）配置工程视图对话框 b）选择视图方向 c）完成视图放置

3）单击工具面板"放置视图"选项卡"创建"区域"剖视"图标按钮，选中左视图，并以图形顶边中点的正上方（可通过先将鼠标指针移至顶边中点，然后沿自动捕捉得到的虚线获取该位置）作为起点，以图形底边中点的正下方作为终点绘制剖切线；单击鼠标右键选择右键关联菜单中的"继续"；此时将自动打开剖视图对话框，通过该对话框可设置剖视图的视图标识符（如剖视图"B—B"）、比例等内容，设置完成后在图形区中单击放置视图，如图 9-48 所示。

4）在图 9-48 已创建的剖视图 B—B 上双击，将剖视图激活，并进入编辑状态，再打开

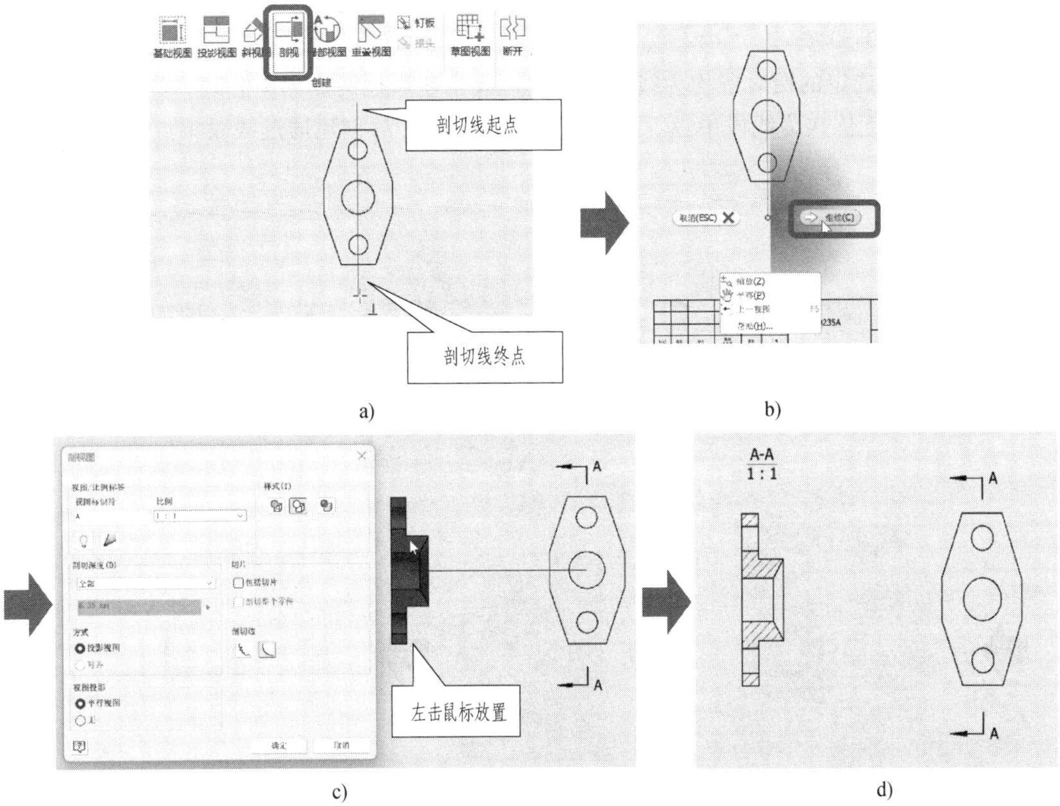

223

图 9-48 创建全剖视图

a）选择剖视工具并绘制剖切线　b）单击鼠标右键选择继续　c）预览并单击放置视图　d）创建完成

"工程视图"对话框，关闭"视图/比例标签"下的可见性按钮；然后进入对话框"显示选项"选项卡，去掉"在基础视图中显示投影线"前的勾选，如图9-49所示。通过这些操作，可关闭剖视图B—B的视图符号、比例标注及其父视图中的剖切线可见性。

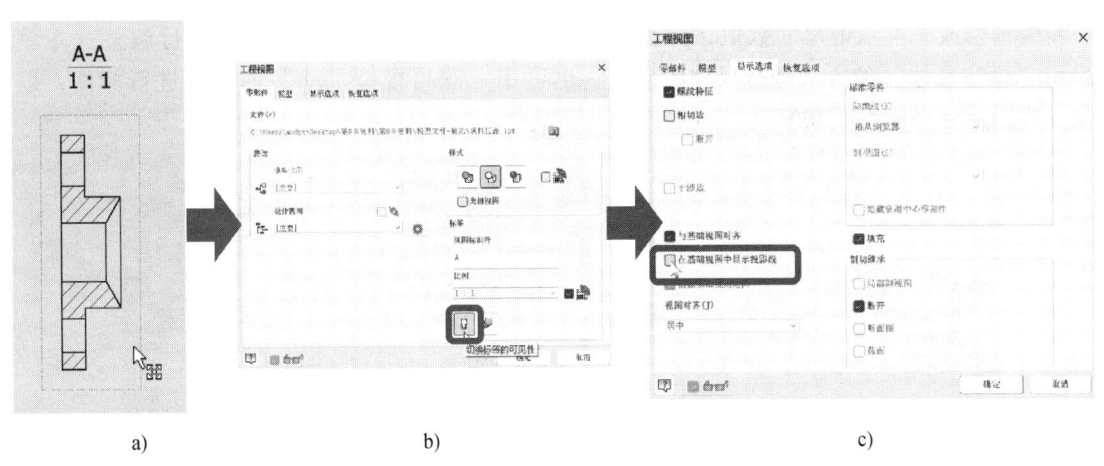

图 9-49 调整全剖视图

a）双击选中　b）关闭视图标签可见性　c）关闭剖切线可见性

5）单击工具面板"标注"选项卡"符号"区域的"中心线"图标按钮，为各视图添加中心线，如图 9-50 所示。"中心线"工具（图 9-50a）可自动根据所选对象创建中心线，图 9-50b、c 中，选定的两对象均为线段的中线，故创建通过两点的中心线；图 9-50d 中，选定的对象自上而下依次为线段中点、三个圆、线段中点，故创建通过线段中点并带有孔中心标记的中心线。

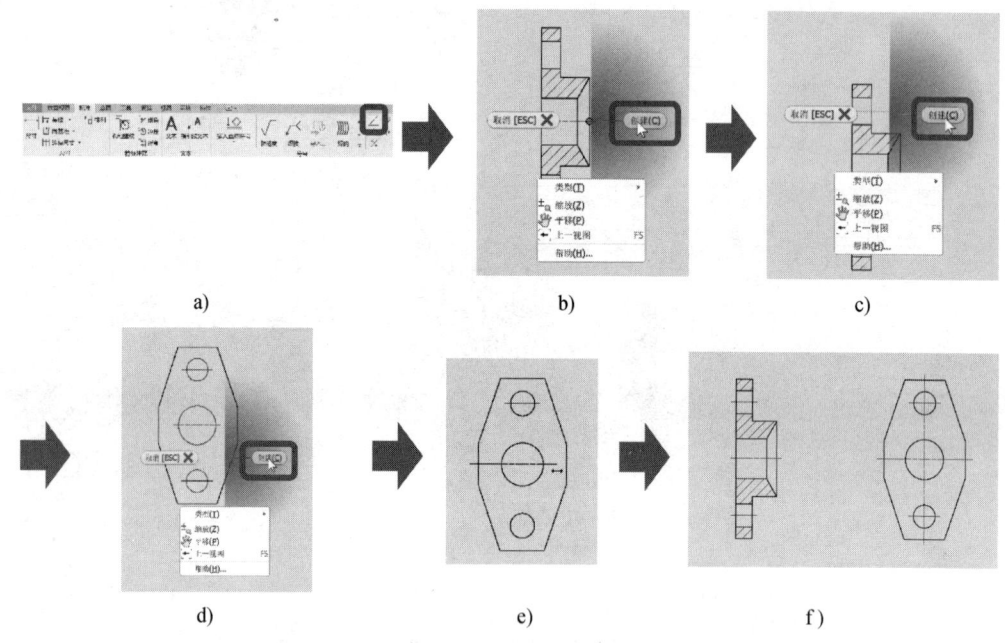

图 9-50 创建视图中心线
a）单击中心线按钮 b）两点绘制中心线（1） c）两点绘制中心线（2）
d）多对象绘制中心线 e）拖动调整长度 f）完成中心线创建

6）单击工具面板"标注"选项卡"尺寸"区域的"尺寸"图标按钮，可采用类似草图尺寸约束的方法添加工程图尺寸标注，如图 9-51 所示。若需对直接获取的尺寸信息作进一步编辑修改，可双击尺寸数值，并在自动打开的"编辑尺寸"对话框中进行调整（本例采用"标注尺寸"的方式进行尺寸的标注，也可用"获得模型尺寸"的方法进行标注，以使工程图尺寸与模型关联）。

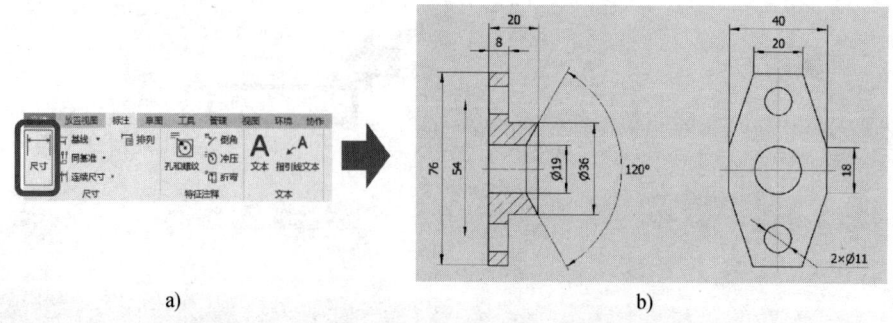

图 9-51 添加工程图尺寸标注
a）选择尺寸按钮 b）完成尺寸标注

7)单击工具面板"标注"选项卡"符号"区域的"粗糙度"图标按钮;单击尺寸线作为粗糙度符号的放置位置;单击鼠标右键并选择右键关联菜单中的"继续";在自动打开的"表面粗糙度符号"对话框中选择表面粗糙度符号的类型并输入相应的值,单击对话框"确定"按钮完成图中表面粗糙度符号的添加,如图 9-52 所示。

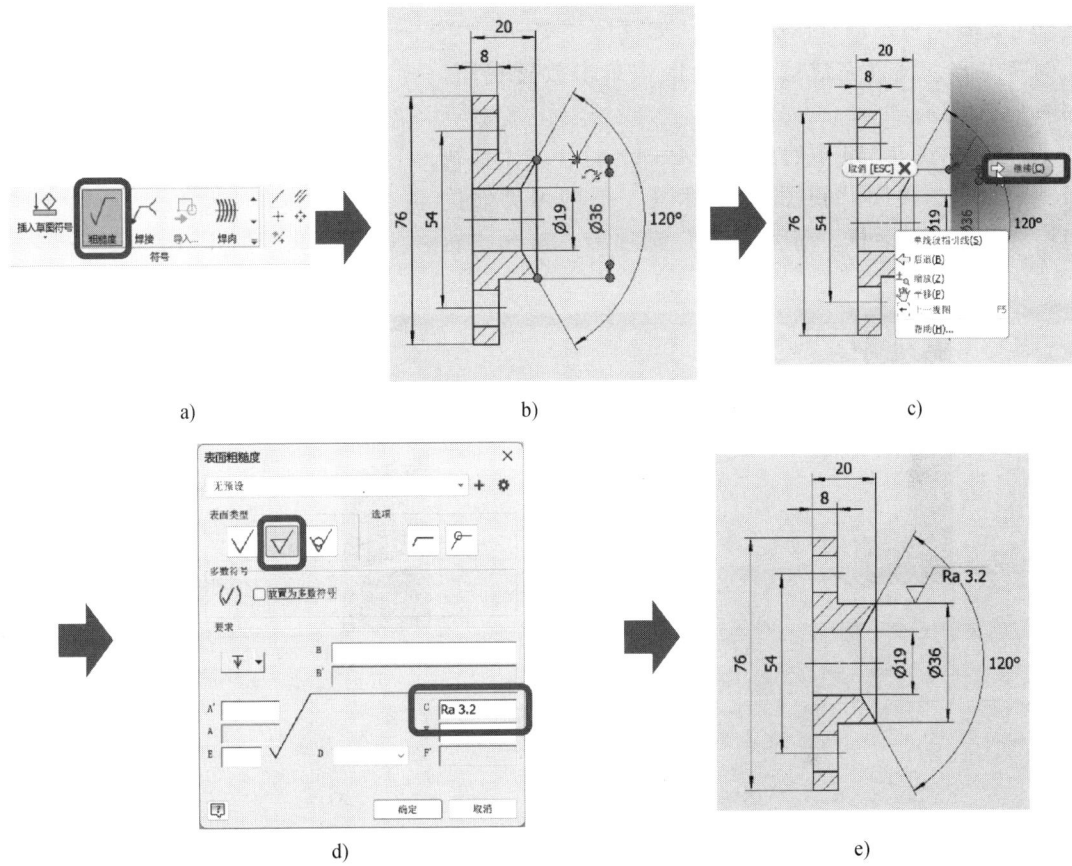

图 9-52 创建表面粗糙度符号

a)单击粗糙度按钮 b)放置粗糙度符号 c)单击右键创建 d)指定类型并输入数值 e)完成创建

8)使用"表面粗糙度"符号及"文本"工具插入相关文字信息,如图 9-53 所示。

9)保存文件,完成填料压盖零件图的创建。

2. 旋塞装配图

旋塞装配图如图 9-34 所示,该图创建方法如下:

1)单击"新建"按钮,选择标准工程图模板"standard.idw"创建工程图文件。

2)单击工具面板"放置视图"选项卡"创建"区域的"基础视图"图标按钮,打开"工程视图"对话框。首先单击对话框中的"打开现有文件"按钮,浏览找到零件文件"旋塞.iam";接下来利用图形区右上角的 View Cube 方向控制块的"上"表面选择视图方向;然后指定视图比例为"1:1",视图显示方式为"不显示隐藏线""不着色"(保持最右边"着色"按钮弹起);拖动视图将其放置在恰当的位置,如图 9-54 所示。

3）单击工具面板"放置视图"选项卡"创建"区域的"剖视"图标按钮，选中俯视图，并以通过图形左边中点的水平线上一点作为起点，以该水平线右侧一点作为终点；单击鼠标右键选择右键关联菜单中的"继续"；此时将自动打开剖视图对话框，通过该对话框可设置剖视图的视图标识符（如视图"A—A"）、比例等内容，设置完成后在图形区中单击放置视图，如图 9-55 所示。

4）双击图 9-55d 中的剖视图 A—A，打开"工程视图"对话框，关闭"视图/比例标签"下的可见性按钮；然后进入对话框"显示选项"选项卡，勾选"螺

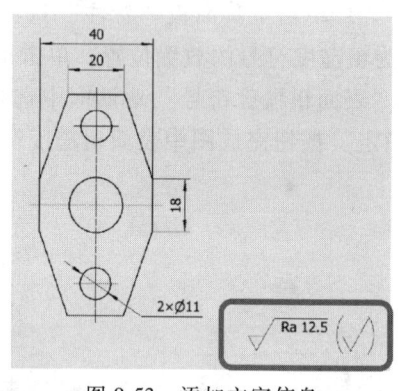

图 9-53　添加文字信息

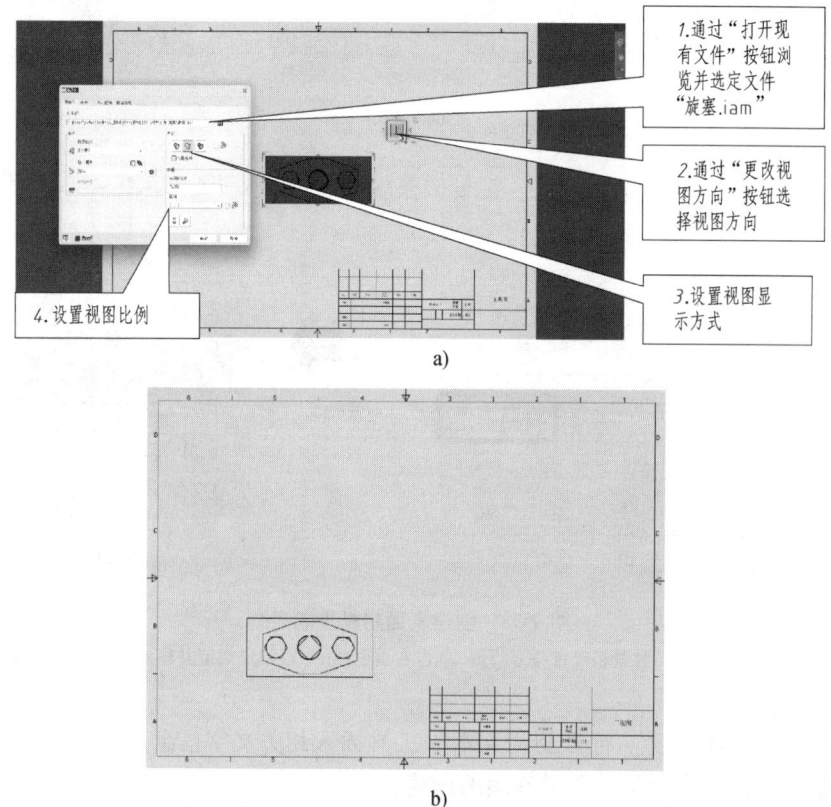

图 9-54　放置基础视图（俯视图）
a) 配置工程视图对话框　b) 完成视图放置

纹特征"并去掉"在基础视图中显示投影线"前的勾选，如图 9-56 所示。通过这些操作，可关闭剖视图 A—A 的视图符号、显示螺纹联接特征、关闭比例标注及其父视图中的剖切线可见性。

5）展开左侧浏览器中剖视图"A：旋塞"下的部件文件，选中零件阀杆并单击鼠标右键，利用右键关联菜单使零件阀杆不参与剖切，如图 9-57 所示。

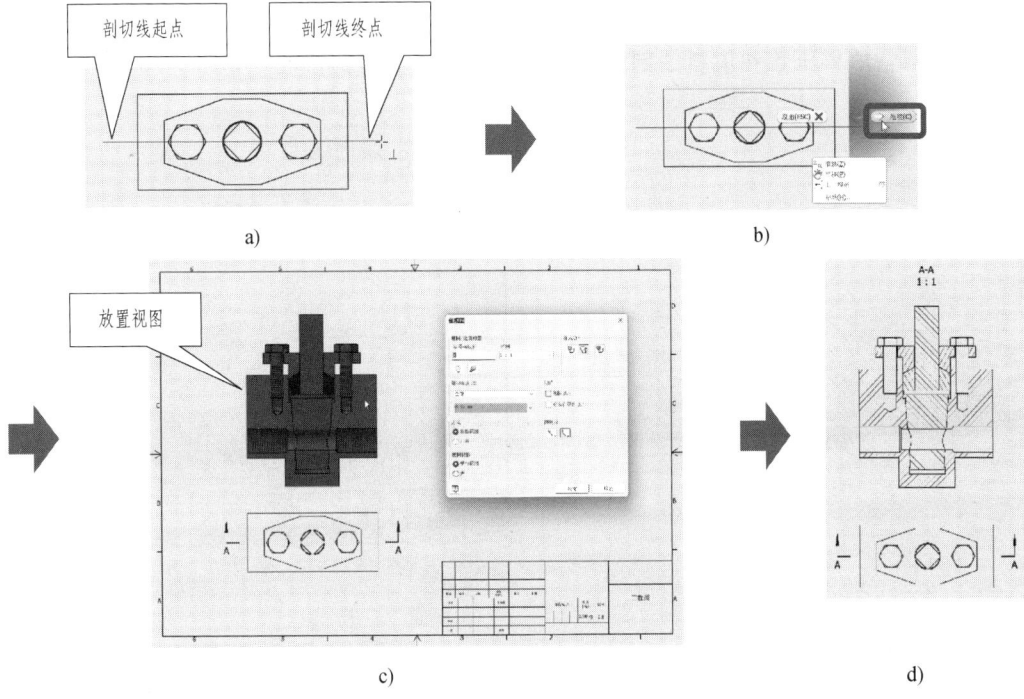

图 9-55 创建全剖视图

a）绘制剖切线　b）单击鼠标右键选择继续　c）预览并单击放置视图　d）创建完成

图 9-56 调整全剖视图

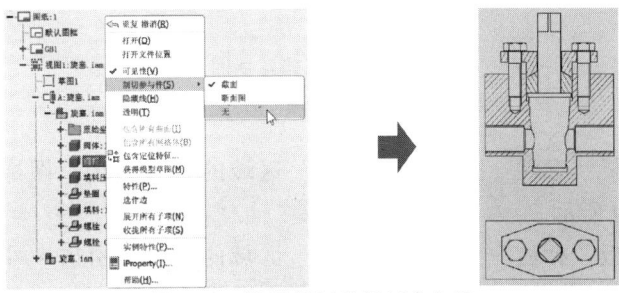

图 9-57 设置阀杆的剖切参与性

6）双击全剖主视图中的剖面线，在自动打开的"编辑剖面线图案"对话框中选择剖面线的样式，调整填料压盖和填料的剖面线角度、偏移量及比例特性，如图9-58所示。

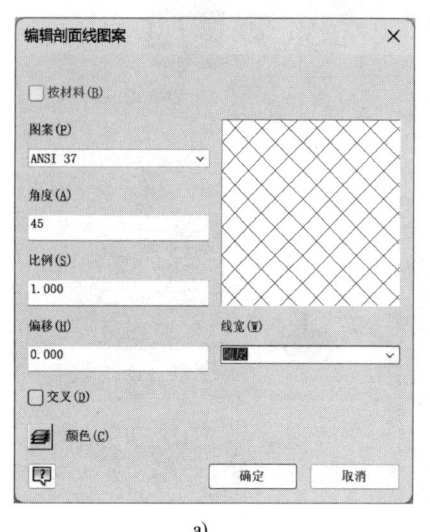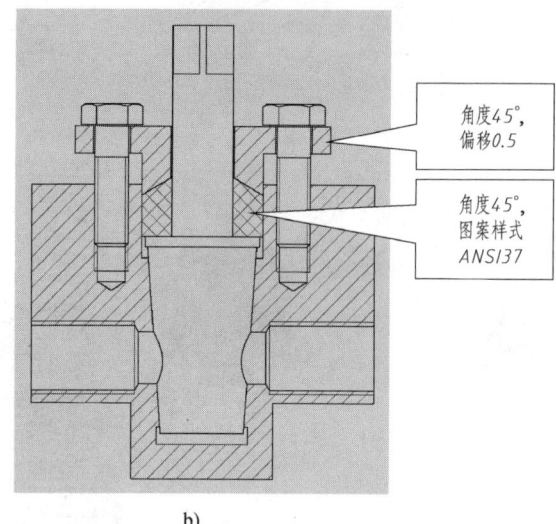

图 9-58　编辑剖面线
a）编辑剖面线图案对话框　b）剖面线调整完成

7）单击工具面板"创建"选项卡"创建"区域的"投影视图"图标按钮，单击全剖主视图并向右移动鼠标指针，在恰当的位置单击放置左视图，然后单击鼠标右键选择"创建"完成左视图创建，如图9-59所示。

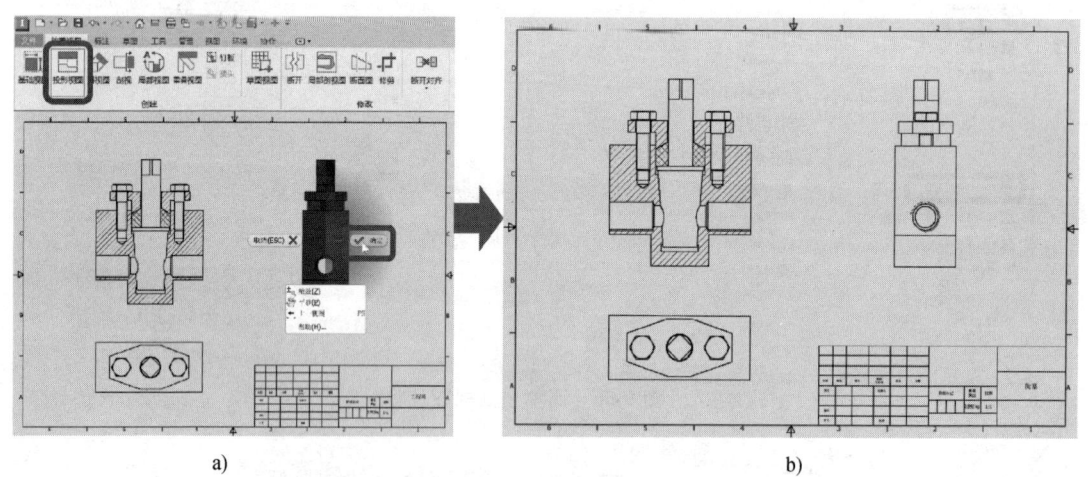

图 9-59　创建左视图
a）投影视图工具创建左视图　b）左视图创建完成

8）单击工具面板"标注"选项卡"符号"区域的"中心线"图标按钮，为各视图添加中心线，如图9-60所示。

9）单击工具面板"标注"选项卡"表格"区域的"自动引出序号"图标按钮；此时将自动打开"自动引出序号"对话框，在"选择视图集"工具激活时选择主视图；在"添

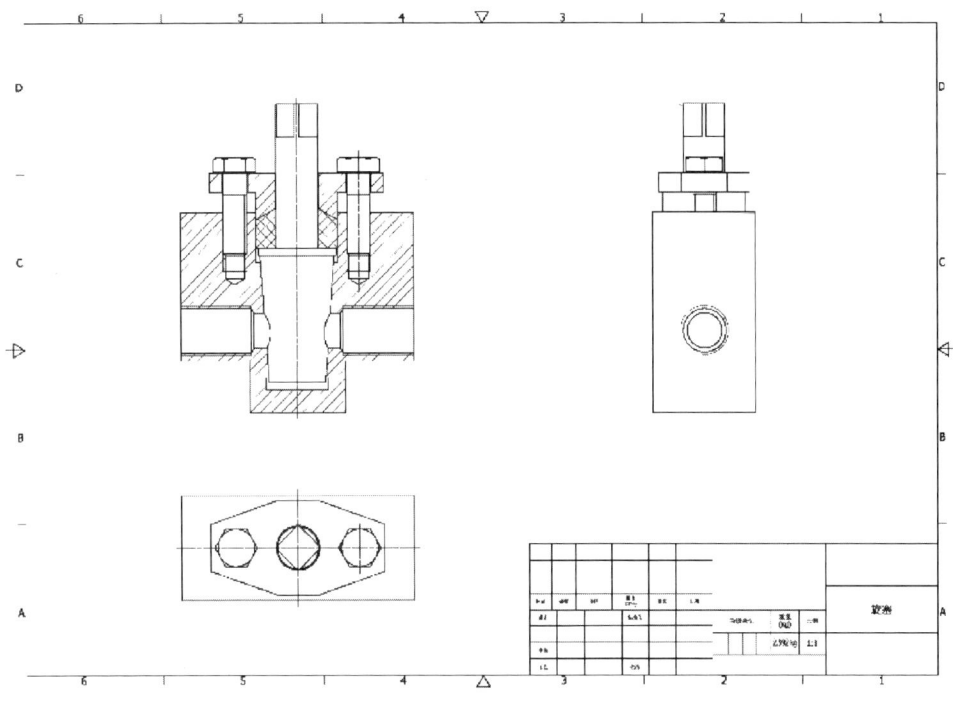

图 9-60 添加视图中心线

加或删除零部件"工具激活时通过框选选中视图中的所有零部件；接下来选择引出序号的放置方式为"竖直"方式，并按下"选择放置位置"按钮，在图形区中单击"确定"引出序号的放置位置，完成引出序号的自动放置，如图 9-61 所示。

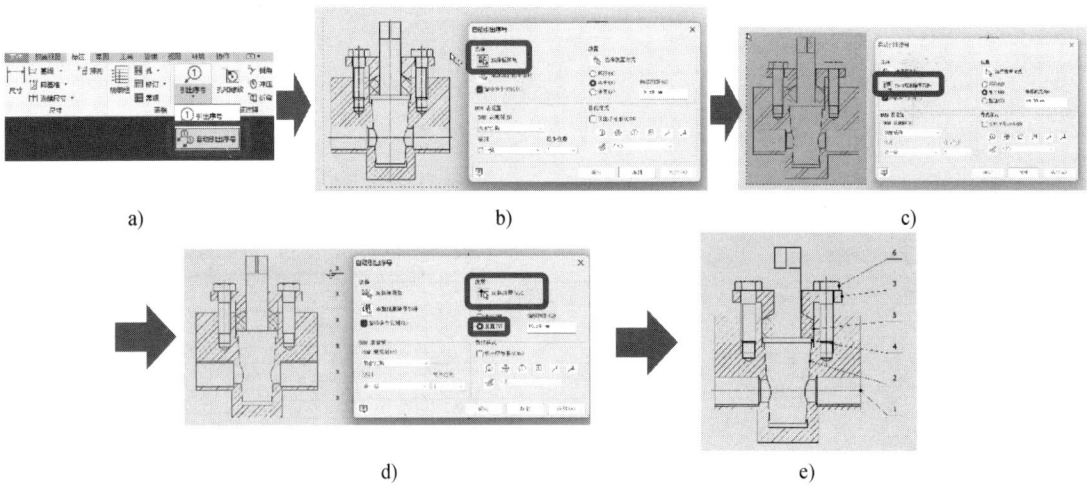

图 9-61 自动创建引出序号

a）单击自动引出序号按钮 b）选择视图集 c）选择零部件 d）放置引出序号 e）创建引出序号

10）引出序号应按顺序排布在视图周围，故需对自动创建的引出序号作出调整。双击引出序号控制点，可在自动打开的"编辑引出序号"对话框的白色区域（"项目"栏）修改引出序号数值，使引出序号按逆时针顺序排布在视图右侧，如图 9-62 所示。

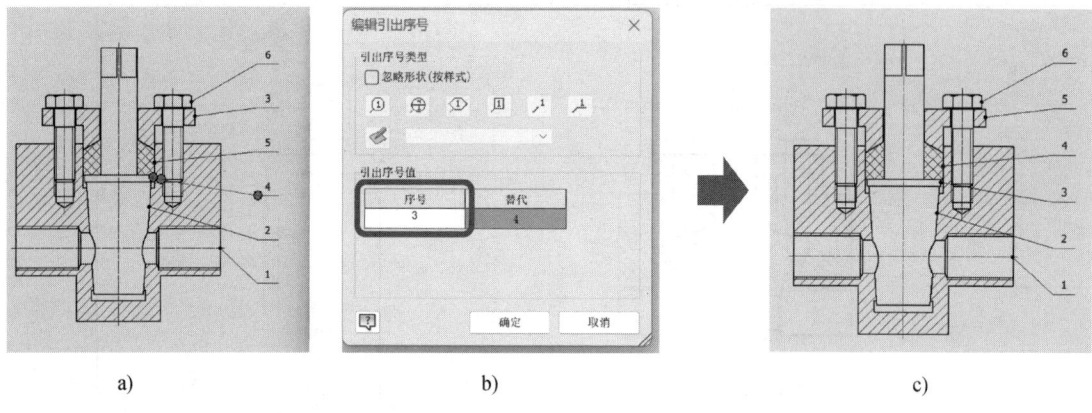

图 9-62 调整引出序号
a）双击绿色点以编辑序号 b）修改序号值 c）修改完成

11）单击工具面板"标注"选项卡"表格"区域的"明细栏"图标按钮；此时将自动打开"明细栏"对话框，在"选择视图"工具激活时选择全剖主视图；明细栏将随鼠标指针的移动进入图形区，在标题栏右上角单击以放置明细栏，如图 9-63 所示。

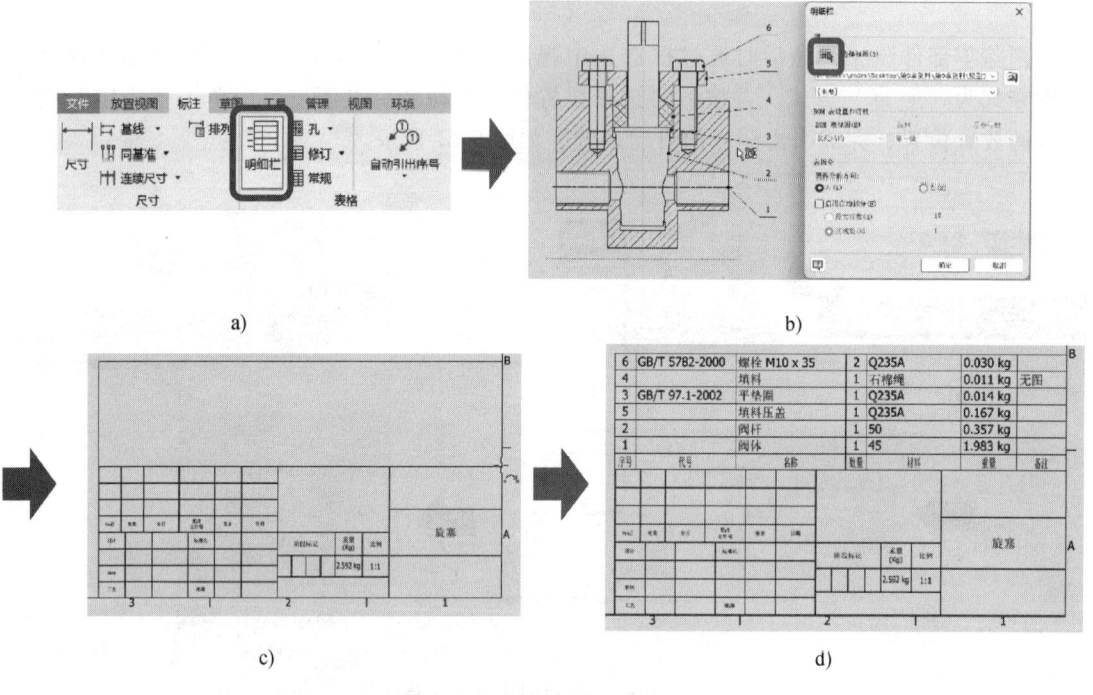

图 9-63 自动创建明细栏
a）单击"明细栏"按钮 b）选择待生成明细栏的视图 c）放置明细栏 d）创建明细栏

12）双击明细栏，打开"明细栏"对话框可对明细栏进行编辑调整，进行排序操作，并键入图号信息，如图 9-64 所示。

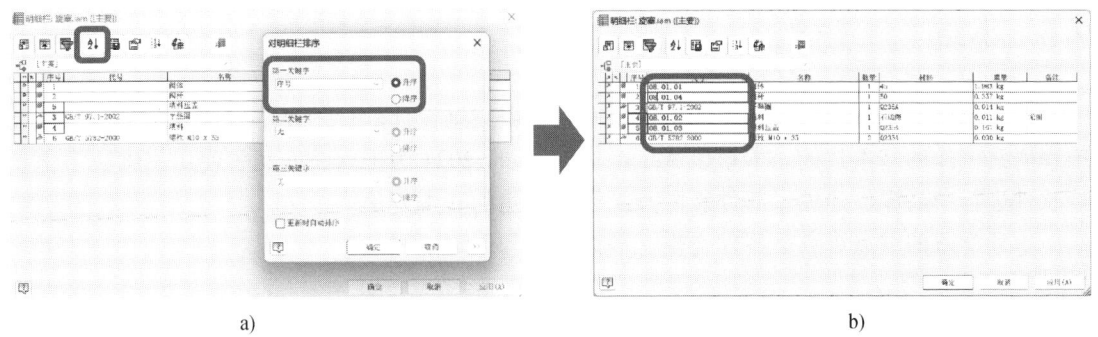

图 9-64 调整明细栏
a)排序 b)键入图号

13)单击工具面板"标注"选项卡"尺寸"区域的"尺寸"图标按钮,为装配图添加尺寸信息,如图 9-65 所示,其中尺寸 1、尺寸 2 可通过双击尺寸数值后自动打开的"编辑尺寸"对话框修改。

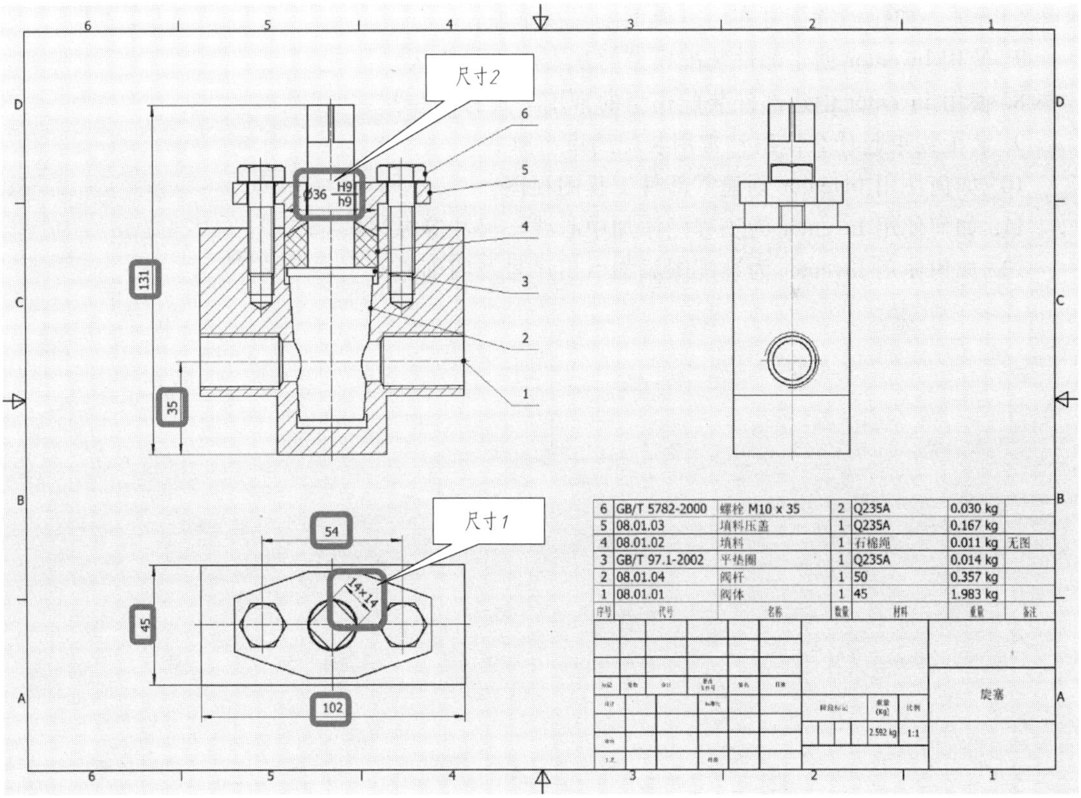

图 9-65 装配图尺寸信息

14)调整各视图位置,使各视图均匀地布满图纸幅面。
15)保存文件,完成旋塞装配图的创建。

9.3 小结

计算机绘图是现代工程制图的重要手段，掌握三维设计软件的基本应用方法是今后从事工程实践工作的基本技能。本章以 Autodesk Inventor 2024 为平台，介绍了使用三维数字化设计软件进行产品零件建模、部件装配及工程图创建的基本方法。

本章学习的重点难点是零件建模、部件装配和创建工程图。

复习思考题

1. 计算机辅助设计（CAD）技术的发展经历了哪些阶段，早期 CAD 的含义与当今有何不同？
2. 什么是数字样机技术，数字样机技术有何特点？
3. 使用 Inventor 创建零件模型的基本流程是什么？
4. 使用 Inventor 创建零件模型的常用工具有哪些？
5. 创建二维草图时需要用到什么约束？几何约束起什么作用？尺寸约束起什么作用？
6. 创建零件模型时，如何添加特征？是否注意到有的特征，如拉伸特征需由草图添加？但有的特征，如拉伸特征可在已有模型上直接添加？
7. 使用 Inventor 创建部件装配模型的基本流程是什么？
8. 使用 Inventor 创建部件装配模型的常用工具有哪些？
9. 装配约束起什么作用？常用装配约束有哪些？
10. 如何使用 Inventor 创建零部件工程图视图？
11. 如何使用 Inventor 为工程图添加中心线、尺寸等标注？
12. 如何使用 Inventor 为装配图添加引出序号及明细栏？

附 录

为了突出重点，便于学生查阅，附录中的图、表都是相应标准的摘录。

一、常用零件结构要素

1. 零件倒圆与倒角（摘自 GB/T 6403.4—2008）

零件倒圆与倒角的取值见附表1和附表2。

附表1　零件倒圆与倒角系列值　　　　　　　　　　　　（单位：mm）

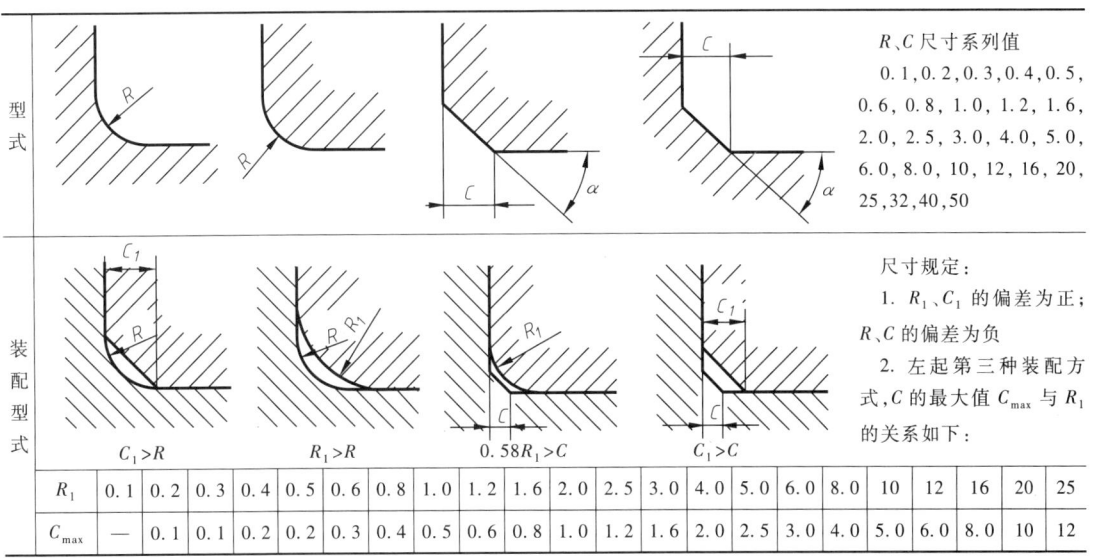

R_1	0.1	0.2	0.3	0.4	0.5	0.6	0.8	1.0	1.2	1.6	2.0	2.5	3.0	4.0	5.0	6.0	8.0	10	12	16	20	25
C_{max}	—	0.1	0.1	0.2	0.2	0.3	0.4	0.5	0.6	0.8	1.0	1.2	1.6	2.0	2.5	3.0	4.0	5.0	6.0	8.0	10	12

附表2　与直径 ϕ 相应的倒角 C、倒圆 R 的推荐值　　　（单位：mm）

ϕ	<3	>3~6	>6~10	>10~18	>18~30	>30~50	>50~80	>80~120	>120~180
C 或 R	0.2	0.4	0.6	0.8	1.0	1.6	2.0	2.5	3.0
ϕ	>180~250	>250~320	>320~400	>400~500	>500~630	>630~800	>800~1000	>1000~1250	>1250~1600
C 或 R	4.0	5.0	6.0	8.0	10	12	16	20	25

注：倒角一般用45°，也允许用30°、60°。

2. 砂轮越程槽（摘自 GB/T 6403.5—2008）

砂轮越程槽的型式见附图1，其尺寸见附表3。

附表3　回转面及端面砂轮越程槽的尺寸　　　　　　　　（单位：mm）

b_1	0.6	1.0	1.6	2.0	3.0	4.0	5.0	8.0	10
b_2	2.0	3.0		4.0		5.0		8.0	10
h	0.1	0.2		0.3		0.4	0.6	0.8	1.2
r	0.2	0.5		0.8		1.0	1.6	2.0	3.0
d		~10		10~50		50~100		100	

注：1. 越程槽内与直线相交处，不允许产生尖角。
　　2. 越程槽深度 h 与圆弧半径 r，要满足 $r \leqslant 3h$。

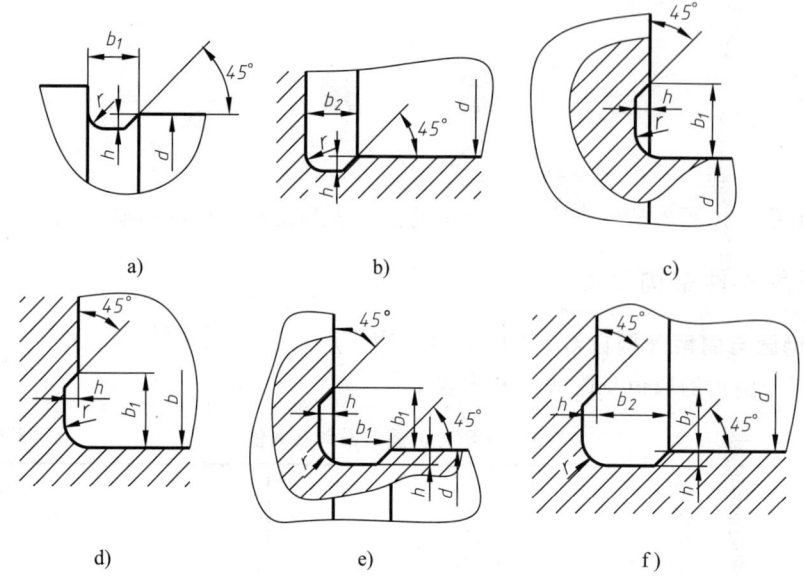

附图 1　回转面及端面砂轮越程槽的型式

a）磨外圆　b）磨内圆　c）磨外端面　d）磨内端面　e）磨外圆及端面　f）磨内圆及端面

3. 普通螺纹退刀槽和倒角（GB/T 3—1997）

内、外螺纹端面倒角见附图2，内、外螺纹退刀槽尺寸见附表4。

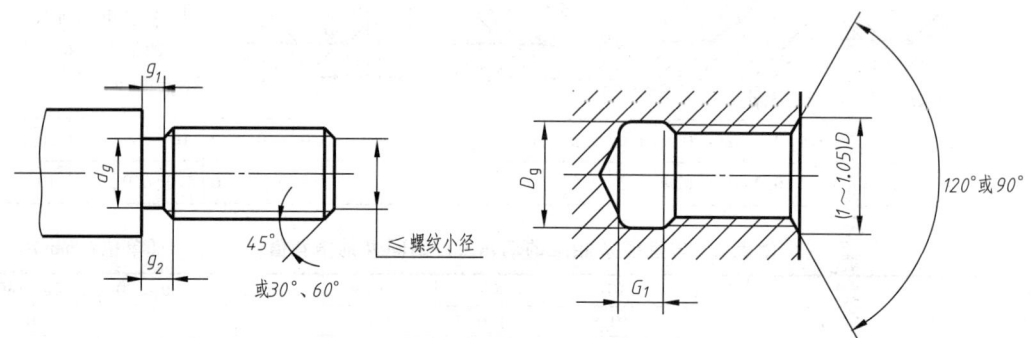

附图 2　内、外螺纹端面倒角

附表 4　内、外螺纹退刀槽尺寸　　　　　　　　　　　　（单位：mm）

螺距	外螺纹			内螺纹		螺距	外螺纹			内螺纹	
	g_{2max}	g_{1min}	d_g	G_1	D_g		g_{2max}	g_{1min}	d_g	G_1	D_g
0.5	1.5	0.8	$d-0.8$	2		1.75	5.25	3	$d-2.6$	7	
0.7	2.1	1.1	$d-1.1$	2.8	$D+0.3$	2	6	3.4	$d-3$	8	
0.8	2.4	1.3	$d-1.3$	3.2		2.5	7.5	4.4	$d-3.6$	10	$D+0.5$
1	3	1.6	$d-1.6$	4		3	9	5.2	$d-4.4$	12	
1.25	3.75	2	$d-2$	5	$D+0.5$	3.5	10.5	6.2	$d-5$	14	
1.5	4.5	2.5	$d-2.3$	6		4	12	7	$d-5.7$	16	

4. 紧固件通孔及沉孔尺寸

紧固件通孔及沉孔尺寸见附表5。

附表5 紧固件通孔（摘自GB/T 5277—1985）及沉孔尺寸（摘自GB/T 152.2—2014，GB/T 152.3～152.4—1988） （单位：mm）

螺纹规格 d			2	2.5	3	4	5	6	8	10	12	14	16	18	20	22	24
通孔直径		精装配	2.2	2.7	3.2	4.3	5.3	6.4	8.4	10.5	13	15	17	19	21	23	25
		中等装配	2.4	2.9	3.4	4.5	5.5	6.6	9	11	13.5	15.5	17.5	20	22	24	26
		粗装配	2.6	3.1	3.6	4.8	5.8	7	10	12	14.5	16.5	18.5	21	24	26	28
六角头螺栓和六角螺母用沉孔 GB/T 152.4—1988 (t-刮平为止)	用于标准对边宽度的六角螺栓及六角螺母	d_2 (H15)	6	8	9	10	11	13	18	22	26	30	33	36	40	43	48
		d_3	—	—	—	—	—	—	—	—	16	18	20	22	24	26	28
		d_1 (H13)	2.4	2.9	3.4	4.5	5.5	6.6	9	11	13.5	15.5	17.5	20	22	24	26
圆柱头用沉孔 GB/T 152.3—1988	用于GB/T 70	d_2 (H13)	4.3	5.0	6.0	8.0	10	11	15	18	20	24	26	—	33	—	40
		t (H13)	2.3	2.9	3.4	4.6	5.7	6.8	9	11	13	15	17.5	—	21.5	—	25.5
		d_3	—	—	—	—	—	—	—	—	16	18	20	—	24	—	28
		d_1 (H13)	2.4	2.9	3.4	4.5	5.5	6.6	9	11	13.5	15.5	17.5	—	22	—	26
	用于GB/T 65—2016及GB/T 2671.1—2004	d_2 (H13)	—	—	8	10	11	15	18	20	24	26	—	33	—	—
		t (H13)	—	—	3.2	4	4.7	6	7	8	9	10.5	—	12.5	—	—
		d_3	—	—	—	—	—	—	—	—	16	18	20	—	24	—	—
		d_1 (H13)	—	—	4.5	5.5	6.6	9	11	13.5	15.5	17.5	—	22	—	—
沉头用沉孔 GB/T 152.2—2014 (90°±1°)	用于沉头及半沉头螺钉	D_c (H13)	4.5	5.6	6.5	9.6	10.65	12.85	17.55	20.3	24.4	28.4	32.4	—	40.4	—	—
		$t\approx$	1.05	1.35	1.55	2.55	2.58	3.13	4.28	4.65	6	7	8	—	10	—	—
		d_n (H13)	2.4	2.9	3.4	4.5	5.5	6.6	9	11	13.5	15.5	17.5	—	22	—	—

注：尺寸下带括弧的为其公差带。

5. 粗牙螺栓、螺钉的拧入深度、攻螺纹深度和钻孔深度（JB/GQ 0126—1989）

粗牙螺栓、螺钉的拧入深度、攻螺纹深度和钻孔深度参见附图3，其尺寸见附表6。

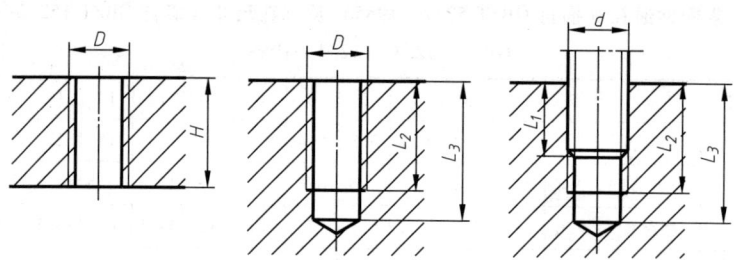

附图3 粗牙螺栓、螺钉的拧入深度、攻螺纹深度和钻孔深度

附表6 粗牙螺栓、螺钉的拧入深度、攻螺纹深度和钻孔深度尺寸 （单位：mm）

公称直径 $D(d)$	钢和青铜				铸 铁				铝			
	通孔拧入深度 H	盲孔拧入深度 L_1	攻螺纹深度 L_2	钻孔深度 L_3	通孔拧入深度 H	盲孔拧入深度 L_1	攻螺纹深度 L_2	钻孔深度 L_3	通孔拧入深度 H	盲孔拧入深度 L_1	攻螺纹深度 L_2	钻孔深度 L_3
3	4	3	4	7	6	5	6	9	8	6	7	10
4	5.5	4	5.5	9	8	6	7.5	11	10	8	10	14
5	7	5	7	11	10	8	10	14	12	10	12	16
6	8	6	8	13	12	10	12	17	15	12	15	20
8	10	8	10	16	15	12	14	20	20	16	18	24
10	12	10	13	20	18	15	18	25	24	20	23	30
12	15	12	15	24	22	18	21	30	28	24	27	36
16	20	16	20	30	28	24	28	38	36	32	36	46
20	25	20	24	36	35	30	35	47	45	40	45	57
24	30	24	30	44	42	35	42	55	65	48	54	68
30	36	30	36	52	50	45	52	68	70	60	67	84
36	45	36	44	62	65	55	64	82	80	72	80	98
42	50	42	50	72	75	65	74	95	95	85	94	115
48	60	48	58	82	85	75	85	108	105	95	105	128

二、螺纹

1. 普通螺纹（摘自 GB/T 193—2003、GB/T 196—2003）

公称直径与螺距标准组合系列、基本尺寸见附表7。

标 记 示 例

粗牙普通螺纹，公称直径10mm，右旋，中径公差带代号5g，顶径公差带代号6g，短旋合长度的外螺纹，其标记为：M10-5g6g-S。

细牙普通螺纹，公称直径10mm，螺距1mm，左旋，中径和顶径公差带代号都是6H，中等旋合长度的内螺纹，其标记为：M10×1-LH。

附表7 公称直径与螺距标准组合系列、基本尺寸　　　　（单位：mm）

公称直径 D、d 第一系列	公称直径 D、d 第二系列	螺距 P 粗牙	螺距 P 细牙	粗牙小径 D_1、d_1	公称直径 D、d 第一系列	公称直径 D、d 第二系列	螺距 P 粗牙	螺距 P 细牙	粗牙小径 D_1、d_1
3		0.5	0.35	2.459		22	2.5	2,1.5,1	19.294
	3.5	0.6		2.850	24		3	2,1.5,1	20.752
4		0.7	0.5	3.242	27		3		23.752
	4.5	0.75	0.5	3.688	30		3.5	(3),2,1.5,1	26.211
5		0.8		4.134		33	3.5	(3),2,1.5	29.211
6		1	0.75	4.917	36		4	3,2,1.5	31.670
8		1.25	1,0.75	6.647		39	4	3,2,1.5	34.670
10		1.5	1.25,1,0.75	8.376	42		4.5		37.129
12		1.75	1.25,1	10.106		45	4.5	4,3,2,1.5	40.129
	14	2	1.5,1.25①,1	11.835	48		5	4,3,2,1.5	42.587
16		2	1.5,1	13.835		52	5		46.587
	18	2.5	2,1.5,1	15.294	56		5.5	4,3,2,1.5	50.046
20		2.5	2,1.5,1	17.294					

注：1. 优先选用第一系列，括号内尺寸尽可能不用。第三系列未列入。
　　2. 中径 D_2、d_2 未列入。
① 仅用于发动机的火花塞。

2. 梯形螺纹（摘自 GB/T 5796.4—2022）

梯形螺纹的公称直径与螺距参见附表8。

标 记 示 例

单线梯形螺纹，公称直径40mm，螺距7mm，右旋，中径公差带代号7e，中等旋合长度，其代号为：Tr40×7-7e

多线梯形螺纹，公称直径40mm，导程14mm，螺距7mm，左旋，中径公差带代号8e，长旋合长度，其代号为：Tr40×14P7-8e-L-LH

附表8 梯形螺纹的公称直径与螺距（摘自 GB/T 5796.2—2022）　　（单位：mm）

公称直径	第一系列	8		10		12		16		20		24		28		32		36		40		44		48		52		60		70
	第二系列		9		11		14		18		22		26		30		34		38		42		46		50		55		65	
螺距		1.5	1.5,2	2,3	2,4	3,5,8	3,6,10	3,7,10	3,7,12	3,8,12	3,9,14	4,10,16

3. 55°非密封管螺纹（摘自 GB/T 7307—2001）

55°非密封管螺纹的基本尺寸见附表9。

标 记 示 例

管子尺寸代号为3/4，左旋内螺纹：G3/4LH（右旋螺纹不注旋向）
管子尺寸代号为1/2，A级左旋外螺纹：G1/2A-LH
管子尺寸代号为1/2，B级左旋外螺纹：G1/2B-LH

附表9　55°非密封管螺纹的基本尺寸

尺寸代号	每25.4mm内的牙数	螺距 P/mm	基本直径/mm	
			大径 D、d	小径 D_1、d_1
1/16	28	0.907	7.723	6.561
1/8	28	0.907	9.728	8.566
1/4	19	1.337	13.157	11.445
3/8	19	1.337	16.662	14.950
1/2	14	1.814	20.955	18.631
5/8	14	1.814	22.911	20.587
3/4	14	1.814	26.441	24.117
7/8	14	1.814	30.201	27.877
1	11	2.309	33.249	30.291
1⅛	11	2.309	37.897	34.939
1¼	11	2.309	41.910	38.952
1½	11	2.309	47.803	44.845
1¾	11	2.309	53.746	50.788
2	11	2.309	59.614	56.656
2¼	11	2.309	65.710	62.752
2½	11	2.309	75.184	72.226
2¾	11	2.309	81.534	78.576
3	11	2.309	87.884	84.926

三、常用紧固件

1. 螺栓

六角头螺栓的结构型式参见附图4，其尺寸系列见附表10。

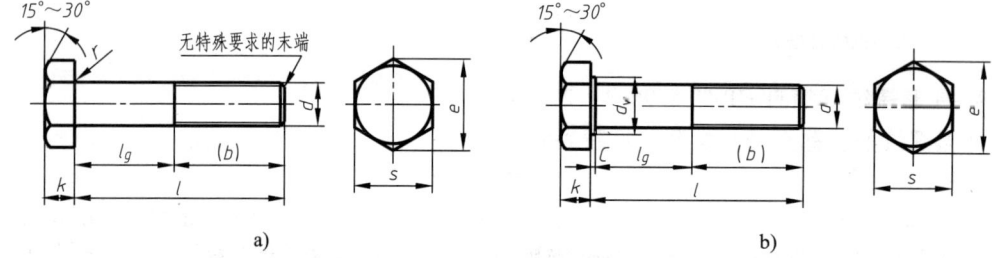

附图4　六角头螺栓的结构型式

a) 六角头螺栓　C级（GB/T 5780—2016）　b) 六角头螺栓　A级和B级（GB/T 5782—2016）

标 记 示 例

螺纹规格 d=M12、公称长度 l=80mm、性能等级为8.8级、表面不经处理、A级的六角头螺栓：

螺栓　GB/T 5782　M12×80

附表10　六角头螺栓的尺寸系列　　　　　　　　　　（单位：mm）

螺纹规格 d		M3	M4	M5	M6	M8	M10	M12	M16	M20	M24	M30	M36	M42
b 参考	l≤125	12	14	16	18	22	26	30	38	46	54	66	—	—
	125<l≤200	18	20	22	24	28	32	36	44	52	60	72	84	96
	l>200	31	33	35	37	41	45	49	57	65	73	85	97	109
C_{max}		0.4	0.4	0.5	0.5	0.6	0.6	0.6	0.8	0.8	0.8	0.8	0.8	1
d_w	产品等级 A	4.57	5.88	6.88	8.88	11.63	14.63	16.63	22.49	28.19	33.61	—	—	—
	B、C	4.45	5.74	6.74	8.74	11.47	14.47	16.47	22	27.7	33.25	42.75	51.11	59.95

(续)

螺纹规格 d			M3	M4	M5	M6	M8	M10	M12	M16	M20	M24	M30	M36	M42
e	产品等级	A	6.01	7.66	8.79	11.05	14.38	17.77	20.03	26.75	33.53	39.98	—	—	—
		B、C	5.88	7.50	8.63	10.89	14.20	17.59	19.85	26.17	32.95	39.55	50.85	60.79	72.02
k	公称		2	2.8	3.5	4	5.3	6.4	7.5	10	12.5	15	18.7	22.5	26
r			0.1	0.2	0.2	0.25	0.4	0.4	0.6	0.6	0.8	0.8	1	1	1.2
s	公称		5.5	7	8	10	13	16	18	24	30	36	46	55	65
l(商品规格范围)			20~30	25~40	25~50	30~60	40~80	45~100	50~120	65~160	80~200	90~240	110~300	140~360	160~440
l 系列			12,16,20,25,30,35,40,45,50,55,60,65,70,80,90,100,110,120,130,140,150,160, 180,200,220,240,260,280,300,320,340,360,380,400,420,440,460,480,500												

注：1. A 级用于 $d \leqslant 24$mm 和 $l \leqslant 10d$ 或 $\leqslant 150$mm 的螺栓；B 级用于 $d > 24$mm 和 $l > 10d$ 或 > 150mm 的螺栓。
2. 螺纹规格 d 范围：GB/T 5780—2000 为 M5~M64；GB/T 5782—2000 为 M1.6~M64。
3. 公称长度范围：GB/T 5780—2000 为 25~500mm；GB/T 5782—2000 为 12~500mm。

2. 双头螺柱

双头螺柱的结构型式参见附图 5，其尺寸系列见附表 11。

双头螺柱 $b_m = 1d$（GB/T 897—1988）；双头螺柱 $b_m = 1.25d$（GB/T 898—1988）；双头螺柱 $b_m = 1.5d$（GB/T 899—1988）；双头螺柱 $b_m = 2d$（GB/T 900—1988）。

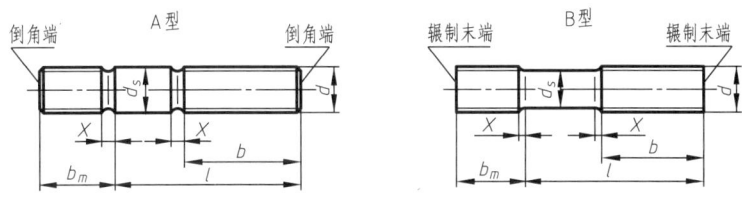

附图 5 双头螺柱的结构型式

标 记 示 例

两端均为粗牙普通螺纹，$d = 10$mm，$l = 50$mm，性能等级为 4.8 级、不经表面处理、B 型、$b_m = 1d$ 的双头螺柱的标记为：

螺柱 GB/T 897 M10×50

旋入机体一端为粗牙普通螺纹，旋螺母一端为螺距 $P = 1$mm 的细牙普通螺纹，$d = 10$mm，$l = 50$mm，性能等级为 4.8 级、不经表面处理、A 型、$b_m = 1d$ 的双头螺柱的标记为：

螺柱 GB/T 897 AM10-M10×1×50

旋入机体一端为过渡配合螺纹的第一种配合，旋螺母一端为粗牙普通螺纹，$d = 10$mm，$l = 50$mm，性能等级为 8.8 级、镀锌钝化、B 型、$b_m = 1d$ 的双头螺柱的标记为：

螺柱 GB/T 897 GM10-M10×50-8.8-Zn·D

附表 11 双头螺柱的尺寸系列 （单位：mm）

	螺纹规格 d	M5	M6	M8	M10	M12	M16	M20	M24	M30	M36	M42
b_m	GB/T 897—1988	5	6	8	10	12	16	20	24	30	36	42
	GB/T 898—1988	6	8	10	12	15	20	25	30	38	45	52
	GB/T 899—1988	8	10	12	15	18	24	30	36	45	54	65
	GB/T 900—1988	10	12	16	20	24	32	40	48	60	72	84
d_s(max)		5	6	8	10	12	16	20	24	30	36	42
X		2.5P										

(续)

螺纹规格 d	M5	M6	M8	M10	M12	M16	M20	M24	M30	M36	M42
$\dfrac{l}{b}$	$\dfrac{16\sim22}{10}$ $\dfrac{25\sim50}{16}$	$\dfrac{20\sim22}{10}$ $\dfrac{25\sim30}{14}$ $\dfrac{32\sim75}{18}$	$\dfrac{20\sim22}{12}$ $\dfrac{25\sim30}{16}$ $\dfrac{32\sim90}{22}$	$\dfrac{25\sim28}{14}$ $\dfrac{30\sim38}{16}$ $\dfrac{40\sim120}{26}$ $\dfrac{130}{32}$	$\dfrac{25\sim30}{16}$ $\dfrac{32\sim40}{20}$ $\dfrac{45\sim120}{30}$ $\dfrac{130\sim180}{36}$	$\dfrac{30\sim38}{20}$ $\dfrac{40\sim55}{26}$ $\dfrac{60\sim120}{38}$ $\dfrac{130\sim200}{44}$	$\dfrac{35\sim40}{25}$ $\dfrac{45\sim65}{30}$ $\dfrac{70\sim120}{46}$ $\dfrac{130\sim200}{52}$	$\dfrac{45\sim50}{30}$ $\dfrac{55\sim75}{35}$ $\dfrac{80\sim120}{54}$ $\dfrac{130\sim200}{60}$	$\dfrac{60\sim65}{40}$ $\dfrac{70\sim90}{45}$ $\dfrac{95\sim120}{60}$ $\dfrac{130\sim200}{72}$ $\dfrac{210\sim250}{85}$	$\dfrac{65\sim75}{45}$ $\dfrac{80\sim110}{50}$ $\dfrac{120}{60}$ $\dfrac{130\sim200}{78}$ $\dfrac{210\sim300}{84}$ $\dfrac{}{97}$	$\dfrac{70\sim80}{50}$ $\dfrac{85\sim110}{60}$ $\dfrac{120}{70}$ $\dfrac{130\sim200}{90}$ $\dfrac{210\sim300}{96}$ $\dfrac{}{109}$
l 系列	16,(18),20,(22),25,(28),30,(32),35,(38),40,45,50,(55),60,(65),70,(75),80,(85), 90,(95),100,110,120,130,140,150,160,170,180,190,200,210,220,230,240,250,260,280,300										

注:P 是粗牙螺纹的螺距。

3. 螺钉

(1) 开槽圆柱头螺钉(GB/T 65—2016)、开槽盘头螺钉(GB/T 67—2016) 螺钉的结构型式见附图 6,其尺寸系列参见附表 12。

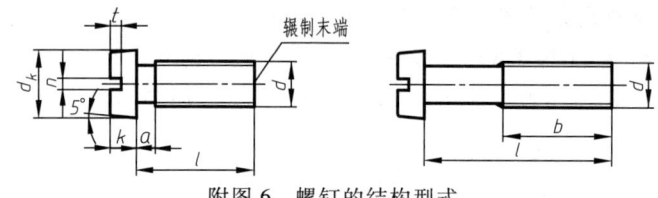

附图 6 螺钉的结构型式

标 记 示 例

螺纹规格 d=M5,公称长度 l=20mm,性能等级为 4.8 级,不经表面处理的 A 级开槽圆柱头螺钉:
螺钉 GB/T 65 M5×20

附表 12 螺钉的尺寸系列 (单位:mm)

螺纹规格 d			M3	M4	M5	M6	M8	M10
a	max		1	1.4	1.6	2	2.5	3
b	min		25	38	38	38	38	38
n	公称		0.8	1.2	1.2	1.6	2	2.5
GB/T 65—2016	d_k	max	5.50	7.00	8.50	10.00	13.00	16.00
		min	5.32	6.78	8.28	9.78	12.73	15.73
	k	max	2.00	2.60	3.30	3.9	5.0	6.0
		min	1.86	2.46	3.12	3.6	4.7	5.7
	t	min	0.85	1.1	1.3	1.6	2	2.4
GB/T 67—2016	d_k	max	5.6	8.00	9.50	12.00	16.00	20.00
		min	5.3	7.64	9.14	11.57	15.57	19.48
	k	max	1.80	2.40	3.00	3.6	4.8	6.0
		min	1.66	2.26	2.88	3.3	4.5	5.7
	t	min	0.7	1	1.2	1.4	1.9	2.4
GB/T 65—2016	$\dfrac{l}{b}$		$\dfrac{4\sim30}{l-a}$	$\dfrac{5\sim40}{l-a}$	$\dfrac{6\sim40}{l-a}$ $\dfrac{45\sim50}{b}$	$\dfrac{8\sim40}{l-a}$ $\dfrac{45\sim60}{b}$	$\dfrac{10\sim40}{l-a}$ $\dfrac{45\sim80}{b}$	$\dfrac{12\sim40}{l-a}$ $\dfrac{45\sim80}{b}$

注:1. 表中型式 (4~30)/(l-a) 表示全螺纹,其余同。
2. 螺钉的长度系列 l 为:2、2.5、3、4、5、6、8、10、12、(14)、16、20、25、30、35、40、45、50、(55)、60、(65)、70、(75)、80,尽可能不采用括号内的规格。

（2）开槽沉头螺钉（GB/T 68—2016）、十字槽沉头螺钉（GB/T 819.1—2016）、十字槽半沉头螺钉（GB/T 820—2015） 沉头螺钉的结构型式参见附图7，其尺寸系列参见附表13。

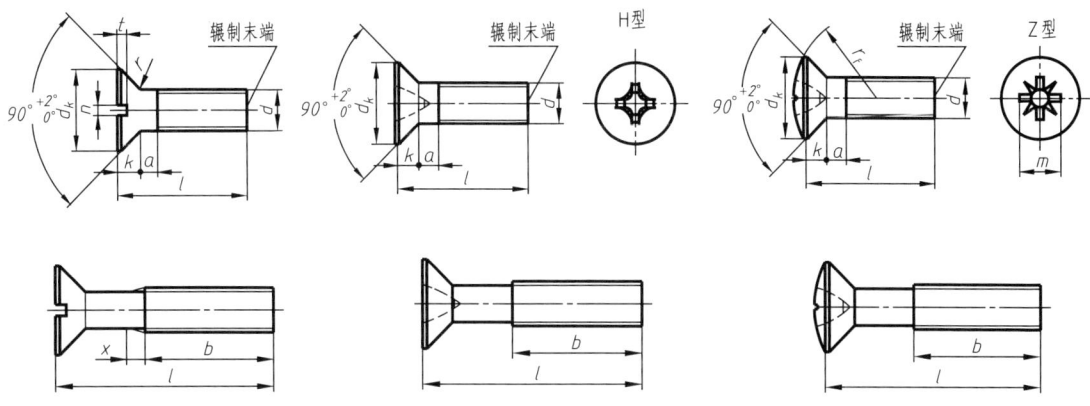

附图7 沉头螺钉的结构型式

标 记 示 例

螺纹规格 d =M5、公称长度 l =20mm、性能等级为4.8级、不经表面处理的开槽沉头螺钉，其标记为：

螺钉 GB/T 68 M5×20

螺纹规格 d =M5、公称长度 l =20mm、性能等级为4.8级、不经表面处理的H型十字槽沉头螺钉，其标记为：

螺钉 GB/T 819.1 M5×20

附表13 沉头螺钉的尺寸系列 （单位：mm）

螺纹规格 d		M2	M2.5	M3	M4	M5	M6	M8	M10
a	max	0.8	0.9	1	1.4	1.6	2	2.5	3
b	min	25	25	25	38	38	38	38	38
d_k 实际值	max	3.8	4.7	5.5	8.40	9.30	11.30	15.80	18.30
	min	3.5	4.4	5.2	8.04	8.94	10.87	15.37	17.78
k 公称=max		1.2	1.5	1.65	2.7	2.7	3.3	4.65	5
r_f ≈		4	5	6	9.5	9.5	12	16.5	19.5
n 公称		0.5	0.6	0.8	1.2	1.2	1.6	2	2.5
t	min	0.4	0.5	0.6	1	1.1	1.2	1.8	2
	max	0.6	0.75	0.85	1.3	1.4	1.6	2.3	2.6
H型十字槽 m 参考	GB/T 819.1	1.9	2.9	3.2	4.6	5.2	6.8	8.9	10
	GB/T 820	2	3	3.4	5.2	5.4	7.3	9.6	10.4
l 公称（系列值）		2.5,3,4,5,6,8,10,12,(14),16,20,25,30,35,40,45,50,(55),60,(65),70,(75),80							

注：1. l 公称值尽可能不采用括号内的规格。

2. GB/T 68—2016 当 d≤3mm，l≤30mm时，及当 d>3mm、l≤45mm时，杆部制出全螺纹。

3. 螺纹规格 d 从M1.6～M10。

4. GB/T 819.1—2016 公称长度 l 从 3～60mm，当 d≤3mm，l≤35mm时，及当 d≥4mm、l≤45mm时，杆部制出全螺纹。

（3）紧定螺钉 紧定螺钉的结构型式参见附图8，其尺寸系列见附表14。

标 记 示 例

螺纹规格 d =M5、公称长度 l =12mm、性能等级为14H级、表面氧化的开槽锥端紧定螺钉，其标记为：

螺钉 GB/T 71 M5×12

螺纹规格 d =M8、公称长度 l =20mm、性能等级为14H级、表面氧化的开槽长圆柱端紧定螺钉，其标记为：

螺钉 GB/T 75 M8×20

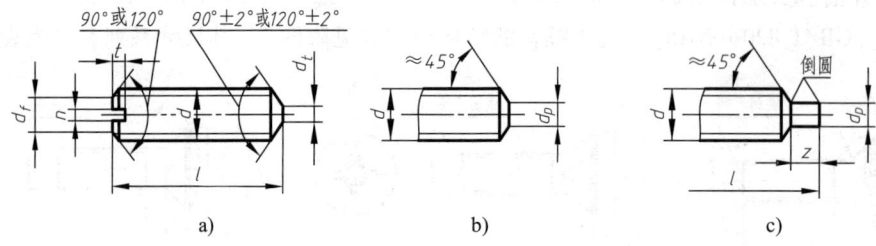

附图 8 紧定螺钉的结构型式

a) 锥端（GB/T 71—2018）　　b) 平端（GB/T 73—2017）　　c) 长圆柱端（GB/T 75—2018）

附表 14 紧定螺钉的尺寸系列　　　　　　　　　　（单位：mm）

螺纹规格 d		M1.6	M2	M2.5	M3	M4	M5	M6	M8	M10	M12
P（螺距）		0.35	0.4	0.45	0.5	0.7	0.8	1	1.25	1.5	1.75
n		0.25	0.25	0.4	0.4	0.6	0.8	1	1.2	1.6	2
t		0.74	0.84	0.95	1.05	1.42	1.63	2	2.5	3	3.6
d_t		0.16	0.2	0.25	0.3	0.4	0.5	1.5	2	2.5	3
d_p		0.8	1	1.5	2	2.5	3.5	4	5.5	7	8.5
z		1.05	1.25	1.5	1.75	2.25	2.75	3.25	4.3	5.3	6.3
l	GB/T 71—2018	2~8	3~10	3~12	4~16	6~20	8~25	8~30	10~40	12~50	14~60
	GB/T 73—2017	2~8	2~10	2.5~12	3~16	4~20	5~25	6~30	8~40	10~50	12~60
	GB/T 75—2018	2.5~8	3~10	4~12	5~16	6~20	8~25	10~30	10~40	12~50	14~60
l 系列		2,2.5,3,4,5,6,8,10,12,(14),16,20,25,30,35,40,45,50,(55),60									

注：1. l 为公称长度。
　　2. 括号内的规格尽可能不采用。

4. 六角螺母

六角螺母的结构型式参见附图 9，其尺寸系列见附表 15。

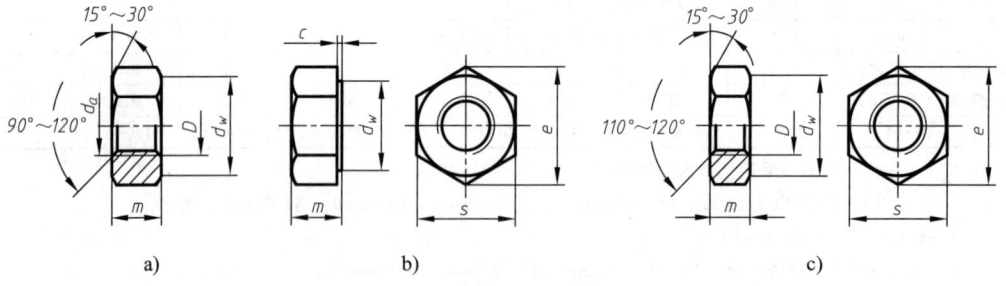

附图 9 六角螺母的结构型式

a) 1 型六角螺母　A 级和 B 级（GB/T 6170—2015）　b) 2 型六角螺母　A 级和 B 级（GB/T 6175—2016）
c) 六角薄螺母　A 级和 B 级　倒角（GB/T 6172.1—2016）

标 记 示 例

螺纹规格 D＝M12、性能等级为 8 级、不经表面处理、产品等级为 A 级的 1 型六角螺母，其标记为：

螺母　GB/T 6170　M12

附表15 六角螺母尺寸系列 （单位：mm）

螺纹规格 D		M3	M4	M5	M6	M8	M10	M12	M16	M20	M24	M30	M36
e_{min}		6.01	7.66	8.79	11.05	14.38	17.77	20.03	26.75	32.95	39.55	50.85	60.79
s	max	5.5	7	8	10	13	16	18	24	30	36	46	55
	min	5.32	6.78	7.78	9.78	12.73	15.73	17.73	23.67	29.16	35	45	53.8
c_{max}		0.4	0.4	0.5	0.5	0.6	0.6	0.6	0.8	0.8	0.8	0.8	0.8
d_{wmin}		4.6	5.9	6.9	8.9	11.6	14.6	16.6	22.5	27.7	33.2	42.7	51.1
d_{amax}		3.45	4.6	5.75	6.75	8.75	10.8	13	17.3	21.6	25.9	32.4	38.9
GB/T 6170—2000 m	max	2.4	3.2	4.7	5.2	6.8	8.4	10.8	14.8	18	21.5	25.6	31
	min	2.15	2.9	4.4	4.9	6.44	8.04	10.37	14.1	16.9	20.2	24.3	29.4
GB/T 6172.1—2000 m	max	1.8	2.2	2.7	3.2	4	5	6	8	10	12	15	18
	min	1.55	1.95	2.45	2.9	3.7	4.7	5.7	7.42	9.10	10.9	13.9	16.9
GB/T 6175—2000 m	max	—	—	5.1	5.7	7.5	9.3	12	16.4	20.3	23.9	28.6	34.7
	min	—	—	4.8	5.4	7.14	8.94	11.57	15.7	19	22.6	27.3	33.1

注：1. GB/T 6170—2000 和 GB/T 6172.1—2000 的螺纹规格为 M1.6~M64；GB/T 6175—2000 的螺纹规格为 M5~M36。
2. A 级用于 $D \leq 16mm$；B 级用于 $D > 16mm$。

5. 垫圈

（1）平垫圈 平垫圈的结构型式参见附图10，其尺寸系列见附表16。

标 记 示 例

标准系列、公称规格8mm、性能等级为200HV级、不经表面处理、产品等级为A级的平垫圈：

垫圈 GB/T 97.1 8

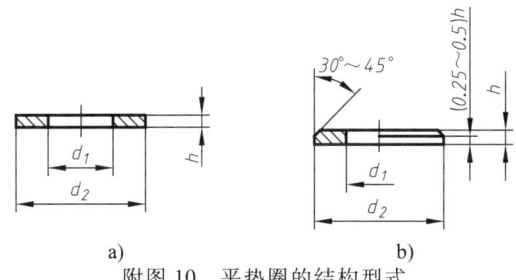

附图10 平垫圈的结构型式

a）小垫圈 A 级（GB/T 848—2002）、平垫圈 A 级（GB/T 97.1—2002）
b）平垫圈 倒角型 A 级（GB/T 97.2—2002）

附表16 平垫圈的尺寸系列 （单位：mm）

公称规格（螺纹大径 d）		1.6	2	2.5	3	4	5	6	8	10	12	14	16	20	24	30	36
d_1	GB/T 848—2002 GB/T 97.1—2002	1.7	2.2	2.7	3.2	4.3	5.3	6.4	8.4	10.5	13	15	17	21	25	31	37
	GB/T 97.2—2002	—	—	—	—	—	5.3	6.4	8.4	10.5	13	15	17	21	25	31	37
d_2	GB/T 848—2002	3.5	4.5	5	6	8	9	11	15	18	20	24	28	34	39	50	60
	GB/T 97.1—2002	4	5	6	7	9	10	12	16	20	24	28	30	37	44	56	66
	GB/T 97.2—2002	—	—	—	—	—	10	12	16	20	24	28	30	37	44	56	66
h	GB/T 848—2002 GB/T 97.1—2002	0.3	0.3	0.5	0.5	0.8	1	1.6	1.6	2	2.5	2.5	3	3	4	4	5
	GB/T 97.2—2002	—	—	—	—	—	1.6	1.6	2	2.5	2.5	3	3	4	4	5

（2）弹簧垫圈 弹簧垫圈的结构型式参见附图11，其尺寸系列见附表17。

标 记 示 例

规格为16mm、材料为65Mn、表面氧化的标准型弹簧垫圈：

垫圈 GB/T 93 16

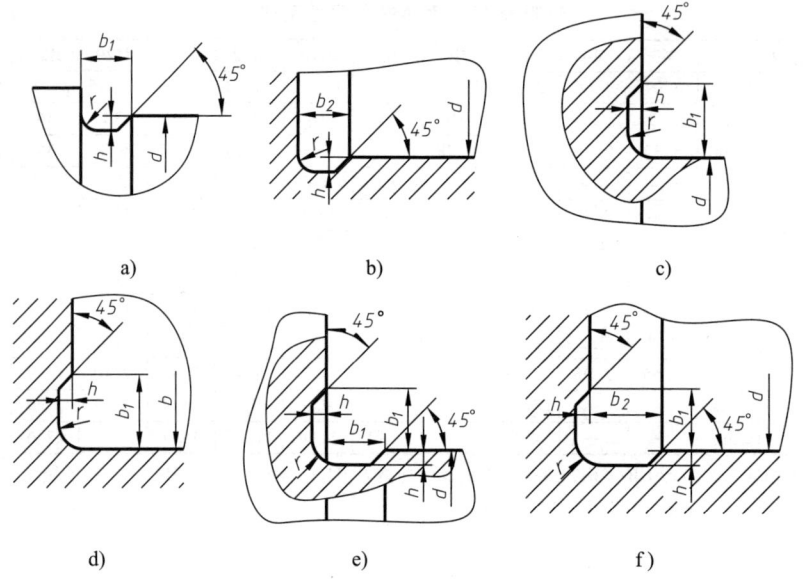

附图 11 弹簧垫圈的结构型式

a）标准型弹簧垫圈（GB/T 93—1987） b）轻型弹簧垫圈（GB/T 859—1987）

附表 17 弹簧垫圈的尺寸系列 （单位：mm）

规格(螺纹大径)		3	4	5	6	8	10	12	(14)	16	(18)	20	(22)	24	(27)	30
d		3.1	4.1	5.1	6.1	8.1	10.2	12.2	14.2	16.2	18.2	20.2	22.5	24.5	27.5	30.5
H	GB/T 93—1987	1.6	2.2	2.6	3.2	4.2	5.2	6.2	7.2	8.2	9	10	11	12	13.6	15
	GB/T 859—1987	1.2	1.6	2.2	2.6	3.2	4	5	6	6.4	7.2	8	9	10	11	12
$S(b)$	GB/T 93—1987	0.8	1.1	1.3	1.6	2.1	2.6	3.1	3.6	4.1	4.5	5	5.5	6	6.8	7.5
S	GB/T 859—1987	0.6	0.8	1.1	1.3	1.6	2	2.5	3	3.2	3.6	4	4.5	5	5.5	6
$m \leqslant$	GB/T 93—1987	0.4	0.55	0.65	0.8	1.05	1.3	1.55	1.8	2.05	2.25	2.5	2.75	3	3.4	3.75
	GB/T 859—1987	0.3	0.4	0.55	0.65	0.8	1	1.25	1.5	1.6	1.8	2	2.25	2.5	2.75	3
b	GB/T 859—1987	1	1.2	1.5	2	2.5	3	3.5	4	4.5	5	5.5	6	7	8	9

注：括号内的规格尽可能不采用。

四、常用键与销

1. 平键

（1）平键和键槽的剖面尺寸（GB/T 1095—2003） 平键和键槽的结构参见附图 12，其尺寸系列参见附表 18。

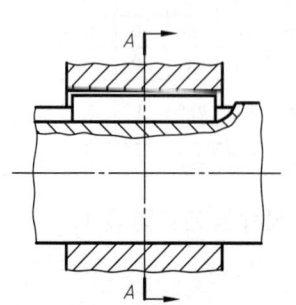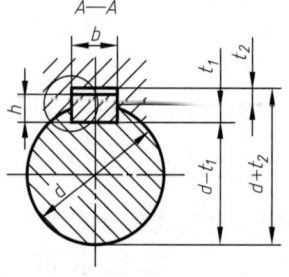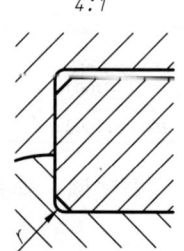

附图 12 平键和键槽的结构

附表 18 平键和键槽的剖面尺寸　　　　　　　　（单位：mm）

轴的直径 d	键尺寸 $b \times h$	键槽									
		宽度 b						深度				半径 r	
		基本尺寸	极限偏差					轴 t_1		毂 t_2			
			正常联结		紧密联结	松联结		基本尺寸	极限偏差	基本尺寸	极限偏差	min	max
			轴 N9	毂 JS9	轴和毂 P9	轴 H9	毂 D10						
自 6~8	2×2	2	−0.004	±0.0125	−0.006	+0.025	+0.060	1.2	+0.1 0	1.0	+0.1 0	0.08	0.16
>8~10	3×3	3	−0.029		−0.031	0	+0.020	1.8		1.4			
>10~12	4×4	4	0	±0.015	−0.012	+0.030	+0.078	2.5		1.8			
>12~17	5×5	5	−0.030		−0.042	0	+0.030	3.0		2.3		0.16	0.25
>17~22	6×6	6						3.5		2.8			
>22~30	8×7	8	0	±0.018	−0.015	+0.036	+0.098	4.0		3.3			
>30~38	10×8	10	−0.036		−0.051	0	+0.040	5.0		3.3			
>38~44	12×8	12						5.0	+0.2 0	3.3	+0.2 0		
>44~50	14×9	14	0	±0.0215	+0.018	+0.043	+0.120	5.5		3.8		0.25	0.40
>50~58	16×10	16	−0.043		−0.061	0	+0.050	6.0		4.3			
>58~65	18×11	18						7.0		4.4			
>65~75	20×12	20						7.5		4.9			
>75~85	22×14	22	0	±0.026	+0.022	+0.052	+0.149	9.0	+0.2 0	5.4	+0.2 0	0.40	0.60
>85~95	25×14	25	−0.052		−0.074	0	+0.065	9.0		5.4			
>95~110	28×16	28						10.0		6.4			
>110~130	32×18	32						11.0		7.4			

注：在标准表中没有第一列"公称直径 d"这项内容，作者加上这一列是帮助初学者根据轴径 d 来确定键尺寸 $b \times h$。

（2）普通平键型式尺寸（GB/T 1096—2003）　普通平键的结构型式参见附图 13，其尺寸参见附表 19。

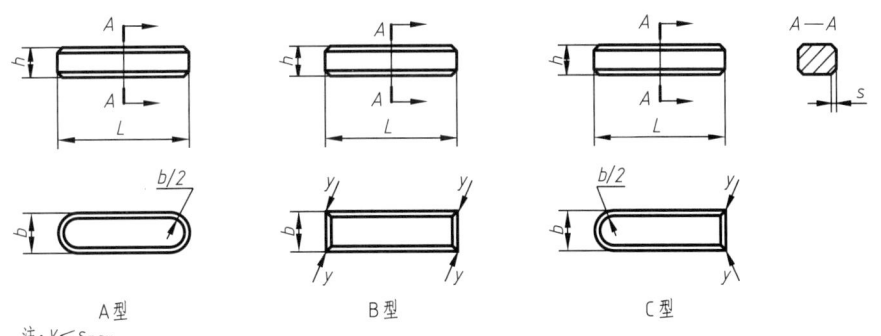

附图 13 普通平键的结构型式

标 记 示 例

普通 A 型平键、$b = 18$mm、$h = 11$mm、$L = 100$mm，其标记为：GB/T 1096　键 A 18×11×100

普通 B 型平键、$b = 18$mm、$h = 11$mm、$L = 100$mm，其标记为：GB/T 1096　键 B 18×11×100

普通 C 型平键、$b = 18$mm、$h = 11$mm、$L = 100$mm，其标记为：GB/T 1096　键 C 18×11×100

附表 19　普通平键的尺寸　　　　　　　　　　（单位：mm）

宽度 b		2	3	4	5	6	8	10	12	14	16	18	20	22
	公称尺寸	2	3	4	5	6	8	10	12	14	16	18	20	22
	极限偏差（h8）	0/−0.014		0/−0.018			0/−0.022		0/−0.027			0/−0.033		

高度 h			2	3	4	5	6	7	8	8	9	10	11	12	14
	公称尺寸		2	3	4	5	6	7	8	8	9	10	11	12	14
	极限偏差	矩形（h11）	—	—	—	—	—	0/−0.090				0/−0.010			
		方形（h8）	0/−0.014		0/−0.018			—	—	—	—	—	—	—	—

倒角或圆角 s	0.16~0.25			0.25~0.40			0.40~0.60				0.60~0.80			

长度 L

公称尺寸	极限偏差（h14）
6	0/−0.36
8	
10	
12	0/−0.43
14	
16	
18	
20	0/−0.52
22	
25	
28	
32	0/−0.62
36	
40	
45	
50	
56	0/−0.74
63	
70	
80	
90	0/−0.87
100	
110	

（表中阶梯线内为各宽度 b 对应的标准长度 L 范围）

2. 销

（1）圆柱销　不淬硬钢和奥氏体不锈钢（GB/T 119.1—2000）圆柱销的结构参见附图14，其尺寸参见附表20。

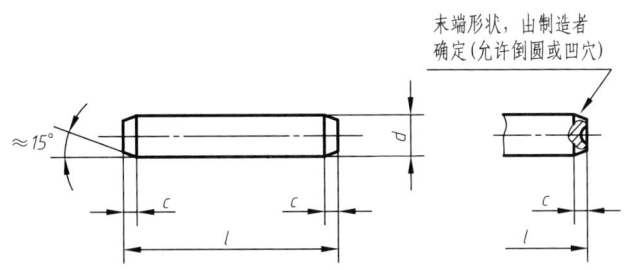

附图14　圆柱销的结构

标 记 示 例

公称直径 $d=8$mm，公差为m6，公称长度 $l=30$mm，材料为钢，不经淬火，不经表面处理的圆柱销，其标记为：

销　GB/T 119.1　8 m6×30

公称直径 $d=8$mm，公差为m6，公称长度 $l=30$mm，材料为A1组奥氏体不锈钢，表面简单处理的圆柱销，其标记为：

销　GB/T 119.1　8 m6×30-A1

附表20　圆柱销的尺寸　　　　　　　　　（单位：mm）

公称直径 d(m6/h8)	0.6	0.8	1	1.2	1.5	2	2.5	3	4	5
$c\approx$	0.12	0.16	0.20	0.25	0.30	0.35	0.40	0.50	0.63	0.80
l(商品规格范围公称长度)	2~6	2~8	4~10	4~12	4~16	6~20	6~24	8~30	8~40	10~50
公称直径 d(m6/h8)	6	8	10	12	16	20	25	30	40	50
$c\approx$	1.2	1.6	2.0	2.5	3.0	3.5	4.0	5.0	6.3	8.0
l(商品规格范围公称长度)	12~60	14~80	18~95	22~140	26~180	35~200	50~200	60~200	80~200	95~200
l系列	2,3,4,5,6,8,10,12,14,16,18,20,22,24,26,28,30,32,35,40,45,50,55,60,65,70,75,80,85,90,95,100,120,140,160,180,200									

注：1. 材料用钢时硬度要求为125~245　HV30，用奥氏体不锈钢A1（GB/T 3098.6）时硬度要求210~230HV30。
　　2. 公差m6：$Ra\leqslant 0.8$μm；公差h8：$Ra\leqslant 1.6$μm。

（2）圆锥销（GB/T 117—2000） 圆锥销的结构型式参见附图15，其尺寸系列见附表21。

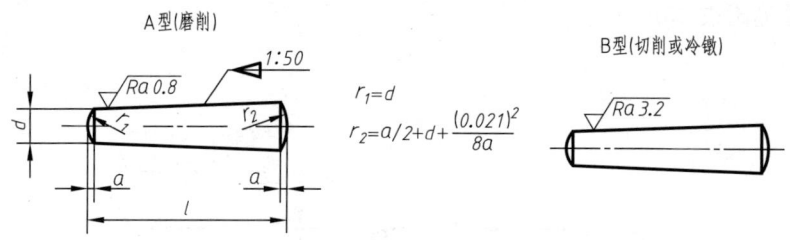

附图15 圆锥销的结构型式

标 记 示 例

公称直径 $d=10\text{mm}$、长度 $l=60\text{mm}$、材料为35钢、热处理硬度28~38HRC、表面氧化处理的A型圆锥销：

销 GB/T 117 10×60

附表21 圆锥销的尺寸系列　　　　　　　　　　（单位：mm）

d（公称）	0.6	0.8	1	1.2	1.5	2	2.5	3	4	5
$a\approx$	0.08	0.1	0.12	0.16	0.2	0.25	0.3	0.4	0.5	0.63
l（商品规格范围公称长度）	4~8	5~12	6~16	6~20	8~24	10~35	10~35	12~45	14~55	18~60
d（公称）	6	8	10	12	16	20	25	30	40	50
$a\approx$	0.8	1	1.2	1.6	2	2.5	3	4	5	6.3
l（商品规格范围公称长度）	22~90	22~120	26~160	32~180	40~200	45~200	50~200	55~200	60~200	65~200
l 系列	2,3,4,5,6,8,10,12,14,16,18,20,22,24,26,28,30,32,35,40,45,50,55,60,65,70,75,80,85,90,95,100,120,140,160,180,200									

（3）开口销（GB/T 91—2000） 开口销的结构型式参见附图16，其尺寸系列见附表22。

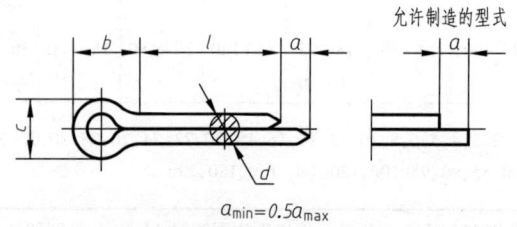

附图16 开口销的结构型式

标 记 示 例

公称直径 $d=5$ mm、长度 $l=50$ mm、材料为 Q215 或 Q235，不经表面处理的开口销，其标记为：

销 GB/T 91 5×50

附表 22　开口销尺寸系列　　　　　　　　　　　　（单位：mm）

公称规格		0.6	0.8	1	1.2	1.6	2	2.5	3.2	4	5	6.3	8	10	13
d	max	0.5	0.7	0.9	1.0	1.4	1.8	2.3	2.9	3.7	4.6	5.9	7.5	9.5	12.4
	min	0.4	0.6	0.8	0.9	1.3	1.7	2.1	2.7	3.5	4.4	5.7	7.3	9.3	12.1
c	max	1.0	1.4	1.8	2.0	2.8	3.6	4.6	5.8	7.4	9.2	11.8	15.0	19.0	24.8
	min	0.9	1.2	1.6	1.7	2.4	3.2	4	5.1	6.5	8.0	10.3	13.1	16.6	21.7
$b\approx$		2	2.4	3	3	3.2	4	5	6.4	8.0	10	12.6	16	20	26
a_{max}		1.6	1.6	1.6	2.5	2.5	2.5	2.5	3.2	4	4	4	4	6.3	6.3
l（商品规格范围公称长度）		4~12	5~16	6~20	8~26	8~32	10~40	12~50	14~65	18~80	22~100	30~120	40~160	45~200	70~200
l 系列		4,5,6,8,10,12,14,16,18,20,22,24,26,28,30,32,36,40,45,50,55,60,65,70,75,80,85,90,95,100,120,140,160,180,200													

注：公称规格等于开口销孔直径。对销孔直径推荐的公差为：
公称规格≤1.2：H13；公称规格>1.2：H14。

五、线性尺寸公差 ISO 代号体系与配合

公差与配合的具体数值参见附表 23~附表 27。

附表 23　公称尺寸至 500mm 的标准公差数值（摘自 GB/T 1800.2—2020）

公称尺寸 mm		标准公差等级																		
大于	至	IT01	IT0	IT1	IT2	IT3	IT4	IT5	IT6	IT7	IT8	IT9	IT10	IT11	IT12	IT13	IT14	IT15	IT16	IT17	IT18
		标准公差值																		
		μm											mm							
—	3	0.3	0.5	0.8	1.2	2	3	4	6	10	14	25	40	60	0.1	0.14	0.25	0.4	0.6	1	1.4
3	6	0.4	0.6	1	1.5	2.5	4	5	8	12	18	30	48	75	0.12	0.18	0.3	0.48	0.75	1.2	1.8
6	10	0.4	0.6	1	1.5	2.5	4	6	9	15	22	36	58	90	0.15	0.22	0.36	0.58	0.9	1.5	2.2
10	18	0.5	0.8	1.2	2	3	5	8	11	18	27	43	70	110	0.18	0.27	0.43	0.7	1.1	1.8	2.7
18	30	0.6	1	1.5	2.5	4	6	9	13	21	33	52	84	130	0.21	0.33	0.52	0.84	1.3	2.1	3.3
30	50	0.6	1	1.5	2.5	4	7	11	16	25	39	62	100	160	0.25	0.39	0.62	1	1.6	2.5	3.9
50	80	0.8	1.2	2	3	5	8	13	19	30	46	74	120	190	0.3	0.46	0.74	1.2	1.9	3	4.6
80	120	1	1.5	2.5	4	6	10	15	22	35	54	87	140	220	0.35	0.54	0.87	1.4	2.2	3.5	5.4
120	180	1.2	2	3.5	5	8	12	18	25	40	63	100	160	250	0.4	0.63	1	1.6	2.5	4	6.3
180	250	2	3	4.5	7	10	14	20	29	46	72	115	185	290	0.46	0.72	1.15	1.85	2.9	4.6	7.2
250	315	2.5	4	6	8	12	16	23	32	52	81	130	210	320	0.52	0.81	1.3	2.1	3.2	5.2	8.1
315	400	3	5	7	9	13	18	25	36	57	89	140	230	360	0.57	0.89	1.4	2.3	3.6	5.7	8.9
400	500	4	6	8	10	15	20	27	40	63	97	155	250	400	0.63	0.97	1.55	2.5	4	6.3	9.7

注：公称尺寸小于或等于 1mm 时，无 IT14 至 IT18。

附表 24　轴的基本偏差数值

公称尺寸/mm		基本偏差 上极限偏差 es														
		所有标准公差等级											IT5和IT6	IT7	IT8
大于	至	a	b	c	cd	d	e	ef	f	fg	g	h	js	j	j	j
—	3	-270	-140	-60	-34	-20	-14	-10	-6	-4	-2	0		-2	-4	-6
3	6	-270	-140	-70	-46	-30	-20	-14	-10	-6	-4	0		-2	-4	
6	10	-280	-150	-80	-56	-40	-25	-18	-13	-8	-5	0		-2	-5	
10	14	-290	-150	-95		-50	-32		-16		-6	0	偏差=±$\dfrac{IT_n}{2}$，式中IT_n是IT值值数	-3	-6	
14	18															
18	24	-300	-160	-110		-65	-40		-20		-7	0		-4	-8	
24	30															
30	40	-310	-170	-120		-80	-50		-25		-9	0		-5	-10	
40	50	-320	-180	-130												
50	65	-340	-190	-140		-100	-60		-30		-10	0		-7	-12	
65	80	-360	-200	-150												
80	100	-380	-220	-170		-120	-72		-36		-12	0		-9	-15	
100	120	-410	-240	-180												
120	140	-460	-260	-200		-145	-85		-43		-14	0		-11	-18	
140	160	-520	-280	-210												
160	180	-580	-310	-230												
180	200	-660	-340	-240		-170	-100		-50		-15	0		-13	-21	
200	225	-740	-380	-260												
225	250	-820	-420	-280												
250	280	-920	-480	-300		-190	-110		-56		-17	0		-16	-26	
280	315	-1050	-540	-330												
315	355	-1200	-600	-360		-210	-125		-62		-18	0		-18	-28	
355	400	-1350	-680	-400												
400	450	-1500	-760	-440		-230	-135		-68		-20	0		-20	-32	
450	500	-1650	-840	-480												

注：1. 公称尺寸小于或等于 1mm 时，基本偏差 a 和 b 均不采用。

2. 公差带 js7 至 js11，若 IT_n 值数是奇数，则取偏差 $=\pm\dfrac{IT_{n-1}}{2}$。

(摘自 GB/T 1800.1—2020) (单位：μm)

差 数 值

下极限偏差 ei

IT4 至 IT7	≤IT3 >IT7	所有标准公差等级												
k		m	n	p	r	s	t	u	v	x	y	z	za	zb	zc
0	0	+2	+4	+6	+10	+14		+18		+20		+26	+32	+40	+60
+1	0	+4	+8	+12	+15	+19		+23		+28		+35	+42	+50	+80
+1	0	+6	+10	+15	+19	+23		+28		+34		+42	+52	+67	+97
+1	0	+7	+12	+18	+23	+28		+33	+39	+40 +45		+50 +60	+64 +77	+90 +108	+130 +150
+2	0	+8	+15	+22	+28	+35	+41	+41 +48	+47 +55	+54 +64	+63 +75	+73 +88	+98 +118	+136 +160	+188 +218
+2	0	+9	+17	+26	+34	+43	+48 +54	+60 +70	+68 +81	+80 +97	+94 +114	+112 +136	+148 +180	+200 +242	+274 +325
+2	0	+11	+20	+32	+41 +43	+53 +59	+66 +75	+87 +102	+102 +120	+122 +146	+144 +174	+172 +210	+226 +274	+300 +360	+405 +480
+3	0	+13	+23	+37	+51 +54	+71 +79	+91 +104	+124 +144	+146 +172	+178 +210	+214 +254	+258 +310	+335 +400	+445 +525	+585 +690
+3	0	+15	+27	+43	+63 +65 +68	+92 +100 +108	+122 +134 +146	+170 +190 +210	+202 +228 +252	+248 +280 +310	+300 +340 +380	+365 +415 +465	+470 +535 +600	+620 +700 +780	+800 +900 +1000
+4	0	+17	+31	+50	+77 +80 +84	+122 +130 +140	+166 +180 +196	+236 +258 +284	+284 +310 +340	+350 +385 +425	+425 +470 +520	+520 +575 +640	+670 +740 +820	+880 +960 +1050	+1150 +1250 +1350
+4	0	+20	+34	+56	+94 +98	+158 +170	+218 +240	+315 +350	+385 +425	+475 +525	+580 +650	+710 +790	+920 +1000	+1200 +1300	+1550 +1700
+4	0	+21	+37	+62	+108 +114	+190 +208	+268 +294	+390 +435	+475 +530	+590 +660	+730 +820	+900 +1000	+1150 +1300	+1500 +1650	+1900 +2100
+5	0	+23	+40	+68	+126 +132	+232 +252	+330 +360	+490 +540	+595 +660	+740 +820	+920 +1000	+1100 +1250	+1450 +1600	+1850 +2100	+2400 +2600

附表 25　孔的基本偏差数值

公称尺寸 /mm		下极限偏差 EI									基　本　偏					
		所有标准公差等级									IT6	IT7	IT8	≤IT8	>IT8	≤IT8	>IT8
大于	至	A	B	C	CD	D	E	EF	F	FG	G	H	JS	J		K		M	
—	3	+270	+140	+60	+34	+20	+14	+10	+6	+4	+2	0		+2	+4	+6	0	0	−2	−2
3	6	+270	+140	+70	+46	+30	+20	+14	+10	+6	+4	0		+5	+6	+10	−1+Δ		−4+Δ	−4
6	10	+280	+150	+80	+56	+40	+25	+18	+13	+8	+5	0		+5	+8	+12	−1+Δ		−6+Δ	−6
10	14	+290	+150	+95		+50	+32		+16		+6	0		+6	+10	+15	−1+Δ		−7+Δ	−7
14	18																			
18	24	+300	+160	+110		+65	+40		+20		+7	0		+8	+12	+20	−2+Δ		−8+Δ	−8
24	30																			
30	40	+310	+170	+120		+80	+50		+25		+9	0		+10	+14	+24	−2+Δ		−9+Δ	−9
40	50	+320	+180	+130																
50	65	+340	+190	+140		+100	+60		+30		+10	0	偏差=±$\frac{IT_n}{2}$，式中IT_n是IT值数	+13	+18	+28	−2+Δ		−11+Δ	−11
65	80	+360	+200	+150																
80	100	+380	+220	+170		+120	+72		+36		+12	0		+16	+22	+34	−3+Δ		−13+Δ	−13
100	120	+410	+240	+180																
120	140	+460	+260	+200		+145	+85		+43		+14	0		+18	+26	+41	−3+Δ		−15+Δ	−15
140	160	+520	+280	+210																
160	180	+580	+310	+230																
180	200	+660	+340	+240		+170	+100		+50		+15	0		+22	+30	+47	−4+Δ		−17+Δ	−17
200	225	+740	+380	+260																
225	250	+820	+420	+280																
250	280	+920	+480	+300		+190	+110		+56		+17	0		+25	+36	+55	−4+Δ		−20+Δ	−20
280	315	+1050	+540	+330																
315	355	+1200	+600	+360		+210	+125		+62		+18	0		+29	+39	+60	−4+Δ		−21+Δ	−21
355	400	+1350	+680	+400																
400	450	+1500	+760	+440		+230	+135		+68		+20	0		+33	+43	+66	−5+Δ		−23+Δ	−23
450	500	+1650	+840	+480																

注：1. 公称尺寸小于或等于 1mm 时，基本偏差 A 和 B 及大于 IT8 的 N 均不采用。

2. 公差带 JS7 至 JS11，若 IT_n 值数是奇数，则取偏差 $=\pm\frac{IT_{n-1}}{2}$。

3. 对小于或等于 IT8 的 K、M、N 和小于或等于 IT7 的 P 至 ZC，所需 Δ 值从表内右侧选取。
例如：18~30mm 段的 K7：Δ=8μm，所以 ES=−2+8 =+6μm；18~30mm 段的 S6：Δ=4μm，所以 ES=−35+4 =−31μm。

4. 特殊情况：250~315mm 段的 M6，ES=−9μm（代替−11μm）。

253

(摘自 GB/T 1800.1—2020) (单位：μm)

差 数 值														Δ 值					
上极限偏差 ES																			
≤IT8	>IT8	≤IT7	标 准 公 差 等 级 大 于 IT7											标 准 公 差 等 级					
N	N	P至ZC	P	R	S	T	U	V	X	Y	Z	ZA	ZB	ZC	IT3	IT4	IT5	IT6	IT7	IT8
−4	−4		−6	−10	−14		−18		−20		−26	−32	−40	−60	0	0	0	0	0	0
−8+Δ	0		−12	−15	−19		−23		−28		−35	−42	−50	−80	1	1.5	1	3	4	6
−10+Δ	0		−15	−19	−23		−28		−34		−42	−52	−67	−97	1	1.5	2	3	6	7
−12+Δ	0		−18	−23	−28		−33		−40		−50	−64	−90	−130	1	2	3	3	7	9
								−39	−45		−60	−77	−108	−150						
−15+Δ	0		−22	−28	−35		−41	−47	−54	−63	−73	−98	−136	−188	1.5	2	3	4	8	12
						−41	−48	−55	−64	−75	−88	−118	−160	−218						
−17+Δ	0		−26	−34	−43	−48	−60	−68	−80	−94	−112	−148	−200	−274	1.5	3	4	5	9	14
						−54	−70	−81	−97	−114	−136	−180	−242	−325						
−20+Δ	0	在大于IT7的相应数值上增加一个Δ值	−32	−41	−53	−66	−87	−102	−122	−144	−172	−226	−300	−405	2	3	5	6	11	16
				−43	−59	−75	−102	−120	−146	−174	−210	−274	−360	−480						
−23+Δ	0		−37	−51	−71	−91	−124	−146	−178	−214	−258	−335	−445	−585	2	4	5	7	13	19
				−54	−79	−104	−144	−172	−210	−254	−310	−400	−525	−690						
−27+Δ	0		−43	−63	−92	−122	−170	−202	−248	−300	−365	−470	−620	−800	3	4	6	7	15	23
				−65	−100	−134	−190	−228	−280	−340	−415	−535	−700	−900						
				−68	−108	−146	−210	−252	−310	−380	−465	−600	−780	−1000						
−31+Δ	0		−50	−77	−122	−166	−236	−284	−350	−425	−520	−670	−880	−1150	3	4	6	9	17	26
				−80	−130	−180	−258	−310	−385	−470	−575	−740	−960	−1250						
				−84	−140	−196	−284	−340	−425	−520	−640	−820	−1050	−1350						
−34+Δ	0		−56	−94	−158	−218	−315	−385	−475	−580	−710	−920	−1200	−1550	4	4	7	9	20	29
				−98	−170	−240	−350	−425	−525	−650	−790	−1000	−1300	−1700						
−37+Δ	0		−62	−108	−190	−268	−390	−475	−590	−730	−900	−1150	−1500	−1900	4	5	7	11	21	32
				−114	−208	−294	−435	−530	−660	−820	−1000	−1300	−1650	−2100						
−40+Δ	0		−68	−126	−232	−330	−490	−595	−740	−920	−1100	−1450	−1850	−2400	5	5	7	13	23	34
				−132	−252	−360	−540	−660	−820	−1000	−1250	−1600	−2100	−2600						

附表 26　优先配合中轴的极限偏差（摘自 GB/T 1800.2—2020）　　（单位：μm）

公称尺寸/mm		公差带										
^		c	d	f	g	h				k	n	p	s	u
大于	至	11	9	7	6	6	7	9	11	6	6	6	6	6
—	3	-60 -120	-20 -45	-6 -16	-2 -8	0 -6	0 -10	0 -25	0 -60	+6 0	+10 +4	+12 +6	+20 +14	+24 +18
3	6	-70 -145	-30 -60	-10 -22	-4 -12	0 -8	0 -12	0 -30	0 -75	+9 +1	+16 +8	+20 +12	+27 +19	+31 +23
6	10	-80 -170	-40 -76	-13 -28	-5 -14	0 -9	0 -15	0 -36	0 -90	+10 +1	+19 +10	+24 +15	+32 +23	+37 +28
10	14	-95 -205	-50 -93	-16 -34	-6 -17	0 -11	0 -18	0 -43	0 -110	+12 +1	+23 +12	+29 +18	+39 +28	+44 +33
14	18	^	^	^	^	^	^	^	^	^	^	^	^	^
18	24	-110 -240	-65 -117	-20 -41	-7 -20	0 -13	0 -21	0 -52	0 -130	+15 +2	+28 +15	+35 +22	+48 +35	+54 +41
24	30	^	^	^	^	^	^	^	^	^	^	^	^	+61 +48
30	40	-120 -280	-80 -142	-25 -50	-9 -25	0 -16	0 -25	0 -62	0 -160	+18 +2	+33 +17	+42 +26	+59 +43	+76 +60
40	50	-130 -290	^	^	^	^	^	^	^	^	^	^	^	+86 +70
50	65	-140 -330	-100 -174	-30 -60	-10 -29	0 -19	0 -30	0 -74	0 -190	+21 +2	+39 +20	+51 +32	+72 +53	+106 +87
65	80	-150 -340	^	^	^	^	^	^	^	^	^	^	+78 +59	+121 +102
80	100	-170 -390	-120 -207	-36 -71	-12 -34	0 -22	0 -35	0 -87	0 -220	+25 +3	+45 +23	+59 +37	+93 +71	+146 +124
100	120	-180 -400	^	^	^	^	^	^	^	^	^	^	+101 +79	+166 +144
120	140	-200 -450	-145 -245	-43 -83	-14 -39	0 -25	0 -40	0 -100	0 -250	+28 +3	+52 +27	+68 +43	+117 +92	+195 +170
140	160	-210 -460	^	^	^	^	^	^	^	^	^	^	+125 +100	+215 +190
160	180	-230 -480	^	^	^	^	^	^	^	^	^	^	+133 +108	+235 +210
180	200	-240 -530	-170 -285	-50 -96	-15 -44	0 -29	0 -46	0 -115	0 -290	+33 +4	+60 +31	+79 +50	+151 +122	+265 +236
200	225	-260 -550	^	^	^	^	^	^	^	^	^	^	+159 +130	+287 +258
225	250	-280 -570	^	^	^	^	^	^	^	^	^	^	+169 +140	+313 +284
250	280	-300 -620	-190 -320	-56 -108	-17 -49	0 -32	0 -52	0 -130	0 -320	+36 +4	+66 +34	+88 +56	+190 +158	+347 +315
280	315	-330 -650	^	^	^	^	^	^	^	^	^	^	+202 +170	+382 +350
315	355	-360 -720	-210 -350	-62 -119	-18 -54	0 -36	0 -57	0 -140	0 -360	+40 +4	+73 +37	+98 +62	+226 +190	+426 +390
355	400	-400 -760	^	^	^	^	^	^	^	^	^	^	+244 +208	+471 +435
400	450	-440 -840	-230 -385	-68 -131	-20 -60	0 -40	0 -63	0 -155	0 -400	+45 +5	+80 +40	+108 +68	+272 +232	+530 +490
450	500	-480 -880	^	^	^	^	^	^	^	^	^	^	+292 +252	+580 +540

附表 27　优先配合中孔的极限偏差（摘自 GB/T 1800.2—2020）　（单位：μm）

公称尺寸/mm		公　差　带											
		C	D	F	G	H				K	N	P	S	U
大于	至	11	9	8	7	7	8	9	11	7	7	7	7	7
—	3	+120 +60	+45 +20	+20 +6	+12 +2	+10 0	+14 0	+25 0	+60 0	0 -10	-4 -14	-6 -16	-14 -24	-18 -28
3	6	+145 +70	+60 +30	+28 +10	+16 +4	+12 0	+18 0	+30 0	+75 0	+3 -9	-4 -16	-3 -20	-15 -27	-19 -31
6	10	+170 +80	+76 +40	+35 +13	+20 +5	+15 0	+22 0	+36 0	+90 0	+5 -10	-4 -19	-9 -24	-17 -32	-22 -37
10	14	+205 +95	+93 +50	+43 +16	+24 +6	+18 0	+27 0	+43 0	+110 0	+6 -12	-5 -23	-11 -29	-21 -39	-26 -44
14	18													
18	24	+240 +110	+117 +65	+53 +20	+28 +7	+21 0	+33 0	+52 0	+130 0	+6 -15	-7 -28	-14 -35	-27 -48	-33 -54
24	30													-40 -61
30	40	+280 +120	+142 +80	+64 +25	+34 +9	+25 0	+39 0	+62 0	+160 0	+7 -18	-8 -33	-17 -42	-34 -59	-51 -76
40	50	+290 +130												-61 -86
50	65	+330 +140	+174 +100	+76 +30	+40 +10	+30 0	+46 0	+74 0	+190 0	+9 -21	-9 -39	-21 -51	-42 -72	-76 -106
65	80	+340 +150											-48 -78	-91 -121
80	100	+390 +170	+207 +120	+90 +36	+47 +12	+35 0	+54 0	+87 0	+220 0	+10 -25	-10 -45	-24 -59	-58 -93	-111 -146
100	120	+400 +180											-66 -101	-131 -166
120	140	+450 +200	+245 +145	+106 +43	+54 +14	+40 0	+63 0	+100 0	+250 0	+12 -28	-12 -52	-28 -68	-77 -117	-155 -195
140	160	+460 +210											-85 -125	-175 -215
160	180	+480 +230											-93 -133	-195 -235
180	200	+530 +240	+285 +170	+122 +50	+61 +15	+46 0	+72 0	+115 0	+290 0	+13 -33	-14 -60	-33 -79	-105 -151	-219 -265
200	225	+550 +260											-113 -159	-241 -287
225	250	+570 +280											-123 -169	-267 -313
250	280	+620 +300	+320 +190	+137 +56	+69 +17	+52 0	+81 0	+130 0	+320 0	+16 -36	-14 -66	-36 -88	-138 -190	-295 -347
280	315	+650 +330											-150 -202	-330 -382
315	355	+720 +360	+350 +210	+151 +62	+75 +18	+57 0	+89 0	+140 0	+360 0	+17 -40	-16 -73	-41 -98	-169 -226	-369 -426
355	400	+760 +400											-187 -244	-414 -471
400	450	+840 +440	+385 +230	+165 +68	+83 +20	+63 0	+97 0	+155 0	+400 0	+18 -45	-17 -80	-45 -108	-209 -272	-467 -530

六、常用材料及热处理

黑色金属材料及有色金属材料的牌号、应用举例及说明分别参见附表28及附表29。常用的热处理和表面处理名词解释见附表30。

附表28 黑色金属材料

标准	名称	牌号	应用举例	说明
GB/T 700—2006	碳素结构钢	Q215	金属结构构件、拉杆、套圈、铆钉、螺栓、短轴、心轴、凸轮(载荷不大的)、吊钩、垫圈、渗碳零件及焊接件	"Q"为钢材屈服强度"屈"字的汉语拼音首位字母,后面数字表示规定的最小上屈服强度数值 Q215有A、B两种。Q235、Q275的质量等级有A、B、C、D四种
		Q235	金属结构构件,心部强度要求不高的渗碳或碳氮共渗零件;吊钩、拉杆、车钩、套圈、气缸、齿轮、螺栓、螺母、连杆、轮轴、楔、盖及焊接件	
		Q275	转轴、心轴、销轴、链轮、制动杆、螺栓、螺母、垫圈、连杆、吊钩、楔、齿轮、键以及其他强度需较高的零件	
GB/T 699—2015	优质碳素结构钢	10	一般用于拉杆、卡头、钢管垫片、垫圈、铆钉	牌号的两位数字表示碳的质量分数,45钢即表示碳的质量分数为0.45% 含锰量较高的钢,须加注化学元素符号"Mn" $w_C \leq 0.25\%$ 的碳钢是低碳钢(渗碳钢) w_C 在 0.25%~0.60% 之间的碳钢是中碳钢(调质钢) $w_C > 0.60\%$ 的碳钢是高碳钢
		15	用于制造受力不大、韧性要求较高的零件、紧固件、冲模锻件及不需热处理的低负荷零件,如螺栓、螺钉、拉条、法兰盘及化工贮器、蒸汽锅炉等	
		20	用于不受很大应力而要求很大韧性的各种机械零件,如杠杆、轴套、螺钉、拉杆、起重钩。也用于制造压力小于 5.88402×10^6 Pa、温度低于450℃的非腐蚀介质中使用的零件,如管子、导管等	
		25	用于制造焊接设备以及轴、辊子、连接器、垫圈、螺栓、螺钉、螺母等	
		30	在化工机械方面,用于制造应力不大、工作温度不高于150℃的零件,如螺钉、丝杆、拉杆、套筒、轴等	
		35	用于制造曲轴、转轴、轴销、杠杆、连杆、横梁、星轮、圆盘、套筒、钩环、垫圈、螺钉、螺母等	
		45	用于强度要求较高的零件,如汽轮机叶轮、压缩机、泵的零件、机床主轴等	
		50	用于耐磨性要求较高、动载荷及冲击作用不大的零件,如锻造齿轮、拉杆、轧辊、轴、摩擦盘、次要弹簧、农业机械上用的掘土犁铧、重负荷心轴与轴等	
		55	用于制造齿轮、连杆、轮圈、轮缘、扁弹簧及轧辊等	
		60	用于制造轧辊、轴、弹簧圈、弹簧、离合器、凸轮、钢绳等	
		15Mn	用于制造中心部分的力学性能要求较高,且需渗碳的零件	
		45Mn	用于受磨损的零件,如转轴、心轴、齿轮、叉啮合杆、螺栓、螺母、螺钉;还可用于载荷较大的离合器盘、花键轴、万向节、凸轮轴、曲轴、汽车后轴、双头螺柱、地脚螺栓等	
		65Mn	适宜作大尺寸的各种扁、圆弹簧,如板弹簧、弹簧发条	
GB/T 1298—2008	碳素工具钢	T7 T7A	用于制造凿子、钻软岩石的钻头、冲击式打眼机钻头、大锤等	T是"碳"字汉语拼音首位字母,数字表示以名义千分数,有 T7~T13。高级优质碳素工具钢须在牌号后加注"A"
		T8 T8A	用于制造能承受振动的工具,如钻中等硬度岩石的钻头、简单模具、冲头等	

(续)

标准	名称	牌号	应用举例	说明
GB/T 4357—2022	冷拉碳素弹簧钢丝		分为 SL、SM、SH 型,分别为低、中等、高抗拉强度等级	
GB/T 1591—2018	低合金高强度结构钢	Q345	桥梁、造船、厂房结构、储油罐、压力容器、机车车辆、起重设备、矿山机械	普通碳素钢中加入少量合金元素(总的质量分数低于3%)。其力学性能较碳素钢高,焊接性、耐蚀性、耐磨性较碳素钢好,但经济指标与碳素钢相近
		Q390	中高压容器、车轴、桥梁、起重机等	
		Q420	用于制造桥梁、锅炉、大型罐车、蓄力器、贮气球罐等	
GB/T 3077—2015	合金结构钢	20Mn2	对于截面较小的零件,相当于 20Cr 钢,可作渗碳小齿轮、小轴、活塞销、柴油机套筒、气门推杆、钢套等	钢中加入一定量的合金元素,提高了钢的力学性能和耐磨性;也提高了钢的淬透性,保证金属在较大截面上获得高力学性能
		45Mn2	用于制造在较高应力与磨损条件下的零件。在直径≤50mm 时,与40Cr 相当,可作万向接头、齿轮、蜗杆、曲轴等	
		15Cr	船舶主机用螺栓、活塞销、凸轮、凸轮轴、汽轮机套环,以及机车用小零件等,用于心部韧性较高的渗碳零件	
		40Cr	用于较重要的调质零件,如汽车转向节、连杆、螺栓、进气阀、重要齿轮、轴等	
		35SiMn	除要求低温(-20℃)冲击韧性很高时,可全面代替40Cr 钢作调质零件,也可部分代替 40CrNi 钢。此钢耐磨、耐疲劳性均佳,适用于作轴、齿轮及在 430℃ 以下工作的重要紧固件	
		20CrMnTi	用于制造汽车、拖拉机上的重要齿轮和一般强度、韧性均较高的减速器齿轮,供渗碳处理	
GB/T 1220—2007	不锈钢棒	12Cr13	用于在腐蚀条件下,制造承受冲击载荷和韧性要求较高的零件,如刀具、叶片、紧固件、水压机阀等	具有较高的强度、韧性、良好的耐蚀性和机加工性能
		12Cr18Ni9	具有良好的塑性、韧性和冷加工性。主要用于对耐蚀性要求不高的结构件和焊接件	历史最悠久的奥氏体不锈钢
GB/T 1222—2016	弹簧钢	60Si2Mn 60Si2MnA	主要用于制造铁路机车车辆、汽车和拖拉机上的板弹簧、螺旋弹簧、安全阀和止回阀用弹簧,以及其他高应力下工作的重要弹簧,还可作耐热(低于250℃)弹簧等	当用平炉或转炉冶炼时,60Si2Mn 的磷、硫的质量分数均不大于 0.04%
GB/T 11352—2009	一般工程铸造碳钢件	ZG 230-450	用于负荷不大,韧性较好的零件,如轴承盖、底板、阀体、机座、轧钢机架、箱体等	ZG 为铸钢两字汉语拼音的首位字母。第一组数字表示屈服强度,第二组数字表示抗拉强度
		ZG 310-570	用于重负荷零件,如联轴器、气缸、齿轮、齿轮圈、制动轮、轴、辊子及机架等	
GB/T 9439—2023	灰铸铁件	HT150	用于制造端盖、汽轮泵体、轴承座、阀壳、管子、管路附件、手轮,以及一般机床的底座、床身、滑座、工作台等	"HT"为灰铁两字汉语拼音的第一个字母。数字代表抗拉强度的最低值,如HT200,表示抗拉强度≥200MPa
		HT200	用于制造气缸、齿轮、底架、机体、飞轮、齿条、衬筒;一般机床铸有导轨的床身及中等压力(7.84536×10^6Pa 以下)的液压筒、液压泵和阀体等	

(续)

标准	名称	牌号	应用举例	说明
GB/T 9439—2023	灰铸铁件	HT250	用于制造阀壳、油缸、气缸、联轴器、机体、齿轮、齿轮箱外壳、飞轮、衬筒、凸轮、轴承座等	"HT"为灰铁两字汉语拼音的第一个字母。数字代表抗拉强度的最低值,如 HT200,表示抗拉强度≥200MPa
		HT300 HT350	用于制造齿轮、凸轮、车床卡盘、剪床、压力机的机身;导板、六角自动车床及其他重负荷机床铸有导轨的床身;高压液压筒、液压泵和滑阀的壳体等	
GB/T 1348—2019	球墨铸铁件	QT600-3 QT500-7 QT400-15	QT600-3 具有较高的强度、耐磨性及一定的韧性,用于制作部分机床的主轴、曲轴等 QT500-7 具有中等的强度和韧性,用于制作内燃机中油泵齿轮、机车车辆轴瓦等 QT400-15 有较高的塑性和韧性,低温性能好,具有一定的耐蚀性,用于制造汽车和拖拉机中的牵引框、轮毂、离合器壳体等	"QT"是球铁两字汉语拼音的第一个字母,它后面的数字分别代表抗拉强度和伸长率的最低值
GB/T 9440—2010	可锻铸铁件	KTH300-06 KTH330-08 KTZ450-06	用于承受冲击、振动扭转负荷下的零件,如汽车零件、机床附件(如扳手)、各种管接头、低压阀门、农具等 KTH300-6 适用于气密性零件	"KT"为"可锻铁"两字的汉语拼音的第一个字母,"KTH"代表黑心可锻铸铁,"KTZ"代表珠光体可锻铸铁,它们后面的数字分别代表抗拉强度和断后伸长率

附表29 有色金属材料

标准	名称	牌号	应用举例	说明
GB/T 1176—2013	铸造锰黄铜	ZCuZn38Mn2Pb2	用于一般用途的构件、船舶仪表等使用的外形简单的铸件,如轴瓦、轴套、滑块及其他耐磨零件	"Z"表示"铸",ZCuZn38Mn2Pb2表示 w_{Cu} 为 57%~60%,w_{Mn} 为 1.5%~2.5%,w_{Pb} 1.5%~2.5% 其余为 Zn
	铸造锡青铜	ZCuSn5Pb5Zn5	用于较高负荷中等滑动速度下工作的耐磨、耐腐蚀零件,如轴瓦、衬套、缸套、活塞、离合器、泵体压盖及蜗轮等	ZCuSn5Pb5Zn5 表示 w_{Sn} 为 4%~6%,w_{Zn} 为 4%~6%,w_{Pb} 为 4%~6%
	铸造铝青铜	ZCuAl10Fe3	用于要求强度高、耐磨、耐腐蚀的重型铸件,如轴套、螺母、蜗轮以及在 250℃ 以下工作的管配件	ZCuAl10Fe3 表示 w_{Al} 为 8.5%~11%,w_{Fe} 为 2%~4%,其余为 Cu
GB/T 1173—2013	铸造铝合金	ZAlSi12 (ZL102)	用于制造负荷不大、形状复杂的薄壁零件及耐腐蚀性的气密性高、工作温度不超过 200℃ 的零件,如仪表壳体、船舶零件等	"Z"表示铸,"L"表示铝,后面第一位数字表示类别,1 为铝硅合金,2 为铝铜合金,3 为铝镁合金,4 为铝锌合金。第二、第三位数为顺序号
GB/T 3190—2020	变形铝及铝合金化学成分	2Al3	用于制作中等强度的零件和构件,如冲压的连接部件、空气螺旋桨叶片、铆钉等	

参 考 文 献

[1] 虞洪述,徐伯康. 机械制图 [M]. 西安:西安交通大学出版社,2000.
[2] 唐克中,郑镁. 画法几何及工程制图 [M]. 5版. 北京:高等教育出版社,2017.
[3] 罗爱玲,张四聪. 工程制图 [M]. 2版. 西安:西安交通大学出版社,2016.
[4] 许睦旬,肖尧. 数字化设计与制造技术应用基础 [M]. 北京:高等教育出版社,2021.

后　　记

经全国高等教育自学考试指导委员会同意，由机械及轻纺化工类专业委员会负责高等教育自学考试《机械制图》教材的审定工作。

本教材由西安交通大学许睦旬教授、罗爱玲教授担任主编，张四聪、郑镁、肖尧为副主编。全书由许睦旬、罗爱玲统稿。

本教材由西安建筑科技大学雷光明教授、西安科技大学李勇教授审稿，提出修改意见，谨向他们表示诚挚的谢意。

机械及轻纺化工类专业委员会最后审定通过了本教材。

全国高等教育自学考试指导委员会
机械及轻纺化工类专业委员会
2023 年 9 月